U0580370

美国汉学家康达维的辞赋翻译与研究

王慧 著

人民出版社

责任编辑：王　淼
封面设计：王欢欢
版式设计：姚　菲

图书在版编目（CIP）数据

美国汉学家康达维的辞赋翻译与研究 / 王慧著.
北京 ：人民出版社，2025. 6. -- ISBN 978－7－01－027190－3

Ⅰ. H315.9；I207.224

中国国家版本馆 CIP 数据核字第 2025DJ7295 号

美国汉学家康达维的辞赋翻译与研究

MEIGUO HANXUEJIA KANGDAWEI DE CIFU FANYI YU YANJIU

王　慧　著

人民出版社 出版发行

（100706　北京市东城区隆福寺街 99 号）

北京建宏印刷有限公司印刷　新华书店经销

2025 年 6 月第 1 版　2025 年 6 月北京第 1 次印刷
开本：710 毫米×1000 毫米 1/16　印张：20.25
字数：352 千字

ISBN 978－7－01－027190－3　定价：92.00 元

邮购地址 100706　北京市东城区隆福寺街 99 号
人民东方图书销售中心　电话（010）65250042　65289539

版权所有·侵权必究
凡购买本社图书，如有印制质量问题，我社负责调换。
服务电话：（010）65250042

国家社科基金后期资助项目
出版说明

    后期资助项目是国家社科基金设立的一类重要项目，旨在鼓励广大社科研究者潜心治学，支持基础研究多出优秀成果。它是经过严格评审，从接近完成的科研成果中遴选立项的。为扩大后期资助项目的影响，更好地推动学术发展，促进成果转化，全国哲学社会科学工作办公室按照"统一设计、统一标识、统一版式、形成系列"的总体要求，组织出版国家社科基金后期资助项目成果。

全国哲学社会科学工作办公室

目　　录

序　一

　　王慧博士学术生涯中的第一本书《美国汉学家康达维的辞赋翻译与研究》即将出版,嘱我为她作序,这是一部研究恩师康达维先生的杰作,与有荣焉。

　　此书是由她的博士论文改写而成的著作,也是第一部研究西方赋学名家康达维的辞赋和翻译的专著。甫在撰写论文之初,王博士的导师何新文教授即和我联络,请我提供康先生的英文著作资料。何先生是中国辞赋学界的著名前辈学者,更是辞赋理论的领军人物。他的学术眼光犀利,这个题目正是为王博士量身定制的。因为她已对辞赋有深刻的认识,打下了坚实的国学基础,而同时又擅长英文,因此具备了研究西方汉学的最佳条件。

　　这本书第一章、第二章详细地介绍了康达维的学术历程、赋学观及其翻译思想;第三章、第四章介绍康达维对汉代赋家扬雄以及六朝赋家的研究;第五至第七章则集中研究《昭明文选》的英译之种种问题。本书的内容结合了传统国学、西方汉学以及翻译研究的三种思路,可说是新锐汉学家的新颖路线。细读之下,其中有作者许多精审明辨的评论,确实是一部不可多得的好作品。

　　作序之余,忽忆耳顺之年瞬已将至,遂感长江后浪推前浪,学界新人换旧人。薪尽火传,王慧博士承袭其师深厚之功底,前途不可限量。在此也祝愿她将赋学发扬光大,在未来的学术生涯中顺利成功!

苏瑞隆

序　二

当代美国著名汉学家、西雅图华盛顿大学教授康达维(David R. Knechtges),是研究和传播中国古代文化、荣获过"中华图书特殊贡献奖"和"国际汉学翻译家大雅奖"的杰出人士。同时,他也是中国汉魏六朝辞赋翻译和研究的专家。在长达近五十年的学术生涯里,他不仅用英文或中文发表了一系列辞赋论文,英译了近百篇楚汉魏晋六朝辞赋作品,出版了博士论文《扬雄赋研究》(*The Han Rhapsody,A Study of the Fu of Yang Hsiung*)等多种辞赋著作,还出版了总字数近百万言的《昭明文选英译第一册:京都之赋》《昭明文选英译第二册:祭祀、畋猎、纪行、游览、宫殿、江海之赋》《昭明文选英译第三册:物色、鸟兽、志、哀伤、论文、音乐、情之赋》三大册英译巨著。

康达维在中国古代辞赋方面的卓越成就,理所当然地吸引着中外学者热情关注的目光。近三十年来,如何沛雄、龚克昌、苏瑞隆、龚航、何新文、蒋文燕、马银琴、孙晶等辞赋研究者,已先后发表过一些评述康达维辞赋成就的文章;新加坡国立大学苏瑞隆教授汉译的《康达维自选集:汉代宫廷文学与文化之探微》也已在上海出版问世。但是,从专题学术研究层面分析,现有中国的康达维研究,尚处于起步阶段,较为全面地观照康达维辞赋成就的专门论著以及以之为选题的硕士、博士论文均未见出版。这就为王慧的博士论文选题,留下了机会和可能。

王慧确定"康达维的辞赋翻译与研究"作为学位论文的选题,无疑是幸运的,虽然也面临着不小的风险和挑战。她上大学念的是英国语言文学,硕士阶段研读的是楚汉辞赋,具有较强的英、汉语言文字能力和较好的跨文化研究基础。可是,面对原本就难读难懂的中国古代辞赋和康达维先生主要是用英文写译的博大精深的辞赋论著这双重的学术难题,困难和压力不言而喻。好在王慧有极其谦虚好学的态度和坚韧不拔的毅力。读博四年,她往来于湘鄂两地,流连于书山学海,无问暑寒,不辍步履,一路向前,最终如期完成了博士学位论文。在论文答辩会上,来自武汉大学的郑传寅教授、华中师范大学的张三夕教授、湖北大学的张庆宗教授等专家,都充分肯定了该论文的选题和所取得的创新性成绩。

王慧的这部著作,是在其博士论文基础上修订而成的。就我所知,这是国内学界第一部较为全面地探讨康达维辞赋翻译、辞赋研究成果及其辞赋观念、翻译思想的专门论著。全书包括"绪论",以及依次探究康达维"学术历程""赋学观及其翻译思想""赋家扬雄的研究""汉魏六朝赋篇论述""《昭明文选赋英译》"等七章,附录一篇中英文对照的《康达维学术年表》,可谓内容丰富、结构完整、资料翔实,颇具己见新意。

同时,这部著作还具有以下一些值得提出的特点:

首先,是细读文本、考辨文献,在充分掌握第一手材料的基础之上展开论述。王慧在论文写作之前,作了大量文本阅读、资料搜集、文献考辨的工作。一方面,认真研读康达维先生辞赋翻译和研究所涉及的全部中国古代辞赋作品,比如说《昭明文选》所收录自楚汉以至魏晋南北朝的56篇赋,这些作品不仅篇幅宏大、内容繁复,而且文字生僻、又多用玮字典故,自古就称其晦涩难读;另一方面,是重点研读康达维先生将这些原本就难解的中国辞赋转译成逾百万字的英文原著及其详细注释。还有,目前国内关于康达维研究的资料比较缺乏,王慧在确定选题之初即与远在美国的康达维教授本人取得联系,又得到康达维先生的高足、新加坡国立大学的苏瑞隆教授,以及美国波士顿萨福克大学语言研究所的戴克礼(Christopher Dakin)博士等的慷慨帮助,获得了大量第一手材料,包括康达维英文版的博士论文、三部辞赋研究论著、四本辞赋英译、八十余篇以中文或英文发表的论文、二十余篇其他欧美学者研究辞赋和评论康达维的英文论文、康达维学术年表等。正因为有如此竭尽全力的文献搜罗、苦心孤诣的文本研读为前提,然后在此基础上设计的纲目、展开的论述和得出的判断及结论,才有可能是言之有据、令人信服的。

其次,是史论结合,通过历时性的考察和观照得出符合客观逻辑的判断。本书作者有比较清晰的历史观念,她不仅梳理了近三四十年间西方学界对于康达维赋学研究的评论及其在中国的影响,探索了康达维先生作为中国辞赋研究者的漫长学术历程,还考察了康达维之前约七十年间欧美辞赋研究的状况,从而将康达维的辞赋研究放入西方文学批评发展的历史语境,探讨西方文学理论发展对康达维赋体文学研究的影响,并客观描述了康达维对欧美辞赋研究的传承与突破,和对当代中国赋学研究的意义。同时,在设计章节结构时,也力图展示康达维学术生涯中各个时期辞赋研究的重点与特色,以勾勒出较为清楚明晰的发展线索。

最后,是抓住了《昭明文选赋英译》这个重点,取得了具有创新意义的成绩。总字数达近百万言的《昭明文选赋英译》,是康达维先生积数十年之经验和心力完成的代表性著作,被誉为是北美中国学领域划时代的标志性成果,也是康达维研究的一个重点和难点。对此,王慧不仅有清醒的认识,也用力甚勤。她以第五章、第六章共计两章的篇幅,全面论述康达维英译昭明文选赋的卓越贡献,并在与欧美前贤韦利、方志彤和华兹生等人辞赋译本的横向比较中,归纳出康达维对于《昭明文选》赋篇的翻译方法和英译特点、翻译学经验及其对于西方辞赋翻译的作用与影响。其中,颇有具体深入、堪称准确细致的分析论述。比如,她认为,康达维先生翻译《京都赋》时用大词体现京都大赋的庄严典重、传达赋家歌颂大汉帝国的思想情怀;翻译扬雄《羽猎》《长杨》诸赋时凸显其中的"讽谏"意味;英译王延寿《鲁灵光殿赋》时描摹了灵光殿的种种物象;《江赋》《海赋》的译文,用头韵及同义词重复的方法表现了江海的磅礴气势;翻译班彪《北征赋》时贴切译出赋中地名,表达赋家纪行伤乱的情绪;陆机《文赋》的译文,准确重现了赋中的比喻;宋玉《神女赋》的译文,再现了神女美丽高雅的形象;潘岳《寡妇赋》、江淹《别赋》的译文,生动抒发了其中蕴含的悲情。还有第七章总结康达维《昭明文选赋英译》的特点,认为以大量的注释文字,考辨异文并校原文之失、详释赋中的用语或内容,译文力求忠实于原文,可以说康达维的译文是"学者型英译"的代表;同时又注重对于辞赋铺陈性、形式美、抒情性及文化内蕴的传达,其译文又可谓是"文学性英译"的体现。并且指出,康达维《昭明文选赋英译》的风格技巧,已经为中国古典文学的英译树立了新的标准,提供了经典的范例。

作为导师,我曾经和王慧就本书的选题、写作等问题进行过具体的探讨,对内容比较了解,同时也作为第一个读者,就王慧的新著谈了以上这样一些粗浅的看法,妥当与否,有待于读者诸君的批评指正。但我由衷地高兴王慧此著的出版,感佩她的努力以及为此辛勤付出的价值和意义。同时,也想借此机会向康达维先生表达崇高的敬意,正因为有了康达维先生对于中国古代文化的深厚情谊和辞赋研究的卓越成就,才有了王慧这本书的选题和写作、出版;此外,还要特别感谢苏瑞隆教授,如果没有苏瑞隆教授的鼎力相助,王慧博士论文的完成也不会如此顺利。

毋庸讳言,由于学力和精力的局限,这部著作还不可避免地存在着一些不足。比如,作者对于篇幅宏巨的《昭明文选赋英译》的研读,还只涉及具有代表性的重点篇目的译文本身,对于书中的其他篇目尚未论及;作者所论及的文献和所持的论点,也还有遗漏或不够精准之处。如此等等,期待广大读者尤其是康达维先生本人的批评指教,也期待王慧有进一步的研究和提升。虽然说"靡不有初,鲜克有终",但我相信,王慧已经有了一个不错的起点,今后的学术之路当会走得更稳、更远。

是为序。

何新文

绪　　论

康达维(David R. Knechtges)，1942年出生于美国西北部的蒙大拿州(Montana)，是美国艺术与科学院院士、著名汉学家。他从高中时代就对中文产生了兴趣，先后在美国著名汉学重镇——西雅图华盛顿大学东亚学系获中文学士学位，在哈佛大学获硕士学位，在华盛顿大学获中国语言和文学博士学位。自20世纪70年代开始，康达维先在耶鲁大学、威斯康星大学担任过中文助教，后在华盛顿大学东亚语文系教授中国文学长达42年，又曾在影响力较大的美国东方学会担任主席，是美国国家科学院中国学术交流委员会成员，为积极推动中美学术文化交流合作以及中国古代文学在欧美的传播作出过杰出贡献。2014年，康达维先生荣获国家新闻出版总署设立的"中华图书特殊贡献奖"，以及北京大学"首届国际汉学翻译大会"颁发的"国际汉学翻译家大雅奖"。

然而，康达维先生最具代表性的学术成果和学术贡献，是对于中国古代辞赋的研究。在近五十年的从教和治学生涯中，康达维不仅用英文和中文发表了数十篇研究中国古代辞赋的学术论文，英译了百余篇中国古代辞赋作品，结集出版了《两种汉赋研究》《汉赋:扬雄赋研究》《扬雄的汉书本传》《昭明文选英译第一册:京都之赋》《昭明文选英译第二册:祭祀、畋猎、纪行、游览、宫殿、江海之赋》《昭明文选英译第三册:物色、鸟兽、志、哀伤、论文、音乐、情之赋》《汉代宫廷文学与文化之探微:康达维自选集》《赋学与选学:康达维自选集》等多种辞赋研究专著和英文译著，总字数逾百万字;此外，近四十年间还培养了近六十名研究中国古代文学和辞赋的硕士与博士研究生。因此，康达维被海内外学术界公认为当代西方最著名的汉赋及六朝文学研究专家和权威学者，被誉为"当代西方汉学之巨擘，辞赋研究之宗师"①。

康达维在长期的中国古代文学教学和辞赋翻译及研究实践过程中，不仅取得了令人钦羡的突出成就，而且逐步形成了自己独特、系统的辞赋学术思想和辞赋翻译理论，对中国古代辞赋的研究和翻译都作出了重要的学术

---

① 苏瑞隆、龚航:《廿一世纪汉魏六朝文学新视角:康达维教授花甲纪念论文集》，(台湾)文津出版社2003年版，第3页。

贡献,并产生了重要的影响。总结探讨康达维先生辞赋翻译和研究的成就及其学术贡献,无论是对当今的辞赋研究学界与翻译学界,还是从繁荣中西学术文化交流的角度而言,都具有积极的价值和意义。这是当代海内外赋学界的一个新课题,也是一项义不容辞的学术责任。

一、近四十年西方学界对康达维赋学论著的评论

康达维的赋学成果问世之后,先后在东西方中国古代文学研究界引起了不同程度的关注和反响。或许主要因为语言的原因,西方学界对康达维的关注早于东方学界,约开始于1977年。近四十年来,西方汉学界一些卓有成就的学者、教授对于康达维用英文撰写的《汉赋:扬雄赋研究》和《昭明文选赋英译》这两部代表性的著述,给予了及时的关注,并陆续发表了许多专题性的评论文章,从而逐步扩大了康达维在西方汉学界的知名度和学术影响。

(一) 美、英等国学者对康达维《汉赋:扬雄赋研究》的评论

康达维1968年用英语完成的博士学位论文《扬雄、赋与汉代修辞》,经过修改润色以后,于1976年在英国剑桥大学出版社以《汉赋:扬雄赋研究》[1]的书名出版。这是康达维第一部英文版的汉赋论著,是其学术生涯中的第一个里程碑。

1977年,即《汉赋:扬雄赋研究》出版后的第二年,就先后有任教于美国俄亥俄州立大学东亚语言文学系的葛克咸(William T. Graham, Jr.)[2]、奥地利人比肖夫教授(Friedrich A. Bischoff)[3]、牛津大学博士刘陶陶(Tao Tao Sanders)[4]等三位汉学研究者,分别撰文评论了这本著作。他们热情推介并高度评价康达维此书的学术价值和对传播中国古代辞赋的贡献。除了赞誉之外,他们也指出了书中翻译上的、表述上的、排版上的一些错误。对于具有开创意义的研究来说这些错误也是在所难免的。这三篇书评分别发表在《哈佛亚洲研究学刊》《亚洲研究期刊》和伦敦大学《亚非学院学报》等权威

---

[1]　David R. Knechtges, *The Han Rhapsody: A Study of the Fu of Yang Hsiung* (53 B.C.-A.D. 18), Cambridge: Cambridge University Press, 1976.

[2]　William T. Graham, Jr., "Review: The Han Rhapsody: A Study of the Fu of Yang Hsiung (53 B.C. - A. D. 18) by David R. Knechtges", *Harvard Journal of Asiatic Studies*, Vol. 37, No. 2 (December 1977), pp.427-430.

[3]　Friedrich A. Bischoff, "Review: The Han Rhapsody: A Study of the Fu of Yang Hsiung (53 B. C.-A.D.18) by David R. Knechtges", *The Journal of Asian Studies*, Vol.37, Issue 1 (November 1977), pp.102-103.

[4]　Tao Tao Sanders, "Review: The Han Rhapsody: A Study of the Fu of Yang Hsiung (53 B.C.-A. D.18) by David R. Knechtges", *Bulletin of the School of Oriental and African Studies*, Vol.40, No. 2 (1977), pp.418-419.

汉学期刊上,可见康达维《汉赋:扬雄赋研究》一经问世,就引起了西方汉学研究界的广泛关注,且产生了较大的学术影响。

其中,葛克咸对《汉赋:扬雄赋研究》的评论值得关注。葛克咸自己也是一名对中国古代辞赋具有兴趣和研究的汉学研究者。1970 年,他在美国哈佛大学开始研究庾信的《哀江南赋》,1974 年以此为题完成博士学位论文,后获哈佛大学哲学博士学位,1980 年在英国剑桥大学出版社出版英文版的《英译庾信〈哀江南赋〉》①。葛克咸认为康达维的《汉赋:扬雄赋研究》是"汉学研究进步的标志(a sign of the progress of sinological studies)"②。这本书的出版,增加了英译辞赋的篇数,为将来对赋的研究讨论提供了资料。葛克咸还指出,这本书为英语读者扫除了阅读障碍,使他们突破华丽词句的遮蔽,能够认识到赋的组织结构和重点。应该说,葛克咸客观地总结了《汉赋:扬雄赋研究》对西方赋学和扬雄研究所作的贡献。

1984 年,英国剑桥大学汉学家、对中国神话和汉魏六朝文学有着浓厚兴趣并且英译过《玉台新咏》的白安妮(Anne M. Birrell),在《伦敦大学亚非学院学报》发表评论,对康达维 1982 年出版的《扬雄的汉书本传》(原为康达维博士论文的附录)一书给予评论。白安妮的评论,用大部分篇幅介绍了扬雄的生平、思想和作品,肯定了康达维译文的准确性,赞扬了康达维提供的详细的注释。然而,她不认为这本书的译文像译者在前言中所说的是"弥尔顿式的"。③

(二) 欧美学者对康达维《昭明文选赋英译》④的评论

康达维学术生涯中的另一个里程碑,是对《昭明文选》赋的英译。1982 年,他的第一本《昭明文选》赋英译本《昭明文选英译第一册:京都之赋》在美国出版。

1984 年,加拿大维多利亚大学亚太研究系的白润德(Daniel Bryant)教

---

① 葛克咸著《英译庾信〈哀江南赋〉》,英文原著为:William T. Graham, Jr., *The Lament for the South: Yu Hsin's Ai Chiang_nan* (Cambridge University Press, 1980). 参阅何沛雄:《葛克咸〈英译庾信哀江南赋〉评介》,见《汉魏六朝赋论集》,(台湾)联经出版事业公司 1990 年版。

② William T. Graham, Jr., "Review: The Han Rhapsody: A Study of the Fu of Yang Hsiung(53 B. C. - A. D. 18) by David R. Knechtges", *Harvard Journal of Asiatic Studies*, Vol. 37, No. 2 (December 1977), p.427.

③ Anne M. Birrell, "Review: The Han Shu Biography of Yang Xiong(53B.C-A.D.18) by David R. Knechtges", *Bulletin of the School of Oriental and African Studies*, Vol.47, Issue 2(June 1984), pp.390-391.

④ 本书的《昭明文选赋英译》指《昭明文选英译第一册:京都之赋》《昭明文选英译第二册:祭祀、畋猎、纪行、游览、宫殿、江海之赋》《昭明文选英译第三册:物色、鸟兽、志、哀伤、论文、音乐、情之赋》三册书。

授在《哈佛亚洲研究学刊》发表书评。他评价康达维此书是任何对中国文学有兴趣的学者都应该阅读的、极具实用价值的参考书。他说:"作者一开始就声明他的目的是准确而不是通顺或典雅,事实上他的翻译绝不是枯燥乏味的。显然,大量的精力和想象投入其中,译文不仅传达了原文的字面意思,而且将表现原文特色的很多韵律和文字的喜悦也传达了出来。"①他也指出了注释和书目部分存在的优缺点,还一丝不苟地列出了整本书正文和注释中存在的打印错误,以及页码中出现的小失误,同时他发现了其他学者忽视的问题。他注意到《昭明文选》版本这一重要问题,认为鉴于其悠久的流传历史,现在通行的版本与萧统编写的原文之间肯定有差异。他赞赏康达维能指出这些问题,并且广泛借鉴中国前代学者特别是清代学者的观点,在不同的版本中作出选择。白润德教授敏锐地发现了这个优点,这确实是康达维译本的一个过人之处,也是其译文学术性的突出体现之一。然而,他批评康达维使用拼音来翻译专有名词,似乎带有西方评论家的局限性。

1985年,荷兰莱顿大学教授、荷兰皇家人文与科学院院士伊维德(Wilt L. Idema)在《通报》上发表了对康达维《昭明文选英译第一册:京都之赋》的评论。同年,伊维德教授出版了他的荷兰文辞赋译文集,其中有《昭明文选》部分辞赋的译文。② 因此,他对《昭明文选》的英译颇有心得。他对康达维这前六卷京都赋的译文给予了高度评价,认为"评论中谈到的这一册本身就是一项巨大的研究成果,对于其他任何汉学家来说都是一生倾力研究的巅峰。已完成的部分,将使康达维能与过去一个半世纪中最伟大的汉学家比肩"③。他称赞译文读起来令人愉悦,并且鉴于赋这类文章与西方诗的概念之间的巨大差异,译文最大限度有效地传达了原文的意思。同时,他也指出了这本书存在的缺陷,如分段上、诗行的排版设计上存在一些不合理的地方,以及翻译中没有体现原作节奏上的变化。他还指出本书的导言中没有指出一个重要问题,那就是萧统的选文标准和他选择按照主题而不是时间来排序的原因。后来,康达维在《挑出野草与选择嘉卉:中国中古早期文选》一文中很好地回答了伊维德的这个疑问。

1990年,一直对康达维作品密切关注的白安妮,又发表文章评论康达

①　Daniel Bryant, "Review: Wen Xuan, or Selections of Refined Literature. Vol.1: Rhapsodies on Metropolises and Capitals, translated by David R. Knechtges", *Harvard Journal of Asiatic Studies*, Vol.44, No.1(June 1984), pp.249–257.

②　参见何新文、苏瑞隆、彭安湘:《中国赋论史》,人民出版社2012年版,第439页。

③　Wilt L. Idema, "Review: Wen Xuan, or Selections of Refined Literature, Vol.1: Rhapsodies on Metropolises and Capitals, translated, with Annotations and Introduction by David R. Knechtges", *T'oung Pao*, Second Series Vol.71, No.1/3(1985), pp.139–142.

维《昭明文选英译第二册:祭祀、畋猎、纪行、游览、宫殿、江海之赋》①。她全
面指出了此书导言、译文、注释和参考书目等各部分的优缺点,称赞康达维
的译文有很高的学术性。同时,她也认为,由于康达维过分追求准确,以至
于有卖弄学问之嫌,而使译文缺乏文学性。特别是在用词和句法上,在"古
旧、奇特和现代用法之间跳动"。然而,白安妮对译文用词和句法的批评似
乎有失偏颇。因为,使用奇文玮字是汉赋的一大特色,翻译除了要使读者理
解文章的内容还要使他们领略原文的特点。适量地使用希腊语和拉丁文不
仅不会破坏作品的文学性,相反体现了译者为忠实于原文特色而作出的努
力,同时也增加了译文的历史厚重感。康达维认为"好的译文允许读者进
行一次隐喻的航行,航行至异域,完完全全的异域,在那里有十分遥远的时
间和十分不同的别样文明"②。从康达维的观点可以看出,他的翻译目的不
仅仅是为了让读者获得文学享受,更重要的是把异域文化介绍给英语世界
的读者,他的译文正是对其翻译观的实践。

二、近三十年康达维赋学成果在中国的传入及影响

中国学术、文化界对于康达维的了解,晚于西方汉学界 10 年左右,而始
于 20 世纪 80 年代中期,至 21 世纪初期有更为广泛的关注和初步的研究。

(一) 康达维与中国古代文学界交流并用中文发表赋学论文

20 世纪 80 年代中期,步入中年的康达维开始了与中国古代文学界的
学术交流。1985 年,康达维在台北的《淡江评论》发表了题为《赋中描写性
复音词的翻译问题》的学术论文;这年夏天,还经由美国学者车淑珊(Susan
Cherniack)博士,得到了由山东大学龚克昌教授赠送的赋学著作《汉赋研
究》;③1986 年,在台北召开的有关汉学的研讨会议上,康达维又提交了论
文《汉赋中的诗意旅行》(Poetic Travelogue in the Han Fu)。此论文后收录于
有关汉学的研讨会议论文集。

1986 年 12 月,康达维在汕头参加第一届国际韩愈学术研讨会,并提交

---

① Anne M. Birrell, "Review: Wen Xuan, or Selections of Refined Literature Vol.2: Rhapsodies on
Sacrifices, Hunting, Travel, Sightseeing, Palaces and Halls, Rivers and Seas by David R. Knechtg-
es", *Bulletin of the School of Oriental and African Studies*, Vol.53, No.3(1990), pp.556-557.

② David R. Knechtges, "The Perils and Pleasures of Translation: The Case of the Chinese Clas-
sics", *The Tsing Hua Journal of Chinese Studies*, New Series Vol.34, No.1(June 2004), pp.
123-149.

③ 参见龚克昌:《海内存知己:回忆与康达维教授的交往(代序)》,见苏瑞隆、龚航:《廿一世
纪汉魏六朝文学新视角:康达维教授花甲纪念论文集》,(台湾)文津出版社 2003 年版,第
31—41 页;龚克昌:《中国辞赋研究》,山东大学出版社 2003 年版,第 764—775 页。

中文论文《韩愈古赋考》,此论文后收录于1988年广东人民出版社出版的《韩愈研究论文集》,题为《论韩愈的古赋》。在这次会议上,康达维第一次与龚克昌教授见面。

1988年8月,康达维与夫人张泰平博士一道,赴长春参加第一届国际《文选》研讨会,提交论文《欧美"文选学"研究概述》,此论文收录于由吉林文史出版社同年出版的《昭明文选研究论文集》;同时,康达维被原长春师范学院(长春师范大学)昭明文学研究室聘为名誉研究教授。长春会议后,康达维受龚克昌教授的邀请,赴山东大学为中文系师生作了题为《美国的中国文学研究》的学术讲座,并被聘为山东大学客座教授;1990年,又赴山东济南,参加在山东大学召开的首届国际辞赋学学术研讨会,并提交论文。

在20世纪80年代末至90年代初期,康达维研究中国文学和辞赋的文章如《〈文选〉赋评议》《论赋体源流》等①,陆续在我国的一些学术会议论文集或学术期刊上用中文发表出来。康达维的名字及其学术成果也逐渐被中国古代文学研究界所认识,一些中国学者也开始了对康达维赋学成果的介绍和评论。

(二)20世纪八九十年代中国学者对康达维《汉赋:扬雄赋研究》的中文介绍

最早用中文对康达维《汉赋:扬雄赋研究》进行评介的是香港大学的何沛雄教授。

何沛雄教授毕业于香港大学,是英国牛津大学文科哲学博士、英国皇家艺术学院院士、英国皇家亚洲学院院士、英国语文学院院士。曾任香港大学名誉教授、珠海书院中国文史研究所所长等职。著有《读赋拾零》(香港万有图书公司1975年版)、《赋话六种》(香港三联书店1982年版)、《汉魏六

---

① 参见[美]康达维:《〈文选〉赋评议》《欧美文选研究述略》,见《昭明文选研究论文集》,吉林文史出版社1988年版,第74—80、295—304页;[美]康达维:《论韩愈的古赋》,见《韩愈研究论文集》,广东人民出版社1988年版,第174—189页;[美]康达维:《论赋体的源流》,《文史哲》1988年第1期;[德]卫德明、[美]康达维:《论唐太宗诗》,彭行译《文史哲》1989年第6期;[美]康达维:《〈文选〉英译浅论》,见赵福海主编:《文选学论集》,时代文艺出版社1992年版,第98—110页;[美]康达维:《西京杂记中的赋》,向向译,《社会科学战线》1994年第1期;[美]康达维:《文宴:早期中国文学中的美食》,见乐黛云、陈珏编选:《北美中国古典文学研究名家十年文选》,江苏人民出版社1996年版,第664—686页;[美]康达维:《班婕妤诗和赋的考辨》,见郑州大学古籍整理研究所、中国文选学研究会主编:《文选学新论》,中州古籍出版社1997年版,第260—278页;[美]康达维:《欧美"文选学"研究概述》,见俞绍初、许逸民主编:《中外学者文选学论集》,中华书局1998年版,第1178—1185页;[美]康达维:《班昭〈东征赋〉考》,见南京大学中文系主编:《辞赋文学论集》,江苏教育出版社1999年版,第186—195页;等等。

朝赋家论略》(台北学生书局 1986 年版)等赋学专著。

1975 年,何沛雄在香港万有图书公司出版了《读赋拾零》一书,书中评介康达维的《汉赋:扬雄赋研究》说:

> 美国友人康达维(D. R. Knechtges)著《扬雄赋研究》一书,首述子云之生平、思想及其《法言》《太玄经》之要旨,次译《甘泉》《河东》《校猎》《长杨》四赋,并讨论其写作年月,继分析扬雄由"少而好赋"变为"壮而悔之"之原因,最后评论扬雄赋之成就。附录有《现存扬雄赋真伪质疑》一文及《扬雄生平大事纪要年表》。窃以为外国学者研究扬雄之精,无出其右矣。①

这大概是中国学者对于康达维《汉赋:扬雄赋研究》的最早的中文评介。

1982 年,何沛雄编撰出版的《赋话六种》中收入《读赋拾零》。

1990 年,何沛雄又出版了《汉魏六朝赋论集》一书,书中附录"西方汉学家汉魏六朝赋译著评介",包括了对华兹生(Burton Watson)《汉魏六朝赋选》、康达维《汉赋:扬雄赋研究》、葛克咸《英译庾信〈哀江南赋〉》三部著作的介绍和评价。此书收录的《康达维〈扬雄赋研究〉评介》一文,开篇即称"本书为第一本研究扬雄赋之专著",接着介绍了该书的章节结构、主要内容,以及对赋篇的翻译和作者对辞赋文体发展的认识等。他称赞康达维书中分析枚乘《七发》之结构、文辞"最为可取","论司马相如的《子虚·上林赋》,亦能道出其修辞上的特点"②,对扬雄赋与司马相如赋差异的论析和对扬雄赋学观转变亦有精到分析。对于康达维的扬雄赋英译,何沛雄教授则评论说:

> 本书翻译扬雄之赋……均能不失原意。子云之赋,一般读者,多感艰涩,而本书作者,竟能旁征博引,阐释清楚,允称难得之作。据悉,康达维教授研究扬雄作品,始于一九六三年……然后于一九七六年刊印成书,屈指前后达十三载云。其用力之勤,概可想见矣。③

当然,何沛雄的评论文字中,也透露有对康达维译文缺乏文学性的批评,最后还指出该书附录对于《蜀都赋》真伪问题的讨论缺乏新意,并为之

---

① 何沛雄:《赋话六种·读赋拾零》,生活·读书·新知三联书店 1982 年版,第 157 页。
② 何沛雄:《汉魏六朝赋论集》,(台湾)联经出版事业公司 1990 年版,第 211—213 页。
③ 何沛雄:《汉魏六朝赋论集》,(台湾)联经出版事业公司 1990 年版,第 216 页。

补充了一条材料。

自 1975 年至 1990 年,何沛雄 3 次在其著作中推介康达维的《汉赋:扬雄赋研究》,可见他对康达维此著的重视。可是,因为何沛雄这 3 种著述均是在香港地区、台湾地区出版,再加上较长时间里大陆学界对古代辞赋的研究不够重视,何沛雄对康达维的评介一直没有引起大陆学者应有的注意。

1990 年,湖北大学何新文教授在写作《中国赋论史稿》的过程中,托人从南京复印了何沛雄的《赋话六种》,1991 年又得到何沛雄教授题赠的《汉魏六朝赋论集》一书,从而据之初步了解了康达维教授的辞赋研究成果。于是,何教授从北京图书馆借阅复印了康达维《汉赋:扬雄赋研究》的英文原著,在朋友的帮助下翻译了该书的"导言"部分,附录于 1992 年完成、1993 年初出版的《中国赋论史稿》书末;又在该书第六章"现当代赋论"中设"国外赋学论著附说"一节,简介康达维的《汉赋:扬雄赋研究》。何教授认为"此书的主要内容是对扬雄《甘泉》《河东》《校猎》《长杨》等重要赋作的分析论述及英译",但仍然具"有较高的学术水平和资料价值"。其称:

> 这是国内外赋学界第一部研究扬雄赋的专著。全书内容丰富,资料翔实。作者对扬雄的生平、思想,扬雄的文学观及其赋论,扬雄赋的特点、成就等,都以客观的态度作了论述评价,其中颇多中肯、独到的见解。此著是当代赋学研究的重要收获。①

《中国赋论史稿》的相关论述,是大陆学者对康达维《汉赋:扬雄赋研究》首次比较详细的介绍。随着此史稿的发行传播,赋学界对康达维及其《汉赋:扬雄赋研究》的了解,进入了一个新的阶段。

1994 年,由宋柏年主编的《中国古典文学在国外》第二编第一章"《史记》《汉书》和汉赋"中就有对康达维的《汉赋:扬雄赋研究》的简要评论。书中认为康达维的研究摒弃了各种的偏见,极力拓宽与开掘对'赋'的理解","抓住了扬雄博学精深的特点,在人格及文学才干上树立起扬雄的形象。这本书还指出了康达维对赋体研究的贡献主要表现在两个方面:一是他舍弃了当时一般人所惯用的政治社会意义的批评方法,从语言形式美学方面来分析"赋";二是他对赋体的渊源进行了研究。② 这些观点精到地概

---

① 何新文:《中国赋论史稿》,开明出版社 1993 年版,第 222、263—275 页。

② 参见宋柏年主编:《中国古典文学在国外》,北京语言学院出版社 1994 年版,第 91—92 页。

括了康达维对扬雄研究和赋体研究所作的主要贡献,遗憾的是书中并未对
其进行深入论述。

又如1997年,周发祥先生发表《西方汉学界的文类研究述要》一文,从
"汉学界文类研究"的具体角度切入,评论康达维在《汉赋:扬雄赋研究》中
力排众议,将"赋"体名称英译为"rhapsody"的意义,肯定康达维的赋体英译
"不仅注意到了中西文类本身的内在特点,而且注意到了它们创作和流传
的外部环境"①。

(三) 21世纪以来康达维影响的扩展及对康达维学术研究的开启

进入21世纪,康达维在海峡两岸暨港澳古代文学、文化研究界的影响
逐渐扩大,对于康达维辞赋成就的研究也初步兴起。

2001年4月,马积高的《历代辞赋研究史料概述》一书由中华书局出
版,其中介绍了康达维的《汉赋:扬雄赋研究》。马积高依据何新文教授对
此书"导言"部分的翻译,对其内容做了简要的评论。②

2003年7月,苏瑞隆、龚航主编的《廿一世纪汉魏六朝文学新视角:康
达维教授花甲纪念论文集》在台湾地区出版。书中不仅列有由康达维教授
的博士门生、新加坡国立大学中文系苏瑞隆所撰的《康达维先生略传》《康
达维先生学术著作编年表》《历届博士、硕士弟子及论文一览表》,还有山东
大学龚克昌教授所撰《海内存知己:回忆与康教授的交往》,以及海内外学
者所撰研究汉魏六朝文学的论文19篇。该论文集是关于康达维教授生平
及其赋学研究信息最为丰富的一部中文著述,为想要了解、传播和研究康达
维著作的学者带来了极大的便利。

2007年,烟台大学人文学院孙晶教授出版了《汉代辞赋研究》一书,这
是她整合其2001年完成的博士学位论文和2004年完成的博士后出站报告
的学术成果。此书在第一章《西方学者视野中的赋》内列入"康达维
(Knechtges)对文体缺类研究的贡献"一节,指出康达维将"赋"译为"rhap-
sody"("史诗"或"叙事诗"),是从"赋是可以朗诵的诗歌"这一特点入手
的。他之所以"把赋称为诗是受西方传统的诗学观和思维模式的影响",选
择的译名"rhapsody"在表现媒介上与中国的赋类似,并符合西方流行的文
学三分法,因此很快得到了西方汉学界的认可。对于康达维英译"赋"体名
称的这一变化,孙晶评论说:

---

① 周发祥:《西方汉学界的文类研究述要》,见阎纯德主编:《汉学研究》(第二集),中国和平
　出版社1997年版,第429—430页。
② 参见马积高:《历代辞赋研究史料概述》,中华书局2001年版,第260—261页。

康达维（David R. Knechtges）直言"在英文和其他语言里，没有与赋这种文体相应的名称"，是因为他对中国传统文学中的赋进行了更为深入的考察，也是他尊重中国文学发展实际的一种做法，但作为跨文化研究的学者，他尝试译赋为"rhapsody"是更受西方学者欢迎的一种做法，有助于西方学者更深入地了解中国的赋，为中西比较文学领域的文体缺类研究做出了重要贡献"。①

与康达维本人不同，孙晶似乎更欣赏将"赋"体名称英译为"rhapsody"才有益于交流。此外，孙晶在此著出版之前，已经发表了《西方学者视野中的赋：从欧美学者对"赋"的翻译谈起》②的论文。湖南大学的郭建勋教授和钟达锋博士的《赋与狂诗——从赋的译名看赋的世界性与民族性》③也论及了同一问题，他们认为康达维将赋译为"rhapsody"正体现了赋的世界性和民族性。

2008年，程章灿教授在《欧美六朝文学研究管窥》④一文中提及了康达维教授为中国中古文学研究所作的贡献，比如：致力于《昭明文选》英译工作，出版了专著《早期中国的宫廷文化与文学》，培养了大批门生，等等。但是，他对康达维研究的具体内容未做评介。

2010年，北京外国语大学中文学院蒋文燕博士发表了《研穷省细微、精神入画图：汉学家康达维访谈录》，讲述了康达维的家庭背景、求学经历、主要学术观点和赋篇翻译的方法、原则等，为研究康达维提供了许多有益的资料和信息。⑤

2011年，苏瑞隆又在《湖北大学学报》发表《异域知音：美国汉学家康达维教授的辞赋研究》一文，从"《昭明文选》所收赋的英译""汉魏六朝赋篇的具体剖析""《汉赋：扬雄赋研究》对赋家扬雄的探讨"和"关于古代赋学的若干专题"等四个方面，较为全面地概述了康达维辞赋研究的成果。⑥ 但囿于篇幅，这些介绍还相当简略，尚未进行深入的总结分析或学术探讨。

① 孙晶：《汉代辞赋研究》，齐鲁书社2007年版，第28—38页。

② 孙晶：《西方学者视野中的赋——从欧美学者对"赋"的翻译谈起》，《东北师大学报》2004年第2期。

③ 郭建勋、钟达锋：《赋与狂诗——从赋的译名看赋的世界性与民族性》，《中山大学学报（社会科学版）》2014年第5期。

④ 程章灿：《欧美六朝文学研究管窥》，《南京理工大学学报（社会科学版）》2008年第1期。

⑤ 参见蒋文燕：《研穷省细微、精神入图画：汉学家康达维访谈录》，见张西平主编：《国际汉学》（第二十辑），大象出版社2010年版，第13—22页。

⑥ 参见苏瑞隆：《异域知音：美国汉学家康达维教授的辞赋研究》，《湖北大学学报（哲学社会科学版）》2011年第1期。

2012 年,何新文教授等合著的《中国赋论史》问世,合作者之一的苏瑞隆又将上述文章的基本内容以"美国学者康达维的赋学成就"一节,列入第八章"20 世纪国外赋学研究概况"之中。①

2013 年,上海译文出版社出版了苏瑞隆翻译的《汉代宫廷文学与文化之探微:康达维自选集》。书中收集康达维具有代表性的辞赋论文 14 篇,并附有《康达维先生学术著作编年表》及《原文数据目录》。② 继这本自选集之后,2019 年南京大学出版社出版了《赋学与选学:康达维自选集》。这本自选集着重聚焦《昭明文选》研究,也包括了对欧美赋学研究的简介及对《遂初赋》和《山居赋》的研究。③ 这两部中文版自选集的出版,为中文读者提供了由作者自己认定的权威的康达维辞赋研究选本。

2014 年,中国社会科学院文学研究所研究员马银琴发表《博学审问、取精用弘——美国汉学家康达维教授的辞赋翻译与研究》一文,结合康达维的受教育经历及其翻译理论,从辞赋翻译和研究两方面展示了康达维所取得的学术成就,并总结他的治学特点为"博学审问、取精用弘"。④此文以评介为主,涉及的文献资料已包括康达维《昭明文选赋英译》(第一、二册)、《扬雄赋研究》及《鲍照〈芜城赋〉的创作时间与场合》《汉赋中的纪行之赋》《〈文选〉英译浅论》等部分辞赋研究论文。

从 2016 年开始有一批研究康达维辞赋英译的论文及专著出现,如钟达锋的博士论文《康达维译〈文选·赋〉研究》⑤和翻译研究论文《康达维译〈文选·赋〉:学术研究型深度翻译》⑥,阮诗芸、姚斌《赋之音乐效果英译研究——以康达维〈文选·洞箫赋〉为例》⑦,刘艳丽《康达维英译〈文选·赋〉翻译策略研究——以〈长门赋〉为例》⑧,笔者和何新文的《康达维汉赋描写

---

① 参见何新文、苏瑞隆、彭安湘:《中国赋论史》,人民出版社 2012 年版,第 450—459 页。
② 康达维论文自选集英文原本 *Court Culture and Literature in Early China*,2002 年由英国出版社 Ashgate Publishing 出版。此论文集后由新加坡国立大学苏瑞隆教授译成中文,题为《汉代宫廷文学与文化之探微:康达维自选集》,2013 年由上海译文出版社出版,全书 21 万字,共 310 页。
③ 参见[美]康达维:《赋学与选学:康达维自选集》,张泰平等译,南京大学出版社 2019 年版。
④ 参见马银琴:《博学审问、取精用弘——美国汉学家康达维教授的辞赋翻译与研究》,《福建师范大学学报(哲学社会科学版)》2014 年第 3 期。
⑤ 钟达锋:《康达维译〈文选·赋〉研究》,湖南大学博士学位论文,2016 年。
⑥ 钟达锋:《康达维译〈文选·赋〉:学术研究型深度翻译》,《外语教学与研究》2017 年第 1 期。
⑦ 阮诗芸、姚斌:《赋之音乐效果英译研究——以康达维〈文选·洞箫赋〉为例》,《国际汉学》2018 年第 1 期。
⑧ 刘艳丽:《康达维英译〈文选·赋〉翻译策略研究——以〈长门赋〉为例》,《洛阳师范学院学报》2020 年第 9 期。

性复音词的英译策略与方法论启示》①和笔者的《美国汉学家康达维英译〈高唐赋〉研究》②。这些成果主要是从翻译的角度对康达维的辞赋英译进行分析和评论，其辞赋研究成果以及除《文选·赋》收录辞赋之外的赋篇英译却较少论及。

综上所述，自1977年欧美学者发表关于《汉赋：扬雄赋研究》的评论以来，40余年间，中外学术界关于康达维的学术成就，已经发表了10余篇书评或介绍性文章；何沛雄、何新文、龚克昌、孙晶等赋学研究者，分别在《汉魏六朝赋论集》《中国赋论史稿》《中国辞赋研究》《汉代辞赋研究》《中国赋论史》等5部赋学著作中有不同程度的论及；康达维《文选·赋》英译开始受到中国学者的注意，出现了专论其英译的学术论文；另外，还出版了《康达维教授花甲纪念论文集》和2部康达维自选集；再加上康达维先生在海峡两岸暨港澳发表研究论文和参与学术交流活动，主持或参与编写的《中国文明史》及《剑桥中国史》先后出版发行，2014年又荣获"中华图书特殊贡献奖"和"国际汉学翻译家大雅奖"。康达维的名字及其在中国古代文化与辞赋研究方面的成就，已逐渐为海内外汉学界、文化文学研究界所知晓，在辞赋学界更有较大的学术影响。

但是，从专题的学术研究层面分析，现有的康达维研究尚处于起步阶段。

西方学者发表的成果主要是推介评价式的书评。中国学者则大多延续何沛雄《康达维〈扬雄赋研究〉评介》的"评介"体例，相对集中在对于康达维这篇博士学位论文的内容介绍。虽然已经有论文对其《昭明文选赋英译》进行分析评论，但相较于这三本巨著所取得的成就，目前的成果还有待进一步加深和拓宽；康达维其他用英文或中文发表的论著，还较少涉及。

而对康达维赋学成就的整体概貌，对其学术历程、学术思想的探讨，对其在中国古代辞赋传播方面所作的重要贡献，对其英译《昭明文选》赋的翻译学成就，对其赋学研究方法、理论及其在具体赋家赋作研究方面取得的学术成果，尚缺乏全面的、具体深入的研究。

总之，现有东西方学界对康达维的学术研究，与其作为欧美著名汉学家、中国赋学研究领军人物已有的成就和地位尚留有巨大的学术空间。当然，也为本书的出版，提供了机会和可能。

---

① 王慧、何新文：《康达维汉赋描写性复音词的英译策略与方法论启示》，《湖北大学学报（哲学社会科学版）》2016年第2期。

② 王慧：《美国汉学家康达维英译〈高唐赋〉研究》，《当代教育理论与实践》2016年第5期。

三、本书的学术意义及主要内容与研究思路

（一）本书的学术意义及创新之处

首先,以汉学界代表人物康达维的辞赋翻译、学术研究及影响为研究对象,全面总结其赋学理论与英译实践相结合的学术成果,可以使中国学界的研究者据此大致了解目前美国乃至西方辞赋研究的基本状况和整体水平,掌握学科前沿的最新信息。

康达维是西方为数不多的把赋这种繁难的文体作为自己主要研究对象的汉学家。他的赋学成果既包括赋篇的翻译,也包括赋学理论的探讨和赋篇的研究等方面。他的赋篇研究涉及赋的起源、特点,赋篇的真伪、主旨、所反映的文化等多方面内容,极大拓宽了西方学者赋学的研究维度。他的大量精致典雅的赋篇译文使读者能够更好地理解和欣赏赋的艺术魅力,为研究者扫清了文字障碍,有力地促进了西方赋学的发展。可以说康达维是西方辞赋研究走向深入的重要推动者,他完成了赋由翻译向研究的转变,是西方传统以翻译为重心到现代以研究为重心变革过程中承上启下的重要人物。美国普林斯顿大学教授柯马丁(Martin Kern)说:"西方的汉赋研究几乎完全可以用一个名字来概括,即康达维"①。因此,本书在综述西方辞赋研究状况的基础上,全面系统地总结探索其代表人物康达维的赋学成就,具有借一斑以窥全豹的学术意义,能够使我们中国的研究者了解目前西方辞赋研究的基本状况和整体水平,理解西方赋学未来的发展走向。

其次,他山之石,可以攻玉。总结探讨康达维辞赋学术的成就和经验,可以获得赋学研究和辞赋翻译的方法论启示。

作为一名以英语为母语的西方学者,康达维能站在"他者"的角度,不囿于东方学界的固定思维模式,对中国古代辞赋有不同的观察角度和评价意见。了解康达维对赋篇的解读和他的主要观点,可以使我们重新审视对相同问题的理解和评价是否有失偏颇,同时也能给我们以启迪和借鉴。并且,康达维的翻译力求"准确",努力表现出赋自身的特点。研究康达维的辞赋翻译和翻译理论,找出他处理疑难问题的方法和表现赋作特色的手段,可以为我们翻译更多的赋作提供可资借鉴的经验,既有利于促进中国的古典文学作品在海外的传播,也有益于中国翻译学的研究。

最后,系统深入了解康达维的赋学成就,还有利于东西方的学术与文化

---

① 转引自张海惠主编:《北美中国学——研究概述与文献资源》,中华书局2010年版,第577页。

交流,通过比较和融合,推动中西双方的中国赋学、文选学的深入发展,促进中国古代文学在西方的传播。

同时,由于康达维《汉赋:扬雄赋研究》等著作未译成中文,现有康达维研究又主要是对其部分成果的简略评介,故本书具有创新的意义。本书研究结合了传统国学、西方汉学以及翻译研究的三种思路来进行。其创新之处,既表现在本书研究要以阅读康达维的英文论著为前提,亦要有对于第一手材料的搜求和把握;又表现为要在较少现有研究成果可参考的基础上,对于康达维数十年坚持辞赋研究的学术历程及其全部赋学成就作出整体性的总结论述,亦有论述内容和论述理论方法上的创新。

(二) 本书研究的主要内容与重点难点

本书的研究内容,主要包括以下五个方面:

第一,全面综述分析 20 世纪以来欧美诸国的中国辞赋研究状况和近四十年来东西方学界对康达维及其赋学成就的介绍评论,以为本书立论并展开论述的逻辑起点。

第二,叙述康达维从青年时期修学中文与古典文学,中年时期在西雅图华盛顿大学教授中国文学、培养古代辞赋研究人才和辞赋研究方面的斐然成就,到晚年时期由辞赋领域扩展到向西方社会传播介绍中国古代文明和传统文化的人生追求与学术历程,探究康达维之所以选择中国古典文学和古代辞赋的原因。

第三,通过梳理康达维关于赋家扬雄和汉魏六朝赋篇研究的成果,总结康达维的赋学观及其辞赋研究的学术成就。将康达维关于赋体本质属性、赋体起源等方面的赋学观念,与欧美汉学界的传统观点和当代中国赋学界的主流观点进行比较,分析其间的异同,归纳康达维的独特见解和可借鉴之处;分析论述康达维辞赋研究的成果,探讨其研究的独特视角、方法、见解及结论,分析其研究中国赋学的学术渊源和个性特质,总结康达维对于中国赋学研究的价值与启示意义。

第四,赋篇翻译尤其是对《昭明文选》全部赋篇的英译,是康达维集大成性的主要学术成果。在 40 多年辞赋英译的实践过程中,康达维英译了包括《昭明文选》所收 56 篇汉魏六朝赋,以及《昭明文选》未载的《吊屈原赋》《旱云赋》《柳赋》《自悼赋》《感二鸟赋》《复志赋》《山居赋》等数十篇赋,是西方汉学家翻译古代辞赋最多的翻译家,积累了丰富翻译经验,并且撰写了《赋中描写性复音词的翻译问题》《中国中古文学翻译中的一些问题》《〈文选〉英译浅论》《翻译的险境和喜悦》等一系列研究辞赋翻译理论的论文。本书全面探讨康达维的翻译成就,一方面总结其翻译思想和翻译策略,另一方面通过对《昭明文选赋英译》正文及副文本点面结合的研究和某些赋篇英译的个案分析考察其翻译实践,并在中外翻译家的比较分析中,总结康达维的翻译经验、方法和特点,为国内翻译学界及西方汉学界的辞赋翻译研究提供理论参照与实践范式,以促进辞赋译本数量及质量的提高,扩大在西方世界的传播。

第五,编写中英文对照的《康达维学术年表》,为更多的学界同仁进一步了解和研究康达维提供参考。

本书研究的难点是:

由于《昭明文选》赋篇不仅数量众多,所录汉魏六朝赋原本就篇幅宏大、内容繁复、文字生僻、多用玮字典故,自古就堪称晦涩难读;加之康达维又将这些原本难解的汉文赋篇全部译成英文,因此,读懂并解析康达维几百万字的辞赋英译文本,就是本书研究的基本前提和重点,也是最大的难题和难点。①

（三）本书的研究思路及方法

作为西方的汉学家,康达维研究中国古典辞赋的论著大多以英文发表,且可资参考的研究康达维论著的成果相当缺乏。面对这样一个特殊的研究对象和现有的研究状况,本书的研究思路是:从广泛搜集海内外中英文的有关资料和细读全部相关的中英文文本入手,在充分掌握第一手材料的基础之上,较为全面地总体把握研究对象,攻克难点,找准切入点,然后以科学适合的研究方法,对康达维的辞赋翻译和研究展开描述性的论述、理论性的总结归纳,并且作出平实公允的学术判断,最终得出客观的学术结论。

本书的研究方法是:

1.运用文献学与文艺学并重的方法,做到从第一手材料着手,论从史出,对材料加以理论提升。

2.运用比较研究的方法,将康达维辞赋篇研究的内容、方法和主要观点以及研究侧重、审美趣味,与东西方的相关研究进行比较分析,探寻康达维赋学研究的个性特点;将康达维不同时期的扬雄赋不同译本进行纵向比较,找出差异,分析其辞赋翻译的侧重点;将康达维的译本与韦利、方志彤和华

---

① 2020年上海古籍出版社出版了由贾晋华教授组织编译的《康达维译注〈文选〉》,分上、中、下三册,用中文全文翻译了康达维英译的《文选·赋》三册。这部书出版之前,本书的撰写已基本完成。这部书对本书的修订有较大的帮助。但是,从康达维《文选·赋》英译中摘录的文字,如未特别标注,仍然是采用笔者自己的翻译。还有出自康达维其他英文著述的文字均由笔者自己翻译,如出自《汉赋:扬雄赋研究》《扬雄的汉书本传》和博士论文《扬雄、赋和汉代修辞》,以及其他英文论文中的文字。

兹生等人的译本进行横向比较研究,总结其辞赋翻译学的经验及其对于西方古代辞赋翻译的作用与影响。

3.采取宏观论述与微观分析相结合的方法,在整理勾勒出康达维学术生涯和辞赋研究发展走向的同时,以各个时期学术研究的重点为中心,运用文献资料结合文本的个案解析来总结其辞赋研究的主要观点、独特视角和方法。

4.采用还原历史文化语境的方法,将康达维放入西方文学批评发展的历史语境,研究西方文学理论的发展对康达维赋体文学研究的影响。

美国哈佛大学比较文学系主任克劳迪奥·纪廉(Claudio Gullén)曾经指出:

> 只有当世界把中国和欧美(包括英国)这两种伟大的文学结合起来理解和思考的时候,我们才能充分面对文学的重大理论问题。①

随着赋这一中国古代文学的瑰宝被西方读者所理解和接受,在东西方学者的共同努力下,关于这种文体的许多理论问题,如"赋的起源""赋的文体特征"等能够得到更好的解决。康达维教授是当代欧美辞赋研究的领军人物,全面深入地总结和探讨康达维辞赋翻译和研究的成就及其学术贡献,无论是对于当今的辞赋研究与辞赋翻译,还是把中国和欧美这两种伟大的文学结合起来理解和思考"文学的理论问题",显然都具有积极的价值和意义。

---

① 转引自曹顺庆:《中西比较诗学》,中国人民大学出版社2010年版,第2页。

第一章　康达维作为辞赋学者的
学术历程

关于对中国辞赋的译介与康达维先生生平经历的介绍,较早的中文资料有香港大学何沛雄教授《读赋拾零》及《汉魏六朝赋论集》中对《汉赋:扬雄赋研究》的简介和新加坡国立大学苏瑞隆博士的《康达维先生传略》以及载入《中国赋论史》中的《欧美的辞赋翻译与研究》等。尽管何沛雄教授和苏瑞隆博士的介绍文字都比较简略,但对于本书的叙述却具有十分宝贵的提纲挈领的示范作用。承两位学术前辈的指引,笔者在其基础上再多方搜寻有关中英文资料,补充撰写本章的内容,以概述康达维之前欧美的辞赋研究和康达维先生投身中国辞赋研究的学术历程。

第一节　康达维之前的欧美辞赋研究
(20 世纪前 70 年)

欧美汉学界译介中国古代辞赋的历史,发轫于 19 世纪末 20 世纪初,至今大约 120 余年。这 120 余年的时间,又可以康达维的博士论文《汉赋:扬雄赋研究》撰写和出版为界,大致划分为前、后两个大的阶段。本节先述康达维之前的欧美辞赋研究,约一个世纪。

一、从韦利到华兹生的辞赋翻译

1873 年,苏格兰传教士湛约翰(John Chalmers)英译的《射雉赋》①在当时的香港地区报刊上发表。这是笔者所见最早的赋篇英译。

1901 年,美国传教士、曾任北京同文馆总教习后担任京师大学堂总教习的丁韪良(William A. P. Martin),在《北华评论》上发表了《中国版的乌鸦》一文。在文中,他将贾谊《鵩鸟赋》译成英文,并指出《鵩鸟赋》与美国诗人爱伦·坡(Edgar A. Poe)的著名诗篇《乌鸦》(The Raven)有七点相似之处。1912 年,他将此文做了修订,收入其《中国传说与诗歌》②一书中。丁

---

① John Chalmers, "The Foo on Pheasant Shooting", *The China Review, or Notes and Queries on the Far East*, Vol.1, No.5(April 1873), pp.322—324.

② William A. P. Martin, *Chinese Legends and Lyrics*, Shanghai: Messrs. Kelly & Walsh, 1912.

韪良的翻译较为随意,甚至加入原文没有的文句。此后,《鹏鸟赋》成为赋篇研究的一个热点,汉学家布鲁诺·辛德勒(Bruno Schindler)和海陶玮(James R. Hightower)在德国汉学杂志《泰东》上发表过有关《鹏鸟赋》研究的论文。

1914 年,为了纠正丁韪良《鹏鸟赋》翻译和观点上的错误,英国著名汉学家、剑桥大学教授翟理斯(Herbert A. Giles)在《汉学杂录》上又发表了《中文版爱伦坡的乌鸦》①。他强调,这两篇作品的相同点十分有限,除了开篇部分一个不幸的人和一只不祥的飞鸟有类似之外,别无其他。

此后,较早英译赋作的是英国汉学家、翻译大家韦利(Arthur D. Waley)②。1923 年,他出版了《游悟真寺诗及其他诗篇:中国早期诗歌介绍》③一书。此书收录了宋玉《高唐赋》、邹阳《酒赋》、扬雄《逐贫赋》、张衡《髑髅赋》和《舞赋》(残文)、王逸《荔枝赋》、王延寿《王孙赋》和《梦赋》及《鲁灵光殿赋》(节译)、束皙《饼赋》、欧阳修《鸣蝉赋》等 11 篇赋作的英译。韦利是自学成才的汉学家,他的译文是针对普通读者,注重流畅度和可读性。有评论说:"韦利是把中国和日本的高端文学介绍给英语普通读者大众的伟大传播者。他是 20 世纪上半期将东方文化传入西方的使者。"④韦利的辞赋译文使英语读者初步接触了中国的辞赋作品,其筚路蓝缕之功尤为可贵。

韦利在书中,对《高唐赋》《舞赋》《梦赋》《鸣蝉赋》用散文和自由体诗的形式将赋的韵体和散体部分在形式上做了区分,表现出了赋作形式上的特点,但是,此书将这些赋作与白居易的《游悟真寺诗一百三十韵》和乐府诗《孔雀东南飞》《木兰辞》《陌上桑》等诗篇收录在一起,并定名为《游悟真寺诗及其他诗篇:中国早期诗歌介绍》,难免误导读者,使他们认为赋就是诗,是篇幅较长的诗。韦利在"序言"中也说明了他认为赋与所有形式的诗是一样的,都源自音乐和舞蹈。这种不能配乐而用于朗诵的诗就是赋⑤。韦利对赋体文学的界定有着深远的影响,赋就是诗或者赋属于诗的观点在西方汉学界占有统治地位。如,2013 年出版的《剑桥中

---

① Herbert A. Giles, "Poe's 'Raven'—in Chinese", *Adversaria Sinica*, (Shanghai 1914), pp.1-10.
② 何沛雄著《读赋拾零》称作"韦理",认为他是"西方汉学家最早译赋"的翻译大师,见何沛雄:《读赋拾零》,生活·读书·新知三联书店 1982 年版,第 152 页。
③ 韦利对辞赋的英译还有《中国诗歌 170 首》(170 *Chinese Poems*, London: Constable and Co. Ltd, 1918),这本书收入屈原《国殇》,宋玉《雄风、雌风》(即《风赋》)、《登徒子好色赋》和汉武帝《秋风辞》,等。
④ E. B. Brooks, *Arthur Waley*, Warring States Project, University of Massachusetts.
⑤ Arthur Waley, *The Temple and Other Poems*, London: Allen & Unwin, 1923.

国文学史》就认为："具有一定长度的诗歌文本均可称为'赋',有时也称为'颂''辞'。"①

1927—1928 年,德国汉学家何可思(Eduard Erkes)在德国《通报》第 25 卷上发表了《神女赋》的英译文,题为"Shen-Nü-Fu:The Song of the Goddess"。② 其译文的底本为清人于光华《评注昭明文选(石印本)》所收的《神女赋》,之前附有宋人张凤翼的纂注及清人何焯的评论。译文较为严谨,并附有 96 条注释,属于学者型的译文。

1931 年,英国汉学家李高洁(Cyril Drummond Le Gros Clark)出版了他的《苏东坡集选译》,收录了《前赤壁赋》《后赤壁赋》《昆阳城赋》《后杞菊赋》《秋阳赋》《黠鼠赋》《服胡麻赋》《滟滪堆赋》《屈原庙赋》《中山松醪赋》《飓风赋》等 11 篇赋的英译文③。他的译文存在一些理解上的错误。吴世昌先生(1932 年)在《新月》上发表了《评李高洁〈苏东坡集选译〉》,犀利地指出了《前赤壁赋》中 9 例翻译不当之处。他同时也指出了译者"记"与"赋"不分,将《超然台记》《放鹤亭记》《石钟山记》等 7 篇散文作品当作赋体作品。

1951 年,哈佛大学汉学家、比较文学专家方志彤(Achilles Fang)英译并分析评论了陆机的《文赋》④。《文赋》围绕着艺术构思谈文学创作的过程。它虽然是探讨文学理论的论文,但又具有赋作铺排、想象丰富的特点,并包含有众多比喻。译文既要清晰地阐释文学理论,又要保留原文的文学色彩,殊非易事。方志彤的译文较忠实于原文,对于难词难句有较详细的注释。他的译文引导着读者理解字面下的深意,而非代读者理解。他详细分析了《文赋》的韵脚,认为如果用是否具有规律的用韵模式来区分诗歌和散文的标准来衡量赋,赋应该属散文。他用抑扬格来翻译原文,使译文具有韵律,但不押韵。并且,他还注明了底本和校本,著录了异文,对于重要的专有名词有详细的阐释和翻译注解。方志彤的英译文是研究《文赋》不可多得的资料。

1960 年,普林斯顿大学出版社出版了由英国汉学家霍克思(David

---

① [美]孙康宜、宇文所安主编:《剑桥中国文学史》(上卷),生活・读书・新知三联书店 2013 年版,第 120 页。

② Ed. Erkes, "Shen-Nü-Fu:The Song of the Goddess", *T'oung Pao*, Vol.25, No.5, 1928, pp. 387-482.

③ 此书于 1935 年再版,更名为《苏东坡的赋》(*The Prose-Poetry of Su Tung-p'o*, Shanghai: Kelly and Walsh;London:Kegan Paul,1935)),并有钱锺书先生为其作序。

④ Achilles Fang, "Rhymeprose on Literature:The Wen-fu of Lu Chi(A.D.261-303)", *Harvard Journal of Asiatic Studies*, Vol.14, No.3/4(December 1951), pp.527-566.

Hawkes）整理的其师英国汉学家修中诚（Ernest R. Hughes）在 1956 年完成的遗作《两个中国诗人：汉代生活与思想剪影》①。修中诚的《两个中国诗人：汉代生活与思想剪影》英译了班固的《东都赋》《西都赋》和张衡的《东京赋》《西京赋》。他的译文只是释义，大概叙述了这几篇赋的主要内容，并多有删节。他以历史学家的眼光将这四篇作品作为研究汉代城市布局、社会思想、宫廷生活、政治制度的重要数据，并提取分析了这些数据，对于赋体文学本身和作品的文学特色却未提及。

　　1971 年，华兹生教授出版了《汉魏六朝辞赋》②一书，收录了宋玉《风赋》、贾谊《鵩鸟赋》、司马相如《子虚、上林赋》、王粲《登楼赋》、曹植《洛神赋》、向秀《思旧赋》、潘岳《闲居赋》、木华《海赋》、孙绰《游天台山赋》、谢惠连《雪赋》、鲍照《芜城赋》、江淹《别赋》和庾信《小园赋》等 13 篇赋作的英译文，还附有《荀子·赋篇》的前两篇译文③。译文针对普通读者，通顺畅达，但没有学术性的注释。

　　除了英译本之外，在欧洲出版的辞赋译本还有俄裔法国汉学家马古烈教授（Georges Margouliè）1928 年出版的《文选中的辞赋：研究与翻译》中收录的《昭明文选》中部分辞赋的法译文，以及曾在晚清到民国初年在中国担任外交使节的奥地利汉学家凡·赞克（Erwin von Zach）④在 1958 年出版的《中国文选：昭明文选作品翻译》中收录的《文选》赋的德译文。⑤　由于笔者未见这些译本，无法予以置评。

　　但就英译本来看，首先，译文的数量十分有限。上面列举的赋篇英译文只有 40 余篇，相较清代鸿宝斋主人编撰的《赋海大观》所收录的先秦至清代的 12265 篇赋，只是沧海一粟。其次，译文中多为体制短小的赋作，对于赋体发展高峰期的散体大赋的呈现，在数量上和质量上都不尽如人意。大赋中，完整的只有华兹生英译的《子虚、上林赋》和《海赋》；韦利译的《鲁灵光殿赋》只是从"飞禽走兽，因木生姿"至"贤愚成败，靡不载述"的一小段；修中诚译的四篇京都赋属于释义，只是大概叙述了赋篇的主要内容，一些难

---

①　Ernest R. Hughes, *Two Chinese Poets: Vignettes of Han Life and Thought*, Princeton, New Jersey: Princeton University Press, 1960.

②　华兹生 1925 年生于纽约，1956 年在哥伦比亚大学获得博士学位，后在京都大学、哥伦比亚大学、斯坦福大学教授中国及日本语文，旅居日本直至逝世。

③　Burton Watson, *Chinese Rhyme-Prose: Poems in the Fu Form from the Han and Six Dynasties Periods*, New York & London: Columbia University Press, 1971.

④　赞克在 1901—1919 年担任奥匈帝国外交官，大部分时间在中国居住。1919 年移居马来群岛，翻译中国古典文学，几乎将所有杜甫、李白和韩愈的诗译成德文，在晚年将《昭明文选》全集译成德文，由哈佛大学出版社于 1958 年出版。

⑤　参见何新文、苏瑞隆、彭安湘：《中国赋论史》，人民出版社 2012 年版。

词难句弃之未译。他的译文是绝笔，经其学生牛津大学教授霍克思的编辑整理才得以出版，如果有足够的时间修改，译文绝不会以残缺的面貌呈现。最后，译文的质量有待提高。上述译文多是针对普通的读者，注重其可读性，有许多不够严谨之处。如康达维曾批评韦利将束皙的《饼赋》译为"Hot Cake"，意思是"热蛋糕"，两种食物在做法和口味上都相去甚远。① 即使是学者型的译文中也存在误译。比如，何可思将《神女赋》中"寐而梦之，寤不自识"一句中的"寤不自识"译为"in my slumber I did not recognize myself"②，意为"熟睡时，我认不出自己"，而原文的意思应该是"醒来之后，我已记不清神女的模样"。

　　总之，20 世纪 70 年代之前，从译文的数量和质量上来看，可以说赋体文学的英译处于初始阶段。

二、卫德明与海陶玮的辞赋研究

　　西方汉学家辞赋研究的基础是翻译，对于赋的翻译本身就包含着译者对赋的理解和认识。如果我们要探寻自 20 世纪初期以来西方学者相对专门的赋学研究成果，则大致可以分为两种主要的形式：一是各类辞赋英译选本中的"前言"或"序"（或"绪论""导言"）对赋及与之相关内容的介绍；二是单篇的论赋文章。

　　前者如韦利《游悟真寺及其他诗篇：中国早期诗歌介绍》一书中长达 52 页的"简介"，篇幅已占全书的三分之一。文中介绍了《诗经》《楚辞》、汉赋，以及屈原、宋玉、邹阳、枚乘、司马相如、扬雄、张衡、王逸、王延寿、束皙、陶潜、白居易等作者的生平及作品③。韦利将赋看作诗的一种，试图勾勒出从先秦至唐代诗歌的发展轨迹④。其中，韦利专门介绍了赋的结构、骚体赋的韵律形式、赋的起源。他的著作是当时西方了解中国辞赋、赋家及其作品最详细的资料，至今仍是赋学研究者的必读书目，产生了很大的影响。目前，西方汉学界占主流地位的观点仍然是追随韦利，认为赋是诗

---

① 参见［美］康达维：《汉代宫廷文学与文化之探微：康达维自选集》，苏瑞隆译，上海译文出版社 2013 年版，第 256 页。

② Ed. Erkes, "Shen‐Nü‐Fu: The Song of the Goddess", *T'oung Pao*, Vol. 25, No. 5, 1928, pp. 387–482.

③ Arthur Waley, *The Temple and Other Poems*, London: Allen & Unwin, 1923, pp.9–61.

④ 从韦利的举例和所收录的作品来看，他所谈论的诗歌主要是体制相对较长的作品，包括我们今天所说的楚辞、赋、古诗、乐府歌谣。

的一种。① 并且，他的许多观点影响了后学的研究。例如，韦利说，"在很早以前，区分赋的显著标志是它是不歌而诵的"②。康达维也强调赋的"不歌而诵"，并把诵读作为赋的本质属性。康达维还澄清自己不是使用"rhapsody"翻译"赋"的第一人，而指出"英国人 Arthur Waley，他很早就用rhapsody 来翻译赋"③，显然韦利的研究对他影响很大。韦利对华兹生的研究也有不小的影响。韦利认为"赋的形式神奇，它源自楚国巫师吟唱祈求降神和显神的咒语"④，华兹生沿袭并生发了韦利的观点，认为"赋虽然有完全独特的形式，其实与巫歌和民间宗教中的吟唱相关"⑤。康达维则在其《七种对太子的刺激：枚乘的〈七发〉》一文中驳斥了这一看法，认为这种"魔力咒语(magical spell)"实际上是修辞所起的作用。韦利对赋的翻译和介绍促进了西方赋体研究的发展。

　　另一位早期译赋的大家华兹生在 1971 年出版的《汉魏六朝辞赋》的"导言"中，对赋进行了较为详细的解说。除了介绍译文集中所收录的作品内容，他还介绍了散体大赋的结构、句子长度、音韵、修辞、用词及其起源，也附带介绍了律赋和文赋的特点；还介绍了扬雄和班固的赋论、清代陈元龙编撰《历代赋汇》的主要内容；驳斥了三种当时在中国批评界流行的对赋的偏见；说明了赋在内容和用词上对诗歌的影响；等等。此外，该书还附录有《早期赋体的批评》，包括班固《两都赋序》、左思《三都赋序》、刘勰《文心雕龙·诠赋》。⑥ 华兹生的介绍和韦利一样，使读者能更深入地理解赋的美，同时也启发更多的研究者从事赋文学的研究。

---

① 西方汉学家沿用古希腊以来以有韵或无韵来区分文体的二分法。主流观点强调韵律，认为赋是诗的一种。如，奥地利汉学家赞克将"赋"译为"poetische Beschreibung"（诗歌般的描写）；法籍汉学家吴德明（Yves Hervouet）将赋定义为"宫廷诗歌"（poésie de cour）。强调韵式结构的一派认为，赋的特点偏于散文。如，荷兰汉学家高罗佩（Robert Van Gulik）译"赋"为"poetic essay"（诗性的散文），英国汉学家修中诚则较为中立，将"赋"译为"prose poem"（散文诗）。美国汉学家华兹生对"赋"的翻译十分矛盾，他将《汉魏六朝赋》之"赋"译为"Chinese Rhyme-Prose：Poems in the Fu Form"。在这个标题中，他同时将"赋"译为"rhyme-prose"（有韵散文）和"poems in the Fu form"（赋体形式的诗歌）。赋是中国特有的文体，把它强行纳入西方二分法的体系是有问题的。
② Arthur Waley, *The Temple and Other Poems*, London：Allen & Unwin, 1923, p.15.
③ 蒋文燕：《研穷省细微、精神入图画：汉学家康达维访谈录》，见张西平主编：《国际汉学》（第二十辑），大象出版社 2010 年版，第 16 页。
④ Arthur Waley, *The Temple and Other Poems*, London：Allen & Unwin, 1923, p.17.
⑤ Burton Watson, *Chinese Rhyme-Prose：Poems in the Fu Form from the Han and Six Dynasties Periods*, New York & London：Columbia University Press, 1971, p.2.
⑥ Burton Watson, *Chinese Rhyme-Prose：Poems in the Fu Form from the Han and Six Dynasties Periods*, New York & London：Columbia University Press, 1971, pp.1-18.

　　另一种赋学研究成果——单篇的论赋文章,始于对贾谊《鹏鸟赋》的评析,如前述丁韪良的《中国版的乌鸦》、翟理斯的《中文版爱伦坡的乌鸦》等。后来,更有《泰东》创刊者德国人辛德勒博士的专题论文。他在1959年发表了《贾谊及其鹏鸟赋笔记》一文,结合贾谊的生平来分析此赋,认为这是中国文学中最早将一连串典故用赋的形式写出来的作品。①

　　再如,1961年马瑞志教授(Richard B. Mather)在《天台山的神秘攀登:论孙绰的〈游天台山赋〉》一文中,对孙绰这篇赋进行了翻译和评介,认为这篇赋是作者想象的产物,而不是真正的纪行赋。②

　　而对古代辞赋研究颇有成就且对康达维产生过重要影响的汉学家,则是华盛顿大学的卫德明教授(Hellmut Wilhelm)和哈佛大学的海陶玮教授。

　　德籍汉学家卫德明,是华盛顿大学讲授中国文学史的教授。1963年,还在上大学的康达维就是在卫教授的"中国文学史"课程中第一次接触到汉赋,并受其影响而开始了对扬雄赋的研究。

　　1957年,卫德明《士不遇:对一种类型的"赋"的注解》一文,发表在费正清(John King Fairbank)所编、芝加哥大学出版社出版的《中国的思想与制度》一书中。他认为几乎所有的赋都有政治主题,反映了统治者与官员之间的关系。他分析了《荀子·赋篇》、贾谊《旱云赋》、董仲舒《士不遇赋》和司马迁的《悲士不遇赋》这类"士不遇赋"中有关"学者失意"的内容,认为这些赋反映了学者在社会中的地位以及他们与统治者的关系。③ 后来,康达维高度评价此文是"对赋最有意义和最为轰动的研究"之一,卫德明博士在这篇为中国思想与制度讨论会准备的文章中,提出了一个与传统思想相对立的观点,即"赋并非起源于楚文学,而是政治家及其讽谏艺术的遗产""赋首先是一种修辞手法"。④

　　1963年,卫德明教授又出版了他的德文演讲稿《天、地、人:扬雄〈太玄经〉与〈周易〉比较》。阅读此书后,康达维得知扬雄是位博学的天才,并且是"一个伟大的辞赋家"。后来康达维成为卫德明教授的博士研究生,在他

①　Bruno Schindler, "Some Notes on Chia Yi and His 'Owl Song'", *Asia Major*, New Series, Vol.7, No.1(December 1959), pp.161-164.

②　Richard B. Mather, "The Mystical Ascent of the T'ien-t'ai Mountains: Sun Ch'o's Yu-T'ien-t'ai-shan Fu", *Monumenta Serica*, Vol.20, No.1, 1961, pp.226-245.

③　Hellmut Wilhelm, "The Scholar's Frustration: Notes on a Type of 'Fu'", in *Chinese Thought and Institutions*, John K. Fairbank(ed.), University of Chicago Press, 1957. 中文翻译见刘纫尼:《学者的挫折感:论赋的一种形式》,《幼狮学刊》(1974—1975年)第39期第5号;又参见[美]费正清:《中国的思想与制度》,世界知识出版社2008年版。

④　何新文:《中国赋论史稿》,开明出版社1993年版,第270页。

的指导下完成了博士学位论文《扬雄、赋和汉代修辞》。

另一位影响康达维走上中国文学研究道路的哈佛大学海陶玮教授对赋也有深入研究。他在 1954 年发表的《陶潜的赋》一文中,介绍了陶潜的《闲情赋》《感士不遇赋》和《归去来兮辞》,以及张衡《定情赋》、司马迁《悲士不遇赋》、董仲舒《士不遇赋》等 11 位赋家的 11 篇作品。[①] 他指出这些作品都属于"闲情"的主题,最早源于宋玉的《神女赋》和曹植的《洛神赋》。这类赋分支为两类主题:一类是面对美女诱惑而坚决拒绝,如《登徒子好色赋》和《美人赋》;另一类赋中的美女并无任何出格举动,作者对美女陷入了无可救药的爱恋,最后选择克制自己的情感。他认为《闲情赋》是在后一类主题发展成熟之时所作,将其解读为艳情诗、政治隐喻诗和爱情诗都是不对的。事实上,它是作者对"闲情"主题的习作,是对自己写作技艺和博学的确认。海陶玮分析了"闲情"这一主题的来源与发展,并解读了陶渊明赋中的这一主题是如何呈现的。他解读赋的角度和深度是前所未有的。1959 年,海陶玮发表了论文《贾谊〈鵩鸟赋〉》,从道家哲学的角度对这篇赋进行了解说,并分析了贾谊对骚体句式的改造。[②]

如上所述,在康达维辞赋研究成果出现之前的这 70 年中,西方汉学家对于赋的英译数量不多,质量也良莠不齐,还不能反映出中国古代赋篇的精华及其体裁、内容的多样性。有关赋的研究评论,虽然涉及赋的起源、特征、体裁、内容、评价、主题等多方面的内容,但大多语焉不详、点到为止,缺乏深入研究。

真正可以称得上学术研究文章,只有卫德明《士不遇:对一种类型的"赋"的注解》,和海陶玮《陶潜的赋》和《贾谊〈鵩鸟赋〉》等学术论文。他们的论文被称作是"赋之历史学、语文学探究的杰作",被认为在美国的赋学界具有"根本性影响"[③]。

当然,海陶玮和卫德明关于辞赋研究的成果都不算多。可以说,他们对于中国古代赋学的贡献,更多体现在他们作为康达维的老师,影响和指导康达维选择了赋学研究的学术道路,并且取得了超越前辈的卓越成就上。

---

① James R. Hightower, "The Fu of T'ao Ch'ien", *Harvard Journal of Asiatic Studies*, Vol.17, No.1/2 (June 1954), pp.169-230.

② James R. Hightower, "Chia Yi's 'Owl Fu'", *Asia Major*, New Series, 1959, pp.125-130.

③ 张海惠等:《北美中国学——研究概述与文献资源》,中华书局 2010 年版,第 577 页。

第二节　康达维作为辞赋学者的青壮年时期
（1960—2002 年）

　　康达维作为辞赋学者的人生历程,可以追溯至他 18 岁在华盛顿大学修读中文学士之时。5 年后,在该校攻读博士学位期间,他选择了当时在欧美汉学界尚属于学术空白的扬雄研究和基础十分薄弱的汉赋研究为对象,开启了其作为辞赋学者的灿烂人生。

　　40 多年来,康达维在辞赋翻译和研究的学术领域辛勤耕耘,矢志不渝,取得了辉煌的成就。他先后出版了 8 本辞赋研究专著和译文集,发表论文数十篇,成为美国乃至西方汉学界最有影响力的辞赋研究学者,并引领着西方的辞赋研究走向深入。

一、青年康达维的选择:修学中文与
步入汉赋(18—26 岁)

　　1942 年 10 月 23 日,康达维出生于美国蒙大拿州的大瀑布城(Great Falls)。他本名为大卫·理查德·克内克特格斯(David Richard Knechtges),[①]"康达维"是他后来取的中文名字。他的父亲是工人,母亲是护士。在康达维 4 岁的时候,父亲就去世了。几年后,康达维随母亲徙居西雅图,并在那里上小学,同时也进入音乐学校练习手风琴。孩童时代的康达维,梦想着将来做音乐家,或者做渔业专家。而这一切似乎都与汉学没有任何关系。

　　康达维与中国文学的不解之缘始自其高中时代。17 岁的他是美国华盛顿州柯克兰德市华盛顿湖高级中学的高年级学生。那时,他喜欢哈利·雷(Harry Wray)先生的远东历史课,并且当他听过华盛顿大学施友忠教授、卫德明教授有关中国的演讲之后,兴趣完全转向了中国文化。特别是,当他读到伊万·金(Evan King)英译的老舍先生的名著《骆驼祥子》(Rickshaw Boy),发现译者把悲剧改为喜剧,原本和译本之间的巨大差异激起了他成为译者和中国文学研究者的理想抱负。此外,他有着极强的语言天赋,对学习一门"艰深"的语言十分着迷。[②]于是,教师的引导、机缘巧合再加上本身

---

　　①　这是孙越生、陈书梅主编的《美国中国学手册》(中国社会科学出版社 1993 年版)中对 David Richard Knechtges 的音译;宋柏年主编的《中国古典文学在国外》(北京语言学院出版社 1994 年版)一书中则音译为戴卫·耐奇。

　　②　C. O'Donnell, *Long Continuous Tradition Attracts China Scholar*, www. washington. edu/news/ 2006/10/12/long-continuous-tradition-attracts-china-scholar, Nov. 11, 2004.

的兴趣爱好,使他毅然放弃了约翰霍普金斯大学化学系的录取,进入华盛顿大学学习中文。

（一）在华盛顿大学攻读中文学士学位

1960年,他进入西雅图华盛顿大学远东和俄国学院攻读中文学士学位,开始主修远东历史并选修政治学。当时,这里聚集了一批知名汉学家。如学院创始人之一,对中国政治和历史,特别是清代历史有深入研究的德国人梅谷(Franz Henry Michael);有对中国历史、思想和文学均有研究的卫德明教授;以及来自中国又有西方教育背景的,研究中国政治思想和社会制度的萧公权(K. C. Hsiao)教授①、研究中国历史语言学的李方桂(Fang-Kuei Li)教授②、《文心雕龙》研究专家施友忠(Vincent Y. C. Shih)教授和翻译家严复的孙女——研究《孝经》的严倚云教授(Isabella Yen)。在老师们的悉心教导和潜移默化影响之下,年轻的康达维如饥似渴地吸收着关于中国文字、文学、历史、政治、思想、文化等各方面的知识。其中,李方桂教授和严倚云教授给了康达维中文和中国文学的启蒙。上大学二年级时,他上了李教授的"一年级中文速成班"。李教授的严格要求和康达维的勤奋努力,使他打下了扎实的中文基础。在大三时,他在严倚云教授的课上首次接触了《水浒传》《红楼梦》等古典小说,从此引发了对中国文学的兴趣。

对康达维影响最深的是他后来的博士导师德籍汉学家卫德明教授。他教授中国历史和中国文学史。据康达维回忆,他的课没有教科书,没有阅读材料,鼓励学生自由阅读感兴趣的材料。每次课开始时,他都把有关课题的书名板书于黑板上,包括英语、汉语、法语、德语和日语的资料。③ 因此,康达维在读本科时,就自学了数种外语。日后他对中、德、法、日、拉丁文等语言的熟练掌握,为其学术研究和翻译工作奠定了良好的基础。

并且,卫德明教授不仅传授中国历史和文学的知识,也讲授汉学史。康达维称他的课为"名副其实的汉学史"④。他在课上讲述奥地利汉学家赞克和法国汉学家伯希和、美国汉学家顾立亚和俄国汉学家卜弼德、德国汉学家

---

① 关于萧公权教授的生平及成就,参见萧教授的回忆录《问学谏往录》[（台湾）传记文学出版社1972年版]、《萧公权先生全集》[（台湾）联经出版社1982年至1988年版]。

② 关于李方桂的人生及学术经历,参见李方桂著《李方桂先生口述史》（清华大学出版社2003年版）。

③ ［美］康达维:《华盛顿大学汉学研究与中国和欧洲的渊源》,蒋文燕译,《国际汉学》2011年第1期。

④ ［美］康达维:《华盛顿大学汉学研究与中国和欧洲的渊源》,蒋文燕译,《国际汉学》2011年第1期。

何可思①和华裔汉学家方志彤的汉学论争,以及法国和德国的汉学传统。
对汉学传统的熟识为康达维日后的研究工作打下了稳固的根基。而且,就
是在卫德明教授的中国文学史课上,康达维第一次接触到了汉赋。为了学
好汉学,受卫德明教授的影响和启发,1963 年的暑假,他开始学习德文,将
奥地利汉学家赞克的德文《昭明文选》译本和中文的《昭明文选》对照阅读。
这也为他日后翻译《昭明文选》埋下了伏笔。1964 年他以"极优等(Magna
Cum Laude)"成绩毕业,并被吸收成为美国最负盛名优等生学会"斐陶斐荣
誉学会(Phi Beta Kappa)"的会员。

(二) 在哈佛大学师从汉学家海陶玮攻读硕士学位

康达维获得了华盛顿大学威尔逊总统奖学金(Woodrow Wilson Disserta-
tion Fellowship)的资助,在 1964 年秋进入了美国汉学研究的中心——哈佛
大学远东语言和文学系,跟随海陶玮教授攻读硕士学位。海教授对陶渊明
和汉赋有着深入研究。② 在海教授的影响下,康达维认为"(自己)无论在
治学态度上,还是在学习过程、经验上,都有显著改变",并认识到"念中文
不只是语言上的学习,不仅是纯粹文法上、词汇上的探讨,更重要的是察觉
西方与中国文化上的差异"③。康达维在《昭明文选英译第二册:祭祀、畋
猎、纪行、游览、宫殿、江海之赋》的扉页上写着"献给詹姆斯·罗伯特·海
陶玮",表达了对老师的感激之情。学习期间,他获得了哈佛大学的多项奖
学金。一年之后,顺利得到了硕士学位。

(三) 重返华盛顿大学完成博士论文《扬雄、赋和汉代修辞》

由于辞赋的研究在哈佛大学乏人指导,1965 年康达维重返母校华盛顿
大学,师从卫德明教授,开始他的汉赋研习。卫德明教授与中国有极深的渊
源。他的父亲是德国传教士汉学家卫礼贤(Richard Wilhelm),在中国居住
20 余年。卫礼贤翻译出版了《老子》《庄子》《易经》《列子》《吕氏春秋》《大
戴礼记》等著作,还著有《实用中国常识》《老子与道教》《中国的精神》《中
国文化史》《东方——中国文化的形成和变迁》《中国哲学》等,是中西文化

① 原文中为"叶乃度",这是 Eduard Erkes 的另一种中译名。
② 海陶玮教授一生致力中国文学的翻译和研究,主要著作有:《中国文学论题:大纲和目录》
(Topics in Chinese Literature:Outlines and Bibliographies)(哈佛大学出版社 1953 年版)、《韩
诗外传:韩婴对〈诗经〉教化应用的解说》(Han Shih Wai Chuan:Han Ying's Illustrations of the
Didactic Application of the Classic of Songs)(哈佛大学出版社 1952 年版)、《陶潜诗》(The Po-
etry of T'ao Ch'ien)(牛津大学出版社 1970 年版)、《中国诗歌研究》(Studies in Chinese Poet-
ry)(与叶嘉莹合著,哈佛亚洲研究中心 1998 年版)。
③ 蒋文燕:《研穷省细微 精神入图画——汉学家康达维访谈录》,见张西平主编:《国际汉
学》(第二十辑),大象出版社 2010 年版,第 15 页。

交流史上"中学西播"的一位功臣。其子卫德明出生于中国青岛,早年在中国接受教育,1933—1937年在北京大学当过德语和文学教授,与当时中国著名学者胡适、傅斯年、丁文江,以及诗人冯至、作家沈从文有交情。他对中国的历史、政治、文化、文学均有深入研究,并拥有与汉学有关的大量藏书。这给康达维的研究提供了丰富的资源。卫德明对扬雄,特别是《太玄经》颇有研究,在1963年出版了他的德文演讲稿《天、地、人——扬雄〈太玄经〉与〈周易〉比较》。由此,康达维得知扬雄是位博学的天才,其"成就不只限于哲学思想、训诂方面,他可以算是一个伟大的辞赋家"。在卫教授的鼓励下,他阅读了贾谊、枚乘、司马相如、王褒、刘向、刘歆等人的辞赋,了解了西汉辞赋发展的历史。卫德明教授认为"汉赋滥觞于修辞学的传统",劝康达维阅读有关西方修辞学的理论。于是,他跟随英国诗人罗伯特·白英教授(Robert P. Payne)①学习了"中世纪修辞学",并开始了对汉代修辞的研究。② 当时,他读到美国汉学家柯润璞(J. I. Crump)的《战国策》英译,其中有对中国早期修辞特点的解说,柯润璞的观点加深了他对早期中国修辞的理解。他还撰写了对此书的评论,并在著名汉学杂志《哈佛亚洲研究学刊》上发表。③ 这些准备工作为其博士论文《扬雄、赋和汉代修辞》的撰写打下了基础。

在读博期间,康达维随中国早期语言学研究界的"三巨头"之一④——李方桂教授学习汉语音韵学。对古音韵学的研习,使康达维对汉赋,特别是骚体赋的音韵特点有准确的把握,在此期间的研究成果《两种汉赋研究》中,就专门分析了贾谊《旱云赋》《吊屈原赋》和扬雄《反骚》的音韵。⑤ 对古音韵的深入理解,有助于在译文中体现出汉赋的声韵特色。这也是康达维

---

① 美籍英国人白英曾在1941—1946年在中国各地游历,并在西南联大教授英国文学,与西南联大的师生合作完成了一些中国诗文的英译。回国后,他将这些英译结集为《中国当代诗选》(*Contemporary Chinese Poetry*)出版(伦敦:Routledge出版社1947年版);同年《小白驹:从古至今中国诗学》(*The White Pony: An Anthology of Chinese Poetry from the Earliest Times to the Present Day*)(纽约:John Day公司1947年版)在美国出版。《小白驹:从古至今中国诗学》中收录有屈原的简介和《九歌》《离骚》的英译文。此外,他还翻译了中国的一些短篇小说和沈从文的小说,写了《永远的中国》(*Forever China*)(纽约:Dodd Mead and Company 1945年版)等有关中国的大量游记和纪实文学。

② 蒋文燕:《研穷省细微 精神入图画——汉学家康达维访谈录》,见张西平主编:《国际汉学(第二十辑)》,大象出版社2010年版。

③ 这篇书评是《评柯润璞著〈纵横诡谲:战国策研究〉》(*Intrigues: Studies of the Chan-kuo Ts'e by J. I. Crump*),《哈佛亚洲研究学刊》1966年第26卷。

④ 其他两位为赵元任(1892—1982年)和罗常培(1899—1958年)。

⑤ David R. Knechtges, *Two Studies on the Han Fu*, Parerga 1, Seattle: Far Eastern and Russian Institute, University of Washington, 1968.

的汉赋译文优于其他译本的显著特点之一,且音韵学还有助于他辨别作品的真伪。1988 年,他在山东大学讲座时,讲到利用古音韵来辨别《昭明文选》中赋作的真伪,令在座的中国同行惊叹不已。

　　他还师从施友忠教授学习唐代小说,师从白英教授学习中古欧洲传奇文学。康达维 1973 年发表的论文《欧洲和唐代中国的梦境游历故事》①,与这两门课程的学习内容有直接关系。日后,康达维对唐代文学研究的热情多少受到了施教授的影响。施教授还在康达维写作博士论文的过程中给予帮助,解答他在扬雄《法言》和《太玄经》的理解上遇到的疑难。白英教授也为康达维博士论文的写作答疑解惑。当时,白英教授刚刚完成对乔叟和中古文学的修辞研究,对如何理解英语文学中修辞的概念给了康达维许多睿智的建议。

　　康达维的博士论文,题为《扬雄、赋和汉代修辞》。论文系统地研究了汉赋的性质、定义、源流,以及扬雄的生平、辞赋作品和辞赋理论,并附有《汉书·扬雄传》的译文。② 此论文是海内外第一部对扬雄及其辞赋进行详细、系统研究的专论,由卫德明、萧公权、司礼义(Paul L-M Serruys)组成的评审委员会给这篇论文的评价是:

　　　　此论文体现了康达维先生对文学的熟知;展示了他处理语文学和文学问题的不寻常的、甚至是杰出的技能;表现了他处理文本批评问题时的敏锐;更重要的是反映了他建立在对现象比较的广博知识、对概念范畴广泛的认识和对扬雄时代特定的文学和知识分子状态的准确理解基础上理智的逻辑分析能力。③

　　由当时著名汉学家组成的评审委员会对康达维广博和扎实的知识储备,文学批评感知能力和技巧以及逻辑分析能力给予了充分肯定。这篇论文体现了他将来成为优秀汉学家和中国古典文学翻译家的潜质,也打开了其职业生涯中占重要地位的辞赋文学研究的大门。

　　在这篇论文中,他使用了语文学和历史学相结合的研究方法,这与其母

---

① David R. Knechtges, "Dream Adventure Stories in Europe and T'ang China", *Tamkang Review* (October 1973), pp.101–119.

② David R. Knechtges, *Yang Shong, the Fuh, and Hann Rhetoric*, unpublished Ph. D. diss. University of Washington, 1968.

③ David R. Knechtges, *Yang Shong, the Fuh, and Hann Rhetoric*, unpublished Ph. D. diss, University of Washington, 1968, p.j.

校华盛顿大学与中国及欧洲的深厚学术渊源有着极大的关系。①˙ 来自英国的戴德华(George E. Taylor)开创了华盛顿大学的汉学研究,并创立了远东学院(The Far Eastern Institute)和远东语言系(The Department of Far Eastern Languages)。② 他曾在 19 世纪 30 年代到过中国,任教于燕京大学等学校。除戴德华外,到过中国的欧洲学者还有在浙江大学任过教的德国人梅谷、在中国出生并接受早期教育的德国人卫德明、20 世纪三四十年代在上海生活过的奥地利人罗逸民(Erwin Reifler)、在中国传教 10 余年的比利时人司礼义、任教于西南联大的白英。华盛顿大学的著名欧洲学者还有魏特夫(Karl August Wittfogel)、屈莱果(Donald Treadgold)等人,来自中国的学者有萧公权、李方桂、施友忠、萧祚良、张仲礼和严倚云等人。

20 世纪五六十年代是华盛顿大学汉学研究的鼎盛时期,康达维正是在1960—1964 年、1965—1968 年在那儿接受本科和研究生教育。卫德明、李方桂、施友忠、白英、严倚云等同时具有中国和欧洲学术背景的学者对康达维有悉心传授。他受到华盛顿大学汉学传统的长期浸润和直接滋养,因此欧洲传统学术的微观研究法强调资料丰富、考据详细、注释详尽的特点,中国传统的训诂、考据学注重对文字和文意的辨析和具体问题的考证,在康达维的研究中都有显著的体现和完美的结合。此外,在求学期间,他获得了有关中国古典文学、古典音韵学、汉学研究史、欧洲中古文学等方面的广博知识以及熟练掌握了多种外语,为他将来的文学研究和翻译提供了充足动能。在读研期间的兴趣点,也奠定了他将来研究的主要方向——辞赋研究、汉魏六朝文学研究、唐代文学研究、翻译研究。

二、任教耶鲁与威斯康星(27—29 岁)

(一) 在耶鲁大学东亚系教授中国文学

1968 年,26 岁的康达维在华盛顿大学博士毕业后,首先进入耶鲁大学东亚系任教。在耶鲁大学任教期间,他的研究仍延续了博士论文中关注的问题:汉赋的特征和扬雄研究。他出版了第一本专著《两种汉赋研究》,其中包括两篇论文《两篇有关屈原的汉赋:贾谊的〈吊屈原赋〉和扬雄〈反骚〉》(*Two Han Dynasty Fu on Ch'ü Yüan:Chia I's Tiao Ch'ü Yüan and Yang*

① 有关华盛顿大学来自中国和欧洲的学者的资料参见康达维:《华盛顿大学汉学研究与中国和欧洲的渊源》,《国际汉学》2011 年第 1 期。
② 1949 年由于俄国研究的加入,更名为远东和俄国学院(Far Eastern and Russian Institute)以及远东和斯拉夫语言和文学系(Department of Far Eastern and Slavic Languages and Literature)。

Hsiung's Fan-sao)和《贾谊的〈旱云赋〉》(The Fu on Dry Clouds by Chia I），主要是对《吊屈原赋》《反骚》和《旱云赋》的英译,也介绍了相关研究,分析了这些赋的主题、结构、内容及音韵节奏等问题。① 其后,康达维在 1970 年至 1971 年的《华裔学志》上发表了两篇探索赋篇特点形成的文章:《七种对太子的刺激:枚乘的〈七发〉》②和《早期中国文学中的机智、幽默和讽刺》③,主要从修辞学的角度解读了《七发》和早期中国文学中包含机智、幽默和讽刺因素的作品。这时,康达维正式走上了汉魏六朝文学和辞赋研究的道路,并从源头上开始探究赋的内容和形式上的特点。

(二) 转任威斯康星大学中文助教

在耶鲁大学工作 3 年后,康达维又于 1971 年转到美国中西部的威斯康星大学麦迪逊校区任教。虽然在威斯康星那里只任教 1 年,但康达维此后却一直关注着该校中国文学研究的发展并且勉力推动。

威斯康星大学的汉学研究起步较晚,1962 年才成立中文系,但其发展十分迅速。《中国文学》(Chinese Literature:Essays，Article and Reviews)是该校主编的至今为止唯一专门探讨中国文学的西语期刊,刊发内容以中国古代文学研究为主,是美国中国文学研究的重要刊物之一,是传播汉学研究成果和学术争鸣的重要平台。康达维自该校 1978 年创刊《中国文学》至今,一直担任其编委会成员。同时,康达维也为威斯康星大学输送了研究中国文学的优秀人才,他的博士生、现任美国亚利桑那大学国际语言与文化学院院长的高德耀(Robert J. Cutter)曾任威斯康星大学麦迪逊校区东亚研究系主任。他的博士论文《论曹植和他的诗歌》就是在康达维教授的指导下完成的。他以对曹植的研究为出发点,逐渐在建安文学翻译和研究方面取得了突出成绩。2011 年,高德耀被选为美国东方学会的会长。

三、回到西雅图:辞赋翻译与研究成绩 斐然的三十年(30—60 岁)

(一) 从助教到晋升为教授前的学术历练(1972—1980 年)

1972 年,卫德明教授退休,他坚持让爱徒康达维回到母校华盛顿大学

---

① David R. Knechtges, *Two Studies on the Han Fu*, Parerga 1, Seattle: Far Eastern and Russian Institute, University of Washington, 1968.

② David R. Knechtges & Jerry Swanson, "Seven Stimuli for the Prince: the Ch'i-fa of Mei Cheng", *Monumenta Serica*, Vol.29(1970–1971), pp.99–116.

③ David R. Knechtges, "Wit, Humor, and Satire in Early Chinese Literature(to A.D.220)", *Monumenta Serica*, Vol.29(1970–1971), pp.79–98.

继承他的衣钵,成为汉魏六朝领域的教授。从此,康达维在华盛顿大学这片
熟悉的热土上,开始了他 42 个春秋的辛勤耕耘。1974 年,他升为副教授,
1981 年晋升为教授,2014 年退休。

　　在此阶段,康达维的研究重点仍是扬雄的生平及作品。1972 年,他发
表了论文《扬雄〈羽猎赋〉的叙事、描写与修辞》,刊于《转变与恒久:中国历
史与文化——萧公权先生纪念论文集》中。① 此外,他重新解读了扬雄的
《剧秦美新》,在 1978 年发表的《掀开酱瓿:对扬雄〈剧秦美新〉的文学剖析》
一文中他运用新批评和历史研究相结合的方法,得出了有别于前人的新
见。② 他还翻译和研究了刘歆和扬雄之间关于《方言》的通信,并且指出这
封信对于研究扬雄生平的史料价值以及研究两大文学巨匠交往的文学史
价值。③

　　1976 年出版的专著《汉赋:扬雄赋研究》是康达维青年时期最重要的学
术成果,是对这段时期辞赋英译和研究的最好总结,也完成了他在汉学界的
精彩亮相。康达维以博士论文为雏形,去掉了博士论文介绍扬雄生平的部
分,附了《扬雄生平年表》,重点梳理了扬雄之前赋体文学发展的源流,突出
了对扬雄四赋的分析解读,对赋作的翻译进行了修改,使其更为准确、传神,
删掉了对《反骚》的翻译,加入了《逐贫赋》的译文。④ 至此,康达维翻译了
扬雄的全部赋作。⑤ 美国俄亥俄州立大学的葛克咸评价这本书为"汉学研

---

① David R. Knechtges, "Narration, Description, and Rhetoric in Yang Shyong's Yue-lieh Fuh: An
Essay in Form and Function in the Hann Fuh", in *Transition and Permanence: Chinese History
and Culture, A Festschrift in Honor of Dr. Hsiao Kung-ch'üan*, D. Buxbaum & F. W. Mote
(eds.), Hong Kong: Cathay Press, 1972, pp.359–377. 这篇论文收入其论文自选集《古代中
国早期的宫廷文化与文学》(*Court Culture and Literature in Early China*, Variorum Collected
Studies Series, Aldershot, Hants, England: Ashgate, 2002),后由康达维博士弟子新加坡国立大
学的苏瑞隆教授译成中文,题为《汉代宫廷文学与文化之探微:康达维自选集》(上海译文
出版社 2013 年版)。
② David R. Knechtges, "Uncovering the Sauce Jar: a Literary Interpretation of Yang Hsiung's Chü
Ch'in Mei Hsin", in *Ancient China: Studies in Early Civilization*, D. T. Roy and Tsuen-Hsiun
Tsien(eds.), Hong Kong: Chinese University Press, 1978, pp.229–252. 此文后被收录于《汉代
宫廷文学与文化之探微:康达维自选集》。
③ David R. Knechtges, "The Liu Hsin/ Yang Hsiung Correspondence on the Fang Yen", *Monumen-
ta Serica*, Vol.33(1977–1978), pp.309–325.此文后被收录于《汉代宫廷文学与文化之探微:
康达维自选集》。
④ David R. Knechtges, *The Han Rhapsody, A Study of the Fu of Yang Hsiung*(53 B.C.–A.D.18),
Cambridge: Cambridge University Press, 1976.
⑤ 康达维的博士论文中就有《反骚》《甘泉赋》《河东赋》《校猎赋》《长杨赋》《解嘲》《酒箴》
的译文,再加上这本书中的《逐贫赋》。至于《太玄赋》,康达维认为其为伪作,并对《蜀都
赋》的真伪存疑,参见《汉赋:扬雄赋研究》,附录二。

究进步的标志"①,牛津大学刘陶陶评价此书说:"康达维有关一位赋家如何作赋的书,呈现优美、简洁、清晰,对赋的翻译成功传达了原文骈辞的强烈诗意。"②这部书的出版初步奠定了康达维在美国汉学界的地位。

康达维对扬雄赋的译介和研究使他在西方赋学界崭露头角,同时也使扬雄研究成为美国赋学界的研究热点之一。1971年,窦瑞格(Franklin M. Doeringer)的博士论文《扬雄及其典的范式》就是以扬雄赋为研究对象的。③科佩茨基(Elma E. Kopetsky)的博士论文《对汉赋赞颂的研究:校猎、祭祀及京都赋》也对扬雄的赋作进行了研究。以此为基础,1972年,他在美国《东方研究杂志》上发表了论文《扬雄的两篇祭祀赋》,研究了《甘泉赋》和《河东赋》。④ 艾奥瓦大学(University of Iowa)的柯蔚南(W. South Coblin)则从语言学的角度研究了扬雄的作品。⑤ 可见,康达维对扬雄赋的研究促进了扬雄赋在西方的传播及其研究的发展。

这段时期,康达维还运用博士阶段学到的知识来撰写相关论文。他运用施友忠的唐代小说和白英的中古欧洲传奇文学课上学来的知识,1973年在台北《淡江评论》上发表了《欧洲与唐代中国的梦境游历故事》一文,比较了唐代和欧洲中古时期与梦境游历有关的故事之间的异同。重点分析了它们从催眠的方法、宗教寓意、主人公的类型、主题思想、对时间的丈量、对梦境的使用、时间观念等7个方面体现的不同点。他认为虽然不能肯定唐代中国的这类故事与西班牙和意大利的故事有直接的联系,但欧洲的故事应该源于东方的伊斯兰。⑥ 通过跨文化的对比分析说明截然不同的文学传统也能产生具有相似特点的故事。此外,他还运用了李方桂教授传授的中国古音韵学的知识,于1979年在美国《中国文学》发表了《是否为送气音?》一

---

① W. T. Graham,Jr.,"Review:The Han Rhapsody:A Study of the Fu of Yang Hsiung(53 B.C.-A. D.18) by David R. Knechtges",*Harvard Journal of Asiatic Studies*,Vol.37,No.2 (December 1977),pp.427-430.

② T. T. Sanders,"Review:The Han Rhapsody:A Study of the Fu of Yang Hsiung(53 B.C.-A.D. 18) by David R. Knechtges",*Bulletin of the School of Oriental and African Studies*,No.2,1977, pp.418-419.

③ Franklin M. Doeringer,*Yang Hsiung and His Formulation of a Classicism*,Ph. D. diss.,Columbia University,1971.

④ Elma Emily Kopetsky,*A Study of Some Han Fu of Praise:the Fu on Hunts,Sacrifices,and Capitals*,Ph. D. diss.,Yale University,1969. 还有一篇论文是"Two Fu on Sacrifices by Yang Hsiung",*Journal of the Oriental Studies*,1972(10),pp.104-114.

⑤ W. South Coblin,"The Finals of Yang Xiong's Language",*Journal of Chinese Linguistics*,Vol. 12,No.1(January 1984),pp.1-53.

⑥ David R. Knechtges,"Dream Adventure Stories in Europe and T'ang China",*Tamkang Review*, (October 1973),pp.101-119.

文,还原了"敦煌"和"屈原"两个词的古音。①

　　另外,他还撰写了一系列的书评,主要是对古代文学典籍的译本和汉学家们对中国文学和文化研究的评论。他分别在《美国东方学会期刊》《亚洲研究期刊》和《中国文学》等期刊上评论了对美国汉学家华兹生《汉魏六朝辞赋》、捷克斯洛伐克学者鲍格洛(Timoteus Pokora)《桓谭之〈新论〉及其他文章》和美国汉学家马瑞志《世说新语》等英译文和法国汉学家吴德明《〈史记〉第 117 章:司马相如传》的法译文。② 对这些译文的阅读和评论使他加深了对中国典籍翻译的认识,扬长避短,形成了自己的翻译方法,运用到其《汉书的扬雄本传》和《昭明文选赋英译》中。这也是他的译文取得成功的原因之一。

　　这段时期的研究,主要是对读博期间研究成果的完善,并解决了研究扬雄和汉赋过程中发现的一些问题,以及在修唐代文学和欧洲中古传奇小说等课程时发现的问题。康达维开始在美国的中国古代文学研究界崭露头角,并在重要的汉学研究刊物和组织中担任重要职务。他在 1972—1975年,任《美国东方学会杂志》(*Journal of the American Oriental Society*)的副主编。接着,他于 1978—1979 年任学会西部分会的副主席,其后两年间任西部分会的主席。美国东方学会(American Oriental Society)创立于 1842 年,是美国成立最早的、影响最大的汉学研究中心之一,目的在于发展对亚洲语言与文学的研究。他的编辑和组织工作对美国东方学会中国古典文学研究的发展起了促进作用。

　　在大力推进美国的中国文学研究发展同时,康达维还致力于组织编写中国文学史,向一般大众读者介绍中国文学。作为"中国文学史项目"的联合主编,他于 1975 年 7 月 18 日至 20 日在华盛顿州的伊萨夸市(Issaquah)组织召开了"中国文学史筹划会议",来自美国、加拿大、中国香港 6 所大学的 11 名学者参加了会议,并制定了文学史编写的指导方针。他们决心编写

---

　　①　David R. Knechtges,"Whither the Asper",*Chinese Literature:Essays,Articles,Reviews*(*CLEAR*),Vol.1,No.2(July 1979),pp.271-272.

　　②　详见"Review:Burton Watson,trans. *Chinese Rhyme-prose*",*Journal of the American Oriental Society*,Vol.94,No.2(April-June 1974),pp.218-219;"Review:Timoteus Pokora,trans. *Hsin-lun*(*New Treatise*),*and Other Writings by Huan T'an*",*The Journal of Asian Studies*,Vol.36,Issue 1(November 1976),pp.138-139;"Review:Richard Mather,trans. *Shih-shuo hsin-yü:A New Account of Tales of the World*",*The Journal of Asian Studies*,Vol.37,Issue 2(February 1978),pp.344-346;"Review:Yves Hervouet,trans. *Le Chapitre 117 du Che-ki*(*Biographie de Sseu-ma Siang-jou*)",*Chinese Literature:Essays,Articles,Reviews*(*CLEAR*),Vol.1(January 1979),pp.104-106.

一部"能与牛津英国文学史相媲美的权威、详细的中国文学史"①。最终这部由耶鲁大学出版社筹划的文学史未能出版。2010年，康达维终于实现了夙愿，《剑桥中国文学史》由剑桥大学出版社出版。康达维参与撰写了第二章"东汉至西晋(25—317年)"，介绍了东汉、曹魏建安时期、正始时期至西晋的文学发展、重要作家生平及作品。2013年，生活·读书·新知三联书店出版了此书的中译本。《剑桥中国文学史》的出版不仅可以促进中国文学在英语世界的传播，还给中国读者提供了新的视角和理念来加深对本国文学史的理解。康达维的积极参与为文学史的完成立下了汗马功劳。

康达维在其职业生涯初期就雄心勃勃，除了专注于自己的领地——辞赋研究和扬雄研究，他还积极推动中国古代文学研究的发展和中国古代文学的传播。此后，他在美国的中国古代文学研究界一直扮演着研究者、推动者和传播者的角色，随着时间的推移，后两种角色要大于前一种角色的比重。

(二)　岂止"十年磨一剑"：翻译《昭明文选·赋》的十五年(1981—1996年)

中国古人说"四十而不惑"，年近不惑的康达维更加明确了学术发展方向，他要致力于辞赋的翻译和研究。接下来的15年是康达维的辞赋研究和翻译互相促进、互为增长的时期。在这一时期，他完成了其学术生涯中的巅峰之作——《昭明文选英译第一册：京都之赋》《昭明文选英译第二册：祭祀、畋猎、纪行、游览、宫殿、江海之赋》和《昭明文选英译第三册：物色、鸟兽、志、哀伤、论文、音乐、情之赋》，分别由美国普林斯顿大学出版社于1982年、1987年、1996年出版。

1982年，由亚利桑那州立大学亚洲研究中心出版的《扬雄的汉书本传》是康达维博士论文附录中的内容。本着精益求精的精神，他断断续续地花了一年时间又将其重译。两个版本有着明显差异，博士论文中的译文追求的是忠实、通顺，新版的《扬雄的汉书本传》则更注重其文学性。

就目前来看，《昭明文选赋英译》无疑是康达维学术生涯中的至高点。《昭明文选》是南朝梁昭明太子萧统(502—531年)主持编选的文学总集，就50卷本来说，包含了先秦至梁代八九百年间、130位作者，761篇各种体裁的文学作品，曾被誉为"总集之弁冕""文章之渊薮"。目前，西方译本只

---

①　David R. Knechtges & Stephen Owen, "General Principles for a History of Chinese Literature", *Chinese Literature*: *Essays*, *Articles*, *Reviews*(*CLEAR*), Vol.1(January 1979), pp.49-53.

有奥地利汉学家赞克的德文译本,他完成了全部作品 90% 的翻译,并且没有注释。现代汉语的全注全译本也只有 1987 年吉林文史出版社出版的长春师范学院《昭明文选》研究所集体翻译的《昭明文选译注》、1996 年贵州人民出版社出版的张启成、徐达等 14 人译注的《文选全译》和 1995 年台湾暨南出版社出版的李景溁所著《昭明文选新解》。靠一己之力用现代汉语译注《昭明文选》都是非常困难的,虽然李景溁的译本是一人所著,但他只是重述了唐朝注家李善的观点,且其中存在诸多讹误。康达维独自进行着《昭明文选》英译的工作①,在注释中吸收了诸多名家特别是清代学者的观点,注释不仅包含有文学、语言学知识,还涉及了植物、动物、地理、天文、服饰、音乐、建筑等多方面的知识,令人叹为观止。没有渊博的知识和锲而不舍的精神不可能胜任这样规模庞大的工作。在访谈中被问及《昭明文选》中最喜爱的篇章时,康达维提到了司马迁的《报任安书》,并说"他觉得有使命完成这项工作(按:指《史记》的编撰)"②。司马迁忍辱负重完成了光耀千秋的《史记》,其"发愤著书"精神也感染着康达维这位异域知音。似乎康达维认为自身也负有使命完成《昭明文选》的译注。

《昭明文选》翻译项目的筹划始于 1977 年,康达维获得美国国家人文基金会(National Endowment for the Humanities)的资助。③ 他于 1981 年正式动笔,至 1996 年《昭明文选赋英译》第三册出版时止,历时 15 年翻译出版了《昭明文选》一至十九卷辞赋部分的译文。康达维自己也笑称他是"世界上翻译最慢的一个译者"④。他完成的精译详注的译文受到了评论界的关注和普遍赞誉。哈佛大学教授伊维德也曾说:"已完成的部分(按:指《昭明文选赋英译》第一册),将使康达维与过去一个半世纪中最伟大的汉学家比肩。"⑤这对一部译作来说,显然是极高的赞誉。白润德称《昭明文选赋英译》第一册的出版是"对所有从事古代中国研究的学者最重要的事件",他认为此书中"注释囊括的范围和其细致是史无前例的,更不用说翻译所体现的气势和独具匠心。读者唯一不满的理由是:必须等待其他

---

① 预计出版八册,目前出版的是前三册,包括《昭明文选》前 19 卷 56 篇汉魏六朝赋的注译。
② www.washington.edu/news/2006/10/12/long-continuous-tradition-attracts-china-scholar, Nov.11,2024.
③ 有关康达维教授组织或参与的项目、参加的会议、获得的头衔和荣誉等个人信息,主要来自康教授亲自提供的个人简历。
④ [美]康达维:《玫瑰还是美玉:中国中古文学翻译中的一些问题》,见赵敏俐、[日]佐藤利行:《中国中古文学研究》,学苑出版社 2005 年版,第 40 页。
⑤ W. L. Idema, "Review: *Wen Xuan, or Selections of Refined Literature*, Volume One: Rhapsodies on Metropolises and Capitals by Xiao Tong", *T'oung Pao*, Second Series, Vol.71, Livr.3/1(1985), pp.139-142.

七卷的出版"①。英国剑桥大学白安妮评论说:"它们(按:指《京都赋》)的学术性和骈辞的特性能清晰地在康教授的译作中显现出来。"②可见当今汉学界的权威学者都认同康达维译注的精良和其中包含的学术性,认为《昭明文选》英译本的出版意义重大。

为了译好《昭明文选》,康达维对《昭明文选》进行了整体的研究,评述了欧美文选学发展的状况,写了《欧美文选研究述略》③和《二十世纪的欧美"文选学"研究》④。据他的研究,欧美的文选学研究起步较晚,直到20世纪初才开始,且成果大部分以翻译为主。绝大多数翻译都是零散的篇章,只有奥地利汉学家赞克用德语翻译了全集的90%以上。《昭明文选》的翻译和研究都还有巨大的提升空间。这也是康达维从事《昭明文选》英译的原因。

康达维的《昭明文选》翻译的另一个副产品就是他的翻译研究作品:《〈文选〉英译浅论》⑤《翻译的问题:论文选的英译》⑥和《翻译辞赋中的双声叠韵字的问题》⑦。在这些文章中,他指出了在《昭明文选》翻译中遇到的问题,并提出了操作性强的解决方案,这对中国古典文学特别是辞赋的英译具有很强的指导意义。

这个时期,康达维对赋体和赋篇的研究全面铺开。他在《论赋体的源流》一文中研究了"赋"的含义的演变、赋的本质和赋的别名等问题。⑧ 在厘清赋体源流之后,他从形式、韵律、内容、修辞等方面研究了最早被冠以赋

---

① David Knechtges, *Translation of Wen Xuan*, 1982. UW Showcase 1997, Nov.3, 2013, www.washington.edu/research/showcase/1982a.html.

② A. M. Birrell, "David R. Knechtges(ed. and tr.): *Wen Xuan, or Selections of Refined Literature. Vol.1: Rhapsodies on Metropolises and Capitals, Xiao Tong*(501-531)". *Bulletin of the School of Oriental and African Studies*, University of London, Vol.47, Issue 2(June 1984), pp.389-390.

③ [美]康达维:《欧美文选研究述略》,见《昭明文选研究论文集》,吉林文史出版社1988年版。

④ [美]康达维:《二十世纪的欧美"文选学"研究》,《郑州大学学报(哲学社会科学版)》1994年第1期。

⑤ [美]康达维:《〈文选〉英译浅论》,见赵福海主编:《文选学论集》,时代文艺出版社1992年版。

⑥ David R. Knechtges, "Problems of Translation: The Wen hsüan in English", in *Translating Chinese Literature*, Eugene Eoyang and Lin Yaofu (eds.), Bloomington and London: Indiana University Press, 1995, pp.41-56.

⑦ David R. Knechtges, "Problems of Translating Descriptive Binomes in the Fu", *Tamkang Review*, Vol.15(Autumn 1984-Summer 1985), pp.329-347.[美]康达维:《赋中描写性复音词的翻译问题》,见俞绍初、许逸民:《中外学者文选学论集》,中华书局1998年版。

⑧ 参见[美]康达维:《论赋体的源流》,《文史哲》1988年第1期。

名的荀子《赋篇》,写了《隐语之诗歌:荀子的赋篇》①。他也认真研究了早期汉赋的一个重要来源《西京杂记》,写了《西京杂记中的赋》。经过对枚乘《忘忧馆柳赋》,路乔如《鹤赋》,公孙诡《文鹿赋》,邹阳《酒赋》,公孙乘《月赋》,羊胜《屏风赋》,刘胜《文木赋》,由韩安国开头、邹阳结尾的《几赋》的细致文本分析,他认为《西京杂记》是集体所作,为后人模仿早期著名赋家的风格而伪托的作品。②

康达维对赋的本质特征和赋体源流的探寻,引发了研究者对这些问题的兴趣。美国布朗大学李德瑞教授(Dore Levy)在《建构序列:重看赋的铺陈原则》一文中,通过审视"六义"这个概念群体,分析他们之间的关系,从而来探索辞赋原则的本质。与康达维"赋"的本质是"诵读"的意见相左,她认为"赋"的含义应该是"敷陈"(enumeration)。③ 安徽安庆师范学院的章沧授和波特兰州立大学的乔纳森·皮斯(Jonathan Pease)在《哲学散文中的汉赋之源》一文中认为,汉赋的源头应该是儒家和道家的论说之辞和战国纵横家的说辞。④ 普林斯顿大学的柯马丁教授同样也对汉赋的起源感兴趣,他的《西汉审美和赋的起源》一文从美学的角度探讨了汉赋的本质和起源及西汉审美对文学的影响。⑤ 并且,康达维的《隐语之诗歌:荀子的赋篇》发表之后,也有学者开始关注《荀子·赋篇》。德国的古勒·珍娜博士在《荀子的赋篇:一篇反道家的辩论文章》中,将《荀子·赋篇》解读为反对道家哲学的论文。宾夕法尼亚州理海大学(Lehigh University)教授班大为(David W. Pankenier)在《重看文人的沮丧:忧郁或是信条?》一文中也提到荀子的赋作,他认为司马迁的《悲士不遇赋》源于《荀子·佹诗》而非屈原《离骚》。⑥

康达维还对赋中体现的宫廷文化和审美有兴趣,研究了班婕妤所作五

---

① David R. Knechtges, "Riddles as Poetry: The Fu Chapter of the Hsün-tzu", in *Wenlin*, Vol. 2, Chow Tse Tsung(ed.),*Madison* and Hong Kong: Department of East Asian Languages and Litera-ture, The University of Wisconsin, Madison and N.T.T. Chinese Language Research Centre, Insti-tute of Chinese Studies, The Chinese University of Hong Kong, 1989, pp.1-32.

② 参见[美]康达维:《西京杂记中的赋》,《社会科学战线》1994 年第 1 期。此文后被收录于《汉代宫廷文学与文化之探微》。

③ Dore Levy, "Constructing Sequences: Another Look at the Principle of Fu 'Enumeration'", *Harvard Journal of Asiatic Studies*, Vol.46, No.2(December 1986), pp.471-493.

④ Zhang Cangshou & Jonathan Pease, "Roots of the Han Rhapsody in Philosophical Prose", *Monumenta Serica*, Vol.41, 1993, pp.1-27.

⑤ Martin Kern, "Western Han Aesthetics and the Genesis of the Fu", *Harvard Journal of Asiatic Studies*, Vol.63, No.2(December 2003), pp.383-437.

⑥ David W. Pankernier, "The Scholar's Frustration' Revisited: Melancholia or Credo", *Journal of the American Oriental Studies*, Vol.110, No.3(July-September 1990), pp.434-459.

言诗《怨歌行》《捣素赋》《自悼赋》,撰有《班婕妤诗和赋的考辨》①。在《皇帝与文学:汉武帝》一文中,康达维认为汉赋的繁荣源于汉武帝对文学的喜好和赞颂汉王朝大一统的需要。② 由此,康达维对汉武帝的辞赋产生了兴趣,并在《汉武帝的辞赋》③一文中做了深入分析。康达维对汉武帝辞赋的研究也影响了其他学者。2007 年,犹他大学的吴伏生(Fusheng Wu)在《汉代的骋辞赋:一个皇家资助下的产物和皇家的批评者》一文中沿着康达维的思路,重新确认了汉赋与骋辞的修辞学特点和帝王资助之间的关系。他认为汉大赋的繁荣与君主的提倡有密切关系,但汉赋不仅歌颂君主、为其提供娱乐,它也是赋家反抗君王权威、维护人格尊严的唯一手段。④

康达维不但探究了赋的起源和繁荣,还细读文本,具体研究了许多作品。扬、马、张、蔡是汉代最著名的四大赋家,其作品自然是赋篇研究的热点。康达维的学术生涯是以扬雄赋的研究为开端,这一阶段则开始研究其他三位大家的作品。康达维研究的是相对受到较少关注的司马相如《长门赋》和张衡《思玄赋》。在《司马相如的长门赋》一文中,他分析了此赋的真伪、赋作中的母题、语言风格、主旨及韵律。⑤ 在《道德之旅:论张衡的思玄赋》中,他则探究了《思玄赋》的主旨。⑥ 另外,康达维还很关注行旅的主题和描写京都的赋作。在《汉赋中的纪行之赋》一文中,他重点解析了刘歆的《遂初赋》、班彪的《北征赋》、班昭的《东征赋》和蔡邕的《述行赋》,揭示了

---

① David R. Knechtges, "The Poetry of an Imperial Concubine:The Favorite Beauty Ban", *Oriens Extremus*(Wiesbaden), Vol.36, No.2(1993), pp.127-144;[美]康达维:《班婕妤诗和赋的考辨》,见《文选学新论》,中州古籍出版社 1997 年版。此文后被收录于《汉代宫廷文学与文化之探微》。

② David R. Knechtges, "The Emperor and Literature:Emperor Wu of the Han", in *Imperial Rulership and Cultural Change in Traditional China*, Frederick P. Brandauer and Chun-Chieh Huang (eds.), Seattle:University of Washington Press, 1994, pp.51-76. 此文后被收录于《汉代宫廷文学与文化之探微》。

③ [美]康达维:《汉武帝的辞赋》,1996 年。

④ Fusheng Wu, "Han Epideictic Rhapsody:A Product and Critique of Imperial Patronage", *Monumenta Serica*, Vol.55, 2007, pp.23-59.

⑤ David R. Knechtges, "Ssu-ma Hsiang-ju's *Tall Gate Palace Rhapsody*", *Harvard Journal of Asiatic Studies*, Vol.41, No.1(June 1981), pp.47-64. 此文后被收录于《汉代宫廷文学与文化之探微》。

⑥ David R. Knechtges, "A Journey to Morality:Chang Heng's The Rhapsody on Pondering the Mystery", in *Essays in Commemoration of the Golden Jubilee of the Fung Ping Shan Library* (1932-1982), Ping-leung Chan(ed.), Hong Kong:Fung Ping Shan Library, 1982. 此文后被收录于《康达维论文自选集》。

作品通过行旅的描写想要传达的主旨。①

京都赋是汉赋研究不可忽略的重要类型,康达维在《汉颂:班固的〈东都赋〉和其同时代的京都赋》一文中细读了班固的《东都赋》、傅毅的《洛都赋》和崔骃的《反都赋》,发现这些赋的写作目的是赞颂,都表达了作者对社会和政治秩序的信心。② 对鲍照《芜城赋》的研究也体现了康达维对都城赋的关注。在《鲍照的〈芜城赋〉:写作年代与场合》一文中,他通过考索鲍照的生平活动和诗作来考察赋的主题。③

他研究了唐代的古赋。在《论韩愈的古赋》一文中,探讨了由《楚辞·离骚》和荀况《赋篇·佹诗》中"世界颠倒的主题"发展而来的"贤人失志"的主题。他分析了韩愈《明水赋》《感二鸟赋》《复志赋》《闵己赋》《别知赋》的写作背景、内容、形式和主旨,认为韩愈未把赋视为有文学价值的文体,而是将它作为表达个人思想和道德观的工具。④

所有这些赋篇研究几乎都是以探讨作品主旨为目标,并涉及了写作背景、作品、语言、内容等方面,这些都是翻译的基础。而康达维研究的《长门赋》《北征赋》《东征赋》《东都赋》《思玄赋》《芜城赋》等都是《文选》所收赋作。可见康达维的翻译和研究是齐头并进、相辅相成的,也为《文选·赋》的翻译做了准备。

在这一阶段,他还探讨了其他文体如骈文和诗歌,写了《汉魏六朝的骈文》《一位皇妃的诗歌:班婕妤》《江淹报袁书明书》⑤。六朝是骈文的黄金时期,许多文论、书、序、箴、铭、诔、碑、祭、墓志等都用骈文体式书写。康达

---

① David R. Knechtges, "Poetic Travelogue in the Han Fu", in *Transactions of the Second International Conference on Sinology*, Taipei: Academia Sinica, 1989. 此文后被收录于《汉代宫廷文学与文化之探微》。

② David R. Knechtges, "To Praise the Han: The Eastern Capital Fu of Pan Ku and His Contemporaries", in *Thought and Law in Qin and Han China: Studies Dedicated to Anthony Hulse on the Occasion of His Eightieth Birthday*, W. L. Idema(ed.), Leiden: E. J. Brill, 1990.此文后被收录于《汉代宫廷文学与文化之探微》。

③ David R. Knechtges, "Pao Chao's *Rhapsody on Ruined City*: Date and Circumstances of Composition", in *A Festschrift in Honour of Professor Jao Tsung-i on the Occasion of His Seventy-Fifth Anniversary*, Hong Kong: Chinese University Press, 1993. 此文后被收录于《汉代宫廷文学与文化之探微》。

④ [美]康达维:《论韩愈的古赋》,见韩愈学术讨论会组织委员会编:《韩愈研究论文集》,广东人民出版社 1988 年版;*Tang Studies*, Vol.1995, Series13, 1995, pp.51-80.

⑤ David R. Knechtges, "Han and Six Dynasties Parallel Prose", *Renditions*, No.33 & 34(Spring & Autumn 1990), pp.63-110; David R. Knechtges, "The Poetry of an Imperial Concubine: The Favorite Beauty Ban", *Oriens Extremus*(Wiesbaden), Vol.36, No.2, 1993, pp.127-144; David R. Knechtges & Chang Taiping, "*Jiang Yan: Letter in Response to Yuan Shuming*", *Renditions*, No. 41 & 42(Spring & Autumn 1994), pp.25-31.

维的汉魏六朝骈文研究中,所翻译的孔融《荐祢衡表》、李密《陈情表》、陆机
《辩亡论》、潘岳《杨荆州诔》、刘琨《劝进表》、班婕妤《怨歌行》等作品都出
自《昭明文选》,分属于表、论、诔、乐府等类别。从这些研究成果来看,在这
一时期,康达维至少已完成了《昭明文选》绝大部分的翻译。康达维还对中
国古老的饮食文化兴味盎然。在《中国古籍里的饼》《文学的盛宴:早期中
国文学中的饮食》《渐至佳境——中世纪初的中国饮食》中,他遍览典籍,考
证一些食物名称的具体所指,并呈现了从远古到魏晋南北朝,古代中国饮食
文化发展的历史脉络。[1]

　　这 16 年是康达维学术研究的成熟期。在其论文自选集《古代中国早
期的宫廷文化与文学之探微》所收的 14 篇论文中,有 11 篇来自这一时期,
可见他对这一时期成果的重视。此外,其中 9 篇论文发表在中国的期刊或
论文集上,而《文选赋评议》《欧美文选研究述略》《论韩愈的古赋》《论赋体
源流》《〈文选〉英译浅论》和《汉武帝的辞赋》,[2]是直接用中文撰写,首次就
发表在中国的学术期刊或论文集中。这是康达维与中国学术界交流互动的
明证。

　　康达维与中国学术界的交流始于 1985 年。他通过书信开始了与中国
辞赋研究家、山东大学教授龚克昌先生的友谊。1987 年,两人在汕头举行
的首届国际韩愈学术讨论会上见面,探讨了有关辞赋的问题。1988 年,他
为龚克昌先生申请获得美国科学院美中学术交流基金的资助到美国宣讲汉
赋。龚先生在华盛顿大学、哈佛大学、加州大学伯克利分校、威斯康星大学、
斯坦福大学等美国著名大学做了多场演讲。之后,康达维将龚先生的 10 篇
讲稿进行翻译,并为此撰写了一篇长达 51 页的序。此书名为《汉赋研究》,
1997 年由美国东方学会出版社出版。龚先生的赴美讲学和专著的出版使
美国汉学界接触了中国学者的汉赋研究成果,初步认识了中国学者的研究

---

[1]　David R. Knechtges,"A Literary Feast:Food in Early Chinese Literature,Journal of the American
Oriental Society",Vol. 106,No. 1(January – March 1986),pp.49 – 63;David R. Knechtges,
"Gradually Entering the Realm of Delight:Food and Drink in Early Medieval China",Journal of
the American Oriental Society,Vol.117,No.2(April-June 1997),pp.229-239. 这两篇论文后来
又收录于康达维论文自选集 Court Culture and Literature in Early China(Aldershot,Hants,
England:Ashgate,2002),这部自选集由苏瑞隆译成中文,更名为《汉代宫廷文学与文化之
探微:康达维自选集》,由上海译文出版社于 2013 年出版。

[2]　《文选赋评议》和《欧美文选研究述略》被收入《昭明文选研究论文集》,吉林文史出版社
1988 年版;《论韩愈的古赋》被收入韩愈学术讨论会组织委员会编的《韩愈研究论文集》,
广东人民出版社 1988 年版;《论赋体的源流》发表于《文史哲》1988 年第 1 期;《文选英译
浅论》发表于赵福海主编:《文选学论集》,时代文艺出版社 1992 年版;《汉武帝的辞赋》,
1996 年。

水平,对汉赋研究在美国的推进有积极的影响。

东西方两位汉赋研究专家的友谊,还推动了首届国际辞赋学术研讨会的召开。在龚先生到美国讲学将回国时,康达维提出了与龚先生合作的计划,他翻译出版《昭明文选》和龚先生的讲稿,龚先生举办首届辞赋学术研讨会和评注《全汉赋》。在康达维的努力下,美中学术交流委员会同意了这个计划。于是,龚先生开始积极筹备首届国际辞赋学术研讨会的召开。最终,这次由山东大学举办的会议于 1990 年在济南召开,康达维参加了这次会议。他对欧美文选研究的评述使大陆学者了解到欧美《昭明文选》研究的大致状况和研究水平,对《昭明文选》赋的评议受到中国同行的赞赏。康达维被长春师范学院昭明文选研究所聘为名誉教授。与会期间,康达维受龚先生的邀请到山东大学讲学,并被聘为山东大学的客座教授。

中外学者的互通有无,使辞赋研究出现了快速发展的势头。自首届国际辞赋学术研讨会举行至今,国际辞赋学术研讨会已经召开了 11 届,与会的学者来自中国、新加坡、日本、韩国、美国、英国、加拿大、印度、越南等国,不同地域学者思想的交流与碰撞带来了中国赋学的繁荣。中国赋学会现任会长、南京大学教授许结在评论国际会议对赋学的促进作用时说:"当年我找美国学者康达维写的东西,根本找不到……1990 年国际会议一开,他来了,到一起来了,见面之后大家就相互送东西了,书送来送去,直接交流,一点障碍都没有了,一下就天涯咫尺了。连续的几次国际赋学会是很重要的,我的辞赋研究就是在国际辞赋研讨会中成长起来的,一直到今天。"①可见,国际会议提供了顺畅的交流平台,使各国学者互通信息成果。

20 世纪 90 年代至今,中国辞赋研究成果大量涌现,研究的数量、广度和深度远超以往 70 年(1919—1990 年)研究的总和。随着康达维《昭明文选》辞赋部分英译本(三卷)的相继出版,欧美特别是美国的辞赋研究发展较为迅速,并逐渐实现了从以翻译为中心到以研究为中心的转变。②

康达维还参加了 1992 年在香港召开的第二届国际辞赋学术研讨会、1996 年在台北召开的第三届国际辞赋学术研讨会,并担任副主席或顾问委员会成员。

1991—1993 年,康达维作为美国国家科学院中国学术交流委员会(Committee for Scholarly Communication with the People's Republic of China, National Academy of Sciences)成员,为中美学术界的交流出谋划策。这一时

---

① 许结讲述:《赋学讲演录》,北京大学出版社 2009 年版,第 215 页。
② 参见中国和欧美辞赋研究的发展状况具体可见何新文、苏瑞隆、彭安湘的《中国赋论史》。

期与中国学者的交往和互动,促成了后来他们之间的密切合作。他参与了中国《辞赋大辞典》(江苏教育出版社 1996 年版)的编纂,是编委会的顾问委员会成员,并编纂了"荀况""赋篇""佹诗""扬雄""甘泉赋""河东赋""校猎赋""长杨赋""解嘲""逐贫赋""反离骚"等 11 个词条。此外,康达维还编写了《中外学者文选学论著索引》的欧美文选学研究部分,总结了 20世纪以来欧美文选学的研究状况,并列有论文和专著索引。[1]

康达维还致力于西方汉学研究成果的传播。他从 1991 年至今一直担任荷兰"莱顿汉学书系(Sinica Leidensia)"编委会成员。"莱顿汉学书系"是荷兰有 300 余年悠久历史的博睿(Brill)出版社出版的享有盛誉的丛书,其编撰始于 1931 年。该丛书覆盖了从古至今的各个历史时段,包含有关中国宗教、哲学、文学、语言、科技等方面的研究成果。并且,他于 1993—1995年,先后担任美国东方学会的副主席和主席,积极推动了美国的中国文学研究发展。

(三) 深化与总结:从英译《汉赋研究》到《自选集》问世(1997—2002 年)

康达维积极投身于对中国汉赋研究的翻译和传播工作。他将龚克昌先生赴美讲学的全部讲稿译成英文,此书名为《汉赋研究》,于 1997 年由美国东方学会出版。龚克昌的讲稿是以 1984 年山东文艺出版社出版的专著《汉赋研究》为蓝本,增益修订而成。此书被誉为"20 世纪 80 年代问世的第一部全面研究而有重要影响的汉赋专著"[2],引起了此后汉赋研究的兴起和发展。讲稿除了论及 1984 年专著中的贾谊、枚乘、司马相如、扬雄、班固、张衡、赵壹等赋家,另外还研究了东方朔和蔡邕,且论述更为详细。[3] 英国《皇家亚洲学会期刊》在评论此书时称:"在书中,康达维和他的合译者,使不能准确理解来自原作的篇章和引用的读者,获得在辞赋研究领域内中国最杰出学者的专业见解。"[4]可见此书为中西辞赋研究者的交流打开了渠道,为中西方学者合作共同促进辞赋研究的发展建立了新的模式。

这一时期康达维系统整合了之前的成果,并继续推进对《昭明文选》的研究。同时,康达维总结和深入分析了以前在辞赋研究中所发现的问题。

---

① 参见郑州大学古籍所编:《中外学者文选学论著索引》,中华书局 1998 年版。

② 何新文、苏瑞隆、彭安湘:《中国赋论史》,人民出版社 2012 年版,第 391 页。

③ 龚克昌先生根据赴美的讲稿,又重新修订了其《汉赋研究》,于 1990 年由山东文艺出版社出版。

④ Gong, Kechang, *Studies on the Han Fu by Gong, Kechang*, Translated and edited by David R. Knechtges, et al., http:// Journals. Cambridge.org/ abstract_S1356186300012293, Sept. 24, 2009.

《班昭〈东征赋〉考》①基于他先前对汉代行旅赋的研究。在此文中,康达维
将班昭的《东征赋》和其父班彪的《北征赋》进行对比,比较了两者的内容和
主旨,强调了《东征赋》在内容上的独特性。另一篇《汉代文学中对宫廷的
批评》总结了他之前对扬雄作品中"劝说性修辞(persuasive speech)"的分
析,指出《甘泉赋》《羽猎赋》《长杨赋》《解嘲》《酒箴》中对宫廷的批评的内
容和方式。

　　康达维还逐渐由对赋篇的微观解读转入宏观研究。《"君未睹夫巨丽
也?"——早期中国皇家的审美探求》和《东汉末期的宫廷文化:以鸿都门学
为例》②就是从宏观上描述赋中体现的皇家审美观及其发展变化对文学品
味产生的影响。此外,他还研究了诗歌,写了《诗题之意义何在?——杜甫
的〈自京赴奉先县咏怀五百字〉》和《〈诗经·生民〉中的语言问题》③。

　　2002年,时届花甲之年的康达维总结了他对辞赋和汉代文学的研究,
把1972年至1997年近30年间发表的14篇作品收入自选集《古代中国早
期的宫廷文化与文学之探微》④,于2002年由英国著名人文社会科学出版
社Ashgate Publishing出版。这部论文集由其博士弟子现新加坡国立大学
的苏瑞隆教授翻译成中文,2013年由上海译文出版社出版。中文版名为
《汉代宫廷文学与文化之探微:康达维自选集》,并由美国著名汉学家傅汉
思先生(Hans H. Frankel)的夫人耶鲁大学教授书法家张充和女士题写书
名。全书分为四个板块:西汉的宫廷文学,扬雄:西汉末年的宫廷诗人,辞赋
研究中的主题和问题、食物、文化与文学,其中贯穿着宫廷文化对文学发展
的影响这条主线,既有辞赋推动者汉武帝的研究,又有司马相如、扬雄、班
固、张衡、鲍照等赋家及其作品的研究,涉及汉赋的形式、功能、繁荣原因,赋
篇的辨伪、背景、主旨、翻译和其中反映的宫廷和饮食文化,以及赋家生平经

①　[美]康达维:《班昭〈东征赋〉考》,见南京大学中文系编:《辞赋文学论集》,江苏教育出版
社1999年版。

②　David R. Knechtges, "Have You Not Seen the Beauty of the Large: An Inquiry into Early Imperial
Chinese Aesthetics",见《文学、文化与世变》,第41—66页;David R. Knechtges, "Court
Culture in the Late Eastern Han: The Case of the Hongdu gate School", in *Interpretation and Lit-
erature in Early Medieval China*, Alan K. L. Chan and Yuet-Keung Lo(eds.), Albany: State Uni-
versity of New York Press,2010.

③　David R. Knechtges, "What's in a Title? Expressing My Feelings on Going from the Capital to
Fengxian Prefecture: Five Hundred Characters' by Du Fu", in *Ways with Words: Writing about
Reading Texts from Early China*, Berkeley: University of California Press,2000;David R. Knecht-
ges, "Questions about the Language of 'Sheng min'", in *Ways with Words: Writing about
Reading Texts from Early China*, Berkeley: University of California Press,2000.

④　David R. Knechtges, *Court Culture and Literature in Early China. Variorum Collected Studies Se-
ries*, Aldershot, Hants, England: Ashgate,2002.

历的研究等问题。这部书无疑是康达维辞赋研究精华的体现,涉及辞赋研究的多个层面,可以说是西方学者对中国辞赋研究的最为全面的成果,也为康达维的辞赋研究做了良好的阶段性总结。

康达维的花甲纪念也成为东西方学者交流的契机。由康达维的弟子苏瑞隆和龚航伉俪主编的《廿一世纪汉魏六朝文学新视角:康达维教授花甲纪念论文集》就收录了中国、新加坡、日本、美国学者的汉魏六朝文学研究的论文,其中主要是辞赋研究的论文。① 这不仅为学者之间的交流沟通提供了平台,也使其他中国学者更好地了解国外辞赋研究的状况。

在这一时期,康达维还频繁到各地进行学术讲座,传播其研究成果和经验。在短短5年间,他分别在加州大学伯克利分校、莱斯大学(Rice University)、科罗拉多大学、里德学院(Reed College)、耶鲁大学和哈佛大学等美国多所大学和中国台湾的大学做了讲座,涉及中国中古时期辞赋研究、诗歌研究、文学翻译研究、文化研究等多方面的问题。② 康达维当年由于听了卫德明和施友忠两位学者的讲座而将兴趣转向中国的历史和文学,他的讲座也将惠及更多学子,引导和启发他们开展中国文学研究。

第三节 康达维的晚年:向文化传播
领域拓展(2003—2014年)

晚年的康达维继续笔耕不辍,从辞赋研究、《昭明文选》研究继续拓展对魏晋六朝诗歌、散文和骈文的研究。他的工作重心也逐步转入推动中国文化在西方传播,主持翻译了《中华文明史》,编撰了《古代和中国中古文学导读》,进行了一系列学术讲座。由于他卓越的翻译和研究成果,以及对美国汉学研究的推动,2006年入选美国艺术与科学院(American Academy of Arts and Sciences)院士。2014年,国家新闻出版总署授予的"中华图书特殊贡献奖",以及北京大学"首届国际汉学翻译大会"颁发的"国际汉学翻译家大雅奖"也是对他在翻译方面所取得的成就和对中国图书出版工作所作贡献的肯定。

一、由辞赋研究扩展向更宽广的领域(2003—2006年)

康达维延续着《汉赋:扬雄赋研究》中从修辞的角度来解读中国文学的

---

① 参见苏瑞隆、龚航:《廿一世纪汉魏六朝文学新视角:康达维教授花甲纪念论文集》,(台湾)文津出版社2003年版。

② 具体见附录。

兴趣,在《三世纪中国逊位与登基的修辞:有关魏代曹丕登基的文件》一文中,分析了《三国志》等历史文献中记载的劝曹丕登基的文件。他用"拒绝的修辞"解释了朝廷官员甚至是汉献帝本人催促曹丕即位,但他百般推辞,拒绝接受自己明确追求的帝国皇位的有趣现象。① 他还在《刘琨、庐谌及其在东晋转折期的作品》分析了刘琨和庐谌向东晋过渡时期的赠答诗,认为他们之间有裂痕,刘琨并不像传统中描述的那样是晋室的热切支持者,他对于皇位有着觊觎之心。② 这一时期,他的关注点逐渐从辞赋转向了其他文体,从汉代转向了魏晋时期。

他也持续关注着中国文学的翻译问题,在《玫瑰还是美玉:中国中古文学翻译中的一些问题》一文中,全面总结了翻译《昭明文选》的经验,论述了其翻译观和翻译策略。他强调译文要忠实于原诗原文,要用科学研究的精神来进行翻译,最终呈现出准确传神的译文。③ 在翻译中对字词的研究和推敲,也催生了一些研究成果,比如《金谷和兰亭:两个(或三个)晋代的庭园》。他打破传统的看法,通过细致的考证,认为石崇可能有两处宅邸,一个在金谷,另一个没有正式名称的在河阳。而"兰亭"的"兰"不是指兰花,而是指兰草;"亭"不是指的亭子,而指公社或者是驿站。④

在这三年中,他继续进行着学术研究的传播工作,在美国康奈尔大学、哈佛大学和威斯康星大学做了有关中国先唐花园史的讲座,还介绍了近年来《昭明文选》的研究成果。⑤

2006 年,康达维以其近 40 年来众多的翻译和研究成果,以及为推动美国中国古代文学研究,传播中国文学和文化作出的巨大努力,入选为美国艺术与科学院院士。美国艺术与科学院会员中有超过 250 位诺贝尔奖得主和60 位普利策奖得主。华盛顿大学亚洲语言文学系主任迈克尔·夏皮罗(Michael Shapiro)评价说,大卫入选美国艺术与科学院院士是对他在中国

---

① David R. Knechtges, "The Rhetoric of Abdication and Accession in Third Century China: The Documents Relating to the Accession of Cao Pi as Emperor of the Wei Dynasty", in *Rhetoric and the Discourses of Power in Court Culture*, Knechtges David R. and Vance Eu(eds.), China, Europe, and Japan: University of Washington Press, 2005.

② David R. Knechtges, "Liu Kun, Lu Chen, and Their Writings in the Transition to the Eastern Jin", *Chinese Literature: Essays, Articles, Reviews(CLEAR)*, Vol. 28(December 2006), pp. 1-66.

③ 参见[美]康达维:《玫瑰还是美玉:中国中古文学翻译中的一些问题》,见赵敏俐、[日]佐藤利行:《中国中古文学研究》,学苑出版社 2005 年版。

④ David R. Knechtges, "Jīngǔ and lán Tíng: Two(or Three) Jìn Dynasty Gardens", in *Studies in Chinese Language and Culture: Festschrift in Honor Christoph Harbsmeier on the Occasion of His 60th Birthday*, Anderl C. and Eifring H.(eds.), Oslo: Hermes Academic Publishing, 2006.

⑤ 具体可见附录。

文学和汉学领域长期卓越工作的恰当肯定。毫无疑问，他是西部从事古典中国散文和诗歌研究及翻译最杰出的学者和翻译家之一。

他的辞赋翻译和研究在很大程度上促进了英语世界辞赋研究的发展，20 世纪八九十年代陆续涌现了一些辞赋翻译和研究成果。斯坦福大学东亚语言及文化研究系的艾朗诺教授（Ronald C. Egan）在《音乐和悲伤的争论与中国中古时期琴观念的改变》一文中，研究了嵇康的《琴赋》；①俄勒冈州里德学院的白瑞旭教授（K. E. Brashier）在研究了成公绥的《天地赋》；②宇文所安教授在《谢惠连〈雪赋〉：结构研究》一文中讨论了谢惠连的《雪赋》中有关风格、叙事角度和读者距离的问题；③葛克咸的博士论文探析了庾信的《哀江南赋》；④亚利桑那大学的柏夷教授（Stephen R. Bokenkamp）在其博士论文《〈赋谱〉：唐赋艺术研究》中，翻译并分析了《赋谱》，还分析了李蒙《娥女泉赋》、李隆基《喜雨赋》和杜牧的《阿房宫赋》；⑤美国科罗拉多大学波德分校荣休教授柯睿（Paul W. Kroll）在《驯鸢与穷鱼：卢照邻赋中的干涉和自我辩解》诠释了卢照邻的《驯鸢赋》和《穷鱼赋》的写作动机；⑥宇文所安教授在《死木：从庾信到韩愈的枯树》一文中翻译了《病梨树赋》并讨论了同一主题的赋作；⑦加州大学伯克利分校的薛爱华教授（Edward Hetzel Schafer）研究了吴筠的《步虚赋》和《登真赋》；⑧香港浸会大学倪若成（Robert Neather）教授在其博士论文《中唐的赋体：文体变化研究》中，系统研究了中唐时期赋体文学的发展和变化。⑨

① Ronald C. Egan, "The Controversy over Music and 'Sadness' and Changing Conceptions of the Qin in Middle Period China", *Harvard Journal Asiatic Studies*, Vol.57, No.1 (June 1997), pp.5–66.

② K. E. Brashier, "A Poetic Exposition on Heaven and Earth by Chenggong Sui (231–273)", *Journal of Chinese Religions*, Vol.24, Issue 1 (1996), pp.1–46.

③ Stephen Owen, "Hsieh Hui-lien's 'Snow Fu': A Structural Study", *Journal of the American Oriental Society*, Vol.94, No.1 (January–March 1974), pp.14–23.

④ William T. Graham, Jr., *Yü Hsin's "Lament for the South"*, Ph. D. diss. Harvard University, 1974.

⑤ Stephen R. Bokenkamp, "The Ledger on the Rhapsody": *Studies in the Art of the T'ang Fu*, Ph. D. diss., University of California, Berkeley, 1986.

⑥ Paul W. Kroll, "Tamed Kite and Stranded Fish: Interference and Apology in Lu Chao-lin's Fu", *T'ang Studies*, Issue 15–16 (1997–1998), pp.41–77.

⑦ Stephen Owen, "Deadwood: The Barren Tree from Yü Hsin to Han Yü", *Chinese Literature: Essays, Article, Reviews (CLEAR)*, Vol.1, No.2 (July 1979), pp.157–179.

⑧ Edward H. Schafer, "Wu Yun's 'Cantos on Pacing the Void'", *Harvard Journal of Asiatic Studies*, Vol.1, No.2 (December 1981), pp.377–415; "Wu Yun's Stanzas on *Saunters in Sylphdom*", *Monumenta Serica*, Vol.35 (1981–1983), pp.309–345.

⑨ Robert Neather, *The Fu Genre in the Mid-Tang: A Study in Generic Change*, Ph. D. diss., University of Cambridge, 1995.

随着赋体文学研究的步步深入,研究的角度也呈现出多元化的趋势。前面提及的吴伏生从文学资助的角度来研究汉赋;柯马丁从美学的角度来审视汉赋;柯蔚南从语言学的角度来考察赋作,写了《西汉蜀地方言中的某些音变》;①荷兰戴克乐教授从修辞学的角度研究了"设论"这种文体,撰写了专著《反对朝廷:中国 3—4 世纪的政治修辞》;②芝加哥大学的夏德安(Donald Harper)则沿着韦利的思路,从宗教的角度来阐释王延寿的《梦赋》,认为这是一篇驱赶噩梦的咒语;③明尼苏达大学的饶保罗教授(Paul F. Rouzer)从性别研究的角度分析了《神女赋》。④

在康达维的推动下,西方特别是美国的辞赋研究开始繁荣起来,问世的成果是过去 70 多年间成果总和的好几倍,也逐渐从辞赋翻译过渡到对辞赋的起源、特征、类别、演变、效用和影响等综合内容的研究。

二、主持完成《中华文明史》的英译(2007—2012 年)

这一时期,康达维继续推进对《昭明文选》的研究。在《挑出野草与选择嘉卉:中国中古早期文选》一文中,康达维将同时成书于南朝梁代的选集《昭明文选》和《玉台新咏》中的选文做了比较。他认为《昭明文选》是一部基于清晰的收录概念来合理排序的选集,它体现了萧统的文学价值观是追古者和创新者之间的折中。编撰者看重文学的感染力和教化作用,但同时又遵循着文学维持帝国社会和政治秩序的旧观念,具有保守和儒学倾向。而《玉台新咏》收录的重点是当代具有音乐性的艳情诗,并无清晰的排序,这体现了梁代文学品味的新潮流。《昭明文选》体现了反对把文学作为独立的艺术和让文学脱离政治和道德束缚两种观念的折中,《玉台新咏》却把重心放在个人情思的表达上。两部选集的差异折射出文学价值观的变化。⑤

---

① W. South Coblin,"Some Sound Changes in the Western Han Dialect of Shu", *Journal of Chinese Linguistics*,Vol.14,No.2(June 1986),pp.184-226.

② Dominik Declerq,*Writting Against the State:Political Rhetorics in Third and Fourth Century China*,Leiden:Brill,1998.

③ Donald Harper,"Wang Yen-shou's Nightmare Poem", *Harvard Journal of Asiatic Studies*,Vol.47,No.1(June 1987),pp.239-283.另一篇夏德安的论文是"Poets and Primates:Wang Yanshou's Poem on the Macaque", *Asia Major*,third series,Vol.14,Part2(2001),pp.1-25.

④ Paul F. Rouzer,*Articulated Ladies:Gender and the Male Community in Early Chinese Texts*,Cambridge:Harvard University Press,2001.

⑤ David R. Knechtges,"Culling the Weeds and Selecting the Prime Blossoms:the Anthology in Early Medieval China",in *Culture and Power in the Reconstruction of the Chinese Realm 200-600*,Pearce S.,Spiro A. and Ebrey P.(eds.),Cambridge:Harvard University Press,2000.

　　《昭明文选》各文类排序有着一定的逻辑联系,体现了编撰者的文学观,但其中有一类"百一"只包括了应璩的《百一诗》,无论从文类的名称还是从诗的内容和形式都不能断定这个类别的分类标准,这引起了康达维的关注。他在《文学选集的问题:应璩的〈百一诗〉》中一一评析了李善注所收4种对"百一"的解释,并分析了李善的观点,即"百一"的意思与"百虑一失"相关,指"训诫诗(monitory poem)"或"讽喻诗(poem of criticism)"。他收集了《文心雕龙》《诗品》《北堂书钞》《太平御览》《韵语阳秋》《乐府诗集》《汉魏六朝百三家集》等西晋到现代文献中对应璩的评论及所收诗歌的残文。经过细致的文本分析,康达维认为这些诗包括《昭明文选》收录的《百一诗》与政治讽喻相关,且这些诗又被称为"新诗"是由于它们是第一组以五言的形式写成的讽喻诗。① 对"百一"这一文类的探讨是康达维研究《昭明文选》分类问题的延伸,也是他翻译应璩《百一诗》的过程中所发现的问题。他在访谈中提及"为了全盘了解一个作家的作品,我每次翻译《文选》中的某个作家,总是一次翻译他全部的作品"②。从康达维对应璩诗的研究,可见他为了解一位作家和作品所下的功夫。

　　康达维曾在访问中表明司马迁《报任安书》是他最喜欢的中国文学作品。司马迁"发愤著书"的精神应该也影响着他完成《昭明文选》英译这项艰巨任务。在《关键词、写作目的与阐释:司马迁〈报任安书〉》一文中,他详细解读了这篇作品。他认为司马迁未把此文收入《史记》是因为在信中表达了个人的哀伤,这封信是他向后人的自白,表达的主题是:辱、节、孝。这封信的意义在于,它使信件成了一种文学形式,不仅是个人的私密表达,也是公开的宣言。③ 这篇论文在某种程度上表达了康达维对司马迁的敬意。此外,他还对旅行和游览的主题特别感兴趣,写了《自传、旅行和神游:论冯衍的显志赋》④《中国中古文人的山岳游观——以谢灵运〈山居赋〉为主

---

① David R. Knechtges,"The Problem with Anthologies:The Case of the Baiyi Poems of Ying Qu (190−252)",*Asia Major*,Vol.23,No.1,2010,pp.173−199.

② 蒋文燕:《研穷省细微 精神入图画——汉学家康达维访谈录》,见张西平主编:《国际汉学(第二十辑)》,大象出版社2010年版,第18页。

③ David R. Knechtges,"'Key Words',Authorial Intent,and Interpretation:Sima Qian's Letter to Ren An",*Chinese Literature*:*Essays*,*Articles*,*Reviews*(*CLEAR*),Vol.30(December 2008),pp.75−84.

④ [美]康达维:《自传、旅行和神游:论冯衍的显志赋》,见《汉学》,上海古籍出版社2008年版。

的讨论》①等论文。

康达维五十年如一日,对中国文学热情不减,成果越来越多,越来越丰富。当被问及是什么使他沉醉于中国语言和文化时,他说:"有如此多的资料得以保存,读也读不完。就是读十辈子,也读不完全部作品的十分之一。"记者总结说:"悠久的传统吸引学者研究中国。"②

康达维与中国文学的情缘也促成了他与中国妻子张泰平博士的姻缘。他的成就与妻子的倾力协助是分不开的。在翻译《昭明文选》遇到难句时,他就向妻子求教。妻子不仅在学术上给他提建议还在精神上给予支持。在妻子的建议下,他们一起编撰了《古代和中国中古文学导读》③,2010 年第一册由荷兰博睿出版社出版。这部书是莱顿汉学书系"东方学研究丛书"的一部分,是康达维研究中国古典文学逾 40 年的产物,也是另一个流产的项目、中外学者合作的《古典中国文学手册》的副产品。这部书是第一部以西方语言撰写的针对中国文学的导读,包括了从先秦到隋朝的有关文学人物、文类、文学作品、文学流派、专有名词等内容的逾 1000 个词条。所有词条以字母排序,便于检索。在字母 J 类下就有文学人物贾贷宗、贾逵、贾山、贾谊、江洪、江淹、江逌、姜质、江总、景差的介绍,有文学作品《郊祀歌》和金谷诗的介绍,有文学流派"建安七子"和"竟陵八友"的介绍,有专有名词"江鲍"的解释,有选集《汲冢琐语》和与文学研究相关的书籍《晋书》的介绍,基本涵盖了与文学研究相关的重要内容,是从事先唐文学研究者方便实用的导读。

这些词条的撰写吸收了海内外的研究成果,阐释详尽。比如"贾谊"这一条目中,介绍了贾谊的生平经历和主要作品。作品中介绍了赋作——《吊屈原赋》和《鵩鸟赋》的作赋背景和主要内容,以及《旱云赋》《虡赋》和《惜誓》,还有政论散文《陈政事疏》《请封建子弟疏》《谏立淮南诸子疏》《过秦论》的内容介绍及来源的介绍,有《新书》的著录和版本的介绍。这部分使读者对贾谊及其主要作品有大致了解。对研究最有助益的是词条后的参考书目,包括了中、英、德、日、法 5 种文字的专著和论文。对贾谊的介绍之

①　[美]康达维:《中国中古文人的山岳游观——以谢灵运〈山居赋〉为主的讨论》,见刘苑如编:《游观:作为身体艺术的中古文学与宗教》,(台湾)"中研院"文哲所 2010 年版。英文版 "How to View a Mountain in Medieval China", in Hsiang Lectures on Chinese Poetry, Centre for East Asian Research, McGill University, 2012.

②　O'Donnell C., Long Continuous Tradition Attracts China Scholar, www. washington. edu/···/long-continuous-tradition-attracts-china-scholar, Oct. 12, 2006.

③　David R. Knechtges & Taiping Chang, Ancient and Early Medieval Chinese Literature: A Reference Guide(Part one), Leiden: Brill, 2010.

后,列有贾谊别集和《新书》的各种不同版本和集释、集解、贾谊集的白话翻译、有关贾谊的生平、作品、思想研究的专著和论文、有关贾谊的主要作品《吊屈原赋》《鵩鸟赋》《惜誓》《旱云赋》《过秦论》《论积贮疏》《论铸钱疏》以及《新书》的研究成果和西文译本。这些书目对学者开展对贾谊生平、作品、思想的研究都有帮助,从事文学、历史、翻译研究的学者均能从其中得到有用的信息。可贵的是书目中介绍了大量的中文研究成果,与贾谊相关的研究书目中有65条是中文的研究成果,这便于西方人了解中国学界的研究状况。

还比如"骈文"的词条下介绍了骈文的特点、源流、代表作家及作品。书目中列有骈文的选集和有关骈文研究的专著和论文共57种。其中列有外国学者的研究成果,日本学者铃木虎雄的《骈文史序说》和福井佳夫的《关于六朝骈文的待遇——关于说服效果的考察》、美国学者海陶玮的《骈文的特点》(Some Characteristics of Parallel Prose)、浦安迪(Andrew H. Plaks)的《行与行之间:中国和西方文学中的对仗》(Where the Lines Meet: Parallelism in Chinese and Western Literature)、康达维的《汉魏六朝的骈文》(Han and Six Dynasties Parallel Prose)、林德威(David Prager Branner)《中国骈文的声律》(Tonal Prosody in Chinese Parallel Prose)。这些研究成果对于中国学者的相关研究十分有益。总之,《古代和中国中古文学导读》不仅适用于先唐文学的初学者也同样适用于资深学者。它为先秦两汉魏晋南北朝文学研究提供了丰富的资料和线索,可以开阔中西方学者的眼界,有利于他们相互学习交流。

这一时期,康达维最突出的工作是主持了《中华文明史》四卷本的编译。这项工作始于2007年,历时5年。《中华文明史》是由以袁行霈教授为首北京大学国学研究院的36位教授历时6年编写而成,涵盖了从中华文明肇始之初到1912年中国的政治史、经济史、社会发展史、思想史、科技史、艺术史、文学史、宗教史、生活史、史学史、地理学史、天文历法史、中外关系史和商业史等多方面的内容,其涉及的广度和深度是其他中外有关中国文明史的著作所无法比拟的。

康达维组织了张泰平、苏瑞隆、连永君、林理彰(Richard John Lynn)等9位学者,花费5年时间,完成了这部著作的编译,2012年4月由剑桥大学出版社出版,并作为"中国文库"首批四部之一,参加2012年的伦敦国际书展。英译本秉持着康达维一贯的"详考精译"的原则,力求保持原文原意,提供了许多过去未翻译成英文的中国典籍篇章,也纠正了过去存在的篇章中的误译。康达维在《中华文明史》英文版美国首发式致辞时说:"我希望能够借着这类'原汁原味'的翻译,将中国独有的文化、独特的文化词语传达到世界各地。"①时间将会证明,《中华文明史》的英译本必将会促进中华文化的传播,促进西方汉学的发展。《中华文明史》英译本第一卷的卷首语说:"这部极具野心和启迪的著作将引发人文学科和社会科学领域的新争论,为东西方的学术交流打开新的渠道。"②康达维在促进中国文化传播和学术交流方面做了许多切实的工作,在不久的将来,这些工作的成效就会显现出来。

学术讲座也是康达维工作的重要方面之一。短短 5 年间,他辗转美国斯坦福大学、威斯康星大学、密歇根大学、俄亥俄州立大学、宾夕法尼亚大学、加利福尼亚大学、华盛顿大学、普林斯顿大学,以及中国的北京大学、台湾大学等,作了 14 场讲座。2009 年他在华盛顿大学获得了"所罗门·凯兹讲师"(Solomon Katz lecturer)的荣誉称号,作了"中国中古文人的山岳游观"(*How to View a Mountain in Medieval China*)的讲座。"所罗门·凯兹讲座"是华盛顿大学人文学科的一大盛事,讲师都是国内外顶尖学者,以往受邀的有美国语言学家罗伊·安德鲁·米勒(Roy Andrew Miller)、美国当红诗评人海伦·文德勒(Helen Vendler)、印度历史学家罗米拉·塔帕尔(Romila Thapar)等享有国际声誉的学者。华盛顿大学在网站上对康达维的讲座做了专题报道,并称"康达维获选为凯兹讲师是对他四十余载研究中国古典诗歌所取得的非凡成就的认可"③。

他还参加了 2012 年在新加坡召开的国际辞赋研讨会,2014 年在中国香港召开的"科举与辞赋"国际研讨会,积极与亚洲的学者进行学术交流。

三、荣获"中华图书特殊贡献奖"和"汉学翻译家大雅奖"
(2013—2014 年)

由于康达维在中国典籍英译和图书翻译出版工作方面取得突出成果,近两年来屡获殊荣。

2014 年 8 月 26 日,72 岁的康达维先生来到北京,在人民大会堂接受时任国务院副总理刘延东同志颁发的第八届"中华图书特殊贡献奖"。中华

---

① 〔美〕康达维:《〈中华文明史〉英文版美国首发式致辞》,《国际汉学研究通讯》2012 年第 6 期。

② Yan Wenming, Li Ling & David Knechtges, *The History of Chinese Civilization*:Volume Ⅰ(*Earliest Times*-221 *B.C.E*),New York:Cambridge University Press,2012.

③ *David Knechtges Delivers Spring Katz Lecture*, by Humanities Web Specialists, June 1st, 2009, http://www.washington.edu/research/showcase/1982a.html.

图书特殊贡献奖旨在表彰在介绍中国、翻译和出版中国图书、促进中外文化交流等方面作出重大贡献的外国翻译家、作家和出版家。自 2005 年奖项设立以来，至今已有 22 人获此奖项，其中也包括德国翻译家顾彬（Wolfgang Kubin）和美国翻译家葛浩文（Howard Goldblatt）。康达维翻译出版了《昭明文选赋英译》三大巨册和《汉书·扬雄传》，促成并组织了龚克昌先生的《汉赋研究》在美国的翻译出版，又主持了由北京大学袁行霈等教授主编的《中华文明史》（全四册）的英文翻译编辑工作，为中华文化的深度宣传与推广作出了积极贡献，因而荣获了此次"中华图书特殊贡献奖"。康达维发表获奖感言时说："希望未来能看到越来越多的中国图书被翻译成英文。"①

同年 11 月 1 日，康达维先生在北京大学国际汉学家研修基地主办的"首届国际汉学翻译大会"上，又获得"国际汉学翻译家大雅奖"。②《中国文化报》介绍说："这次获奖的康达维是辞赋研究专家，为准确翻译辞赋，他不但精研包括中国文化中文字、音韵、训诂在内的传统小学与文章学，更对与文学相关的政治、历史、风俗等进行了广泛探求与精深思考。"③正如评论所说，康达维对中国辞赋和文化的研究保证了其译文的质量。"大雅奖"的获得是对他的翻译质量及其对中国典籍英译所作贡献之充分肯定。

在中国文化的西方传播进程中，西方汉学家起到了根本性的作用。康达维正是当代西方汉学家中的杰出代表之一。他以其规模宏大的中国典籍和文化的翻译显示了他作为职业汉学家对中国文化传播所作的重要贡献。他准确而典雅的译文，也示范着汉学家们提高中国典籍英译的水平，能更好地帮助西方读者了解中国文学和文化的本来面貌，促进中西文化更深层次的交流。

在 2013 年至 2014 年，康达维陆续发表了《刘歆〈遂初赋〉论略》《婚姻与社会地位：沈约〈奏弹王源〉》《饮食习惯：束皙〈饼赋〉》《早期中古中国的别墅文化：以石崇为例》《南金和羽扇：陆机的"南方意识"》和《〈文选〉中的书信》等论文④。他的论文自选集《汉代宫廷文学与文化之探微》中文版于

① 参见《第八届中国图书特殊贡献奖得主讲述与中国的不解之缘》，2014 年 8 月 27 日，http://zgcb. Chinaxwcb.com/info/88535。
② 与他同时获奖的还有北京大学新闻与传播学院教授许渊冲。许先生从事翻译工作 60 余年，在海内外出版中、英、法文著译 60 本，包括《诗经》《楚辞》《李白诗选》《西厢记》《红与黑》《追忆似水年华》等中外名著。翻译集中在中国古诗英译，形成韵体译诗的方法与理论，被誉为"诗译英法唯一人"。
③ http://elt.i21st.cn/article/12791_1.html，2014 年 11 月 19 日。
④ 康达维教授的论文和专著等资料收集至 2014 年为止，这里的信息源自苏瑞隆教授整理的《康达维先生学术著作编年表》，见国学数典论坛，http://bbs.gxsd.com.cn/archiver/?tid-990389.html，2015 年 4 月 1 日。

2013 年由上海译文出版社出版,这部书的出版有助于中国的读者更好地了解康达维的辞赋研究。此外,他于 2014 年在博睿学术出版社出版了与张泰平合著的《古代和中国中古文学导读》第二、三、四册,至此他完成了这部书全四册的出版工作,全书条目多达 1095 条,是进行先唐文学研究最全面的参考资料。

综观康达维的整个学术历程,他以扬雄研究为开端,扩展至汉魏六朝赋以及诗歌、散文、骈文、历史等领域,不仅出版了《昭明文选赋英译》和其他多篇辞赋,并且主持翻译了中国当代学者编著的《中华文明史》。他研究和翻译中国古代辞赋、文化史著成绩斐然,著述丰硕。他在传播中国典籍文化方面所作的巨大贡献,也越来越为中国学术界、文化界所认可。

我们有理由相信,随着康达维与中国学界合作的不断深入和扩展,也一定还会有新的成果问世,从而给他的东西方读者和研究者带来新的惊喜。

第二章　康达维的赋学观及其翻译思想

相较于其他文体的研究,中国现当代学术界对赋体的研究起步较晚,兴起于 20 世纪末。[1] 西方汉学界对赋体的研究更是成果有限,且主要是赋篇翻译。赋的定义及其内涵、赋体的源流、正确解读赋篇是学术界共同关注的课题,也是康达维开始其辞赋研究要应对的基本问题。他在其辞赋研究的第一个里程碑——1976 年剑桥大学出版社出版的《汉赋:扬雄赋研究》[2]中就较详细地阐述了这些问题,在 1988 年《文史哲》上发表的论文《论赋体的源流》[3]中又重申了其主要观点,并对一些重要问题进行了补充说明。康达维是欧美汉学家中对赋体本质、源流等问题关注较早,并进行详细研究的赋学专家。由于具有"他者"的眼光,康达维看问题的角度和提出的观点值得我们学习和思索,有助于我们以更广阔的视野推进赋体文学的研究。

第一节　康达维对赋体属性的认识

"什么是赋?"这是辞赋研究的基本问题,也是长久以来争讼不已的问题。在韦利、华兹生等汉学家将少量赋篇的英译文介绍到西方以来,欧美的汉学家一直对赋是诗还是散文争论不休。

一、"诗"或"散文":欧美前辈汉学家的认知

在康达维之前,欧美汉学界对辞赋的研究主要是以翻译的形式出现,对辞赋的性质认识也不够深入。英国汉学家、翻译家韦利认为赋与所有形式的诗是一样的,都源自音乐和舞蹈。这种不能配乐而用于朗诵的诗就是赋[4]。他在译著《寺庙和其他诗歌》中,将先秦到宋代的 11 篇赋与白居易《游悟真寺诗一百三十韵》和《孔雀东南飞》等诗收录在一起,并将所有这些作品都定性为诗歌。韦利认为中国的诗歌分为两类:一类是有一定曲调,用

---

[1]　参见何新文、苏瑞隆、彭安湘:《中国赋论史》,人民出版社 2012 年版。

[2]　David R. Knechtges, *The Han Rhapsody: A Study of the Fu of Yang Hsiung* (53 B.C.–A.D. 18), Cambridge: Cambridge University Press, 1976.

[3]　[美]康达维:《论赋体的源流》,《文史哲》1988 年第 1 期。

[4]　Arthur Waley, *The Temple and Other Poems*, London: George Allen & Unwin Ltd., 1923, p.15.

来歌唱的韵文;另一类是用来背诵的韵文。① 韦利运用西方传统的以有韵、无韵为标准的二分法,将赋纳入诗歌的体系。同时也注意到赋与其他诗歌是有区别的,于是将它们呈现方式的不同,是用于吟诵还是用于歌唱作为两者的区分标准。但是,他把赋归于"用来背诵的韵文",完全忽略了汉代散体大赋中不入韵的散文部分。加之,诗是"可歌可诵"的,赋是"不歌而诵"的,是否用于吟诵并不能将赋与其他诗歌区别开来。同时,韦利还忽略了中国诗和赋内容上的不同。清人刘熙载说:"赋别于诗者,诗'辞情少而声情多',赋'声情少而辞情多'。"②诗长于抒情,而赋长于体物。

在英语文化圈,许多人对赋的认识都是由读韦利的这部译文集开始的。他对赋的定性对西方汉学界产生了深远的影响。2013 年出版的《剑桥中国文学史》仍然认为赋就是诗,文中说:"具有一定长度的诗歌文本均可称为'赋',有时也称为'颂''辞'。"③这个定义几乎可以说是对韦利《游悟真寺诗及其他诗篇》中所收篇目的高度概括,因为无论是这部译作中所收赋篇还是古诗《游悟真寺诗一百三十韵》和乐府诗《陌上桑》《孔雀东南飞》《木兰辞》在韦利看来都是"具有一定长度的诗歌文本"。自韦利的观点提出后,西方汉学家中也有不少人认为赋是散文,赋的本质在"诗"和"散文"之间跳转。1951 年,哈佛大学汉学家、比较文学专家方志彤在英译并分析评论陆机的《文赋》时也谈到了他对赋的属性的看法,以及汉学家们对待这一问题时的纠结心理:"在将赋译为'有韵散文'之时,我假定赋是散文的一种变体。然而我也注意到对于赋文体的本质有许多矛盾的说法。对于那些将所有的作品分为有韵和无韵两类的评论家,赋是韵文;对于那些将规律的韵式结构作为评判韵文标准的评论家,赋是散文。通过对赋韵律的详细分析,我们可以将它看作散文。"④西方汉学家沿用了从古希腊以来的以有韵无韵来区分文体的二分法。强调韵律的一派认为,赋是诗的一种。如奥地利汉学家赞克将"赋"翻译为"poetische Beschreibung(心中的诗歌)";法籍汉学家吴德明将"赋"定义为"宫廷诗歌(poésie de cour)"。强调韵式结构的一派认为,赋的特点偏向于散文。如荷兰汉学家高罗佩将"赋"译为"poetic essay(诗性的散文)"。不同的侧重点产生对赋体本质的不同认知。英国汉

① Arthur Waley, *The Temple and Other Poems*, London: George Allen & Unwin Ltd., 1923.
② (清)刘熙载撰:《艺概注稿》,袁津琥校注,中华书局 2009 年版,第 412 页。
③ [美]孙康宜、[美]宇文所安主编:《剑桥中国文学史》(上卷),刘倩等译,生活·读书·新知三联书店 2013 年版,第 120 页。
④ Achilles Fang, "Rhymeprose on Literature: The Wen-Fu of Lu Chi(A.D.261−303)", *Harvard Journal of Asiatic Studies*, Vol.14, No.3/4(December 1951), pp.546.

学家修中诚则处于"骑墙"状态,他将赋译为"prose poem"(散文诗)。美国汉学家华兹生对赋的定性也十分矛盾。他在译著《汉魏六朝赋》中将"赋"描述为:"赋的早期形式大体上是散文和韵文的结合体(因此英文名为'rhyme-prose'),序的部分是散文,解释文章的源起和间或插入的部分,韵文则占据更为狂想的、充满情感的部分。"①华兹生客观描述了汉代散体大赋在形式上的特点,但这部译作的名称却暴露了他在判断赋的本质问题上的游移不定。《汉魏六朝赋》的英文为"Chinese Rhyme-Prose:Poems in the Fu Form from the Han and Six Dynasties Periods"②。在这个标题中他同时将赋译为"rhyme-prose"(有韵散文)和"poems in the *Fu* form"(赋体形式的诗歌),体现了汉学家对赋的本质属性理解上的矛盾。赋,特别是汉代散体大赋,同时兼有诗歌和散文的特点,强调某一种特点而排斥另一种显然是不科学的。赋是中国特有的文体,把它强行纳入西方二分法的体系存在一定问题。汉学家们的这些观念对赋学在西方的发展造成了不利因素,赋变成了诗歌或散文的附庸,通常只是在注重完整性的中国文学史中留下一个模糊的倩影。长期以来,赋学在西方没有取得很大的实质性进展,除了读懂赋对汉学家的语言能力和文化修养要求很高外,赋的附庸地位也是一个重要原因。

二、赋的本质特点在其能"诵读":康达维的界定

康达维摆脱了传统认识的窠臼,没有纠缠于赋的诗歌或是散文的特征,而是从中国的传统赋论中来寻找赋的本质特征。在专著《汉赋:扬雄赋研究》中,他首先追溯了"赋"字含义的演变,认为"赋"字最初由"赋税"的意思发展为"施予""给予""传布"的一般意义。它是音近字"敷"和"铺"的借用字,而具有"敷衍""铺陈"的意思,并且"当赋具有'展示''呈现''表达'的意思时,在汉代之前被用来表示在宫廷中向皇帝和贵族'呈现'诗歌"。他还注意到《左传》记载的有关"赋诗言志"的例子,认为"赋诗"有两种含义:一是吟诵现成的诗篇,一般来自《诗经》;二是创作诗篇或是即兴赋诗。而诵诗和即兴赋诗的能力甚至成为检验合格官员的标志。③ 诚如康达维所

① Burton Watson, *Chinese Rhyme-Prose:Poems in the Fu Form from the Han and Six Dynasties Periods*, New York:Columbia University Press,1971,p.1.

② Burton Watson. *Chinese Rhyme-Prose:Poems in the Fu Form from the Han and Six Dynasties Periods*, New York:Columbia University Press,1971.

③ David R. Knechtges, *The Han Rhapsody:A Study of the Fu of Yang Hsiung*(53 *B.C.-A.D.* 18), Cambridge:Cambridge University Press,1976,p.12.

言,《左传》记载的赋诗中包括了两种方式。《左传·隐公三年》:"卫庄公娶
于齐东宫得臣之妹,曰庄姜,美而无子,卫人所为赋《硕人》也。"唐孔颖达
《春秋左传正义》之《疏》云:"此'赋',谓自作诗也。"且引东汉郑玄云:"赋
者,或造篇,或诵古。"①可见,"赋诗"包括自赋新诗和诵读古人作品这两种
方式。

接着康达维引用了《汉书·诗赋略序》中对赋的论述"不歌而诵谓之
赋,登高能赋可以为大夫",并指出其中的两个要点:一是"赋用于一种与歌
不同的特殊背诵方式。这种背诵方式被称为'诵',在西汉时用于指不配乐
的吟诵或朗诵";二是这种吟诵具有政治功能。②

由此,他进一步总结:

> 在汉代之前,赋完全作动词用,表示背诵诗篇,地点通常是在宫廷
> 中。在某一无法确知的时刻,赋成了一种骈辞的诗。它的普遍特征是
> 韵散结合、较长的诗行(一般六到七个音节)、广泛对仗、精细的描述、
> 铺陈罗列、语言艰深。到了汉代,诗人开始写作诗题中带有"赋"字的
> 作品,显然是由于它们经常被吟诵。③

在这段话中,他总结了赋由动词到文体名称的转变,并精炼准确地概括
了汉代散体大赋的文体特征。更重要的是,他指出了赋作为一种文体的特
点是"它们经常被吟诵"。在他看来,"吟诵"成为赋区别于一般诗篇的本质
特征。

从康达维的论述中我们可以清晰地看到,赋由动词到文体名称的转变,
并且"赋"字很早就与政治有密切联系。《汉书·艺文志》中所说赋的"不歌
而诵"的性质和赋的"登高能赋可以为大夫"的政治用途有其历史渊源。康
达维受到韦利的"赋是用来背诵"之观点的启发,追溯"赋"字含义的渊源,
并考察了赋与政治的联系,认为"吟诵"是赋的本质特征。"不歌而诵谓之
赋"在康达维的阐释下很有说服力,由此得出的"吟诵"为赋的本质特征似
乎无可辩驳。

1988 年,他在《文史哲》上发表的《论赋体源流》一文中又重申了这一

---

① (清)阮元校刻:《十三经注疏》下册,中华书局 1980 年版,第 1724 页。
② David R. Knechtges, *The Han Rhapsody: A Study of the Fu of Yang Hsiung* (53 B.C.-A.D. 18),
　　Cambridge: Cambridge University Press, 1976, p.13.
③ David R. Knechtges, *The Han Rhapsody: A Study of the Fu of Yang Hsiung* (53 B.C.-A.D. 18),
　　Cambridge: Cambridge University Press, 1976, p.13.

观点,并补充说明了《汉书·艺文志》中"赋"的定义是刘向(前77—前6年)、刘歆(约前53—公元23年)父子给赋下的定义,也是最早的最具权威性的定义。许多学者赞同刘勰在《文心雕龙·诠赋》中对赋的定义:"'赋'者,铺也;铺采摛文,体物写志也。"①这种说法不是针对"赋"这种文学体裁而言,而是针对《诗经》"六艺"之一而言。康达维认为"'赋'体以铺陈的笔法叙事写景,因此导致了文体的'赋'和诗义的'赋'在意义上的混淆不清……文体'赋'之所以称为'赋',并不在其铺陈的特点,而在其能诵读的本质。"②通过分析说明"铺陈"并非赋的本质,康达维进一步证明了赋的本质是"诵读"的观点。

此外,在《汉赋:扬雄赋研究》一书中,康达维对"诗"这个词的具体所指也有说明:

> 另一个让汉学家感到有些迷惑的是用"诗"一词来指赋体作品。这个术语的使用不代表对赋的散文或是韵文的特征下判断,这个词只是用来指具有思想美或语言美的作品,不论它是散文或是韵文。③

康达维在《汉赋:扬雄赋研究》一书中所用的"诗"不是指诗歌,而是泛指有文学性的作品。结合对"不歌而诵"的强调,他试图将作为文体名称的"赋"与作为文体名称的"诗"区别开来,区分的界限就在于赋"不歌而诵"的本质特征。强调这一特征的目的,除了为"赋"找到合适的英译名提供依据之外,他似乎还想改变长期以来赋的概念与诗和散文的概念混淆不清的状况,将赋作为一种独立的文体来进行专门研究,扩大赋学发展空间。他近50年的辞赋英译和研究的实践,正是这种意图的最佳明证。

三、"赋"的英译名:从"rhapsody"到"Fu"

以"赋"的本质属性是"诵读"为依据,康达维在西方传统诗学中为"赋"找到了相应的英译名:

> 我选用"rhapsody"来译赋。"rhapsody"在古希腊是一种史诗,由吟游诗人或宫廷诗人当众朗诵或即兴创作。当然,虽然有些赋体现出史

---

① 周振甫:《文心雕龙今译》,中华书局1986年版,第76页。
② [美]康达维:《论赋体的源流》,《文史哲》1988年第1期。
③ David R. Knechtges, *The Han Rhapsody: A Study of the Fu of Yang Hsiung* (53 B.C.-A.D. 18), Cambridge: Cambridge University Press, 1976, p. X.

诗的特点,赋并不完全是史诗。然而,其呈现的媒介使其与古希腊的史诗(rhapsody)近似。从许多方面来看,赋家是一种宫廷诗人(rhapsode),其诗作经常展现出史诗中会出现的迷狂情绪、壮观景象和强烈情感。①

根据呈现媒介相同,都是由诗人在宫廷中当众朗诵或即兴创作,康达维将赋定名为"rhapsody"。在西方,有根据作品的呈现媒介对文体分类的传统,如根据作品的叙述者将文学分为抒情诗、史诗或叙事作品、戏剧三大类。全部由第一人称叙述的是抒情诗;叙述者采用第一人称,同时让作品中的人自述的为史诗或叙事作品;全部由剧中人物叙述的为戏剧。自柏拉图、亚里士多德的理论问世以来,这种传统产生了经久不衰的影响②。康达维就是依照这种分类传统,为赋定名的。传统的文类区分方法是依据作品的叙述者来分类,而康达维的分类方法又稍稍有别于传统,是依据作品的呈现方式。这种定名方法,摆脱了对赋是散文还是韵文的无谓论争,为确定赋的属性和译名提供了新的途径。

将赋译为"rhapsody"得到许多东西方学者的认可,美国学者葛克咸、倪豪士(William H. Nienhauser, Jr.)、乔纳森·皮斯、华裔汉学家吴伏生等都使用了"rhapsody"这个译名③。中国学者孙晶对这个译名给予了高度评价,认为康达维的这种做法"为中西比较文学领域的文体缺类研究作出了重要贡献"④。

"rhapsody"这个从西方传统诗学中选择的译名有利于西方学者认识和接受赋这种文体,并能够认清汉赋的宫廷文学的性质。在西方学者对赋还了解不深,赋被看作是诗和散文的附庸,甚至有些人因为赋的难懂而排斥这种文体时,"rhapsody"这个译名拉开了赋与诗和散文的距离,使西方人在心理上愿意接受和了解这种文体,在一定的时期为赋在西方的传播起到十分

---

① David R. Knechtges, *The Han Rhapsody:A Study of the Fu of Yang Hsiung*(53 B.C.-A.D. 18), Cambridge:Cambridge University Press,1976,pp.13-14.
② [美]M. H.艾布拉姆斯、[美]杰弗里·高尔特·哈珀姆:《文学术语词典》,吴松江等编译,北京大学出版社2014年版,第297页。
③ 葛克咸译祢衡《鹦鹉赋》为"Mi Heng's Rhapsody on a Parrot"(*Harvard Journal of Asiatic Studies*,Vol.39,No1.1979,pp.39-54);倪豪士译王延寿的《梦赋》为"Rhapsody on a Nightmare"(The Indiana Companion to Traditional Chinese Literature, Bloomington:Indiana University Press,1986);章沧授和乔纳森·皮斯合作的《哲学散文中的汉赋之源》英文标题为"Roots of the Han Rhapsody in Philosophical Prose"(*Monumenta Serica*,Vol.41,1993,pp.1-27);吴伏生的《汉代骈辞赋:帝王资助的产物和批评》英文标题为"Han Epideictic Rhapsody:A Product and Critique of Imperial Patronage"(*Monumenta Serica* Vol.55,2007,pp.23-59)。
④ 孙晶:《汉代辞赋研究》,齐鲁书社2007年版,第38页。

积极的作用。

　　然而，"rhapsody"这个译名是否合理有待商榷。首先，"不歌而诵"是否是赋区别于其他文体的标志还值得研究。赞同的学者往往将《汉志》中记载的"不歌而诵谓之赋"视为对赋的定义。其实，"不歌而诵谓之赋"只是从是否具有音乐性的角度将诗和赋加以区分。诗歌是可以入乐的，可歌可诵，而赋却不能入乐，只能用于诵读。春秋时代有"赋诗言志"的传统，即士大夫借《诗经》中的文字来表达自己的立场、观点和情感，当时这种不必有音乐伴奏的呈现诗歌的方式也可称为"赋"。然而，诗是既可以诵读，也可以合乐演唱的。《墨子·公孟》篇云："诵诗三百，弦诗三百，歌诗三百，舞诗三百。"①表明《诗》三百可以诵读，可以配以弦乐弹奏，可以用来歌唱，还可以配以舞蹈。刘勰（约465—520年）《文心雕龙·明诗》所言"春秋观志，讽诵旧章"②，就是诵读已有的诗篇。到了战国以后，"赋"由这种动词的用法生发出名词的用法，用来表示一种文体的名称，用来指不合乐歌唱，而用于诵读的篇章。《汉志·诗赋略序》所引《传》认为，"不歌而诵谓之赋"之说，欲说明"赋"作为一种文体，具有"不歌而诵"的特点，并且此特点有其渊源。因此，"不歌而诵"只是诗与赋的区别之一，不能被视为本质区别。

　　并且，西汉时赋已开始了书面化的进程。赋不仅可以用于诵读，还诉诸文字，用于阅读欣赏。司马相如（约前179—前118年）《上林赋》中，描写水的词中，多以"水"为偏旁，如"汹涌澎湃、滂濞沆溉、滳濡溷溷、灏溔潢漾、泌㳷、潎洌、泣泣、滞沛、灂濒、沈沈、湁潗、汩㵸、漓漓"等等；描写山的词，多以"山"为偏旁，如："巃嵸崔巍、崭岩参嵯、摧嵬崛崎、巀嶭、峩峩"等等。这些词以相同的偏旁，给人造成视觉冲击，使人对其描写对象的形态产生生动的想象。且它们多为双声叠韵词，能造成音韵的和谐铿锵。这些词从视觉和听觉上给读者审美体验。可见在司马相如的时代，赋就同时适用于阅读和朗诵。

　　康达维注意到汉代赋家中有些人不善言辞，他说：

　　　　西汉两位最著名的辞赋家司马相如和扬雄都不善于言辞，《史记》说司马相如"口吃而善著书"，《汉书》说扬雄"口吃不能剧谈"，在这种情况下，很可能由其他的辞赋家代替他们诵读。③

---

①　（清）孙诒让：《墨子间诂》，见《诸子集成》（第四册），中华书局1954年版，第275页。
②　周振甫：《文心雕龙今译》，中华书局1986年版，第56页。
③　[美]康达维：《论赋体的源流》，《文史哲》1988年第1期。

司马相如和扬雄(前53—公元18年)的赋是由其他人代其诵读,只是康达维的猜测,并没有任何记载表明这一点。从他们的语言障碍来看,他们确实应该不会诵读自己的作品,其赋作更可能主要是用于阅读的。这表明在西汉时,赋就开始从起源时的口头文学渐渐转变成文人创作的书面文学。日本学者清水茂就认为"汉武帝时代辞赋的欣赏法,就是'诵赋'与'看赋'并行。以后辞赋的口头文学性越来越小,而书面文学性越来越大"①。在赋体文学发展的黄金时期,赋就有了书面化的倾向。即使在西汉时期,也不能用"是否用于朗诵"将赋与其他文体区别开来。因此,将"诵读"作为赋的本质属性存在问题。

此外,康达维批驳刘勰"赋者,铺也"的说法不是针对赋体来说的,也明显有误。康达维认为:

> 刘勰的定义无疑的最具有权威性,事实上,他也给中国传统的文学批评理论定下了一个理论基础,甚至现代还有一些文学家深受他的影响。无论如何,以"敷""布",或是"铺"来解释"赋"字都不是针对这种文学的体裁而言,而是就其当时教学的纲领,或是《诗经》"六义"之一而言。②

刘勰之前的经学家对于赋的阐释确实是针对诗"六义"而言。如东汉郑玄(127—200年)《周礼注》说:

> 风言贤圣治道之遗化也;赋之言铺,直铺陈今之政教善恶。比,见今之失,不敢斥言,取比类以言之。兴,见今之美,嫌于媚谀,取善事以喻劝之。雅,正也,言今之正者,以为后世法。颂之言诵也、容也,诵今之德,广以美之。③

又如东汉刘熙(约160—?)《释名》说:

> 诗,之也,志之所之也。兴物而作谓之"兴",敷布其义谓之"赋",事类相似谓之"比",言王政事谓之"雅",称颂成功谓之"颂",随作者

---

① 《清水茂汉学论集》,蔡毅译,中华书局2004年版,第232页。
② [美]康达维:《论赋体的源流》,《文史哲》1988年第1期。
③ 中华书局编辑部:《汉魏古注十三经》(上),中华书局1998年版,第147页。

之志而别名之也。①

东汉经学家郑玄和刘熙将赋解释为"铺陈""敷布",都是详细叙述的意思,这应该是赋在当时的基本含义。他们解释的赋是诗"六义"的一种,并且郑玄所言之赋是用于儒家诗教的。而文论家们则是从文体的角度来解释赋,如西晋陆机(261—303 年)《文赋》说"诗缘情而绮靡,赋体物而浏亮"②;挚虞(250—300 年)《文章流别论》说"赋者,敷陈之称……所以假象尽辞,敷陈其志。"③而刘勰的看法似乎对前辈的观点都有所借鉴,他同时谈到赋源于"六义"之一,且有着铺陈和体物的特点。他的定义来自《文心雕龙·诠赋》篇。这是一篇文体论,解释了赋体的体制、源流、发展演变,以及赋家的风格才性和赋的创作要求。此篇的开头云:《诗》有六义,其二曰'赋'。'赋'者,铺也;铺彩摛文,体物写志也。"结尾与开头呼应,云:"赞曰:赋自《诗》出,分歧异派。写物图貌,蔚似雕画。"④刘勰开篇就将赋与诗"六义"联系起来,是想说明"赋自《诗》出",并非将赋作为"六义"之一来阐释。他所说的"'赋'者,铺也"也非凭空杜撰,而来自此词的本义。而"铺彩摛文,体物写志也"和"写物图貌,蔚似雕画"的意思相似,意在说明赋的文体特点是铺述,特别适合通过描写物象来表达作者的情志,是富有文采的文体。

从赋篇的创作实际来看,无论是赋体萌生时期的隐语、骚体赋,还是定型时期的散体大赋、魏晋时期的抒情小赋、齐梁唐初的俳赋,以及唐代的律赋和宋代的文赋,它们区别于其他文体的共同点都是"铺陈"的特质。因此,赋体的本质属性应该是"铺陈",而非"不歌而诵"。

赋不能被称作"rhapsody",除了赋的本质属性并非"不歌而诵"之外,还因为中国的赋和西方的"rhapsody"有着本质上的不同。虽然在西方以作品的呈现媒介来进行文体分类的分类方式有着悠久的传统,但我们必须注意,用这种方法分析出来的抒情诗、史诗或叙事作品、戏剧三大文类,同一类作品中除了作品的叙述者相同之外,在形式、内容、语言风格上还有着诸多相似点。而赋和"rhapsody"的相似点,据康达维所说,除了在宫廷中朗诵之外,只有"迷狂情绪、壮观景象和强烈情感",而这三点在汉代的散体大赋中表现最为明显,到了六朝以后的咏物赋和抒情小赋中这些特征有逐渐淡化的趋势。更重要的是,从本质上来说史诗是叙事性的文体,看重的是故事情

①　任继昉:《释名汇校》,齐鲁书社 2006 年版,第 340 页。
②　(梁)萧统、(唐)李善注:《文选》,上海古籍出版社 1986 年版,第 766 页。
③　(清)严可均:《全晋文》,商务印书馆 1999 年版,第 819 页。
④　周振甫:《文心雕龙今译》,中华书局 1986 年版,第 76、82 页。

节的发展和人物形象的塑造,如古希腊史诗《伊利亚特》《奥德赛》。赋虽然
也有叙事的篇章,如扬雄的《羽猎赋》、班固的《北征赋》等,但它主要是描述
性文体,注重对物象和形貌的描摹。康达维也注意到了两种文体的不同,他
说:"当然,虽然有些赋展现出史诗的特征,赋不完全是史诗。然而,它的呈
现媒介使其与史诗近似。"①他选择"rhapsody"来译赋是找不到合适的译
名,退而求其次的做法,这种翻译虽不尽科学,但为西方人把赋作为区别于
抒情诗的文体来接受欣赏,还是立下过汗马功劳的。

显然,康达维后来注意到"rhapsody"这个译名存在问题,并纠正了自己
将"赋"译为"rhapsody"的做法:

> 现在我不用"rhapsody"作"赋"的译名了,我只是用"Fu"。因为我
> 觉得应该让那些研究欧洲文学、美国文学的人知道"Fu"这个名词,所
> 以我现在只是用"Fu"。比如日本文学有一些文体,像 Haiku(注:俳
> 句)、Noh Drama(注:能剧)等文体亦无须翻译。而且,rhapsody 用于指
> 西汉的赋比较合适,因为它们都在官廷中被朗诵,但是西汉以后我觉得
> 不合适,所以我不用了。②

康达维认为西汉之后的赋不用于朗诵,因此用"rhapsody"来指西汉之
后的赋是不合适的。事实上,西汉时期的赋就是可朗诵,也可阅读的。虽然
他的说法有偏差,但他提倡用"Fu"来译"赋",可以避免读者被译名误导,使
读者通过阅读赋篇来体察赋体特点。此外,此译名有利于赋体区别于诗和
散文,有利于赋学在汉学研究中取得一席之地。同时,也有利于赋在向世界
传播的过程中保有自己的文化身份。

第二节　康达维对赋体源流的探讨

赋是一种源远流长的文学体裁。它发源于先秦,不断演变,流传至今。
对赋体源流的探讨是赋学领域的重要课题。康达维在 1976 年由剑桥大学
出版社出版的专著《汉赋:扬雄赋研究》和 1988 年载于山东大学《文史哲》
上的《论赋体的源流》中详细阐述了赋体的源流。

---

① David R. Knechtges, *The Han Rhapsody: A Study of the Fu of Yang Hsiung* (53 *B.C.–A.D.* 18),
　Cambridge: Cambridge University Press, 1976, pp.13–14.
② 蒋文燕:《研穷省细微 精神入图画——汉学家康达维访谈录》,见张西平主编:《国际汉
　学》(第二十辑),大象出版社 2010 年版,第 16 页。

一、"石楠花"之喻：赋体起源的多元性

赋在不同时代体现出不同的典型形式,先秦时代的隐语、骚体赋、汉代的散体大赋、魏晋的抒情小赋、齐梁唐初的俳赋、唐代的律赋和宋代的文赋在形式上有着明显的差异,然而它们都属赋体。对于这种现象康达维有着形象的比喻,他将赋比作"中国文学中的石楠花"：

> 石楠花有好几种不同的品种：有中国原产的；有交配而成并且常见的新品种。但有些品种甚至不叫石楠花,而叫杜鹃花,表面上既不象石楠花,也不象交配的新品种。中国文学中的"赋"正如石楠花一般,也包括了几种不同的种类：原来的文体和早先的一些文体相配则产生了一种新文体,而这种新文体后来反而被认为是这种文体典型的形式,这是指西汉辞赋家创作出的新文体"赋"而言；后来,原来是石楠花形式的"赋"体终于也产生了杜鹃花,有些文学作品不再以"赋"为题,但是基本上却具有"赋"的体裁本质。①

康达维用"石楠花"之喻概括了赋体的发展演变过程,由先秦的诸多文体融合形成汉大赋——赋体的典型形式,而汉大赋又继续生发出抒情小赋、俳赋、律赋、文赋等其他赋体形式。同时,他也说明了赋体的范围,既包括了演变成汉赋的"原来的文体",也包括了汉赋这种"新文体",还包括了不以"赋"为题,但却具有"赋"体本质的篇章。

这是康达维在1988年《文史哲》上发表的《论赋体源流》②一文的开头。20世纪80年代是中国汉赋研究的复兴时期,研究者重新认识了汉赋的价值,汉赋的追根溯源自然成了研究的热点之一。这一时期,学者纷纷撰文来探讨汉赋的起源。徐宗文、郑在瀛等认为赋源于诗③；方旭东、徐声扬等认为赋源于荀子《赋篇》④；刘斯翰认为赋源于隐语⑤；丘琼荪认为"赋的体制,是十之八九得自《楚辞》","《楚辞》才是赋的真实的源泉"⑥；万光治

---

① ［美］康达维：《论赋体的源流》,《文史哲》1988年第1期。
② ［美］康达维：《论赋体的源流》,《文史哲》1988年第1期。
③ 郑在瀛：《汉赋闲谈》,《黄石师院学报(哲学社会科学版)》1982年第1期；徐宗文：《试论古诗之流——赋》,《安徽大学学报》1986年第2期。
④ 方旭东：《也谈赋体的源流》,《安庆师院学报(社会科学版)》1987年第4期；徐声扬：《论汉赋起源发展和在文学史上的作用》,《中国文学研究》1988年第3期。
⑤ 刘斯翰：《赋的溯源》,《华南师范大学学报(社会科学版)》1988年第1期。
⑥ 丘琼荪：《诗赋词曲概论》,中国书店1985年版,第142、139页。

认为赋源于诗"直陈其事"的表现手法和"不歌而诵"的说唱体形式特征①；马积高先生持多源说，认为赋有三个源头：《楚辞》等楚声歌辞、战国策士说辞和诸子问答体以及诗三百篇②。当时，对赋起源问题的探讨百家争鸣，空前热烈。

由于与龚克昌先生等中国学者的交流，对此问题颇有心得的康达维加入中国学者对汉赋渊源的大讨论中。康达维未拘泥于汉赋具体源于某一部作品或某种文体，而是认为"原来的文体和早先的一些文体相配则产生了一种新文体"，即现在所认为的汉赋的典型形式——散体大赋。早在1976年出版的《汉赋：扬雄赋研究》中，康达维就研究了哪些原来的文体和早先的文体相配产生了汉赋的典型形式。在书中第二章《扬雄之前的赋》中，康达维描述了从先秦到扬雄之前赋文体特点的形成过程。他从《楚辞》《战国策》、荀子《赋篇》等早期文献中找到了汉赋特点和主题的来源，还着重分析了司马相如、枚乘所作的汉大赋的词法、句法、结构、修辞上的特点，并从早期文献中找到这些特点的遗迹。

康达维从内容上分析了汉赋的源头，认为赋与政治批评相关。英国汉学家霍克思描述了"哀歌(tristia)"③这种文学传统，认为其中有对昏庸君王和腐败社会的抱怨等与政治批评相关的内容。康达维发展了霍克思的说法，认为在这种传统中还包含"黑白颠倒之世界的主题(topos of the world upside down)"，即对于世界是上下颠倒的、破碎的、错位的等一系列现象的陈述。他指出《九章·怀沙》中的"变白以为黑兮，倒上以为下。凤皇在笯兮，鸡鹜翔舞。同糅玉石兮，一概而相量"就是描述这种主题的典型例子。他还指出荀子《赋篇》中的《佹诗》和《小歌》以及汉初的骚体赋，如贾谊的《吊屈原赋》也包含这个主题。此外，《吊屈原赋》中还有"不遇时的主题(time's fate)"，即对生不逢时的哀叹。康达维将表达这类主题的赋看作赋的一个分支，称为"哀伤赋(the rhapsody of frustration)"。

此外，康达维还概括了《楚辞》中被霍克思称为"旅程(itineraria)"的文学传统的基本内容，即描述穿越空间的飞行，旅行者通常坐在龙凤牵引的车内，众神成为其侍从，由其随意差遣。他列举了《九歌》《远游》《离骚》中对

---

① 万光治：《赋体名称的来源》，《文史杂志》1989年第2期。
② 马积高：《论赋的源流及其影响》，《中国韵文学刊》1987年第00期。
③ 霍克思认为《离骚》包含了"哀歌"的传统，即表达诗人哀伤、憎恨的情绪，以及对被蛊惑而不辨黑白的君王、残酷的命运、腐败而世俗的社会的抱怨，见 David R. Knechtges, *The Han Rhapsody: A Study of the Fu of Yang Hsiung* (53 B.C.–A.D. 18), Cambridge: Cambridge University Press, 1976, p.17; David Hawkes, "The Quest of the Goddess", *Asia Major*, New Series, Vol. 13, 1967, pp.71–94.

这个传统是如何表现的。①

在内容上,康达维从主题学角度将汉赋中常见的内容追溯到《楚辞》和荀子《赋篇》中"黑白颠倒的世界""不遇时""神奇旅行"等主题。在对汉赋形式的研究上,他也试图从前代作品中找到汉赋典型形式的蛛丝马迹。

他发现汉赋韵散结合的形式源自《赋篇》。其中的《佹诗》以四音节的诗行为主,还包含两个五音节、一个八音节和两个十音节的诗行。康达维认为这表明了战国时代的文学作品有脱离诗体的短制而发展成为长篇之趋势。《赋篇》呈现出由四音节为主的诗体向有韵散文体式的过渡。"赋篇中的隐语初具汉代重描写的大赋之雏形,而《佹诗》是骚体赋的先声。"②

此外,康达维还从句法上寻找汉赋形式特点的源头。他用图示概括了《楚辞》和《赋篇》的句子韵律,认为《赋篇》中由实词构成的重读音节和由"中心词(key word)"及"兮"字构成的非重读音节的对比形成了诗行的韵律。这种句式的韵律是为吟诵而设计,而非用于有音乐伴奏的歌唱。同时,他也分析了《离骚》的句式特点,认为这种骚体句式也特别适合背诵。③ 可惜康达维只表达了骚体句式适合诵读而不能入乐的观点,并未进一步解释为何这种句式只能诵读而不能配乐歌唱。

康达维还从修辞学角度来研究汉赋。早在学生时代,导师卫德明教授就引导他从修辞学角度来研究汉赋。因此,修辞是他汉赋研究关注的一个焦点。在他看来,中国早期的修辞传统对赋体特点的形成贡献很大,主要与政治劝说有关。他根据加拿大文论家诺思洛普·弗莱(Northrop Frye)总结的修辞最初的两种意思——藻饰性的语言(ornamental speech)和劝说性的语言(persuasive speech),认为这两种修辞是策士们用于劝说的主要手段,藻饰能吸引读者的注意力并引发情感,而主旨的揭示能引导读者采用赋家的建议。他们的难点在于要避免对藻饰的兴趣妨碍其论点的传达,也就是扬雄所说的"劝百讽一""美则美矣,恐怕不免于劝"的弊端。④

这两种修辞在赋中的具体表现是对问结构、广泛的列举、同义词重复的运用。康达维认为朝堂的庄严使策士们使用间接和迂回的劝说方式,其中

---

① David R. Knechtges, *The Han Rhapsody: A Study of the Fu of Yang Hsiung* (53 B.C.-A.D. 18), Cambridge: Cambridge University Press, 1976.

② David R. Knechtges, *The Han Rhapsody: A Study of the Fu of Yang Hsiung* (53 B.C.-A.D. 18), Cambridge: Cambridge University Press, 1976, p.21.

③ David R. Knechtges, *The Han Rhapsody: A Study of the Fu of Yang Hsiung* (53 B.C.-A.D. 18), Cambridge: Cambridge University Press, 1976.

④ David R. Knechtges, *The Han Rhapsody: A Study of the Fu of Yang Hsiung* (53 B.C.-A.D. 18), Cambridge: Cambridge University Press, 1976.

一种方式就是对问结构的使用。康达维受美国汉学家柯润璞《战国策》研究的启发,认为策士们使用"双重劝诫"来达到迂回劝说的目的。康达维还发现为了达到良好的劝说效果,策士们使用了"双重劝诫"的劝说结构,"这种劝说的双重结构包括论题与反论题,也就是说如果一种行为获得成功就会得到结果 A,如果失败会得到结果 B;同时还包括对一种行为和其相反行为的论说,即如果采用 A 方案,结果会是好的,不采用的话结果将是不理想的"。其效果就是"使听者产生一种印象:已经斟酌了所有的可能性,听者可以从其中作出选择。在《战国策》中,这种双重劝说还偶尔以两位或多位策士进行辩论的形式出现,各方详细说明各种选择的利弊,直至最雄辩的一方取胜……这种框架结构成为赋的一个重要特征,即以几位虚构人物的辩论为结构"①。这种结构就是我们通常所说汉赋中常见的"对问体",康达维运用了柯润璞的"双重劝诫"的结构理论,说明了汉赋中对问体的来源,指出这种结构的运用是为了达到委婉劝说的目的。

康达维认为汉赋中广泛的列举和同义词的重复也源自《战国策》。他列举了《战国策·秦策一》苏秦劝说秦惠王连横的过程中,苏秦说的一段话。其中,苏秦列举了神农、黄帝、尧、舜、禹、商汤、文王、武王、齐桓公等以战争来成就大业的历史案例。康达维认为这种对历史事件的枚举是中国策士最青睐的一种劝说技巧,同时也是最受古希腊和罗马修辞学家们看重的一种劝说方式。中国人对历史事例的运用与西方人不同的是,中国的策士喜欢把这些事件串连在一起,比如苏秦就列举了 8 位古代君主的丰功伟绩,重复用了 8 次"伐"字。苏秦还运用了被古希腊人称为"synonomia"的修辞手法,即在临近的句子中使用重复的同义词,如"今之嗣主,忽于至道,皆惛于教,乱于治,迷于言,惑于语,沉于辩,溺于辞"。句中的"乱""迷""惑""沉""溺"都属于同义词,表示迷惑不解的意思。康达维认为这些修辞的运用都是为了达到劝说的效果,同时也有增饰的作用。②

在开始赋体研究之初,康达维不断探索赋体的源流,从内容、形式以及修辞三方面找到汉赋特色形成的根源,并用西方修辞学理论解释导致这些特点形成的内在规律。从汉赋形成的历程来看,康达维的"中国文学中的石楠花"之喻不仅能描述汉赋的渊源,还能概括赋体后来的发展趋势,形象客观地描述了赋体的源与流。他对赋体源流的研究是西方汉学界最早对这

---

① David R. Knechtges,*The Han Rhapsody:A Study of the Fu of Yang Hsiung*(53 B.C.-A.D. 18), Cambridge:Cambridge University Press,1976,p.25.

② David R. Knechtges,*The Han Rhapsody:A Study of the Fu of Yang Hsiung*(53 B.C.-A.D. 18), Cambridge:Cambridge University Press,1976.

一课题的多方位的深入研究。

二、对赋体的认识

康达维特别注意那些未以"赋"为题,却具有赋体本质的篇章。他认为:

> 在早期的记载中,"赋"体具有许多不同的名称,而其字义的范围也十分广泛。现在我们视以为然的各种文体并不一定能适用于汉朝,那时代的学者和诗人将"诗"与赋连用,并自由地使用"辞"或"颂"以代表"赋"体,同时在"赋"的范围之内,包括了许多不同的作品。一篇研究"赋"体历史的文章必须考虑到赋的多层面的个性,收集所有具有"赋"特色的文章,而不能将研究的范围仅限于带有"赋"名的作品。①

康达维指出,我们对赋体源流进行历史性的研究时,必须考虑到"赋"的多层面的个性,不仅要研究带有"赋"名的作品,更重要的是不能忽略那些不以"赋"为名,却具有赋体本质的作品。他的观念无疑是正确的,体现了欧美赋学从只关注有限的少数人的作品,如蔡邕的《鹏鸟赋》,到开始注意不以"赋"为题,却属赋体的作品,这是欧美赋学的一大进步。对于赋的本质问题,欧美的学者长期以来在"诗"与"散文"两端或之间徘徊,却几乎没有人注意在汉代人的文学观念中赋包括哪些作品。康达维在此为欧美的赋学指明了继续发展的两个方向:一是研究未冠"赋"名,却有赋体本质的作品;二是把赋体研究放入其历史语境中,研究汉赋就要弄清汉代人的赋体概念。

在康达维看来,汉代人的观念中属于赋体的作品,除了以"赋"名篇的,还有颂、隐书、骚、辞或辞赋,因为这些作品都具有赋体用于诵读的本质。他认为,在汉代之所以"赋""颂"连称,是因为"赋"和"颂"都有"赞颂"和"诵读"的意思;有些作品称为"颂",但并不包含赞颂的内容,是取"颂"的诵读意思,如东方朔的《旱颂》。此外,用于诵读的谜语类作品"隐书"和"表面上自成一体"的"骚"体也属于赋。"辞"与《楚辞》相关,在汉代指《楚辞》的同时也是"赋"的别称。

在汉代赋颂连称、辞赋连称确实是普遍现象。正如康达维所述,司马相如和王褒的赋作都曾被称为"颂"。还比如班固在《汉书·叙传》中称司马

---

① ［美］康达维:《论赋体的源流》,《文史哲》1988 年第 1 期。

相如"多识博物,有可观采,蔚为辞宗,赋颂之首"①;王充《论衡·遣告篇》
称扬雄《甘泉赋》为《甘泉颂》,又在《定贤》《案书》《自纪》等篇"赋颂"连
称;在傅毅《琴赋》、刘玄《笙赋》、马融《长笛赋》中并称为"颂"。辞赋连称
始自司马迁,《史记·司马相如列传》就说"会景帝不好辞赋"②。他还在
《史记·屈原列传》中把屈原作品称作赋。《汉书》中辞赋并称的例子更多,
如《汉书·王褒传》"辞赋大者与古诗同义"③,《汉书·贾邹枚路传》"梁客
皆善属辞赋"④,《汉书·扬雄传》"赋莫深于《离骚》……辞莫丽于相如"⑤,
都是将辞看作赋的同义词。颂和辞经常被用作赋的别称,说明在汉代人的
文体观念中,颂和辞都是属于赋的。

　　骚体也属于赋类,康达维指出"无论是《文选》还是《文心雕龙》,'骚'
均自成一种文体……即使后来'骚'在表面上独自变成一体,但若要与'赋'
体完全分离还是不太可能的"⑥。他的依据是刘勰在《文心雕龙·诠赋》中
说:"赋也者,受命于诗人,拓宇于楚辞也。"由此,他认为"'赋'体源于骚
体"⑦。据《文心雕龙·辨骚》,骚体包括屈原、宋玉和其模仿者的作品,这
类赋在《汉书·艺文志》中有著录,被归于"屈原赋"之属。

　　隐书也不具赋名,但实属赋体。康达维认为《汉书·艺文志》所录之隐
书是用于诵读的谜语类的作品。⑧ 隐语在《文心雕龙》中与赋体相区别,属
于"谐隐"一类,但又在《诠赋篇》中被提及,被刘勰视为赋的源头之一。且
《汉书·艺文志》的"杂赋"之属著录有"隐书"18 篇,可见在汉代隐书的确
被看作赋的一种。

　　康达维以中国古代文论为依据,分析了在汉代人的文体观念中,颂、隐
书、骚、辞等不具"赋"名,却属赋体的文类,符合汉代人文体观念的实际。
他的研究有助于西方汉学家更深入地了解"什么是赋",并大大拓宽了赋体
文学的研究范围。

三、康达维赋体论述的学术意义

　　康达维对赋体源流的研究最早始于 20 世纪 60 年代,是 1968 年完成的

①　(汉)班固、(唐)颜师古注:《汉书》,中华书局 1962 年版,第 4255 页。
②　(汉)司马迁:《史记》,中华书局 1959 年版,第 2999 页。
③　(汉)班固、(唐)颜师古注:《汉书》,中华书局 1962 年版,第 2829 页。
④　(汉)班固、(唐)颜师古注:《汉书》,中华书局 1962 年版,第 2365 页。
⑤　(汉)班固、(唐)颜师古注:《汉书》,中华书局 1962 年版,第 3583 页。
⑥　[美]康达维:《论赋体的源流》,《文史哲》1988 年第 1 期。
⑦　[美]康达维:《论赋体的源流》,《文史哲》1988 年第 1 期。
⑧　参见[美]康达维:《论赋体的源流》,《文史哲》1988 年第 1 期。

博士论文《扬雄、赋和汉代修辞》中的一部分,经过修改,发表于 1976 年。无论在中西方,还是现当代此项研究的较早成果,对中西赋学的发展都是有益的推动。

首先,康达维的研究是对韦利、华兹生等人研究的发展,大大推进了西方赋学的进步。韦利和华兹生的研究是其译文集的一部分,主要是对赋进行介绍。韦利将诗和赋的发展放在一起介绍,说明了从诗经、楚辞、汉赋、汉乐府直到唐代赋和古诗的发展。这体现了他的文体概念不清晰,将较长的诗看作与赋相当的文体,并把诗和赋都看作诗。他的介绍让西方人长期以来误认为赋就是有一定长度的诗歌。

华兹生的《汉魏六朝辞赋》比韦利的译著晚了近半个世纪,他将赋描述为"散文和节奏韵文的结合"①,符合汉赋的特点,并将赋从诗体中分离开来,介绍了赋的发展演变,重点描述了汉大赋到六朝抒情小赋的转变,推进了西方赋学的发展。虽然韦利和华兹生的介绍都有研究的成分,但他们都不及康达维研究得深入。

康达维的《汉赋:扬雄赋研究》虽然也有赋篇的英译,但主要是对赋体特别是扬雄赋的研究。其中不但有对赋体形式和内容演变的介绍,还分析了形成这些特点的原因。他运用西方修辞学的理论解释了汉赋的藻饰和讽谏的特点、对问结构形成的原理,并追溯了这些特点的来源,将汉赋的研究推入了新的层次。

在分析汉赋的源头时,韦利和华兹生都只分析了《楚辞》,而康达维分析了《楚辞》、荀子《赋篇》《战国策》中的策士言论。康达维的赋体多源头的观念,更加符合赋体发展的实际。

其次,康达维运用西方传统文论和结构主义研究方法,吸收汉学家对《楚辞》《赋篇》《战国策》的研究成果来推进汉赋的研究,有利于西方研究者打破心理障碍,更好地理解和接受汉赋。长期以来,赋被贴上贵族文学的标签,而备受指摘。华兹生在《中国辞赋——汉魏六朝辞赋》一书中总结了历来对汉赋的批评,其一,赋是贵族文学,代表统治阶级的利益;其二,赋中的语言艰涩难懂;其三,赋重模拟,少创新。② 恐怕对于西方的读者来说,后两点是他们不愿阅读汉赋的重要原因。华兹生只是简略地批驳了这些批评,而康达维则从理论的层面来分析,用修辞学原理解释了汉赋特点的成因

---

① Burton Watson, *Chinese Rhyme-Prose: Poems in the Fu Form from the Han and Six Dynasties Periods*, New York and London: Columbia University Press, 1971, p.1.

② Burton Watson, *Chinese Rhyme-Prose: Poems in the Fu Form from the Han and Six Dynasties Periods*, New York and London: Columbia University Press, 1971, pp.13-15.

及理解汉赋的关键,使西方学者看到,汉赋这种中国特有的文体也符合文学发展的一般规律,同样可以用西方的文学理论来进行阐释。他对汉赋藻饰和讽谏修辞的分析,展示了汉赋的语言美和思想美,这对"汉赋缺乏思想"的批评是有力的反驳。此外,他对汉赋中常见主题的溯源,体现了赋的模拟是对文学传统的传承,有进一步研究的空间。他的分析可以使西方的学者消除对赋的成见,更好地理解汉赋;他的研究方法也给西方学者树立了一个榜样,由于具有他者的眼光,西方学者对于赋体的研究能形成自己的特色。

同时,康达维对赋体源流的分析对于中国学者的研究也有启发。中国学者往往喜欢争论赋体的源头是《诗经》《楚辞》、荀子《赋篇》,还是策士言论等,将赋体看作由多条支流汇聚成的大河可能更符合赋体形成的实际。此外,对于赋体的特点,中国的学者更多的是描述,对于其形成往往从赋家有类倡优的身份入手分析社会历史等外部原因,很少用文学理论来分析。对于赋体的溯源,也往往是围绕古代的文论来分析。康达维的研究给我们以启示,脱离古代文论的束缚,用现代的文学理论甚或西方的文学理论来分析赋体,也是我们推进赋体研究的有效途径。还有,中国的学者通常很少对赋作内容进行分析,认为这类分析是作品赏析缺乏科学性,康达维对赋作主题的总结说明对于作品内容同样可以进行科学的分析。对于汉赋这种重模拟的文体,对其进行主题学的分析是一个不错的研究方向。

汉学家对于辞赋的研究长期以来只流于翻译和对作品内容的描述和分析,康达维的研究表明,赋学是世界性的,西方汉学家的研究是对中国学者研究的有益补充,我们可以相互学习,共同促进赋学的发展。

第三节　打开汉赋解读的钥匙——早期中国的修辞

赋被西方汉学家视为难以理解的文体,前代汉学家致力于解决文字上的难题,进行赋篇的翻译。康达维不但进行了翻译,还在理论上找到了打开这座富丽宫殿之门的钥匙。他曾在《汉赋:扬雄赋研究》一书的序言中说:

> 在卫德明教授的鼓励下,我继续研究更多的赋作,在阅读作品的过程中我越来越确信,理解这种令人困惑的文体之关键在于研究早期中国的修辞。①

---

① David R. Knechtges, *The Han Rhapsody:A Study of the Fu of Yang Hsiung*(53 B.C.–A.D. 18), Cambridge:Cambridge University Press,1976,p.ix.

而对于"修辞"一词，他是如此解释的：

> 应该注意的是，我使用的修辞有两个含义：一是其基本含义，劝说性的语言（persuasive speech）；二是藻饰性的语言（ornamental speech）。单独的"修辞"通常指其基本含义。第二个含义用藻饰性的修辞（ornamental rhetoric）或装饰性的修辞（decorative rhetoric）等术语来表示。①

并且，他在阐释修辞的基本含义时说：

> 既然劝说者基本是在君主面前呈现他的全部观点，不可能公开地劝告、训诫或批评。宫廷的庄严迫使劝说者采用间接的、迂回的论说方式，引导君主同时做出理想的决定，就好像是他自己想出来的那样。②

康达维所说的"间接的、迂回的论说方式"相当于我们历代赋论中所说的"讽谏"，也写作"风谏"。《孔子家语·辩政》中说："孔子曰：'忠臣之谏君有五义焉：一曰谲谏，二曰戆谏，三曰降谏，四曰直谏，五曰风谏。'"王肃注："风谏，依违远罪避害者也。"③臣子通过这种间接、迂回的谏说方式，既表达了自己的观点以说服君主，又能"远罪避害"。因此，《后汉书·李云传》说："论曰：礼有五谏，讽为上。若夫托物见情，因文载旨，使言之者无罪，闻之者足以自诫，贵在于意达言从，理归乎正。"④康达维所说的修辞的两个含义：劝说性的语言和藻饰性的语言大致相当于我们历代赋论中所说的讽谏和藻饰。

一、中国历代赋论中对讽谏和藻饰关系的论述

汉代赋论中对"讽谏"非常重视，并将讽谏和藻饰作为矛盾的对立面。司马迁（约前 145—约前 86 年）最先把赋讽谏和藻饰的问题提出来。如，《史记·司马相如列传》云：

---

① David R. Knechtges, *The Han Rhapsody*: *A Study of the Fu of Yang Hsiung*（53 B.C.-A.D. 18），Cambridge: Cambridge University Press, 1976, p.ix-x.

② David R. Knechtges, *The Han Rhapsody*: *A Study of the Fu of Yang Hsiung*（53 B.C.-A.D. 18），Cambridge: Cambridge University Press, 1976, p.25.

③ 王国轩、王秀梅译注：《孔子家语》，中华书局 2011 年版，第 171 页。

④ （南朝宋）范晔、（唐）李贤等注：《后汉书》，中华书局 1965 年版，第 1853 页。

太史公曰:《春秋》推见至隐,《易》本隐之以显,《大雅》言王公大人而德逮黎庶,《小雅》讥小己之得失,其流及上。所以言虽外殊,其合德一也。相如虽多虚辞滥说,然其要归引之节俭,此与《诗》之风谏何异?①

所谓"虚辞滥说",即文辞中多辞藻的堆积和不实的夸张,藻饰过盛。司马迁对这种与《春秋》《易》《大雅》《小雅》等经典相异的写法是颇有微辞的。他认为,司马相如的赋作可取之处在于,主旨清晰,与《诗经》所起的讽谏作用是相类的。显然,司马迁是贬藻饰,而扬讽谏的。

接着,扬雄(前53—公元18年)就彻底将藻饰与讽谏放在对立的地位上,批评辞赋丽而无用,"劝而不止"。他认为赋的文体特征是"推类而言,极丽靡之辞,闳侈钜衍,竞于使人不能加也"②,只是在末尾"归之于正",表达一点儿讽喻之意,结果讽谏的用意被华丽的辞藻所遮蔽,"劝而不止"。

刘向(前77—前6年)、刘歆(约前53—公元23年)父子在《汉书·艺文志·诗赋略序》中继续重申扬雄的观点"其后宋玉、唐勒,汉兴枚乘、司马相如,下及扬子云,竞为侈丽闳衍之词,没其风谕之义。是以扬子悔之,曰:'诗人之赋丽以则,辞人之赋丽以淫。如孔氏之门人用赋也,则贾谊登堂,相如入室矣,如其不用何!'"③强调赋的用词"侈丽闳衍",而隐没了其"讽谏"的用意。后来,张衡(78—139年)继续将这个观点推而广之。张衡批评司马相如、扬雄的赋作"故相如壮《上林》之观,扬雄骋《羽猎》之辞,虽系以隤墙填堑,乱以收罝解罘,卒无补于风规,只以昭其愆尤"④,再次强调了赋"劝百讽一""劝而不止"的观点。

汉代以后,谈及讽谏和藻饰的关系时,赋论家们往往沿用汉代人的观点,认为汉赋藻饰之盛遮蔽了讽谏意味的表达。到了五四运动前后,在反帝、反封建的目标之下,人们用思想政治标准来评价汉赋,将赋的藻饰和讽谏针锋相对,而否定汉赋的价值。陈独秀在《文学革命论》中说:

承其流者两汉赋家,颂声大作,雕琢阿谀,词多用寡,此贵族之古典之文之始作俑也。⑤

---

① (汉)司马迁:《史记》,中华书局1959年版,第3073页。
② (汉)班固、(唐)颜师古注:《汉书》,中华书局1962年版,第3575页。
③ (汉)班固、(唐)颜师古注:《汉书》,中华书局1962年版,第1756页。
④ (梁)萧统、(唐)李善注:《文选》,上海古籍出版社1986年版,第132页。
⑤ 胡适:《胡适说文学变迁》,上海古籍出版社1999年版,第26页。

　　他批评赋"雕琢阿谀,词多用寡",认为辞藻的堆砌妨碍了辞赋"讽谏"功用的传达,汉赋的实际功用并非"讽谏"而是"赞颂",是贵族文学的始作俑者。承袭这一批评路线,茅盾继续批判汉赋是"极端形式主义的宫廷文学",极少"抒下情而通讽谕"的成分。①

　　传统赋论将藻饰作为赋的文体特征,将讽谏作为赋的社会功用来探讨,说明赋的重铺排和辞藻的特征不能达到说服君主或教化民众的目的。现代的研究者往往围绕传统赋论来说明这个问题,也把讽谏和藻饰放在文体特征和社会功用两个不同的层面讨论,并将之对立起来。

二、康达维对劝说性修辞与藻饰性修辞关系的论述

　　康达维阐释了赋文体呈现出华美辞藻和讽谏意义之原因。他认为,修辞,也叫"劝说的艺术",在中国被运用于最早发展的文学式样中。在公元前5世纪、4世纪的时候,发展到最精密的程度,它具有政治目的,是官员试图劝说君主的工具,而赋正是植根于这种修辞传统。在对中国修辞传统进行解读时,康达维运用了加拿大文论家诺思洛普·弗莱的修辞学理论:

　　　　修辞一开始就包括两个因素:藻饰性修辞和劝说性修辞。这两个因素在心理上是相互对立的。要增饰的想法本质上是客观的,而劝说的想法却与之相反……劝说性修辞运用于文学,是用文学的艺术加强论说的力量。藻饰性修辞静态地作用于听众,使他们欣赏修辞本身的美或机智;劝说性修辞则是动态地引导他们积极地采取行动。一个引发情感,另一个则操纵它。②

　　他强调了藻饰性修辞和劝说性修辞之间的联系,并进一步说"文字上的增饰是加强论点的重要手段","劝说者的主要难点在于防止他对藻饰的兴趣阻碍了论点的传达,因为修辞性的篇章通常是九分藻饰,一分劝说"。③

　　康达维将藻饰和讽谏视为修辞手段,将之放在同一层面上,用两者之间的联系来阐释赋体的艺术特征。他认为藻饰性修辞和劝说性修辞是一种相互配合的关系,以最终达到劝说的目的,这与中国传统赋论的观点似乎背道

---

①　茅盾:《夜读偶记》,百花文艺出版社1958年版,第9页。
②　David R. Knechtges, *The Han Rhapsody:A Study of the Fu of Yang Hsiung*(53 B.C.-A.D. 18), Cambridge:Cambridge University Press,1976,p.24.
③　David R. Knechtges, *The Han Rhapsody:A Study of the Fu of Yang Hsiung*(53 B.C.-A.D. 18), Cambridge:Cambridge University Press,1976,pp.24-25.

而驰。然而,仔细研读《汉书·扬雄传》中扬雄的赋论,康达维的论说可以说是对扬雄观点的深层分析:

> 雄以为赋者,将以风也,必推类而言,极丽靡之辞,闳侈钜衍,竞于使人不能加也,既乃归之于正,然览者已过矣。往时武帝好神仙,相如上《大人赋》欲以风,帝反缥缥有凌云之志。繇是言之,赋劝而不止,明矣。又颇似俳优淳于髡、优孟之徒,非法度所存,贤人君子诗赋之正也,于是辍不复为。①

扬雄认为赋要起到讽谏教化作用的,那么必须要推展论述,用极其华丽的辞藻,用宏大恣肆的风格,以至于无以复加,结尾处归于正道,表达一下讽谏之旨。结果读者完全被赋的华美外表所吸引,而不去深究赋家想说明的道理,致使以劝阻为目标的赋达不到说服人的目的,而类似于娱乐、调笑之作了。扬雄在此并未完全否定藻饰的作用,赋的"推类而言""极丽靡之辞""闳侈钜衍"也就是康达维所说的藻饰的修辞,其运用是要吸引听众的注意,使他们欣赏修辞本身的美或机智,而引发情感;"归之于正"即劝说的修辞,引导听众积极地采取行动,藻饰的修辞和劝说的修辞共同作用,达到"风(讽)"的目的。只是在实际的创作中,对藻饰修辞的运用往往到了无以复加的地步,使读者忽略了赋的讽谏之旨,"劝而不止"。康达维也认为"劝说者的主要难点在于防止他对藻饰的兴趣阻碍了论点的传达,因为修辞性的篇章通常是九分藻饰,一分劝说"②。事实上,康达维用西方修辞学理论对扬雄的赋论进行了深层次的解析,从读者接受的角度解释,赋要达到劝说的目的,需要使用藻饰和讽谏的原因——藻饰能吸引读者的注意力并引发情感,而主旨的揭示能引导读者采用赋家的建议。他还强调赋家要攻克的难点是,防止藻饰过盛阻碍了论点的传达,这也是扬雄批评的包括自己和司马相如在内的赋家中所未做到的,于是"辍不复为"。

康达维对藻饰修辞和劝说性修辞关系之论述,解决了我们在解读汉赋时遇到的一个困惑:为什么汉代赋家十分强调赋的讽谏作用,写出来的作品却是"铺采摛文",充满了赞美的言辞?讽谏与藻饰看似对立,其实都是服务于劝说君主的目的。扬雄批评"赋劝而不止",问题出在赋家未把握好增饰的度,让辞藻的光华掩盖了讽谏的目的。康达维是在1976年出版的《汉

---

① (汉)班固、(唐)颜师古注:《汉书》,中华书局1962年版,第3575页。
② David R. Knechtges, *The Han Rhapsody:A Study of the Fu of Yang Hsiung*(53 B.C.-A.D. 18), Cambridge:Cambridge University Press,1976,pp.24-25.

赋:扬雄赋研究》中提出这一看法的。当时,中国的古代文学研究界普遍对汉赋持否定的态度。康达维的观点对于我们正确认识汉赋的文学性和思想性是有帮助的,只是当时我们对他的研究还不了解。今天看来,他的观点具有超前性。

三、释“修辞”

康达维采用西方修辞学原理来解读中国的汉赋。他所说的修辞,采用的是亚里士多德的定义。亚里士多德认为,修辞是“在任何给定情况下运用已有效说手段的能力”(the faculty of observing in any given case the available means of persuasion)①。“rhetoric”源于希腊语“rhetor”,是“演说者”的意思。这种古典主义修辞学是一种演讲术或雄辩术,强调语言的说服性和达到这种效果的策略。亚里士多德将雄辩术分为三类,分别用于不同的场合,采用不同的策略,产生不同的效果:

> (1)审议性的(Deliberative)——用于说服听众(如立法会议等)赞同或反对某项公共政策,并要求听众采取相应的行动。
> (2)法庭式的(Forensic)——用于谴责或赞同某人的行为(如法庭审理)。
> (3)富于辞藻的(Epideictic)——“展示修辞的”(display rhetoric)通常用于适合的礼仪场合,详细论述某个人或某类人的可钦佩之处(有时也可能是应受责备之处),并以此来展现演说者迎合该场合修辞需要的才华与技巧。②

这些审议性的、法庭式的、富于辞藻的修辞主要是用于劝说、批评或是赞颂,即汉代赋论中所说的“讽”“颂”。汉班固在《两都赋序》中说:“或以抒下情而通讽谕,或以宣上德而尽忠孝,雍容揄扬,著于后嗣,抑亦雅颂之亚也。”③赋的作用在此被分为两类:一类是“抒下情”,另一类是“宣上德”。要达到的目的为“通讽谕”“雍容揄扬”,即委婉地指出君王的过失达到劝说的目的,或是赞颂君王的丰功伟绩。汉赋的写作目的和亚里士多德所论的修辞目的有着异曲同工之妙。汉赋要达到这些目的就要运用到修辞技巧,

---

① 从莱庭、徐鲁亚编著:《西方修辞学》,上海外语教育出版社 2007 年版,第 22—23 页。
② [美]M. H. 艾布拉姆斯、杰弗里·高尔特·哈珀姆:《文学术语词典》,吴松江等编译,北京大学出版社 2014 年版,第 687 页。
③ (梁)萧统、(唐)李善注:《文选》,上海古籍出版社 1986 年版,第 3 页。

即康达维所说的"藻饰的修辞"和"劝说的修辞"。

古罗马修辞学家西塞罗进一步发展了亚里士多德的学说,说明了劝说目的达成的机制:

> 为了劝说的目的,演讲的艺术完全依靠三件事:证明我们的论断;赢得听众的欢喜;激起他们的情感以便产生我们所需要的任何一种驱使。①

西塞罗认为要达到劝说目的,必须证明自己的论断,赢得听众的喜欢,以及激起听众的情感。弗莱的理论更进一步的具体说明用何种修辞能达到这种效果。根据他的理论,"藻饰性修辞静态地作用于听众,使他们欣赏修辞本身的美或机智;劝说性修辞则是动态地引导他们积极地采取行动。一个引发情感,另一个则操纵它"②。西塞罗所说的"赢得听众的欢喜"和"激起他们的情感"是通过藻饰性修辞实现的,"产生我们所需要的任何一种驱使"最终是由劝说性修辞实现的。康达维使用的古典修辞学理论在西方历史悠久,是被普遍接受且不断发展的理论。运用这个理论来解读汉赋,能使西方读者突破汉赋难解的心理障碍,更好地理解汉赋作品。

康达维突破了中国传统文论中将藻饰和讽谏放在对立面的阐释方法,运用西方传统文论中的修辞学理论,将藻饰与讽谏视为修辞手段,解释了两者之间的联系和相互作用,解决了理解汉赋的难点。对西方文论的运用有利于将中国特有的文体——赋,纳入世界文学的体系,引导我们从全新的宏阔视角加深对赋的理解,并有利于西方学者从心理上接受赋这种文体,将这个领域的研究继续推进。

第四节 "异域行旅":异化翻译观

赋篇的翻译是康达维的主要学术成果之一。从 1968 年至今,他已经英译了包括《昭明文选》所收 19 卷 56 篇汉魏六朝的赋,以及《昭明文选》未载的《吊屈原赋》《旱云赋》《柳赋》《自悼赋》《遂初赋》《山居赋》《感二鸟赋》《复志赋》等众多赋篇。在 40 余年的辞赋英译实践中,他积累了丰富经验,撰写了《赋中描写性复音词的翻译问题》《玫瑰还是美玉:中国中古文学翻

---

① 从莱庭、徐鲁亚:《西方修辞学》,上海外语教育出版社 2007 年版,第 28 页。

② David R. Knechtges, *The Han Rhapsody: A Study of the Fu of Yang Hsiung* (53 B.C.–A.D. 18), Cambridge: Cambridge University Press, 1976, p.24.

译中的一些问题》《〈文选〉英译浅论》《翻译的险境和喜悦：中国经典文献的翻译问题》《英译〈文选〉的疑难与困惑》等多篇翻译研究论文①。针对中国的典籍英译，提出了明确的翻译观和操作性强的翻译策略。

一、翻译本身是一种高水准的学术活动

长期以来，翻译一般被认为是"一种可悲和可卑的文化活动"。康达维充分肯定了翻译的价值，认为"翻译本身是一种高水准的学术活动，和其他学术活动具有同等的学术价值。"②在进行《昭明文选》翻译的过程中，康达维始终把翻译作为学术研究来做。可以说，他的所有研究成果都是以翻译为中心，为了解决翻译中的问题而产生。

比如，他认为"若想翻译中古文学的作品，译者首先要熟悉这一时期全部的文学体裁"，以及这些体裁涵盖的文类。为了翻译这些作品，他用大量的时间来"研究这些文类的历史和背景，以充分了解其文体结构和风格"③。为译赋篇，他研究了在扬雄时代之前赋体的发展演变，发表于 1976 年出版的汉赋研究专著《汉赋：扬雄赋研究》④。其后，又专门撰写了《论赋体的源流》⑤，于 1988 年刊于山东大学的《文史哲》期刊。为了深入了解汉赋的形

---

① 《赋中描写性复音词的翻译问题》最早于 1985 年发表，载于台北的《淡江评论》，题为 "Problems of Translating Descriptive Binomes in the Fu"（Tamkang Review, Taipei Autumn 1984–Summer 1985, Vol.XV）。后来，译成中文，题为《赋中描写性复音词的翻译问题》，载于俞绍初，许逸民主编的《中外学者文选学论集》（中华书局 1998 年版）。其英文版收入康达维论文自选集 "Court Culture and Literature in Early China"（Aldershot, Hants, England：Ashgate, 2002），此自选集由新加坡国立大学的苏瑞隆译成中文，题为《汉代宫廷文学与文化之探微：康达维自选集》（上海译文出版社 2013 年版）。《玫瑰还是美玉：中国中古文学翻译中的一些问题》，李冰梅译，见赵敏俐、[日]佐藤利行主编：《中国中古文学研究》，学苑出版社 2005 年版。《〈文选〉英译浅论》，苏瑞隆译，见赵福海主编：《文选学论集》，时代文艺出版社 1992 年版。以英文发表的 *Problems of Translation：The Wen hsüan in English*（Eugene Eoyang and Lin Yaofu, eds., Translating Chinese Literature, Bloomington and London：Indiana University Press, 1995），笔者未见到，从标题上看，这两篇论文应属同一篇。"The Perils and Pleasures of Translation：the Case of the Chinese Classics" 发表于《清华学报》第 34 卷 2004 年第 1 期。《英译〈文选〉的疑难与困惑》原载于《国际汉学研究通讯》第 12 期（北京大学出版社 2016 年版），后被收录于《赋学与选学：康达维自选集》（南京大学出版社 2019 年版）。
② [美]康达维：《玫瑰还是美玉：中国中古文学翻译中的一些问题》，李冰梅译，见赵敏俐、[日]佐藤利行主编：《中国中古文学研究》，学苑出版社 2005 年版，第 26—27 页。
③ [美]康达维：《玫瑰还是美玉：中国中古文学翻译中的一些问题》，李冰梅译，见赵敏俐、[日]佐藤利行主编：《中国中古文学研究》，学苑出版社 2005 年版，第 27—28 页。
④ David R. Knechtges, *The Han Rhapsody, A Study of the Fu of Yang Hsiung*（53B.C.–A.D.18），Cambridge：Cambridge University Press, 1976.
⑤ [美]康达维：《论赋体的源流》，《文史哲》1988 年第 1 期。

式和功能,他写了《扬雄〈羽猎赋〉的叙事、描写与修辞》①,最初于 1972 年发表于《转变与恒久:中国历史与文化——萧公权先生纪念文集》,后又收录于《汉代宫廷文学与文化之探微:康达维自选集》。为了了解赋的特点及其产生和发展的背景,他研究了汉初梁王刘武门下的侍从文人的赋作和汉武帝的文学喜好,写了《〈西京杂记〉中的赋篇》与《皇帝与文学:汉武帝》②。

其次,翻译是康达维论文的重要组成部分。比如,最让康达维看重的,被收录于其自选集中的《司马相如的〈长门赋〉》《汉颂——论班固〈东都赋〉和同时代的京都赋》《道德之旅——论张衡的〈思玄赋〉》③等论文中,有司马相如《长门赋》《大人赋》、班固《西都赋》《东都赋》、屈原《离骚》《远游》和《思玄赋》的全译或节选的译文,翻译的文字至少占全篇的四分之一。

而翻译中得到的经验,直接催生了翻译系列论文,如前文提及的《赋中描写性复音词的翻译问题》《玫瑰还是美玉:中国中古文学翻译中的一些问题》《〈文选〉英译浅论》《翻译的险境和喜悦:中国经典文献的翻译问题》《英译〈文选〉的疑难与困惑》等,都是为解决翻译中的问题而直接产出的科研成果。

可见,康达维用自己的研究成果与翻译实践解释了"翻译本身是一种高水准的学术活动"的观点。确实,在典籍英译的过程中,有许多问题要研究清楚,才能产出高质量的译文。这一过程同时可以产出许多有价值的科研成果。

二、好的译作是让读者进行一次隐喻意义上
通往异域的行旅

康达维注重语言和文化的异质性,特别推崇西班牙哲学家何塞·奥尔特加(José Ortega Gasset)对翻译的看法,认为:

> 一部翻译作品,不是在两种语言之间像"变魔术"般的转换,更不是"原版复制",而是要能引起人们对文化和语言上的关注,以"迫使读者从自己的语言习惯转向原作者的语言习惯"。因此,一部好的译作

---

① 〔美〕康达维:《汉代宫廷文学与文化之探微:康达维自选集》,苏瑞隆译,上海译文出版社 2013 年版,第 79—97 页。

② 〔美〕康达维:《汉代宫廷文学与文化之探微:康达维自选集》,苏瑞隆译,上海译文出版社 2013 年版,第 42—57、19—41 页。

③ 〔美〕康达维:《汉代宫廷文学与文化之探微:康达维自选集》,苏瑞隆译,上海译文出版社 2013 年版,第 3—18、183—199、200—219 页。

应该是"不得不让读者进行一次隐喻意义上通往异域的行旅,而行旅(的终点)则是一个完全陌生的国度,其中涉及古远的时代和另一种截然不同的文明"。这种强化的"历史意识"可以产生积极的效果,用奥尔特加的话来说就是翻译时所谓的"妙境"。这片妙境能带来一种新视野,能激励读者,甚至会让读者脱离自己传统的观看世界的方式。①

在康达维看来,好的译本能引起读者对文化和语言上的关注,让他们接受不同时代不同文明的熏陶,最终"带来一种新视野,能激励读者,甚至会让读者脱离自己传统的观看世界的方式"。其翻译目的是在译文中呈现源语文化中语言和文化的异质性,给读者带来新知识和新观念。

这是一种典型的"异化"翻译观,即强调在译文中体现源语文化中语言和文化的特色,认为翻译应当主动引导读者接受原作者的语言习惯,体会不同的文化,学习其中蕴含的全新观看世界的方式。康达维所讲的"读者"是有针对性的,他在接受访谈时表明,他的《昭明文选》译文的目标读者"多半是学者"②。同时,他所说的"翻译"也是有针对性的,即中国的典籍翻译。他的翻译观就是在《翻译的险境和喜悦:中国经典文献的翻译问题》一文中评论欧美的《易经》各种译本时提出的,后来又在谈论《昭明文选》英译时得到重申③,并在其翻译过程中实践着。他的翻译观是适应其目标文本和目标读者的翻译观。

三、忠实于原诗原文的翻译远胜于自由形式的翻译

在异化翻译观的指导之下,康达维十分强调译文的准确性。译文的准确前提在于正确理解原文。为了正确理解作品的原意,康达维不仅认真研究"每字、每句、每行和整篇的内容含义",还了解了"中国的制度典章学、天文学、堪舆学、植物学、动物学、地质学、建筑学、园艺学、城市规划学等知识领域",以熟悉当时的文化背景和社会环境。在《昭明文选赋英译》的注释

---

① 　[美]康达维:《玫瑰还是美玉:中国中古文学翻译中的一些问题》,李冰梅译,见赵敏俐、[日]佐藤利行主编:《中国中古文学研究》,学苑出版社 2005 年版,第 26 页。

② 　蒋文燕:《研穷省细微 精神入图画——汉学家康达维访谈录》,见张西平主编:《国际汉学》(第二十辑),大象出版社 2010 年版,第 17—18 页。

③ 　具体见"The Perils and Pleasures of Translation:The Case of the Chinese Classics"(*The Tsing Hua Journal of Chinese Studies*,New Series Vol.34,No.1,June,2004)和康达维著《玫瑰还是美玉:中国中古文学翻译中的一些问题》。《玫瑰还是美玉:中国中古文学翻译中的一些问题》于 2005 年以中译本的形式出版,其英文版的撰写有可能早于 2004 年出版的《翻译的险境和喜悦:中国经典文献的翻译问题》一文,或者是几乎同时的。

中,康达维记录了对这些领域研究的成果。比如《吴都赋》中就注释了动物名称 59 个,查阅了《昭明文选》研究成果:《昭明文选》李善注、《文选李注补证》《文选笺证》,还有史书《左传》《国语》《史记》《汉书》,辞书《尔雅》《广雅疏证》《方言校笺及通检》,类书《艺文类聚》《太平御览》,博物类古籍《山海经》《古今注》《博物志》,以及《庄子集释》《楚辞补注》《韩诗外传》《淮南子》,还有西文文献伊博恩(Bernard E. Read)的《中国药物学:动物类药物》《中国药物学:鱼类药物》《中国药物学:禽鸟类药物》《中国药物学:龟贝类药物》《中国药物学:龙蛇类药物》《中国上海的食用鱼》、约翰·威廉·史福勒尔(John Wm. Schiffeler)的《〈山海经〉的传说生物》、葛兰言(Marcel Granet)的《中国古代的舞蹈与传说》等。由此可见,译者为了弄清原文的准确意思,用功之深。

　　为了正确理解原文,康达维还发表了多项研究成果,比如为了研究赋中的食物名词,写了《文宴:早期中国文学中的食物》《渐至佳境——中世纪初的中国饮食》;为了正确理解作品的主旨,写了《鲍照〈芜城赋〉的创作时间与场合》《班昭东征赋考》;为了深入理解作品的背景、形式和内容,写了《扬雄〈羽猎赋〉的叙事、描写与修辞》《司马相如的〈长门赋〉》《道德之旅——论张衡的〈思玄赋〉》《汉赋中的纪行之赋》《汉颂——论班固〈东都赋〉和同时代的京都赋》①;等等。

　　在正确理解原文内容的基础上,康达维为准确地用英文表达这些内容作出了不懈努力。因为,他认为"忠于原诗原文的翻译远胜于自由形式的翻译……不应该创造所谓东方化了的汉诗版本,而应该尽可能保持原诗中的修辞和用语……语言的准确性……是翻译的基本要求",模糊的、泛泛的翻译"无论对于英语读者还是中国文学都是一种伤害"。② 他强调译文要在语言、修辞、形式等方面尽量与原文靠近,反对为迎合读者的阅读习惯,借口"传神"而使用"近译法或创译法"。当然,他同时也指出"翻译的准确性,并不表示要牺牲文字的可读性",主张在确保准确性的基础上,兼顾"文字的可读性"。③

　　在《昭明文选》赋篇的英译实践中,他"执着作品的原文和原意",极力

---

① 这些论文可见于[美]康达维:《汉代宫廷文学与文化之探微:康达维自选集》,苏瑞隆译,上海译文出版社 2013 年版。

② [美]康达维:《玫瑰还是美玉:中国中古文学翻译中的一些问题》,李冰梅译,见赵敏俐、[日]佐藤利行主编:《中国中古文学研究》,学苑出版社 2005 年版,第 31、32、37 页。

③ [美]康达维:《玫瑰还是美玉:中国中古文学翻译中的一些问题》,李冰梅译,见赵敏俐、[日]佐藤利行主编:《中国中古文学研究》,学苑出版社 2005 年版,第 28 页。

保留原文的措辞和比喻。比如班固《西都赋》"陆海珍藏,蓝田美玉"①一句中,"陆海"指物产丰饶的高原。康达维未将"陆海"译为"plateau"(高原),而是将其直译为"dry-land sea"(陆海)。"dry-land sea"乍看上去,较为突兀,由"dry"和"sea"两词产生的矛盾引起读者思索:陆地既然是干的为何被称作海? 自然会求解于注释。在注释中,他明确告诉读者,"陆海"一词有其出处。他引华兹生所译《汉书·东方朔传》中的话:"汉兴,去三河之地,止灞、浐以西,都泾、渭之南,此所谓天下陆海之地"②,还引用了《汉书·地理志》的记载"有鄠、杜竹林,南山檀柘,号称陆海,为九州膏腴"。颜师古的注"言其地高而饶物产,如海之无所不出,故云陆海",充分阐释了"陆海"一词的来源及其文化内涵。③ 这样的译文不但忠实于原文的用词,而且保留了原文夸张的修辞,用词意上的矛盾引起读者注意,并对土地的广袤产生联想,体现了准确性和文学性的统一。

四、译者必须具有充实的声韵学、文字学基础

"言语的艰涩与难解"是《昭明文选》英译的首要难题,"即使有大量的注解和评注,还是难以读懂这些诗文"④。康达维认为"在翻译中古文学作品之前,最基本的要求之一就是译者必须有充实的声韵学、文字学基础"。⑤在《〈文选〉英译浅论》和《赋中描写性复音词的翻译问题》等论文中,康达维重点论述了这一问题,他的解决方法值得我们借鉴。以植物名词为例,如"庋莎",注释家司马彪、颜师古、朱珔、王先谦的解释各不相同,又缺乏证据,难以判断哪一家的说法更为准确。在此例中,康达维综合了各家注释中相重的因素"莎草""绿色",根据上下文,将"庋莎"译为"green galingale",意为绿色的莎草。还有一些中国的植物名词,英文中无对等词,如"结缕",根据唐代颜师古(581—645 年)注释中描述的此种植物"着地之处皆生细根,如线相结",康达维进行了创译,译为"knot-thread",表达打结线的意思。⑥ 对于这

---

① (梁)萧统、(唐)李善注:《文选》,上海古籍出版社 1986 年版,第 9 页。
② (汉)班固、(唐)颜师古注:《汉书》,中华书局 1962 年版,第 2849 页。
③ David R. Knechtges, *Wen Xuan or Selections of Refined Literature*:*Volume One. Rhapsodies on Metropolises and Capitals*,Princeton:Princeton University Press,1982,p.108,L.92.
④ [美]康达维:《赋学与选学:康达维自选集》,张泰平等译,南京大学出版社 2019 年版,第205 页。
⑤ [美]康达维:《玫瑰还是美玉:中国中古文学翻译中的一些问题》,李冰梅译,见赵敏俐、[日]佐藤利行主编:《中国中古文学研究》,学苑出版社 2005 年版,第 28 页。
⑥ 参见[美]康达维:《文选英译浅论》,见赵福海主编:《文选学论集》,时代文艺出版社 1992年版。

些难解的词,康达维往往都是广泛地参考古注和现当代学者的研究成果,以便准确理解词义,在英文中找到意思最接近的词。

译赋最难的是联绵词的翻译,为了准确理解联绵词的词义并表现出其音韵特点,康达维做了专门的研究。其研究结论,见《赋中描写性复音词的翻译问题》①,最初于 1985 年发表于台北的《淡江评论》。他提出的广泛参阅注释,从复音词的古音和异文中寻找线索理解词义,用同义词重复和押头韵的词来翻译的方法,为我们解决这一难题提供了可资借鉴的方法。

由于年代久远,时间为词义的正确理解设置了重重障碍。古今词义的差异是译者面临的又一难题。康达维发现有些译者受词语现代意义的干扰,造成了译文时间上的错置。如庞德(Ezra Pound)将《古诗十九首》中的第二首《青青河畔草》“昔为倡家女”一句中的“倡家女”误译为“courtesan(娼妓)”。康达维据马茂元《古诗十九首探索》中的相关研究和日本学者矢田博士的论文《“昔为倡家女,今为荡子妇”考——兼论汉代“倡家”的实际社会生活状况》,认为“娼”是“歌舞艺人(entertainer)”的意思。据他所知,“娼家”一词有“妓女”之意最早出现的版本之一是 9 世纪蒋防所作的《霍小玉传》,“娼”的现代意义应当始见于唐朝。② 康达维通过细读文本,查阅中外学者的相关研究,考辨词义,尽力避免译文中出现时间或是文化差异所造成的抵牾。

综上所述,康达维充分认识了翻译的重要性,认为翻译与学术研究有同等的价值,并用学术研究的态度和方法来处理翻译中的问题,并且产出了大量的学术研究成果。他还重视文化传播,认为翻译的目的是在译文中呈现源语文化中语言和文化的异质性,给读者带来新知识和新观念,翻译应当主动引导读者接受原作者的语言习惯,体会不同的文化,学习其中蕴含的新的观看世界的方式。在此翻译观的指导下,他强调准确性是翻译的基本要求,要使译文从最大程度上体现中国的语言和文化特色,确保译文质量,从而对译者提出具有充实的声韵学、文字学基础的要求。

康达维的异化翻译观是针对中国典籍英译提出的,着眼于传承,旨在推

---

① *Problems of Translating Descriptive Binomes in the Fu*, *Tamkang Review*, Taipei, Vol.15(Autumn 1984–Summer 1985).中译本:《赋中描写性复音词的翻译问题》,见绍初,许逸民主编:《中外学者文选学论集》,北京中华书局 1998 年版。现收入由苏瑞隆译:《汉代宫廷文学与文化之探微:康达维自选集》,上海译文出版社 2013 年版。

② 参见[美]康达维:《玫瑰还是美玉:中国中古文学翻译中的一些问题》,李冰梅译,见赵敏俐、[日]佐藤利行主编:《中国中古文学研究》,学苑出版社 2005 年版,第 30、41 页。

动学术发展。欧美汉学研究发展到专业汉学阶段,需要推向更广的领域、更深的层次。对中国古代典籍的研究,特别是辞赋的研究,尤具有广阔的空间,康达维追求准确性的辞赋英译满足了这一要求。同时,在客观上,也能促进中国传统文化和欧美文化的平等交流。

此外,康达维关注原语的语言和文化,将翻译视为一种文化传播的方式,很大程度上是受西方翻译思潮的影响。20世纪70年代以来,翻译研究实现了从内部研究到外部研究的"文化转向",一批翻译理论家和文化研究者对翻译提出了一系列的独到见解,突破了语言学派专注于不同语言之间的对比、转换,而把翻译和社会、历史、文化联系起来,认为"文学作品是社会、文化、文学和历史整体框架的组成部分"①。翻译研究的这一转向,使理论家和译者同时关注到翻译的文化层面。在这种思潮的影响下,康达维也从文化的视角来关注翻译。

同时,康达维的翻译观与个人兴趣、知识结构、肩负的使命有关。他原本对中国文化就兴趣浓厚,最早由于爱好中国历史,到华盛顿大学专攻远东历史并选修了政治学。在学习历史的过程中,认为有必要学好中国的语言,渐渐将注意力转移到中国的语言和文学上。他以优异的成绩本科毕业,接着到哈佛大学攻读硕士。在硕士阶段,修习海陶玮教授的唐宋古文、唐宋传奇、汉学入门,以及杨联陞教授的中国历史,仅一年就取得硕士学位。博士研修阶段,师从著名的德籍汉学家卫德明教授,学习了卫德明教授的汉赋,李方桂先生的中国音韵学,施友忠先生的唐传奇,白英教授的中古欧洲浪漫小说、中世纪修辞学。毕业于美国汉学研究积淀深厚的一流学府,师从当时学界的顶尖学者,加上自身的天资和努力使康达维在汉学、中国音韵学和历史学、西方古典修辞学以及中国和欧洲的古典文学方面奠定了坚实的基础。他的博士论文《扬雄、赋与汉代修辞》经修改于1976年由英国剑桥大学出版,是西方汉赋研究领域中具有开拓意义的著作。1972年,卫德明教授退休,坚持让康达维继承其衣钵,成为汉魏六朝领域的教授。三十而立的康达维肩负着重要的历史使命,将华盛顿大学的汉魏六朝文学研究传承并发扬光大。他的翻译观和译作风格正是在这种背景下产生的,是着眼于学术传承的。因此,他特别强调译文要无限贴近原文,引起读者对语言和文化的兴趣,给他们带来新知识和新观念。

---

① 转引自王克非:《翻译研究的焦点、迁移与整合》,见胡庚申主编:《翻译与跨文化交流:嬗变与解读》,上海外语教育出版社2010年版,第49页。

第五节　"语文学"的翻译:翻译策略

作为一位有深厚汉学研究功底的译者,康达维将汉学研究的传统方法——语文学的方法运用于汉魏六朝文学的翻译中。他在总结翻译经验时说:

> 我希望在这篇文章中,也能够传达某种从细读慢品的艺术实践中所获得的一些乐趣,希望为尼采的文字学定义作个诠释。翻译文学对我来说,不仅要先仔细地阅读,而且还要认真地翻译,尽量保持每行中每个字的原意。这是文学阅读最佳的享受,其乐趣就在仔细推敲文本的字词当中。我可能是世界上翻译最慢的一位译者,但除了这个我所熟知的翻译途径外,我不知道还有其他的方法。①

文字学(philology)也称语文学。康达维提及德国哲学家尼采(Friedrich Wilhelm Nietzsche)对文字学的定义:"语文学是一种脆弱的艺术。它要求其信徒放在首位的是:从旁涉猎,花费时日,平心静气地慢慢研究——这是一种金匠的艺术。词语的鉴赏是精细、小心的工作,若不缓慢进行,将会一无所获。"康达维将其概括为"慢读的艺术",具体步骤如语言学家索绪尔(Ferdinand de Saussure)所述,"对书写文本修正、阐释和评论"。"慢读的艺术"运用于翻译,就是字斟句酌,"尽量保持每行中每个字的原意",并将对文本修正、阐释和评论的成果在注释中显现出来。② 他将这种方法贯彻于其《昭明文选》英译的始终,因此自嘲"我可能是世界上翻译最慢的一位译者"。作为一位考究的译者,他对翻译过程的每一步都细细思量、精心处理,甚至这种深思熟虑的工作在翻译之前就已开始。

一、慎 选 文 本

康达维认为翻译首要解决的问题就是:"什么样的文本值得翻译?"他

---

① ［美］康达维:《玫瑰还是美玉:中国中古文学翻译中的一些问题》,李冰梅译,见赵敏俐、［日］佐藤利行主编:《中国中古文学研究》,学苑出版社 2005 年版,第 40 页。

② 参见康达维:*The Art of Reading Slowly:Applying Philology to the Study of Classical Chinese Literary Texts*(《慢读的艺术:将语文学运用于经典中国文学文本之研究》),见"北京论坛(2004)文明的和谐与共同繁荣"《文学艺术的对话与共生:中国文学分会论文或论文提要集》,出自 http://jour.blyun.com/views/specific/3004/CPDetail.jsp? dxNumber = 330103619-362&d = DFF49F1F195BECDED3C5E711210444AE。

在简述《易经》的翻译史时指出："在西方汉学的早期历史中,情况也许是绝大多数译者依赖中国人提供的信息来决定译什么。"早期的耶稣会士对《四书》感兴趣,"他们的动因主要是翻译理学家推荐所谓能体现中国宗教传统核心的文本"①。他赞同美国译论家劳伦斯·韦努蒂(Lawrence Venuti)对翻译文本选择的观点,认为"翻译对构建外国文化的呈现施加了巨大影响。决定选择哪些文本来翻译特别在本国文学中创造了一种新标准,这种标准也许不能准确反映源语文化传统的价值观"②。显然,康达维不赞同早期传教士对翻译文本的选择,认为翻译的文本要准确反映源语文化传统的价值观。

康达维选择《昭明文选》来译,不仅因为《昭明文选》没有完整的英译本,或是他早年因学习德语而熟悉了赞克的《昭明文选》德译本,关键是他看到了《昭明文选》所代表的传统价值观和其研究价值。他在《昭明文选英译第一册:京都之赋》的序言中所用的标题是《早期中国文类理论和文类选本的开端》。可见,《昭明文选》对研究中国文类、文类理论、文学以及文学选集十分重要。他还指出,《昭明文选》是"中国最重要、阅读最为广泛的文学选本之一,影响了传统中国的知识分子阶层","是现存最早的按文类编排的中国文学选集","是古代中国受教育者文学知识的主要来源之一,至今仍是从事先唐文学研究者的指南"。③ 正是看重《昭明文选》对中国古往今来的知识分子所产生的深远影响及《昭明文选》作为"早期中国文类理论和文类选本的开端"所具有的研究价值,康达维开始了艰巨的翻译工作。在汉学研究不断走向专门化和深入化的今天,译者有更多自由来选择翻译的文本。选择的自由也将促进欧美汉学研究的繁荣和发展。

二、细 考 文 意

对于翻译《昭明文选》之类的中国古代文学典籍而言,正确理解文意是翻译的关键,必须跨越时空的阻隔。在论翻译的文章中,康达维几次论及他是如何跨越历史和文化的鸿沟来理解词语的。他说:"恰当的翻译是慢译

---

① David R. Knechtges, "The Perils and Pleasures of Translation:The Case of the Chinese Classics", *The Tsing Hua Journal of Chinese Studies*, Vol.34, No.1(June 2004), p.133.

② David R. Knechtges, "The Perils and Pleasures of Translation:The Case of the Chinese Classics", *The Tsing Hua Journal of Chinese Studies*, Vol.34, No.1(June 2004), p.132.

③ David R. Knechtges, *Wen Xuan or Selections of Refined Literature:Volume One. Rhapsodies on Metropolises and Capitals*, Princeton:Princeton University Press,1982,p.1.

的艺术,要品味一行中每个词的意思。"①之所以慢,就是投入大量的时间和精力来理解词语的意思。在翻译《昭明文选》的过程中,康达维不惜花费时间和精力来精研文本,以探求原意。

特别是对待汉赋这种充满奇异玮字的文体翻译时,康达维具备了"字字斟酌的语言学勇气",对于一些陌生的词汇进行了详细考证。比如,他对班固《西都赋》中"建京城而万雉"②一句就有深入研究,并在注释中予以说明:

> 班固借用了张良劝说汉高祖定都长安的说辞"此所谓金城千里"中的一个成语(《史记》)。"金城"不能从字面上理解,它指长安城墙的固若金汤,而实际上城墙是由夯土筑成的。城墙的长度由中国古代的长度单位"雉"来表示。人们对"雉"的长度有不同解释。郑玄《周礼》说雉是长三丈(6.93 米)、高一丈(2.31 米)。杜预《左传注疏》提到相同的数字。《毛诗注疏》中孔颖达(574—648 年)引许慎《五经异义》《大戴礼记》和《韩诗说》的说法是长四丈(9.24 米)、高一丈,见《毛诗注疏》。最后,何休(129—182 年)给出的数据是 200 尺(20 丈或 46.2 米),见《十三经注疏·公羊传注疏》。"万雉"(我的翻译是 "myriad spans")无论怎样都是夸张的说法。《三辅黄图》记载西汉长安城墙的周长为 65 里(27027 米)。近年来,考古学家通过对古长安城遗址的测量,得出的数据是 60.31 里(25100 米),见王仲殊著《汉长安城考古工作的初步收获》载《考古通讯》,1957 年第 17 期,第 103 页。Stephen James Hotaling 比较了古今的数据(取决于丈量方法),得出的结论是 64.33 里(26750 米)或 63.07 里(26288 米),见《汉长安的城墙》载《通报》,1978 年总 64 期,第 1—46 页。《艺文类聚》所引已佚失的《关中记》云:"城今赤如火,坚如石。父老所传,盖凿龙首山土为城。"③

他首先说明此句源自《史记·留侯世家》所载"金城千里"的典故,解释了金城的含义,列举了古人对"雉"的长度的三种说法:郑玄《周礼》注记载的长度、《毛诗注疏》中孔颖达引许慎《五经异义》《大戴礼记》和《韩诗说》

① David R. Knechtges, "The Perils and Pleasures of Translation: The Case of the Chinese Classics", *The Tsing Hua Journal of Chinese Studies*, Vol.34, No.1(June 2004), p.149.

② (梁)萧统、(唐)李善注:《文选》,上海古籍出版社 1986 年版,第 7 页。

③ David R. Knechtges, *Wen Xuan or Selections of Refined Literature: Volume One. Rhapsodies on Metropolises and Capitals*, Princeton: Princeton University Press, 1982, pp.102, 104.

的说法、《公羊传注疏》所载何休的说法,根据《三辅黄图》对汉长安城墙长度的记载以及中外学者的考古研究,认为"万雉"为夸张的说法。译者广泛称引古今中外文学、史学、地理、考古等资料。这篇文章俨然是考证"万雉"一词的小论文。有细致的考证工作为依据,他认为,"金城"实际是一种比喻,指固若金汤的城墙,未照字面意思译为"gold city",而是译为"a metal fortress",保留原句的暗喻,将坚固的城墙比喻成钢铁筑成的堡垒。在研究各家数据的基础上,他判断"万雉"为夸张说法,译为"a myriad spans long",意思是"跨越无尽的长度"。整句话的译文是"They erected a metal fortress a myriad spans long"①,意思是他们建起了绵延无尽的钢铁堡垒,准确表达"建京城而万雉"的意思。从此例中,可见康达维是如何完成其"慢译的艺术"来确保译文准确性的。康达维始终坚持这种"字字斟酌"的翻译方法。据他所说,光是左思的《三都赋》,他就花费了一两年的时间来译。

在对词语的品味过程中,康达维认为要"理解一行诗的字面意思,也能理解其中的语法功能,甚至可以重新拟构它们在中古时期的读音"②。比如康达维对司马相如《上林赋》"偪侧泌㵲"③中的"偪侧"一词的注释是:

> Bice 偪侧(*pjiek-tsrjiek)为叠韵词,描写波涛相互推挤的状态(见《史记》,卷117,第3019页,注15)。代表性语素也许是"偪"与"迫"(*pak)音同而义相近,意为"压迫"。我认为此处描绘波浪层层压迫推挤的样子。④

他通过还原"偪侧"的古音,判断其为叠韵联绵词。根据联绵词的语法特点和《史记》的注释找到其基本意思,并依据"音近义同"的原则找到同音字"迫",依照"迫"的意思和原文语境,判断"偪侧"在文中的含义。从此例中,可以窥见康达维对找到词汇含义所做的努力,以及他是如何做到准确理解词义的。在《昭明文选赋英译》中,他注释了大量联绵词,标注了古音、现代读音及汉字,解释了判断词义的依据。他依据李方桂的《上古音研究》、

---

① David R. Knechtges, *Wen Xuan or Selections of Refined Literature*: *Volume One. Rhapsodies on Metropolises and Capitals*, Princeton: Princeton University Press, 1982, p.103.

② [美]康达维:《玫瑰还是美玉:中国中古文学翻译中的一些问题》,李冰梅译,见赵敏俐、[日]佐藤利行主编:《中国中古文学研究》,学苑出版社 2005 年版,第 34 页。

③ (梁)萧统、(唐)李善注:《文选》,上海古籍出版社 1986 年版,第 362 页。

④ David R. Knechtges. *Wen Xuan or Selections of Refined Literature*: *Volume Two. Rhapsodies on Sacrifices, Hunts, Travel, Palaces and Halls, Rivers and Seas*. Princeton: Princeton University Press, 1987, p.76, L.53.

柯蔚南的《东汉音韵笺释通览》、丁邦新的《魏晋音韵研究》和周祖谟、罗常培的《汉魏晋南北朝韵部演变研究》还原了联绵词的古音,避免了古今读音不同造成的误导。比如,"崛崎",据其现代汉语的读音"jueqi"并非双声或叠韵词,康达维还原此词的古音为"ngjwet-ngja",由此判定为双声词;又如"缤纷",据其现代汉语的读音"binfen",此词为叠韵词,康达维还原此词的古音为"phjien-phjen",并判断为双声复音词。① 康达维通过对赋音、形、义的细致研究,确保了理解的准确性,同时也能帮助读者深入理解赋的语言。

除了依据语言知识判断文义外,康达维还强调对文化背景的了解。他说:"在我的翻译中……除了了解内容含义外,还必须了解其中所包含的文化背景。"②通过考察文化背景,他发现了被西方人误译的一些词。比如,通过对中国古代饮食文化的考索,康达维发现被韦利译为"hot cake(热饼)"的束皙《饼赋》中描写的饼实际上是各种面食的统称,包括面饼、包子、煎包、面条、饺子等。与"饼"最为接近的英文字应该是"pasta"。被霍克思译为"山芋酱"(yam sauce)的"柘浆"实际指甘蔗汁,应译为"sugar cane juice"。③

通过文化背景的考证,他发现了被误读的篇章,如班昭的《东征赋》。1987 年由吉林文史出版社出版的《昭明文选译注》认为此赋记叙了班昭随丈夫曹世叔赴任陈留郡的行程。通过对班昭人生经历的考证,康达维得知"永初"年,班昭已守寡。此赋开头两句"惟永初之有七兮,余随子乎东征"④中,"永初"为"永元"之误,永元七年为公元 95 年,"子"指"子穀",是班昭之子曹成的字。班昭不是随丈夫赴任,而是随儿子赴任,赋中充满了班昭对儿子仕途发展的建议。⑤ 康达维通过对历史文化背景的研究,实现了对源语文本的修正,使翻译的过程产生了科研的价值。

康达维认为:"如果译作适当的话,翻译本身是一种高水准的学术活动,和其他学术活动具有同等的学术价值。"⑥因此,他将翻译中的问题作为

---

① David R. Knechtges, *Wen Xuan or Selections of Refined Literature*:*Volume Two. Rhapsodies on Sacrifices*,*Hunts*,*Travel*,*Palaces and Halls*,*Rivers and Seas*, Princeton:Princeton University Press,1987,p.82,L.114,p.106,L.398.

② [美]康达维:《玫瑰还是美玉:中国中古文学翻译中的一些问题》,李冰梅译,见赵敏俐、[日]佐藤利行主编:《中国中古文学研究》,学苑出版社 2005 年版,第 35 页。

③ 参见[美]康达维:《汉代宫廷文学与文化之探微:康达维自选集》,苏瑞隆译,上海译文出版社 2013 年版。

④ (梁)萧统、(唐)李善注:《文选》,上海古籍出版社 1986 年版,第 432 页。

⑤ 参见[美]康达维:《班昭〈东征赋〉考》,见南京大学中文系主编:《辞赋文学论集》,江苏教育出版社 1999 年版。

⑥ [美]康达维:《玫瑰还是美玉:中国中古文学翻译中的一些问题》,李冰梅译,见赵敏俐、[日]佐藤利行主编:《中国中古文学研究》,学苑出版社 2005 年版,第 27 页。

学术问题来研究,他的翻译工作直接催生了其辞赋研究成果。上面提及的他对《东征赋》的主旨研究就出自论文《班昭〈东征赋〉考》,发表于 1999 年由南京大学中文系主编的《辞赋文学论集》。他对食物名称的研究来自1982 年在《美国东方学会杂志》上发表的论文《文宴:早期中国文学中的食物》,现收入苏瑞隆译《汉代宫廷文学与文化之探微:康达维自选集》。与其他译者不同的是,康达维坚持翻译和研究并重。翻译为研究提供课题、奠定了基础,研究也保证了译文的准确性。因此,他的《昭明文选》赋英译备受学界推崇,确立了其在美国汉学界的泰斗地位。

三、直译加注的翻译方法

为了真实展现原作的风貌,康达维认为“对保存原文内容的任务我们不应该退却,应尽量在英语中保持那些新鲜的比喻和罕见的措辞”,“我的翻译方法是绝对的准确加上充分的注解”。① 在实际操作中,直译是他“保存原文内容”的主要手段,“绝对的准确”是他对译文质量的要求。

直译一般是指译文形式与内容都与原文一致。② 从译作来看,康达维在保留原文形式与内容方面比前辈做了更多的努力。比如,对《神女赋》中描写女神衣着的一句“振绣衣,披袿裳,秾不短,纤不长”③,康达维的译文比前人何可思(Eduard Erkes)和孙大雨的译文在内容和形式上都更忠实于原文。④

> 康达维译:
>
> She wears an embroidered blouse,
>
> Is garbed in jacket and skirt.
>
> Thick fabric does not make her appear too short,
>
> Thin dress does not make her appear too tall.⑤

---

① [美]康达维:《文选英译浅论》,见赵福海主编:《文选学论集》,时代文艺出版社 1992 年版,第 103 页。

② 参见方梦之:《译学辞典》,上海外语教育出版社 2004 年版,第 92 页。

③ (梁)萧统、(唐)李善注:《文选》,上海古籍出版社 1986 年版,第 887 页。

④ 何可思的译文在 1927 年至 1928 年度的《通报》第 25 卷上发表,题为“Shen-Nü-Fu:The Song of the Goddess”。其译文的底本为清人于光华《评注昭明文选》(石印本)所收的《神女赋》,之前附有明张凤翼的纂注及清何焯的评论。孙大雨的译文译于 1974 年,题为“A Fu on the Divine Lady”,收录于 1997 年出版的《古诗文英译集》。

⑤ David R. Knechtges, *Wen Xuan or Selections of Refined Literature*:*Volume Three. Rhapsodies on Natural Phenomena*,*Birds and Animals*,*Aspirations and Feelings*,*Sorrowful Laments*,*Literature*,*Music and Passions*,Princeton:Princeton University Press,1996,p.343.

何可思译：

She shook her embroidered clothes, the mantle and the upper garment;
they were transparent and neither too short nor too long.①

孙大雨译：

She shook her broidered clothes,

Of garments upper and nether,

The heavier not too short,

Nor somewhat long the lighter…②

　　在形式上，"振绣衣"和"披袿裳"为两个动宾结构，"袢不短"和"纤不长"是两个主谓结构；"振"对"披"，"绣衣"对"袿裳"，"袢"对"纤"，"不短"对"不长"。这是两个结构相同、词语意思相同或相对的对偶句。康达维用英语中的平行结构(parallel structure)表现了原文的形式。所谓"平行结构"，就是结构相同、意义并重、语气一致的句子或词组的平行排列。康达维用"Thick fabric does not make her appear too short"和"Thin dress does not make her appear too tall"两个句子表现了原文的主谓结构。其中，"wears"和"is garbed in"同义，都是动词作谓语；"an embroidered blouse"和"jacket and skirt"均指衣物，是名词词组作宾语；"thick fabric"和"thin dress"是反义的名词词组做主语；"too short"和"too tall"是反义的形容词词组做宾补。译文中平行结构的运用反映了对偶句结构相同、意义相关的特点，并且康达维译文中每两行的词数大体相同，也能体现对偶句字数相同的特点，并形成一定的节奏和韵律。在何可思和孙大雨的译文中，对偶句的特点却无迹可寻。

　　在内容上，康达维的译文也更符合原文的意思。刘熙《释名》："妇人上服谓之袿。"③"袿"指妇女的上衣。据《说文解字》，"裳"指下裙。"袿裳"指妇女的上衣和下裙。"振绣衣，披袿裳"的意思是穿着绣花衣，披着上衣，穿着裙子。康达维的译文是"She wears an embroidered blouse, Is garbed in jacket and skirt"，意为"她衣着绣花衫，穿着上衣和裙子"，符合原文的意思。何可思误将原句重构为"振绣被袿衣裳，袢衣纤不短长"④，造成了理解上的错误。他将与"振"相对的动词"披"，理解成名词"披风"，将"袿裳"理解为

---

① Erkes Ed., "Shen-Nü-Fu: The Song of the Goddess", *T'oung Pao*, Vol.25, No.5(1928), p.390.

② 孙大雨:《古诗文英译集》, 上海外语教育出版社 1997 年版, 第 7—9 页。

③ (梁)萧统选编、(唐)吕延济等注:《日本足利学校藏: 宋刊明州本六臣注文选》, 人民文学出版社 2008 年版, 第 287 页。

④ Erkes Ed., "Shen-Nü-Fu: The Song of the Goddess", *T'oung Pao*, Vol.25, No.5(1928), p.397.

"上衣"。因此,将"披袿裳"译为"the mantle and the upper garment",意指披风和上衣,是错误的。全句译为"She shook her embroidered clothes, the mantle and the upper garment",意思是"她抖了抖绣花衣服、斗篷和上衣",与原文的意思不同。孙大雨的译文是"She shook her broidered clothes, Of garments upper and nether",意思是她抖了抖绣花衣服、外衣的上面和下面部分,与原文也有距离。

何可思译和孙大雨译也都误解了"袿不短,纤不长"的意思。吕向注曰:"袿肥纤细也,言长短和度。"①也许是受此注的影响,何可思译和孙大雨译都将此句理解为衣服不长不短。且何可思译将"袿纤"看成一个词,译为"transparent",随意调换语序,理解错误。"长""短"二字也出现在宋玉《登徒子好色赋》中。赋中云:"东家之子,增之一分则太长,减之一分则太短。"这里描写东边邻居的女儿,不高不矮,身材合度。《神女赋》中描写衣饰的目的是衬托人美,且此句的前面一部分集中描写衣饰,下一句"步裔裔兮曜殿堂"则由衣及人,中间一句"袿不短,纤不长"的描写能很好地将视点从衣物转移到人身上。《洛神赋》中化用此句为"袿纤得衷,修短合度",是说神女的高矮胖瘦合宜。因此,将此句理解为"厚衣服穿在她身上,不使她显得矮;而薄衣服穿在她身上,不使她显得高"更为合理。康达维的译文"Thick fabric does not make her appear too short, Thin dress does not make her appear too tall"就完整地表达了这个意思。显然,康达维的直译是在认真研究原文意思的基础上,精心保留原文形式和内容的翻译。

康达维在保留原文的措辞和修辞上也不遗余力。比如,《子虚赋》中"于是乎乃使剸诸之伦,手格此兽"②一句,"剸诸"记载于《史记·刺客列传》,是吴国勇士,曾为吴公子光刺死吴王僚,此句的意思是"于是命剸诸之类的勇士徒手与这些野兽搏斗"。华兹生也译过《子虚赋》,他对此句的翻译是"The king of Ch'u orders his brave warriors/ To seize these beasts with their bare hands"③,意为"楚王命他的勇士徒手抓住这些野兽"。原文用"剸诸之伦"指代勇士,华兹生使用意译,去掉了"剸诸"这一意象,只表达了原文的大意。康达维的译文是"And then, ordering peers of Zhuanzhu to

---

① (梁)萧统选编、(唐)吕延济等注:《日本足利学校藏:宋刊明州本六臣注文选》,人民文学出版社 2008 年版,第 287 页。
② (梁)萧统、(唐)李善注:《文选》,上海古籍出版社 1986 年版,第 351 页。
③ Burton Watson, *Chinese Rhyme-Prose: Poems in the Fu Form from the Han and Six Dynasties Periods*, New York & London: Columbia University Press, 1971, p.33.

attack these beasts with bare hands"①,意思是"于是命令剸诸之类的人徒手攻击这些野兽"。康达维将"剸诸之伦"直译为"peers of Zhuanzhu",保留了"剸诸"这一文化意象,并在注释中解释了此词的意思:

> 剸诸吴国人,用置于鱼腹中的匕首刺死了吴王僚。见《史记》86 卷 2516-2518;华兹生译《史记》(纽约:哥伦比亚大学出版社,1969),第 46-48 页;《吴越春秋》第三卷 5a-6b;艾克霍恩著《英雄传》第 25-27 页。②

通过注释,读者不仅能理解剸诸的勇猛,还能根据参考书目对这个历史人物做深入了解。

华兹生是美国著名的翻译家,曾三次获美国笔会(作家协会)拉尔夫·曼海姆翻译大奖(The PEN/Ralph Manheim Medal for Translation)。他的译文流畅、可读性强,但在保留原文用词和源语文化信息方面,却逊色于康达维译文。康达维的译文保留了剸诸的音译,并在注释中做了介绍。了解了剸诸的故事,读者会对勇士的英勇产生丰富的联想。

对于康达维来说,注释不但是帮助理解,弥合语言、文化、时空差异的重要手段,也是传播知识的有效途径。他认为,"学者型的翻译家尤其应该负起这样的责任,就是在译文中提供注释。这样的注释实际上是以评论的形式出现的,如对语言、语法、专用语、版本、典故、意义阐释、特殊发音的解释以及生僻词的讨论等"③。他对《昭明文选》赋的译文几乎做到每行必注,注释的篇幅大大超出了译文。他特别注重注释的充分性。比如张衡《东京赋》中"飏燎之炎炀,致高烟乎泰一"④一句,译文是"Then, up fly the flames from the burning pyre, / Sending tall smoke to the Grand Unity"。康达维对"the Grand Unity"做了注释:

> 泰一(太一)是汉代最重要的神之一。汉武帝于公元前 124 年将

① David R. Knechtges, *Wen Xuan or Selections of Refined Literature: Volume Two. Rhapsodies on Sacrifices, Hunts, Travel, Palaces and Halls, Rivers and Seas*, Princeton: Princeton University Press, 1987, p.63.
② David R. Knechtges, *Wen Xuan or Selections of Refined Literature: Volume One. Rhapsodies on Metropolises and Capitals*, Princeton: Princeton University Press, 1982, p.402.
③ [美]康达维:《玫瑰还是美玉:中国中古文学翻译中的一些问题》,李冰梅译,见赵敏俐、[日]佐藤利行主编:《中国中古文学研究》,学苑出版社 2005 年版,第 33 页。
④ (梁)萧统、(唐)李善注:《文选》,上海古籍出版社 1986 年版,第 115 页。

泰一作为最崇高的天神开始祭祀(见《史记》第 28 卷,1386 页,《汉书》第 25 卷,1218 页)。太一又名曜魄宝,在汉代被认为居住在北极星的中央宫殿中(见《史记》第 27 卷,1289 页,沙畹译《史记》第 3 册,339 页,《汉书》第 26 卷,1274 页)。太一星被认为是天龙座第 42 或 184 星,见李约瑟《中国科学技术史》,第 3 卷 260 页。有关太一的探讨,详见钱宝琮《太一考》载《燕京学报》专号之八,北平 1936 年,第 225—254 页。①

　　在此,他不但说明了泰一(太一)是什么星,还说明了其别名、居住地、祭祀历史,提供了其史料来源和相关研究资料。通过此注释,读者不仅可以了解有关泰一的知识,有兴趣的读者还可以通过其中的资料信息,对有关泰一的文化进行研究。

　　这种翻译,通过各种注释和评注将文本置于丰富的语言和文化环境中,被美国翻译理论家夸梅·安东尼·阿皮亚(Kwame Anthony Appiah)称为"厚翻译"(thick translation),其翻译的目的是通过提供大量的背景资料,使译语读者对源语文化产生一种敬意,使他们更好地理解异域文化,理解当地的人们思考问题和表达思想的方式。② 在康达维看来,也就是要通过翻译引领人们进行"异域的旅行",引发他们对源语"文化和语言上的关注",甚而"迫使读者从自己的语言习惯转向原作者的语言习惯",而最终带来"新视野""激励读者",使他们"脱离自己传统的观看世界的方式"。③康达维对《昭明文选》的翻译实践证明,这种厚翻译适用于中国的典籍英译,直译最大限度地保留了原文语言特色,而注释加深了读者对原文的理解,并且介绍了丰富的文化知识。他的译文和注释是对大赋百科全书性质的充分诠释,同时向西方人传递各类中国古代的文化知识。他的《两都赋》《二京赋》《三都赋》的译文就被美国某重点大学作为教授早期中国城市和城市文化这门课的教材。

　　康达维的翻译策略适用于中国典籍的英译,对典籍翻译的操作具有指导意义。正确的策略是他多年翻译经验的总结,同时也促使他产出高质量的译文,为欧美辞赋研究的发展奠定了基础。

① David R. Knechtges, *Wen Xuan or Selections of Refined Literature*: Volume One. Rhapsodies on Metropolises and Capitals, Princeton: Princeton University Press, 1982, p.276.
② 方梦之:《译学辞典》,上海外语教育出版社 2004 年版,第 84—85 页 。
③ [美]康达维:《玫瑰还是美玉:中国中古文学翻译中的一些问题》,李冰梅译,见赵敏俐、[日]佐藤利行主编:《中国中古文学研究》,学苑出版社 2005 年版,第 26 页。

第六节 汉赋描写性复音词的翻译策略

所谓"描写性复音词"，即现代汉语所说的"联绵词"，古人称为联绵字（连绵字）、链语（连语）或骈字等。而大量使用联绵词，是具有诵读和铺陈特质的汉赋作品中十分常见的语言现象。如，在萧统编《昭明文选·赋》收录的56篇汉魏六朝赋中，篇篇都有联绵词，其总数已达近千个。

汉魏六朝赋尤其是汉赋中，不仅联绵词连篇累牍，而且这些联绵词还常常以双声叠韵的奇异玮字形式出现，给读者带来阅读困难。早在南朝梁代，刘勰《文心雕龙·练字》篇中就已有"追观汉作，翻成阻奥""非独制异，乃共晓难也"①之叹。当代中国语言学家如王宁先生也认为："联绵词研究是训诂学和汉语词汇学既重要又难度较大的课题……'小学'不精通，很难涉足。"②对于以英语为母语的西方汉学家而言，翻译赋中这些"阻奥"难晓的联绵词则更非易事，以至于有不少欧美学者断言，因为联绵词的存在而"不可能翻译赋"③。

康达维教授以其在语言学、东西方传统文学等方面的精深造诣以及对汉赋长达数十年孜孜追求的实践精神，不仅以优美典雅的英文全译了《昭明文选》所收56篇汉魏六朝赋而享誉中西方汉学界，尤其因其对《昭明文选·赋》中描写性复音词的深入研究和堪称范例的精准英译，取得了令人惊叹的卓越成就④，给中西赋学界和汉赋翻译学者提供了具有方法论意义的宝贵经验和深刻启示。

因此，总结探讨康达维英译《昭明文选·赋》及其描写性复音词的成就和经验，对于中西赋学研究及翻译学界，均具有十分重要的学术价值和借鉴意义。

一、坚守"不可拆解"原则是理解描写性复音词的前提

联绵词旧称"连语"，意指由两个汉字连缀成义，不能通过拆分上下字

---

① （梁）刘勰、周振甫注：《文心雕龙注释》，人民文学出版社1981年版，第420页。
② 郭珑：《〈文选·赋〉联绵词研究》，巴蜀书社2006年版，第1页。
③ ［美］康达维：《汉代宫廷文学与文化之探微：康达维自选集》，苏瑞隆译，上海译文出版社2013年版，第136页。
④ 如普林斯顿大学教授柯马丁撰《北美中国早期文学（先秦两汉）研究概况》评价说："西方的汉赋研究几乎完全可以用一个名字来概括，即'康达维'。在西方，康达维乃是赋学甚至整个汉代文学研究的执牛耳者。"（见张海惠主编：《北美中国学：研究概述与文献资源》，中华书局2010年版，第577页）

来理解。有如清代学者王念孙《读书杂志·连语》所谓："凡连语之字,皆上下同义,不可分训"①。现代语言学界也一般认为,联绵词是指由两个音节连缀成义而不能分割的词,是两个字连缀在一起的双音节单纯词。可以说,"不可拆解"是联绵词的基本特点。

康达维对于联绵词及其不可拆解性的特点,有颇为完整的理解和清醒的认识。康达维根据联绵词一般包含有两个音节的特点,并借鉴前辈学者、法国汉学家吴德明(Yves Hervouet)1964年出版的《汉代宫廷诗人司马相如》一书所称"描写性词汇"的提法,用"descriptive binome",即"描写性复音词"的概念指称赋中的联绵词。如,康达维在《赋中描写性复音词的翻译问题》②一文中说:"赋中最麻烦的词汇,是具有两个相同声母或韵母的描写性词语,现代汉语通常把这些词称为联绵字。古代这些词被称为双声或叠韵。"③康达维所谓描写性复音词,既主要指双声或叠韵的单纯词,也包括个别非双声叠韵的叠音词等。他对于双声叠韵词的判定,则广泛吸取了中西方现当代语言学家的研究成果,如李方桂《上古音研究》、柯蔚南《东汉音韵笺释通览》、丁邦新《魏晋音韵研究》和周祖谟、罗常培的《汉魏晋南北朝韵部演变研究》等,旨在探讨联绵词的古音,并以此来判断它是双声还是叠韵的复音词。

在此基础上,康达维坚守联绵词不可拆解的原则,而对前辈学者吴德明"将联绵字拆解"的"一系列灵巧却不符合语言学规范的翻译"提出了批评。且以对司马相如赋中两个联绵词"裔裔"赋句的不同英译为例:

> 《子虚赋》:车按行,骑就队。纚乎淫淫,般乎裔裔。④
> 《上林赋》:淫淫裔裔,缘陵流泽,云布雨施。⑤

上述赋中的这两个"裔裔",均是由两个字连缀成义的联绵词,意在形容骑行队伍依次行进之状。而吴德明却误以为"裔裔"的意思是从其语素

---

①　(清)王念孙:《读书杂志》,江苏古籍出版社2000年版,第407页。

②　此文发表于1985年,见(台湾)《淡江评论》,题为"Problems of Translating Descriptive Binomes in the Fu",后收入康达维论文自选集 Court Culture and Literature in Early China,由英国Ashgate Publishing出版社2002年出版;此论文集现有新加坡国立大学苏瑞隆的中译本《汉代宫廷文学与文化之探微:康达维自选集》。

③　[美]康达维:《汉代宫廷文学与文化之探微:康达维自选集》,苏瑞隆译,上海译文出版社2013年版,第135页。

④　(梁)萧统、(唐)李善注:《文选》,上海古籍出版社1986年版,第355页。

⑤　(梁)萧统、(唐)李善注:《文选》,上海古籍出版社1986年版,第371页。

"裔"派生出来,"裔"意味着"衣服缝边",同时也有"边缘"和"遥远"之意;因此,"裔裔"是"形容士兵们遥远地分散直到地平线的尽头"或"像裙子的边裔一样"。①

针对吴德明"拆开理解"的误判,康达维综合分析司马相如的两个"裔裔"赋句,以及左思《蜀都赋》"翩跰跰而裔裔"、宋玉《神女赋》"步裔裔兮曜殿堂"等例句之后,明确指出:

> "裔裔"的词义主要根据上下文决定,注家常因此将其释义为"行貌""飞貌"和"舞貌"。……这个事实说明,构成"裔裔"的各个语素只有语音价值,而与词的基本意义并无关联。所以,将联绵字拆解、以各个语素的意思来探寻词的意义,这一做法值得怀疑。……中国学者已有论断,某些双音节词汇的语素是不可分割的。②

康达维批评吴德明把"裔裔"译作"在远处沿着地平线的边"或"像裙子的边裔一样"并不恰当,而重新将《子虚赋》中"缅乎淫淫,般乎裔裔"句英译为"Strung together in a steady stream,/ Spread out in a catenating cortege"③。他将"裔裔"一词作为一个整体,综合李善注引司马彪《索引》"皆行貌"④的解释,将"裔裔"理解为描绘队伍依次行进的情景,从而使他的译文更接近相如赋篇的原意。

再如《昭明文选》卷二所载张衡《西京赋》"麀鹿麌麌,骈田偪仄"⑤("麀",音 you,指母鹿;"麌麌",音 yuyu,众多之意,一说指鹿的鸣叫声。《诗经·小雅·吉日》"兽之所同,麀鹿麌麌",《毛传》曰"鹿牝曰麀;麌麌,众多也"),李善注曰:"骈田偪仄,聚会之意"⑥,"骈田"究竟何意,却未说明;五臣注《昭明文选》的刘良,则误将"骈田"一词拆解为"骈"与"田"两个

---

①　[美]康达维:《汉代宫廷文学与文化之探微:康达维自选集》,苏瑞隆译,上海译文出版社 2013 年版,第 141 页。

②　[美]康达维:《汉代宫廷文学与文化之探微:康达维自选集》,苏瑞隆译,上海译文出版社 2013 年版,第 142 页。

③　David R. Knechtges, *Wen Xuan or Selections of Refined Literature: Volume Two, Rhapsodies on Sacrifices, Hunting, Travel, Sightseeing, Palaces and Halls, Rivers and Seas.* Princeton: Princeton University Press, 1987, p.67.

④　(梁)萧统、(唐)李善注:《文选》,上海古籍出版社 1986 年版,第 355 页。

⑤　(梁)萧统、(唐)李善注:《文选》,上海古籍出版社 1986 年版,第 67 页。

⑥　(梁)萧统、(唐)李善注:《文选》,上海古籍出版社 1986 年版,第 67 页。

语素,注为"骈列于田,以相偪侧"①。康达维则参酌近人高步瀛"骈田犹骈陈""骈田叠韵连语"的解释,再结合李善《注》所谓"聚会之意",而将"骈田"一词理解为描写性复音词,并在其《昭明文选英译:第一册》中将此句译为"crowed and pressed together"②,意为"簇拥挤压在一起",以形容鹿的数量众多以至于集聚到一起,显得空间逼仄狭窄。这句译文准确地表达了"骈田"一词的含义。

还有《昭明文选》卷七《子虚赋》"于是郑女曼姬……扶舆猗靡,翕呷萃蔡"③句中的"扶舆"一词,李善注引张揖曰"扶持楚王车舆相随也"④;唐张守节《史记正义》也以为"谓郑女曼姬侍从王者扶其车舆而猗靡"⑤,显然都是将"扶舆"这一叠韵联绵词拆解为"扶"和"舆"两个语素来解释的。唯高步瀛《文选李注义疏》既肯定裴骃《史记集解》不望文生义地以"扶其车舆"曲解而引郭璞曰"《淮南》所谓'曾折摩地、扶舆猗委也'",又考韩愈《送廖道士序》"蜿蟺扶舆"句、引朱珔曰"扶舆当做虚用",而认为"扶舆"盖为"叠韵字,即《上林赋》之'扶于',作形容语"⑥。康达维即在广搜旧注、细细比较的基础上参酌高步瀛、朱珔等人的意见,将"扶舆"理解为不可拆解的描写性复音词,而在其《昭明文选英译:第二册》中将其译成"flap and flutter"⑦,就十分生动地描绘了郑女曼姬们衣带飘扬、体态婀娜之状。

正因为康达维坚守了"不可拆分理解"的原则,所以能够译出赋中描写性复音词原有的意义和神韵,并且纠正东西方前辈的误解,为海内外中国赋的研究者和翻译者提供了可资效法的范例。当然,康达维在强调并且实际遵循"不可拆解"原则之时,也偶有例外。如郭璞《江赋》"洪澜浣演而云回"⑧句中的叠韵复音词"浣演"(wanyan),康达维却阐释为由"浣(曲折的、迂回的)和演(延伸的)"这"两个成分构成",并据此译成

---

① (梁)萧统选编,(唐)吕延济等注:《宋刊明州本六臣注文选》,人民文学出版社 2008 年版,第 46 页。

② 高步瀛:《文选李注义疏》,中华书局 1985 年版,第 387—388 页。

③ (梁)萧统、(唐)李善注:《文选》,上海古籍出版社 1986 年版,第 353 页。

④ (梁)萧统、(唐)李善注:《文选》,上海古籍出版社 1986 年版,第 353 页。

⑤ (汉)司马迁:《史记》,中华书局 1959 年版,第 3012 页。

⑥ 高步瀛:《文选李注义疏》,中华书局 1985 年版,第 1682—1683 页。

⑦ David R. Knechtges, *Wen Xuan or Selections of Refined Literature*: *Volume Two. Rhapsodies on Sacrifices, Hunting, Travel, Sightseeing, Palaces and Halls, Rivers and Seas*, Princeton: Princeton University Press, 1987, p.65.

⑧ (梁)萧统、(唐)李善注:《文选》,上海古籍出版社 1986 年版,第 561 页。

"sinuously stretching"①。若依笔者浅见,"浼演"既属联绵词,还是不拆分开来为妥。如近人朱起凤《辞通》"浼演"条后列有其变体"蜿蟺",认为"蜿蟺,蛇行屈曲之貌,此则以蛇之蜿蟺喻水之旋折,盖声近而义自通也"②;又《昭明文选》李善注亦云"浼演,廻曲貌"③;再根据上下文意,可知这里的"浼演"形容水势回旋曲折,更可译为"sinuously swirling"。

二、利用注释注音和"变体"把握描写性复音词的整体词义

作为一位以英语为母语的西方汉学家,康达维将被视为"文字魔术"的汉魏六朝赋翻译成接近原意而且典雅精美的英文,除了他所具有的语言学方面的才能和天赋以外,更因为他有很深的学术功夫。

为了准确把握赋中描写性复音词的"整体词义",康达维在坚持"不可拆解"原则的同时,还广征博引、深入比对分析,探索出了一套行之有效、具有很高学术价值的方法。

首先是充分利用古今相关的注释。康达维认为"要理解这些词,自然要参考注释",而且"必须查阅最早的注释"④。比如,在英译左思《蜀都赋》"天帝运期而会昌,景福肸蠁而兴作"⑤中的"肸蠁"一词时,他就充分考辨了古今中外许多相关的译本和注释,当然也得到了接近于"整体词义"的理解:

> 双声词 xixiang,"肸蠁/饗"有多种解释。它最早出现在司马相如《上林赋》中,颜师古注为"盛作也"。李善注引司马彪《索引》,将"肸"训为"过",意为"芬芳之过,若蠁之布写也"。蠁或称土蛹,是一种被认为"知声"的昆虫。因此,王先谦引《说文》训释"肸"为"声响四布也"。他……认为当"肸蠁"用来指香气时,是指"香气四达而入人心"。在注释左思的赋时,王先谦认为在天帝给予的恩惠中,有一种"(天帝和蜀人之间的)默相歆应"。
>
> 然而,"肸蠁"可能仅是一个同义合成词。因为如果按照王筠《说

① David R. Knechtges, *Wen Xuan or Selections of Refined Literature*: *Volume Two. Rhapsodies on Sacrifices, Hunting, Travel, Sightseeing, Palaces and Halls, Rivers and Seas.* Princeton: Princeton University Press, 1987, p.329.
② 朱起凤:《辞通》,长春古籍书店 1982 年版,第 1412 页。
③ (梁)萧统、(唐)李善注:《文选》,上海古籍出版社 1986 年版,第 561 页。
④ [美]康达维:《汉代宫廷文学与文化之探微:康达维自选集》,苏瑞隆译,上海译文出版社 2013 年版,第 136、144 页。
⑤ (梁)萧统、(唐)李善注:《文选》,上海古籍出版社 1986 年版,第 189 页。

文解字》注中"肐"字条的句读,"肐"就是"蠁",因此被释为"布",意为
"敷布"。据此,胡绍煐认为这个词与"蠁"为昆虫的名称无关,意思是
"振动四布"。吴德明也引用了胡的注释,并说"蠁"字是指"声音的意
象"。然而,文中的这一行与香气有关,把"肐蠁"释为"弥漫在空气中
的声音"则与原文有疏离。①

为了便于理解,笔者将康先生的英文注释翻译成以上的这段中文。据
此可知,为了得到对于"肐蠁"一词的正确理解,康达维参阅了晋司马彪、唐
颜师古、清王筠、胡绍煐、王先谦以及法国汉学家吴德明等中外学者的注释,
汲取其中合理的部分,从而认为"肐蠁"与香气有关,有散布的意思,将其解
释为"大量地散布",英译为"profusely spread";再将这两句赋文译成"The
Celestial Lord controlled the cycles and gathered felicity in this land; Great
blessings profusely spread, rising and emanating from all directions"②,意为"天
帝运行蜀地降福于此,洪福散播四布应运而生"。通过如此详细深入的考
辨比对以探寻复音词的原本意义,再根据上下文的内容选择合适的词语进
行翻译,这样就会避免望文生义、脱离原意或译文生涩疏离之类的弊病。

其次是通过"注音"发现理解联绵词的重要线索。注释是重要的,"如
果不参照注解,读者很难准确地说出文章到底在说些什么"③。但是,光靠
查考注释有时并不能解决理解赋中复音词的所有问题。因此,康达维还进
一步提出:

> 翻译赋的时候应该特别注意注家所标注的注音,因为注音常常为
> 理解词的意思提供重要的线索。④

他主张通过注音推断联绵词的词义,这就是古代语言学家所说的"因
声求义",如清王念孙所谓:"大抵双声叠韵之字,其义即存乎声,求诸其声

---

① David R. Knechtges, *Wen Xuan or Selections of Refined Literature: Volume One. Rhapsodies on Me-*
tropolises and Capitals, Princeton: Princeton University Press, 1982, p.368.
② David R. Knechtges, *Wen Xuan or Selections of Refined Literature: Volume One. Rhapsodies on Me-*
tropolises and Capitals, Princeton: Princeton University Press, 1982, p.369.
③ [美]康达维:《汉代宫廷文学与文化之探微:康达维自选集》,苏瑞隆译,上海译文出版社
2013年版,第138页。
④ [美]康达维:《汉代宫廷文学与文化之探微:康达维自选集》,苏瑞隆译,上海译文出版社
2013年版,第147页。

则得"①。康达维在理解某些联绵词的词义时就成功运用了因声求义的方法。如他举宋玉《高唐赋》"澹氵凶氵凶其无声兮,溃淡淡而并入"②中的"淡淡"一词为例:有一位译者因为忽略了李善关于"淡,以冉切"的注音,不知道这里的"淡淡"一词读音为"掩掩"(yan yan),属于叠音的复音词,在这个上下文中是形容水的"安流平满貌",而将这两句赋文英译为"The roar of the rushing waters is deafening,/ As the torrents churn and race to their source(当激流翻腾、冲向源头时,急流的呼啸声震耳欲聋)",就离宋玉赋的原意"差别很大"③。

又如译《昭明文选》卷十二晋木华《海赋》"磊匌匌而相豗"④句的"匌匌"(音 da ke)一词时,康达维并未依照李善注"匌匌"为"重叠"⑤的解释相应地英译为"layer upon layer",而是参考段玉裁《说文解字注》和朱珔《文选集释》的看法,认为此词的意思主要由"匌"字来传达,"匌"与"合"在语音和语意上有联系,因此将其译为"merging and melding"⑥来描述水流融合的样子。"匌匌"从语源上说,属于衍音式联绵词,主要意义由"匌"来表达,"匌"是对衍生音节的记录。且联绵词往往有"音近义通"的特点,根据"匌"的同音字"合"来寻求"匌匌"的意思,符合此词在形式和意义上的特点。将"磊匌匌而相豗"句译为"While the giants,merging and melding,clash with one another"⑦,理解为巨大的水流既相互融合又相互撞击,则颇具新意。

最后是要"特别留意"赋中许多联绵词并没有一个统一写法的现象,即一词多形的所谓"变体"。⑧

康达维在理解和翻译联绵词词义时,充分利用了"变体"的作用。比如,在译郭璞《江赋》的叠韵词"涒邻"时,根据读音"yunlin"发现了其倒文

---

①　(清)王念孙:《广雅疏证》,上海古籍出版社1983年版,第773页。

②　(梁)萧统、(唐)李善注:《文选》,上海古籍出版社1986年版,第877页。

③　[美]康达维:《汉代宫廷文学与文化之探微:康达维自选集》,苏瑞隆译,上海译文出版社2013年版,第147页。

④　(梁)萧统、(唐)李善注:《文选》,上海古籍出版社1986年版,第546页。

⑤　(梁)萧统、(唐)李善注:《文选》,上海古籍出版社1986年版,第546页。

⑥　David R. Knechtges, *Wen Xuan or Selections of Refined Literature*: *Volume Two*, *Rhapsodies on Sacrifices*, *Hunting*, *Travel*, *Sightseeing*, *Palaces and Halls*, *Rivers*, *and Seas*, Princeton: Princeton University Press,1987,p.308.

⑦　David R. Knechtges, *Wen Xuan or Selections of Refined Literature*: *Volume Two. Rhapsodies on Sacrifices*, *Hunting*, *Travel*, *Sightseeing*, *Palaces and Halls*, *Rivers and Seas*, Princeton: Princeton University Press,1987,p.309.

⑧　[美]康达维:《汉代宫廷文学与文化之探微:康达维自选集》,苏瑞隆译,上海译文出版社2013年版,第143页。

"鳞困"。因为"鳞困"有屈曲回旋的意思,他将"涊邻"译为"twisting and twirling"①,形容旋转盘绕的水流,这一阐释与李善注"皆水势回旋之貌"②亦无二致;在译扬雄《甘泉赋》"徘徊招摇"中的叠韵词"招摇"时,未依李善注"招摇犹彷徨也"③的解释,而是根据读音找到其变体"逍遥",再依据"逍遥"有自在闲游之意,而将"招摇"译为"rambling and roving"④;在解释《甘泉赋》"纷蒙笼以棍成"句中的"蒙笼"一词时,不依李善所引服虔注"蒙笼"为"胶葛貌"⑤的解释,而是找出"蒙笼"的变体"蒙茏",并根据这个词及其变体来推导其基本含义,如《汉书·扬雄传上·校猎赋》颜师古注"蒙茏,草木所蒙蔽处也"⑥、《南都赋》"下蒙笼而崎岖"句李善引《孙子兵法》曰"草树蒙山笼"⑦等,据此认为"蒙笼"一般用来指茂密植被的覆盖,在此引申为"浓密的遮蔽",故译为"a murky mass",而将此赋句译为"Tangling in a murky mass, as if from chaos formed"⑧,形容楼阁与浓密的遮蔽物交织为一体,好似自然混成一般。

在"蒙笼"及其变体"蒙茏"中,康达维还运用"互文性"原理,找到联绵词和其变体在不同文本、语境中的意义相似点,并以此为突破口,来判断词义。这在翻译学中,叫作"微观互文性",就是我们通常所说的"互文见义"。

康达维对于赋中描写性复音词的理解,在把握其语言学特征的基础上,综合运用广泛参阅注释和根据注音、利用"变体"及其"互文性"判断词义等多方面的词义分析方法,增加了词义理解的准确性,取得了良好的效果,为海内外研究者正确理解赋中联绵词的词义指示了门径。

三、根据具体语境找寻英文对应词

对于赋的翻译而言,准确理解词义只是第一步;而一旦进入翻译阶段,

---

① David R. Knechtges, *Wen Xuan or Selections of Refined Literature*: *Volume Two. Rhapsodies on Sacrifices*, *Hunting*, *Travel*, *Sightseeing*, *Palaces and Halls*, *Rivers and Seas*, Princeton: Princeton University Press, 1987, pp.326-327.

② (梁)萧统、(唐)李善注:《文选》,上海古籍出版社 1986 年版,第 561 页。

③ (梁)萧统、(唐)李善注:《文选》,上海古籍出版社 1986 年版,第 332 页。

④ David R. Knechtges, *Wen Xuan or Selections of Refined Literature*: *Volume Two. Rhapsodies on Sacrifices*, *Hunting*, *Travel*, *Sightseeing*, *Palaces and Halls*, *Rivers and Seas*, Princeton: Princeton University Press, 1987, pp.38-39.

⑤ (梁)萧统、(唐)李善注:《文选》,上海古籍出版社 1986 年版,,第 327 页。

⑥ (汉)班固、(唐)颜师古注:《汉书》,中华书局 1962 年版,第 3548 页。

⑦ (梁)萧统、(唐)李善注:《文选》,上海古籍出版社 1986 年版,第 151 页。

⑧ David R. Knechtges, *Wen Xuan or Selections of Refined Literature*: *Volume Two. Rhapsodies on Sacrifices*, *Hunting*, *Travel*, *Sightseeing*. *Palaces and Halls*, *Rivers and Seas*, Princeton: Princeton University Press, 1987, p.29.

康达维就特别提醒译赋者应该努力去找寻英文中的对应词,以恰当地传达出赋篇的原意。他在引述刘勰及现代西方译者关于赋中联绵词理解困难的说法之后,论述道:

> 尽管如此,我依然提议我们应该努力找寻英文中的对应词,尽可能贴切地表达这些词在中文原文中的语用及意义。①

之所以如此强调,不仅因为康达维在自己英译赋篇的丰富实践中尝到了甜头,也还有鉴于在西方英译汉赋的历史中,往往有人倾向于机械地用一些表面上对应的词汇去诠释赋中复音词各个语素的"字形意义",而不是去判断它们所组成联绵词后的"整体含义",从而"导致了各种荒唐可笑的翻译"②。他举例说,有译者英译枚乘《七发》中的"虹洞兮苍天"句时,错误地将本是叠韵复音词的"虹洞"(hong dong)一词拆分为"虹"和"洞"两个语素来理解,结果曲解了原词含义而译为"A rainbow vaulting the blue skies(彩虹在蓝天形成一道拱形)"。其实,枚乘此赋"虹洞"的本义有如李善注所谓"相连貌",是形容涨潮时潮水与蓝天相接的奇异景象,词中的"虹"与"洞"只是两个具有语音价值的语素,而与"彩虹"和"拱形、拱顶"的意义无关。因此,英译"虹洞""鸿洞""鸿絧"这些复音词时,其相应的英文词应该是"chaotically conjoined",可以用以表达"相连""相接""连成一片"等中文词原有的意义。

康达维要求译者能够从语义和语用两个层面找到汉赋原文在英文中的对等词,这是不难理解的。但是,同样一个复音词,又常常会反复出现在不同赋篇乃至同一赋篇的不同赋句中。面对此种情形,我们的翻译者就必须在明确中文词基本义的基础上,进一步分析考察此一复音词在不同原文语境中的语用意义,才有可能作出具体适当的对应词选择。

在这方面,康达维同样提供了具体的范例。例如,双声的联绵词"参差"(cen ci)在《昭明文选·赋》中总共出现过 12 次。此词的原意是"参差不齐的样子",但在不同赋篇、赋句中的具体含义仍然会有所差异。有鉴于此,康达维根据不同的中文原文语境而为"参差"一词赋予了不尽相同的对

---

① [美]康达维:《汉代宫廷文学与文化之探微:康达维自选集》,苏瑞隆译,上海译文出版社2013 年版,第 144 页。

② [美]康达维:《汉代宫廷文学与文化之探微:康达维自选集》,苏瑞隆译,上海译文出版社2013 年版,第 148 页。

应的英文译文。① 例如：

1.《甘泉赋》:柴虒参差,鱼颉而鸟胻。(页323)

Higgledy-piggledy, diversely disposed, they leap like fish, glide like birds;

2.《舞鹤赋》:众变繁姿,参差洿密。(页633)

In manifold transformations, multiple postures,

Diversely disposed, tightly joined...

3.《甘泉赋》:增宫嵾差,骈嵯峨兮。(页332)

Storied palaces, jaggedly jutting,

Stand abreast, peaked and pinnacled...

4.《高唐赋》:岩岖参差,从横相追。(页879)

Rugged scarps, jaggedly jutting,

Run hither and thither in mutual pursuit.

5.《魏都赋》:瑰材巨世,墒塸参差。(页269)

The world's rarest materials

Are intricately imbricated in sundry sizes...

6.《射雉赋》:绿柏参差,文翩鳞次。(页417)

Green cypress, randomly ranged,

Like patterned pinions, imbricating fishcales...

7.《洞箫赋》:吹参差而入道德兮(页788)

The music of the pipes, so varied and diverse, enters the realm of morality...

这7个例子中,第1、2例的两个"参差",分别描绘君王的随从及鹤群排列错杂的样子,译为"diversely disposed"②,意思是纷繁地排列;第3、4例的两个"参差",分别描述宫观和岩石突出不齐的样子,译为"jaggedly

---

① 有关"参差"的引文均引自(梁)萧统、(唐)李善注:《文选》,上海古籍出版社1986年版。

② David R. Knechtges, *Wen Xuan or Selections of Refined Literature: Volume Two, Rhapsodies on Sacrifices, Hunting, Travel, Sightseeing, Palaces and Halls, Rivers and Seas*, Princeton: Princeton University Press, 1987, p.21; David R. Knechtges, *Wen Xuan or Selections of Refined Literature: Volume Three. Rhapsodies on Natural Phenomena, Birds and Animals, Aspirations and Feelings, Sorrowful Laments, Literature, Music and Passions*, Princeton: Princeton University Press, 1996, p.81.

jutting"①;第 5 例,"参差"在赋句中描写建筑材料长短不齐的样子,译为"in sundry sizes"②;第 6 例,"参差"在赋句中形容绿柏错落有致的样子,译为"randomly ranged"③,与下文"文翩鳞次"(意为"纹路似鸟羽、重叠似鱼鳞")构成顺畅的语义衔接;第 7 例,康达维认为李善注引王逸的说法"参差,洞箫"不适用于原文的语境,故依孙常叙《"吹参差"非"吹箫"说》文中之意,判断"参差"是描绘洞箫吹出的声音的纷繁变化,故译为"so varied and diverse"④。这 7 例译文,康达维依据具体的语境,用符合原文意义和用法的英文对应词,相当准确地表达了"参差"一词在不同赋句语境中传达的意义。

余下 5 例"参差"的译文,也根据具体的内容,用不同的语法结构灵活地翻译出了不同的对应词,如:

8.《吴都赋》:湛淡羽仪,随波参差。(页 207)

Twitching their feathered forms,

Theybob up and down with the waves.

9.《长门赋》:施瑰木之欂栌兮,委参差以槺梁。(页 714)

They are affixed with brackets made of rare timbers;

Gatheredin assorted sizes,they are hollow inside.

10.《笙赋》:骈田㺲攦,鲫鲽参差。(页 857)

Closely clustered,diversely disposed,

Aligned like fish scales,short and long.

11.《幽通赋》:洞参差其纷错兮,斯众兆之所惑。(页 634)

The Way of Heaven isabstruse,uneven,complex;

① David R. Knechtges, *Wen Xuan or Selections of Refined Literature : Volume Two , Rhapsodies on Sacrifices , Hunting , Travel , Sightseeing , Palaces and Halls , Rivers and Seas* , Princeton : Princeton University Press,1987,p.37;David R. Knechtges, *Wen Xuan or Selections of Refined Literature : Volume Three. Rhapsodies on Natural Phenomena , Birds and Animals , Aspirations and Feelings , Sorrowful Laments , Literature , Music and Passions* , Princeton : Princeton University Press, 1996, p.333.

② David R. Knechtges, *Wen Xuan or Selections of Refined Literature : Volume One. Rhapsodies on Metropolises and Capitals* , Princeton : Princeton University Press,1982,p.439.

③ David R. Knechtges, *Wen Xuan or Selections of Refined Literature : Volume Two. Rhapsodies on Sacrifices , Hunting , Travel , Sightseeing , Palaces and Halls , Rivers and Seas* , Princeton : Princeton University Press,1987,p.155.

④ David R. Knechtges, *Wen Xuan or Selections of Refined Literature : Volume Three. Rhapsodies on Natural Phenomena , Birds and Animals , Aspirations and Feelings , Sorrowful Laments , Literature , Music and Passions* , Princeton : Princeton University Press,1996,p.241.

Thus, the multitudes are confounded and confused.

12.《西京赋》：华岳峨峨，冈峦参差。（页75）

Hua Peak rose tall and stately,

With ridges and knollsof irregular heights...

第 8 例《吴都赋》中，"参差"形容水鸟随波沉浮，动词词组"bob up and down"①能生动描绘出水鸟随水波的振动上下摆动的样子；第 10 例，并列形容词"short and long"②形象地描绘了笙管的长短不齐；第 11 例《幽通赋》中，并列形容词"abstruse, uneven"③准确传达了天道无常、晦涩难解的含义；第 9 例与第 12 例，都使用了介词词组，前例"in assorted sizes"④形容梁柱长短不同、形态不一，后例"of irregular heights"⑤描绘出山峰高低错落的情形。

在上述 12 例"参差"的英译中，译者根据赋篇不同上下文中所描绘的不同对象，使用不尽相同的英文对应词，随物赋形，灵活而生动地译出了汉语"参差"一词所描绘不同物象的状貌各异的特点，向英语读者传达了古汉语词汇含蕴丰富多彩的魅力，能让读者产生丰富的联想。康达维教授对于古代赋篇的深入理解及其对中西语言高超的驾驭能力，由此即可见一斑。

四、用头韵手法及同义词重复方法翻译

赋是具有讽诵特质的文体。它在形式上韵散相间，有韵而又不必像诗那样受到齐整句式的限制，所以它更适合于诵读。而赋中大量存在的联绵词，多是双声或叠韵的复音词，讽诵起来铿锵婉转，很有韵律和节奏感。如王国维所谓："苟于词之荡漾处用叠韵，促节处用双声，则其铿锵可诵必有

① David R. Knechtges, *Wen Xuan or Selections of Refined Literature*: *Volume One. Rhapsodies on Metropolises and Capitals*, Princeton: Princeton University Press, 1982, p.381.

② David R. Knechtges, *Wen Xuan or Selections of Refined Literature*: *Volume Three. Rhapsodies on Natural Phenomena*, *Birds and Animals*, *Aspirations and Feelings*, *Sorrowful Laments*, *Literature*, *Music and Passions*, Princeton: Princeton University Press, 1996, p.307.

③ David R. Knechtges, *Wen Xuan or Selections of Refined Literature*: *Volume Three. Rhapsodies on Natural Phenomena*, *Birds and Animals*, *Aspirations and Feelings*, *Sorrowful Laments*, *Literature*, *Music and Passions*, Princeton: Princeton University Press, 1996, p.99.

④ David R. Knechtges, *Wen Xuan or Selections of Refined Literature*: *Volume Three. Rhapsodies on Natural Phenomena*, *Birds and Animals*, *Aspirations and Feelings*, *Sorrowful Laments*, *Literature*, *Music and Passions*, Princeton: Princeton University Press, 1996, p.163.

⑤ David R. Knechtges, *Wen Xuan or Selections of Refined Literature*: *Volume One. Rhapsodies on Metropolises and Capitals*, Princeton: Princeton University Press, 1982, p.229.

过于前人者。"①

　　为了让西方的读者能够领略到这些复音词的语言魅力与美感,康达维在长期的研究翻译过程中,又进一步总结出了"双声或同义词重复"的方法来翻译赋中的复音词。他介绍说:

　　　　我采用这一方法来翻译,并非假定英文单词与复音词两个语素间的一一对应,而是希望通过双声或同义重复等方法实现汉语词汇原有发音的和谐效果。②

　　康达维所说的"双声"(alliteration),在英诗创作中被称作"头韵",指的是相邻或相近几个词的起头音相同,形成悦耳的读音,如"Pride and Prejudice,first and foremost"等。头韵法的运用使诗歌具有节奏感和韵律美,而以双声叠韵为主的联绵词因为有相同的声母或韵母,读起来亦有回环往复、婉转铿锵的音韵效果。因此,用英诗"头韵法"的方法来翻译赋中的复音词,可谓是在二者之间找到了一个最为契合的结合点。

　　在实际的赋篇英译过程中,特别是联绵词聚集的段落,康达维用头韵法和同义词重复的翻译以模拟双声叠韵词的音韵效果;同时,还多用以"-ing"结尾的两个现在分词进行翻译,也客观上模拟了叠韵复音词的押尾韵。试看其翻译郭璞《江赋》描写水流奔涌、惊涛拍岸的一段译文:

　　　　原文:迅澓增浇,涌湍叠跃。砯岩鼓作,渊渀㶖瀑。瀺灂灇渹,潰渡滰㵞。漇湟潡泆,瀨㵪瀾㶁。㶟濩㵿潩,㴳㵞濆瀑。溾㵵㳶㶆,龙鳞结络。③
　　　　译文:Swift eddies gyring in layers,
　　　　　　　Raging rapids leaping in folds,
　　　　　　　Batter the cliffs,astir and aroused,
　　　　　　　Thrashing and lashing,raging and roaring,
　　　　　　　Surging and swelling,troublous and turbulent,
　　　　　　　Spreading and sprawling,crashing and colliding,
　　　　　　　Dashing and darting,scurrying and scudding,

———————

① 王国维:《人间词话》,中国人民大学出版社 2011 年版,第 22 页。
② [美]康达维:《汉代宫廷文学与文化之探微:康达维自选集》,苏瑞隆译,上海译文出版社 2013 年版,第 149 页。
③ (梁)萧统、(唐)李善注:《文选》,上海古籍出版社 1986 年版,第 560 页。

Swiftly streaking, rapidly rushing,

Whirling and swirling, twining and twisting,

Peaked and piled, spurting and spouting,

Raging and racing, pitching and plunging,

Laced and linked like dragon scales. ①

　　根据李善《注》的训释,原文中联绵词有 11 个。其中,双声词有"瀄汩"
"灪㴸""滭㵧""泶瀑""澷濞""澜沧";叠韵词有"泶瀑""漩澴""溛濊";同
为双声叠韵的词有"泋潎""泶瀑"。在译文中,康达维使用了 16 对押头韵的
词,包括"raging rapids(涌湍)""astir and aroused(鼓作)""raging and roaring
(泶瀑)""surging and swelling(瀄汩)""spreading and sprawling(溃濊)"
"crashing and colliding(泋潎)""dashing and darting(滭㵧)""scurrying and
scudding(泶瀑)""swiftly streaking(澷濞)""rapidly rushing(澜沧)""twining
and twisting(泶瀑)""peaked and piled(溛濊)""spurting and spouting(溃
瀑)""raging and racing(瀄减)""pitching and plunging(泞涢)""laced and
linked(结络)"。"thrashing and lashing(潇渚)"和"whirling and swirling(漩
澴)"两组词,后两个音节相同,押阴韵;"troublous and turbulent(灪㴸)",押
目韵/t/。所有这 19 对词均为同义词,"astir and aroused",意为激起;
"surging and swelling",意为猛增;"spreading and sprawling",意为蔓延
"crashing and colliding",意为撞击;"dashing and darting"意为猛冲;
"scurrying and scudding",意为疾走;"twining and twisting",意为缠绕
"spurting and spouting"意为喷射;"thrashing and lashing",意为抽打;
"whirling and swirling",意为回旋;"troublous and turbulent",意为汹涌的。
这些词生动地描绘江水汹涌翻滚、盘旋缠绕、水势相激的动态。现在分词的
使用不仅表现了水的动感,且"ing"词尾构成的韵律模拟了双声叠韵词的节
奏铿锵,同时也在音韵上体现了水流相激或拍打岩石的轰鸣声。康达维运
用头韵法和同义词重复的方法,不仅在声韵上传出复音词的特点,还将其
描写性的含义生动地展现了出来。

　　头韵手法或同义词重复的翻译方法,既能体现赋的华美,也能使意义的
表达更为动人。比如潘岳《寡妇赋》中的"寒凄凄以凛凛"②一句,康达维的

①　David R. Knechtges, *Wen Xuan or Selections of Refined Literature*: *Volume Two. Rhapsodies on Sacrifices, Hunting, Travel, Sightseeing, Palaces and Halls, Rivers and Seas*, Princeton: Princeton University Press, 1987, pp.325-327.

②　(梁)萧统、(唐)李善注:《文选》,上海古籍出版社 1986 年版,第 739 页。

译文是"*The cold, bitter and biting, chills me to the bone*"①,意为寒夜凄冷,凛冽刺骨。相比之前一例的规整句式,这一句的译文更为清新灵动,很符合抒情赋的特点。复音词"凄凄"用两个押头韵的词"bitter and biting"译出,表达了叠音词的音乐性。汉语"凄凄"一词不仅指秋夜的寒冷,还表现寡妇思念亡夫、夜不能寐的凄楚,而英文"bitter and biting"可以形容寒冷刺骨侵蚀人的身体,同时更丝丝入扣地描摹出寡妇由悲伤苦楚到陷入痛苦而不能自拔的情绪。

"头韵"在英诗中的使用,可追溯到 1100 年以前的古英语时期。这种具有悠久历史的英诗创作方法,被康达维成功地运用来翻译赋中的描写性复音词,不但可以体现赋在音韵和用词上的特点,生动贴切地表达原文的语义,并且还很符合英诗读者的欣赏习惯。因而,是一种十分适用、值得肯定推广的英译汉赋的方法。

康达维在攻克英译赋中描写性复音词这一传统难题的领域,取得了前人不曾有过的卓越成就。他不仅提出了系统地理解和翻译复音词的方法,同时还在其翻译《昭明文选・赋》的艰巨工程中为人们运用这些方法提供了丰富的案例。康达维以毕生的精力致力于古老而深奥的中国辞赋的研究与翻译,他说过,"我的翻译方法是绝对的准确加上充分的注解"②;又在一篇题为《玫瑰还是美玉:中国中古文学翻译中的一些问题》中指出,"如果译作适当的话,翻译本身是一种高水准的学术活动,和其他学术活动具有同等的学术价值"③。可以说,康达维对于赋中描写性复音词所提出的翻译理论和所进行的翻译实践,已不啻是一种"高水准的学术活动",而且通过他的翻译,已经将汉赋这朵有些"生涩"的"玫瑰"变成了价值连城的"美玉",呈现给欧美读者。

---

① David R. Knechtges, *Wen Xuan or Selections of Refined Literature: Volume Three. Rhapsodies on Natural Phenomena, Birds and Animals, Aspirations and Feelings, Sorrowful Laments, Literature, Music and Passions*, Princeton: Princeton University Press, 1996, p.189.

② [美]康达维:《〈文选〉英译浅论》,见赵福海主编:《文选学论集》,时代文艺出版社 1992 年版,第 103 页。

③ 转引自赵敏俐、[日]佐藤利行主编:《中国中古文学研究》,学苑出版社 2005 年版,第 27 页。

第三章　康达维对西汉赋家扬雄的研究

扬雄研究是康达维早期辞赋研究的重点,他以此项研究迈开了辞赋研究稳健的第一步。他的扬雄研究成果丰富,包括1968年的博士论文《扬雄、赋和汉代修辞》、1968年出版的专著《两种汉赋研究》、1976年出版的专著《汉赋:扬雄赋研究》、1982年的出版的译著《扬雄的汉书本传》,以及论文《扬雄〈羽猎赋〉的叙事、描写和修辞》(1972)、《掀开酱瓿:对扬雄剧秦美新的文学剖析》(1978)、《刘歆与扬雄关于〈方言〉的往来书信》(1980)等。在这些成果中,康达维解决的主要问题是:如何定位扬雄及其赋作? 如何解读扬雄赋? 他的研究对于改变我们长期以来对汉赋和扬雄的偏见,正确解读汉赋,客观定位扬雄及其作品提供了新的思路。

第一节　博士论文及其专著《汉赋:扬雄赋研究》

康达维的博士论文 Yang Shyong, the Fuh, and Hann Rhetoric(《扬雄、赋与汉代修辞》)以西汉赋家扬雄为研究对象,研究了其生平、辞赋作品、辞赋理论,并英译了《汉书·扬雄传》全文。其后,又精译深研,在博士论文的基础上,撮其要旨,出版了扬雄研究专著 The Han Rhapsody, A Study of the Fu of Yang Hsiung(53 B. C. - A. D. 18)[《汉赋:扬雄赋研究(公元前53—公元18年)》]。接着又重译《汉书·扬雄传》的部分,出版了译著 The Han shu Biography of Yang Xiong(53 B.C-A.D.18)[《扬雄的汉书本传(公元前53—公元18年)》]。在扬雄赋作的翻译和研究方面,应该说到目前为止,在西方汉学家中无人能出其右。

一、历史上的扬雄评价与康达维的扬雄研究选题

据杨世明教授分析,对扬雄的历史评价总体分为两段:第一阶段,东汉至唐,扬雄声誉日隆,于北宋臻于极点;第二阶段,自南宋起扬雄名声忽然下落。[①] 与扬雄同时或稍晚于其时的学者对他推崇备至,如桓谭、王充、张衡

---

① 参见杨世明:《扬雄身后褒贬评说考议——林贞爱〈扬雄集校注〉序》,《四川师范学院学报(哲学社会科学版)》2001年第2期。

等人。《汉书·扬雄传》记载了东汉哲学家桓谭(约公元前23—约公元56年)对扬雄的评价:"今扬子之书文义至深,而论不诡于圣人,若使遭遇时君,更阅贤知,为所称善,则必度越诸子矣。"①又《意林》引桓谭《新论》之言曰:"张子侯曰:'扬子云西道孔子也,乃贫如此。'吾应曰:'子云亦东道孔子也。昔仲尼岂独是鲁孔子?亦齐楚圣人也。'"②桓谭认为扬雄的作品"文义至深,而论不诡于圣人",其成就超越诸子,堪比于孔子,可见他对扬雄的评价之高。

东汉哲学家王充(27—约79年)对扬雄也十分肯定,他在《论衡·超奇篇》中说,"近世刘子政父子、杨子云、桓君山,其犹文、武、周公并出一时也",又说,"阳成子长作《乐经》,杨子云作《太玄经》,造于助思,极窅冥之深,非庶几之才,不能成也。孔子作《春秋》,二子作两经,所谓卓尔蹈孔子之迹,鸿茂参二圣之才者也"。③ 王充认为扬雄的地位与史学家刘向、哲学家桓谭并列,其哲学著作《太玄经》可比之于孔子《春秋》,表现出卓越的才华。

张衡(78—139年)对扬雄的《太玄》也很推崇。《后汉书·张衡传》中记载了扬雄对《太玄》的评论:"吾观《太玄》,方知子云妙极道数,乃与《五经》相拟,非徒传记之属,使人难论阴阳之事,汉家得天下二百岁之书也。复二百岁,殆将终乎?所以作者之数,必显一世,常然之符也。汉四百岁,《玄》其兴矣。"④后来如曹魏时的李康、晋人范望和左思、刘宋时期的鲍照,以及唐代的王勃、卢照邻、杜甫、韩愈等人对扬雄的人品、作品和才学多有称颂。到了北宋,扬雄的声名达到顶峰。如司马光(1019—1086年)在研读过《太玄》之后称:"呜呼!扬子云真大儒者邪!孔子既没,知圣人之道者,非子云而谁?孟与荀殆不足拟,况其余乎?"⑤(《说玄》)认为扬雄是超越荀、孟的大儒者。同时,王安石(1021—1086年)在《扬子二首》中说:"儒者陵夷此道穷,千秋止有一扬雄。"⑥北宋两位巨匠对扬雄的评价如此之高,可见其在当时的盛誉。然而,此后对扬雄的评价却一落千丈,主要集中在对他仕新莽,作《剧秦美新》《元后诔》等谀文的不满,以及其作品多为模拟,无甚新意的批评。

① (汉)班固、(唐)颜师古注:《汉书》,中华书局1962年版,第3585页。
② (唐)马总原撰、王天海译注:《意林全译》,贵州人民出版社1997年版,第541—542页。
③ (东汉)王充:《论衡》,见《诸子集成新编》(九),四川人民出版社1998年版,第753、754页。
④ (南朝宋)范晔、(唐)李贤等注:《后汉书》,中华书局1965年版,第1897页。
⑤ (宋)司马光:《司马温公集编年笺注》(五),巴蜀书社2009年版,第245页。
⑥ (宋)王安石:《临川先生文集》,中华书局1959年版,第355页。

最早对扬雄的人品进行批评的是东汉史学家班彪（3—54年）。他认为："又雄、歆褒美伪新，误后惑众，不当垂之后代者也。"①北齐的颜之推（531—约595年）也不满扬雄投新莽的行为，说他："著《剧秦美新》，妄投于阁，周章怖慑，不达天命，童子之为耳！"②宋代的理学家们进一步从学术和政治两方面批判扬雄的作品和人品。程颢（1032—1085年）、程颐（1033—1107年）说："扬子，无自得者也，故其言蔓衍而不断，优游而不决。"③南宋的朱熹（1130—1200年）接续了这种思想，更尖锐地对扬雄进行笔诛墨伐。他在《楚辞后语》中说："王莽为安汉公时，雄作《法言》，已称其美，比于伊尹、周公。及莽篡汉，窃帝号，雄遂臣之，以耆老久次，转为大夫。又放相如《封禅文》，献《剧秦美新》，以媚莽意，得校书天禄阁上。"④又在《楚辞辩证》中说："自原之后，作者继起，而宋玉、贾生、相如、扬雄为之冠。然较其实，则宋、马辞有余而理不足，长于颂美而短于规过；雄乃专为偷生苟免之计，既与原异趣矣，其文又以摹拟掇拾之故，斧凿呈露，脉理断续，其视宋、马犹不逮也。"⑤自此，扬雄被许多评论家视为妄投新莽、苟且偷生之徒，文章重"摹拟""无自得"，历史地位和文学地位一落千丈。如明代的方孝孺（1357—1402年）在《张彦辉文集序》中说："扬雄龊龊自信，木讷少风节，故其文拘束恧愿，模拟窥窃，蹇涩不畅，用心虽劳，而去道实远。"⑥

到了近代，这样的批评之声时隐时现。张之洞（1837—1909年）在《读史绝句·扬雄》一诗中评价扬雄："寂寞猖狂作乱臣，苦搜奇字美亡新。成都不少文章士，浅陋何缘动富人。"⑦国学大师章太炎（1869—1936年）也称："雄阿附巨君，《颜氏家训》已致诽议，苏子瞻鄙其为人。"⑧又在《诸子略说》中说："夫孟、荀著书，不事摹拟，扬则摹拟太甚，绝无卓然自立之处，若无善恶混一言，乌可与孟、荀同年而语哉！"⑨他们都是以儒家正统观念从道德和文才两方面对扬雄进行批判。在道德上，扬雄阿附新朝篡位政权，为乱臣贼子；在文才上，则"搜奇字"、重"摹拟"，"浅陋"无自得。

现当代直至20世纪80年代之前，对扬雄的贬抑仍是文学批评的主流。

① （唐）刘知几、白云译注：《史通》（下），中华书局2014年版，第550页。
② 檀作文译注：《颜氏家训》，中华书局2011年版，第151页。
③ （宋）程颢、程颐：《二程集》，中华书局1981年版，第325页。
④ （清）黎庶昌：《楚辞集注》，华东师范大学出版社2016年版，第332页。
⑤ （清）黎庶昌：《楚辞集注》，华东师范大学出版社2016年版，第282页。
⑥ 蔡景康：《明代文论选》，人民文学出版社1999年版，第61页。
⑦ 舒芜、王利器等：《近代文论选》，人民文学出版社1999年版，第289页。
⑧ 章太炎：《章太炎讲国学》，凤凰出版社2009年版，第141页。
⑨ 章太炎：《章太炎讲国学》，凤凰出版社2009年版，第160页。

比如著名学者郑振铎(1898—1958年)在20年代末对扬雄进行了猛烈的批评:"雄字子云……他是典型的一位汉代作家,以模拟为他的专业。既没有独立的思想,更没有浓挚的情绪,他所有的仅只是汉代词人所共具的遣丽辞用奇句的功夫而已……雄所作,几乎没有一文不是以古人为模式的……而雄的赋如《甘泉》《羽猎》《长杨》等,也是以司马相如诸赋为准则,除堆砌美辞奇字,行文稳妥炫丽之外,便什么也没有了。"①游国恩等主编的《中国文学史》也持相似的观点:"(扬雄)四赋都歌颂汉朝的声威和皇帝的功德,又处处仿效司马相如,使辞赋创作走上了模拟因袭的道路。"②当时重要的中国文学史都是把扬雄作为模拟的典型进行批判的。并且在将汉赋作为宫廷文学进行批判的主流中,扬雄和司马相如作为宫廷文学的代表作家遭到猛烈抨击。

所有这些批评都是从政治和社会功用的角度出发,并且有因人废言之嫌,而未建立在对扬雄作品进行详细解读的基础上,传统的社会政治的评价标准否定了扬雄作品的思想性和文学性。由于《汉书·扬雄传》的记载:"先是时,蜀有司马相如,作赋甚弘丽温雅,雄心壮之,每作赋,常拟之以为式。"③提到扬雄作赋时常依仿司马相如,致使后代在分析评价扬雄作品时,无论褒贬,几乎都要谈到"模拟"的问题。其人"失节",其文"模拟",成为否定扬雄其人、其文的两大标靶。并且,对扬雄的称赞也多只提及其哲学作品《太玄经》,他作为赋家的成就没有得到总结和合理评价。

康达维也注意到中国文学研究界对扬雄的批评,他在《汉赋:扬雄赋研究》一书中引述了郑振铎对扬雄和汉赋的批评,并分析了形成这种评价的原因。他认为五四运动以来学者对古文本就怀着强烈的憎恶情绪。就扬雄来说,他侍新莽这一篡位政权的恶名,使其在爱国主义高涨时期倍受责难。加之,70年代及之前中国学者对于汉赋多有贬抑。他强调:"值得依据其文学成就来评价扬雄,而非依据非文学的定位标准。"④康达维以文学为本位来评价作家的观点无疑是正确的。他也正是在读博期间通过卫德明教授的论文《天、地、人——扬雄〈太玄经〉与〈周易〉比较》初步了解了扬雄,在研究过程中发现他在辞赋创作和理论方面成就非凡,且人们对他的评价有失公允之时,将扬雄作为自己青年时代的研究重点,并且得出了不流俗的观

①　郑振铎:《插图本中国文学史》,中国社会科学出版社2009年版,第88—89页。
②　游国恩等:《中国文学史》,人民文学出版社1963年版,第143页。
③　(汉)班固、(唐)颜师古注:《汉书》,中华书局1962年版,第3515页。
④　David R. Knechtges, *The Han Rhapsody*, *A Study of the Fu of Yang Hsiung* (53B.C.-A.D.18), Cambridge: Cambridge University Press, 1976, p.2.

点,从而以其扬雄和汉赋研究逐渐在北美汉学界声名鹊起。

二、《扬雄、赋和汉代修辞》与《汉赋:扬雄赋研究》

《汉赋:扬雄赋研究》是康达维学术研究的第一个里程碑,初步奠定了他在北美汉学界的地位。该书在其博士论文《扬雄、赋与汉代修辞》的基础上,历经八年修改而成,1976 年由剑桥大学出版社出版。全书包括:第一章"导言";第二章"扬雄之前的赋";第三章"《甘泉赋》与《河东赋》";第四章"《校猎赋》"①与《长杨赋》";第五章"赋之批评与变革";第六章"结语";并附有"扬雄大赋年代考辨""扬雄赋真伪考辨"和"(扬雄生平大事)年表"。第三章到第五章中对扬雄著名四赋(《甘泉赋》《河东赋》《羽猎赋》《长杨赋》)和《解嘲》及《逐贫赋》的翻译和解析是本书的主体部分。

在本书的"导言"部分,除了简述扬雄的生平、辞赋理论和作品,回顾以往欧美汉学界对扬雄的研究,康达维还重点介绍了扬雄的哲学著作《太玄》的核心内容。他强调了《太玄》与《易经》的区别,指出它虽然和《易经》一样也是以一系列复合结构为基础,但它使用的不是六线形而是四线型,产生的变化有八十一种,而不是《易经》的六十四种。在其中,扬雄构建了一个由"玄"的力量支配,将宇宙一分为三的等级制度,并以这种类似三元进程来统管宇宙事物的产生。由此看来,扬雄并不是一个盲从的模拟者,他是在前代经典的框架中注入了自己独到的思想,因此,他是"深刻的思想家(a profound thinker)"②。康达维对扬雄生平、思想、辞赋作品和哲学著作的介绍,使读者对扬雄有多层次、立体式的了解,有利于他们对扬雄辞赋创作和辞赋理论产生更深入的认识,那种认为扬雄是简单"模拟"者的传统观点也会不攻自破。

康达维对于扬雄之前赋体文学的发展也有较全面的认识。在第二章"扬雄之前的赋"中,著者对从先秦到汉代与赋体文学形成有关的文学作品进行了分析和爬梳。指出了扬雄之前的作品,从《楚辞》、荀子《赋篇》和《战国策》到贾谊《吊屈原赋》、枚乘《七发》、司马相如的赋作和王褒的《笛赋》等,在内容、形式和修辞手段上,对汉赋特点形成的贡献。他对赋体文学源

---

① 康达维在《扬雄赋研究》一书中将《校猎赋》英译为"Barricade Hunt"(围场打猎),因为《汉书·扬雄传》说:"故聊因《校猎赋》以风。"在萧统《文选》及之后的典籍中,多称《羽猎赋》。因此在译《文选》时,康达维将其译为"Plume Hunt Rhapsody",对应"羽""猎""赋"三个字。

② David R. Knechtges, *The Han Rhapsody, A Study of the Fu of Yang Hsiung* (53B. C. –A. D. 18), Cambridge: Cambridge University Press, 1976, p.9.

流的追溯,使我们看到,无论扬雄的早期大赋作品,还是后期的抒情言志之作,都吸收了前代辞赋积累的丰腴营养。在后面的第五章"赋之批评与变革"中,康达维介绍了扬雄的文质观和赋论,并翻译了扬雄的后期作品《解嘲》和《逐贫赋》,分析了扬雄的赋风适应其赋学思想,由早期的铺张华丽向直接、简练转变,并表达个人化的诉求。结合这两章的分析,我们可以看到扬雄的"模拟"实际上是对传统自觉的继承,其赋风的转变又开启了汉大赋向抒情小赋的转变。由此,我们不得不赞同康达维的观点:"从许多方面来说,扬雄在赋体文学的发展过程中与司马相如一样重要。"①

　　第三、四章以翻译为基础,用文本细读的方法,研究了扬雄赋篇的各个层面,包括背景、主题、结构、语言等。其中,对《甘泉赋》和《校猎赋》的解析比较详细。对《甘泉赋》的分析重点说明了扬雄对劝说性修辞和藻饰性修辞的具体运用。他分析了赋中对玉女和宓妃意象的运用,并与屈原《离骚》中宓妃的象征对比,认为《离骚》中巫师对女神的追求象征着失意学者官员对明君的追求,而"扬雄对这一主题的运用与求女无关。君王不是求女失败,而是自己拒绝了女神。扬雄在此插入了训诫成分,对迷人女神的拒绝,标志着君王对浮华行为的放弃……两位道德败坏、变化无常的女神是对赵昭仪和其姐的委婉批评,扬雄可能是希望汉成帝放弃这两位美人"②。康达维做此分析的依据是《汉书·扬雄传》中对《甘泉赋》作赋背景的记载:"又是时赵昭仪方大幸,每上甘泉,常法从,在属车间豹尾中。故雄聊盛言车骑之众,参丽之驾,非所以感动天地,逆釐三神。又言'屏玉女,却宓妃',以微戒齐肃之事"③。可见,他对此处隐含的讽谏内容的分析甚为合理。他还分析了文中包含的藻饰性修辞,列举了"蒙茸、陆梁、杂沓、方攘、柴虒、参差"等描写性复音词,并认为:"扬雄在《甘泉赋》中重视语言的饰藻和装饰性的描写,说明辞藻华美的修辞传统在当时依然很强。"④通过对赋中劝说性修辞和藻饰性修辞的分析,他总结道:"扬雄用模糊迂回的暗指确实意在批评君王的不当行为。但是如《大人赋》一样,道德训诫被语言的藻饰所遮蔽。当然,扬雄受命作赋,不可能对其赞助人提出强烈的批评。这部作品的重要

①　David R. Knechtges, *The Han Rhapsody, A Study of the Fu of Yang Hsiung*(53*B.C.-A.D.*18), Cambridge:Cambridge University Press,1976,p.1.

②　David R. Knechtges, *The Han Rhapsody, A Study of the Fu of Yang Hsiung*(53*B.C.-A.D.*18), Cambridge:Cambridge University Press,1976,p.56.

③　(汉)班固、(唐)颜师古注:《汉书》,中华书局 1962 年版,第 3535 页。

④　David R. Knechtges, *The Han Rhapsody, A Study of the Fu of Yang Hsiung*(53*B.C.-A.D.*18), Cambridge:Cambridge University Press,1976,pp.57-58.

性在于扬雄确实意在讽谏。"①与传统赋论中对赋起不到讽谏作用的批评不尽相同,康达维指出了赋家运用迂回批评的原因,以及对劝说性修辞运用的意义在于赋家确实意在讽谏。

总之,在《汉赋:扬雄赋研究》一书中,康达维既对扬雄之前赋体文学的发展演变作了历时性的探讨,又从横向的视阈考察了扬雄对中国古典思想和文学所取得的成绩,从而对扬雄在赋史、文学史上的地位也作出了恰当的定位。康达维学养深厚、视野广阔,运用的资料也相当丰富。例如,"导言"部分的主要资料来源有 11 种;全书的参考文献资料,多达 226 种,且涉及中、英、日、德、法、俄、拉丁 7 种语言。如此丰富多样的文献使用,既体现了著者的语言天赋、广泛的阅读和深厚的功底,也对中西方的赋学研究具有指导和促进作用,便于后学按图索骥展开研究。

康达维切实立足于文本,运用准确传神的词句翻译了扬雄的辞赋,并以文学为本位,细致探索赋学精要,完成了对扬雄辞赋和理论的系统研究。自 20 世纪七八十年代以来,康达维教授的《汉赋:扬雄赋研究》一书一直是海内外最具开创性的扬雄赋学研究成果,该书代表了当时美国辞赋研究的最高水平,对中国的赋学发展也具有启发意义。

三、扬雄赋创作的模拟与创新

重"模拟"、缺乏思想性和创造性是对扬雄批评的焦点。而康达维对扬雄的模拟持不同的看法。他认为:

> 从许多方面来说,扬雄在赋体文学的发展过程中与司马相如一样重要。扬雄生活在西汉末年(公元前 206—公元 8 年)。当时赋的书写惯例已经完全确立。在整个西汉时期逐渐显现的惯例,在扬雄赋中清晰可辨。扬雄是最具传统意识的赋家,他有意识地坚守着这种文类传统。②

在看待扬雄的模拟问题时,康达维将其看作扬雄"有意识地坚守着这种文类的传统"而作出的努力。他解说了扬雄之前《楚辞》、荀子《赋篇》《战国策》以及枚乘、司马相如、王褒等人的赋作在内容和形式上显示的赋

---

① David R. Knechtges, *The Han Rhapsody*, *A Study of the Fu of Yang Hsiung*(53 B. C. -A. D. 18),
Cambridge: Cambridge University Press, 1976, p. 58.

② David R. Knechtges, *The Han Rhapsody*, *A Study of the Fu of Yang Hsiung*(53 B. C. -A. D. 18),
Cambridge: Cambridge University Press, 1976, pp. 1-2.

的特点,将扬雄赋放到赋体文学发展史中作整体的考虑,将"模拟"视为有
意识地继承传统,使扬雄成为赋体发展史上不可或缺的关键一环。

　　较之模拟,康达维论述更多的是扬雄作品中体现的创新或超越性。他
认为:

　　　　司马相如在中国文学史上投射的光影如此巨大,以致遮蔽了扬雄
　　这样真正的创造天才。①

　　因此,他具体比较了扬雄与司马相如作品中的不同。由于康达维的
《汉赋:扬雄赋研究》是按照扬雄的赋作来划分章节的,观点较为分散。总
结一下,康达维提及的扬雄的创新性表现在:

　　首先,扬雄在语言上具有独创性。康达维说明了扬雄运用的比较奇特
的暗喻,比如在《甘泉赋》中,扬雄用"骈罗列布,鳞以杂沓兮,柴虒参差,鱼
颉而鸟胻"来比喻国王随从的行进。康达维还提及扬雄还运用的一些比喻
的复合词,用"上玄"指天,"堪舆"指"天地","神休"指吉兆,"甘棠"指邵
公,"东征"指周公,等等。② 并且,康达维还强调在扬雄辞赋中也少有司马
相如大赋作品中百科全书式的分类列举,即使有列举时,也与表动作的动词
搭配,体现出活力与动感,这一点在扬雄的《校猎赋》中表现最为显著。

　　其次,扬雄赋在结构安排上与司马相如的赋不同。一般认为,扬雄的
《校猎赋》与司马相如《上林赋》最为相近,但康达维认为扬雄的赋没有像
《上林赋》那样重点描写名物背景,而是重在描写狩猎的具体进程,以打猎
的时间顺序层层推进。③

　　最重要的是,扬雄的赋更注重"讽谏"作用。康达维认为扬雄使用神奇
意象是为了达到修辞的目的,以传达间接的批评,而不只是为了猎奇与逞
才。并且,扬雄对自己作品要达到的效果始终非常清晰,作品的重点最后落
在讽谏上。而司马相如重描写和辞藻,对批评的表达是敷衍和不诚恳的。④

　　康达维通过对扬雄赋和司马相如赋的对比,说明扬雄赋既有对传统的

---

① David R. Knechtges, *The Han Rhapsody, A Study of the Fu of Yang Hsiung* (53B. C. - A. D. 18),
　　Cambridge: Cambridge University Press, 1976, p.1.

② David R. Knechtges, *The Han Rhapsody, A Study of the Fu of Yang Hsiung* (53B. C. - A. D. 18),
　　Cambridge: Cambridge University Press, 1976, p.57.

③ David R. Knechtges, *The Han Rhapsody, A Study of the Fu of Yang Hsiung* (53B. C. - A. D. 18),
　　Cambridge: Cambridge University Press, 1976.

④ David R. Knechtges, *The Han Rhapsody, A Study of the Fu of Yang Hsiung* (53B. C. - A. D. 18),
　　Cambridge: Cambridge University Press, 1976, p.112.

继承,又有自己的创新。并且,扬雄最重大的创新体现在他对赋风的改变。康达维在第五章"赋的批评与改革"中重点论述了这个问题,分析了扬雄"诗人之赋丽以则,辞人之赋丽以淫"等对辞赋的批评和对文质相称的推崇,以及《解嘲》和《逐贫赋》中体现的扬雄赋风的变化,并得出结论:

> 在理论上,也许甚至在实践中,扬雄寻求赋体的改革。扬雄的早期作品,如《甘泉赋》《校猎赋》试图在藻饰的伪装之下表达批评的意义,显然在他看来,这些作品是失败的。在《长杨赋》中,尽管其论点仍然置于伪装之下而未直陈,我们可以看到扬雄使用的结构和技巧使我们回想到战国时代的劝谏。然后,他的兴趣转向哲学,扬雄拒绝骋辞的赋作而更青睐更直接、少语言修饰、语言未遮蔽道德信息传达的风格。《解嘲》中虽然有历史事例的广泛列举和其他旧的修辞技巧的运用,但它不仅更直接,且是扬雄第一篇表达个人思想的赋作。即使非扬雄所作(我相信是扬雄所作),《逐贫赋》将扬雄新的诗学理论付诸实践:直接、简单的用词、个人思想的表达、有教诲性,是一次伟大的尝试。①

康达维指出了扬雄在理论上和实践中对赋体进行的改革。在理论上,扬雄提倡文质相称,并作出"诗人之赋丽以则,辞人之赋丽以淫"的著名论断。在实践上,扬雄的赋风从继承传统的"在藻饰的伪装下表达批评的意义",到自己创新的"更直接、少语言修饰、语言未遮蔽道德信息传达的""表达个人思想"的风格。康达维立足于细致的文本分析,认为在两汉交替的历史时期,扬雄的辞赋理论和创作起着承上启下的关键作用。在康达维之后,如20世纪80年代以来,中国许多学者也认识到扬雄的辞赋创作既有模拟,也有创新。如许结教授认为:"扬雄创作的广泛摹拟,含有'广其资,亦得以参其变'的深层意义。综观扬雄文学,无一不含'摹拟—反思'的过程。"②越来越多的学者注意到扬雄赋中"反思"的成分,扬雄辞赋的价值渐渐为学界所认知,并得到合理评价。

总之,康达维是最早发现扬雄及其赋作价值,并对其进行深入研究的汉学家。他以文学为本位,以细读法分析扬雄赋作,发现他在理论和实践上既有对传统的继承,又有其创新之处,在赋体发展史上起了承上启下的作用。并且,他以藻饰性修辞和劝说性修辞来解读扬雄赋作,肯定了他的意在讽

---

① David R. Knechtges, *The Han Rhapsody, A Study of the Fu of Yang Hsiung* (53B.C.-A.D.18), Cambridge: Cambridge University Press, 1976, pp.107-108.

② 许结:《论扬雄与东汉文学思潮》,《中国社会科学》1988年第1期。

谏。康达维教授的开创性学术成果,理应得到海内外扬雄赋研究者的重视。

第二节　对于扬雄赋篇的翻译

对扬雄赋篇的英译是扬雄研究的重要内容。在 1968 年至 1987 年的 20 年,康达维对扬雄主要赋作的英译四易其稿,可见对这一问题的重视。他对扬雄赋篇的翻译是一个日臻完善、不断精进的过程。

一、二十年间四次修改扬雄赋的英文翻译

对扬雄赋的研究是康达维辞赋研究的开端,也是第一个高潮。扬雄赋的英译是其研究的重要组成部分。他的扬雄赋译文有四个版本:1968 年博士论文《扬雄、赋和汉代修辞》①附有《汉书·扬雄传》的译文,其中有扬雄四赋(《甘泉赋》《羽猎赋》《河东赋》《长杨赋》)及《反离骚》《解嘲》《解难》共 7 篇辞赋的英译文;1976 年由剑桥大学出版社出版的专著《汉赋:扬雄赋研究》②对博士论文进行了重新修订,其中除扬雄四赋之外,还有《解嘲》和《逐贫赋》的英译文;1982 年康达维又重译了博士论文附录部分《汉书·扬雄传》的译文,由亚利桑那大学亚洲研究中心出版,题为《扬雄的汉书本传》③;1987 年由普林斯顿大学出版社出版的《昭明文选英译第二册:祭祀、畋猎、纪行、游览、宫殿、江海之赋》④收录扬雄四赋中的三篇《甘泉赋》《羽猎赋》《长杨赋》的英译文。这四个版本各不相同,特别是 1976 年和 1982 年两个版本的译文差异很大。在第一版扬雄赋译文出版之后,他屡次修改,不断推陈出新,这是其他译家,包括备受西方人推崇的韦利、华兹生、霍克思等人未曾做到的。这四个不同版本,体现了康达维译笔和赋学研究的精进。下面,就以扬雄代表作《甘泉赋》为例,对比几个版本之间的差异,来分析其技术改进的具体表现和由此达到的艺术成就。

---

① David R. Knechtges, *Yang Shyong, the Fu, and Hann Rhetoric*, unpublished Ph. D. diss., University of Washington, 1968.

② David R. Knechtges, *The Han Rhapsody, A Study of the Fu of Yang Hsiung*(53 B. C. -A. D. 18), Cambridge:Cambridge University Press, 1976.

③ David R. Knechtges, *The Han Shu Biography of Yang Xiong*(53 B. C-A. D. 18), Temp, Arizona: Center for Asian Studies, Arizona State University, 1982.

④ David R. Knechtges, *Wen Xuan or Selections of Refined Literature:Volume Two, Rhapsodies on Sacrifices, Hunting, Travel, Sightseeing, Palaces and Halls, Rivers and Seas*, Princeton:Princeton University Press, 1987.

二、以《甘泉赋》为例比较四次英译文本的变化精进

《甘泉赋》是著名的扬雄四赋之首,其辞藻瑰丽、想象奇特、气势宏大、意在讽谏,是扬雄的代表作。康达维对《甘泉赋》的翻译用功尤深。特别是在他1987年出版的《昭明文选英译第二册:祭祀、畋猎、纪行、游览、宫殿、江海之赋》中,《甘泉赋》是第一篇,其注释达143余条,篇幅更是原文的2倍多。综合分析《甘泉赋》四个译本的显著差异,可见康达维对译文的改进主要表现在如下三个方面:

(一) 用词趋向准确、精炼、考究,凸显音韵效果

从这20余年产出的四个版本来看,译者在炼字上下足了功夫。几乎每个版本在用词上都有改进,语言逐渐趋于准确、清晰和精炼,如:

> 例1. 声骈隐以陆离兮,轻先疾雷而驶遗风。
>
> 1968年版:Their noise is loud and sporadic
>
>   The light vanguard moves as fast as thunder and as quick
>
>   as a tornado.(页401)
>
> 1976年版:With a continuous rumbling noise,
>
>   The light vanguard speeds like thunder,races the whirlwind.
>
>   (页47)
>
> 1982年版:With a rumbling,rattling noise,sprawling and scattering,
>
>   The light vanguard, faster than thunder, outgallops the
>
>   rapid wind.(页18)
>
> 1987年版:Their sounds rumbling and roaring,echoing and re-echoing,
>
>   Nimbly outpacing rapid thunder, outgalloping the swiftest
>
>   wind.(页23)

此句是描述天子的军队规模宏大,行进起来声音震耳欲聋,却轻巧迅速赶超风雷的情形。依据《文选》李善注引《方言》的训释:"驶,驰也"和《圣主得贤臣颂》中"追奔电,逐遗风"的说法①,"驶"是飞奔以赶超的意思。而"先"是领先,超越的意思。两者都为动词,形容军队移动迅疾,可与风雷竞速。对于这两个词,1968年的版本译为"move as fast as...and as quick as",1976年的版本译为"speeds...,races"。后者用词显然比前者简洁,且后者表

①　(梁)萧统、(唐)李善注:《文选》,上海古籍出版社1986年版,第324页。

达了竞速的意思,但两种译文都没有涉及"先"所传达的赶超之意。1982 年
的版本为"faster than…outgallops","先"用形容词的比较级来表示,意思是
"比……更快"。"馭"用动词来表达,意思是"赶超"。1987 年的版本为
"outpacing…,outgalloping",两个词都用动名的现在分词译出,使人更有身
临其境之感。"馭"字用"outgallop"来译是极妙的。"馭"在《说文解字》中
的解释为"马行相及也"①。指后边的马追上了前边的马。"gallop"也是用
来形容马的奔驰,再加上"out-"这一前缀表达赶上并超越的意思。为了与
"outgallop"一词押头韵,形成一定的韵律节奏,译者在 1987 年的版本中,用
另一个带"out-"前缀的词"outpace"来表达"先"的意思。首先,这个译文明
确表达了领先的意思,其次,原文是形容人的行进,"pace"是用来形容人走
或跑的步伐,两词在用法上也相同。"outpacing…,outgalloping"与"先……,
馭……"在词性、语义和语用上都是相同的。从修辞上来说,"outpacing"和
"outgalloping"押头韵,有强调的效果,且重复的前缀"out-"强化了赶超的意
思,凸显了原文夸张的效果。从这两个字的译文来看,1968 年版只表达了
最基本的含义,1976 年版和 1982 年版用词更精炼、准确,而 1987 年版则从
语用和修辞方面做了更多的考虑。

　　对专有名词的考证更为精细,用词更为考究,如:

　　　　例 2. 排玉户而飏金铺兮,发兰蕙与芎䒷。

　　1968 年版:The breeze pushes open the jade door and lifts the brass
　　　　　　　knocker,

　　　　　　　Setting forth the aroma of orchid and cnidium.(页 404)

　　1976 年版:The breeze pushes open the jade door, lifts the bronze
　　　　　　　knocker,

　　　　　　　Sets forth the aroma of orchid, melilotus, and cnidium.
　　　　　　　(页 49)

　　1982 年版:Opening jade doors, lifting bronze knockers,

　　　　　　　It stirs the scents of thoroughwort, sweet basil, and
　　　　　　　hemlock parsley.(页 21)

　　1987 年版:It pushes jade doors open, joggles bronze knockers,

　　　　　　　Whisking off thoroughwort, sweet basil, and hemlock
　　　　　　　parsley.(页 31)

---

　　①　李恩江、贾玉民主编:《文白对照说文解字译述》,中原农民出版社 2000 年版,第 884 页。

在此例中,译者对表示植物名称的用词改动较大。1968 年版中"兰蕙"为"orchid","芎䕫"为"cnidium"。其实,"兰蕙"指两种植物,兰草和蕙草,1976 年版纠正了这一错误将"兰""蕙"分别译为"orchid"和"melilotus(草木樨属)"。然而"兰"实际指"兰草",而非普遍认为的"orchid(兰花)"。事实上,许多译家对这一误译心知肚明。英国翻译家韦利说:"'thoroughwort'一词不称韵,大多数读者不清楚此词表达何意。"霍克思进一步支持韦利的说法:"为了方便,我遵从了长久以来的错误传统(将兰译为'orchid')。"①康达维在 1982 年的版本中,纠正了前人之失,将"兰"译为"thoroughwort",并用专名取代了通名,将"蕙"译为"sweet basil(罗勒)","芎䕫"译为"hemlock parsley(川芎)"。植物译名的改进体现了译者学问的精进。在 1987 年版中,译者沿用了 1982 年版对植物名称的翻译,但改动了两个动词,用"joggles(常常轻摇)"取代了前三版的"lifts(提起)",用"whisking off"(轻拂过)取代 1968 年版"Setting forth the aroma(散发香气)"、1976 年版的"Sets forth the aroma"和 1982 年版的"stirs the scents of"(这三版的意思均为激发香气),更传神地摹写风的动态并简化了表达。

用词上最大的变化在于联绵词的翻译,这类词被康达维称作"描写性复音词"。1985 年他在台北《淡江评论》上发表了翻译研究论文《赋中描写性复音词的翻译问题》,他主张用同义词重复或押头韵的词来译联绵词(包括双声词、叠韵词和叠词)。这是他在译《扬雄的汉书本传》之后的经验总结,因此从 1982 年的版本开始,赋中的联绵词在英译文中展现出其特点,押头韵或押尾韵或同时押头韵和尾韵,如:

例 3. 徘徊招摇,灵栖迟兮。

1968 年版:Leisurely and complacently

The spirits come to rest.(页 407)

1976 年版:Leisurely, deliberately

The spirits come to rest.(页 51)

1982 年版:Wandering and wavering about,

Here the spirits rest and roost.(页 24)

1987 年版:Wandering and wavering, rambling and roving,

The divinities now rest and repose.(页 39)

---

① David R. Knechtges, *Wen Xuan or Selections of Refined Literature: Volume One. Rhapsodies on Metropolises and Capitals*, Princeton: Princeton University Press, 1982, p.485.

在此例中,"徘徊""招摇""栖迟"都是叠韵词,前两个版本中每个词都是用一个英文词译的,只是对"招摇"的理解有所不同。1968年版的译文是"complacently",这是取招摇的现代意义,意思是得意地。而李善注曰:"招摇,犹彷徨也。"①1976年版据李善注改为"deliberately",意为从容不迫地。但译文体现出译者的理解有偏差,根据英文回译,这句话的意思是神灵悠闲从容地来休息。"徘徊"和"招摇"是近义词,表现神灵往来行走、不愿离去的样子。1982年版纠正了之前译本之失,译者用两个同时押头韵和尾韵的英文词近义词"wandering(徘徊)"和"wavering about(踌躇)"表现了神灵徘徊往来的样子。李善注引《毛诗》,将"栖迟"解释为"游息",在1982年版中此词由一对押头韵的英文近义词"rest"和"roost"来表现。但"roost"专指鸟类的栖息,因此在1987年版中,译者将此词改为"repose"。"repose"是文学用语,与"rest"押头韵,意思与"rest"相同,也是休息的意思,和"divinities"(神灵)在词义搭配上也更合理。在这一版中,不仅是"栖迟"的译文用词更为准确,"徘徊""招摇"也分别由"wandering and wavering(徘徊踌躇)""rambling and roving(闲逛漫游)"两对同时押头韵和尾韵的近义词译出,神灵飘忽往来、从容闲适的样子跃然纸上。且"rove(漫游)"是文学用语,为译文增添了一丝雅致的色彩。1987年版的译文用词最准确传神,且充分体现出原文由叠韵词造成的音韵和谐的特点。

(二)表达趋向简洁,句子长度增加

在句式上,几个版本之间有较明显的变化,句子趋向简洁。其表现之一是虚词的数量大大减少,从前文的例1中可以清楚地表现出来。1968年版此句中,有8个虚词"and""the""as""as""and""as""as""a";1976年版5个虚词"with""a""the""like""the";1982年版6个虚词"with""a""and""the""than""the";1987年版精简至极致,只有3个虚词"and""and""the"。其中,1987年的译文符合英文语法,同样表达流畅。原句"声駓隐以陆离兮,轻先疾雷而驱遗风"为骚体句式,"以""兮""而"三个虚词构成句中的停顿,康译文中同样只用三个虚词"and""and""the",用逗号造成句中的停顿。

例4.声駓隐以陆离兮,轻先疾雷而驱遗风。

1987年版:Their sounds rumbling and roaring,echoing and re-echo-
　　　　　ing,

---

① (梁)萧统、(唐)李善注:《文选》,上海古籍出版社1986年版,第332页。

Nimbly outpacing rapid thunder, outgalloping the swiftest wind.(页 23)

1987 年版的译文,看似机械地直译,"声"对应"their sounds(他们的声音)","疾雷"对应"rapid thunder(迅疾的雷)","遗风"对应"the swiftest wind(最快速的风)";"驲隐"对应"rumbling and roaring(轰鸣嘶吼)","陆离"对应"echoing and re-echoing(共鸣回响)","轻"对应"nimbly(敏捷)";"先"对应"outpacing(赶超)","駆"对应"outgalloping(疾驰以超越)"。中英文中名词与名词、形容词与形容词、副词与副词,动词、名词与动名词一一对应,其表达流畅、传神,体现原文骚体句式的节奏特点。此译文实臻化境,译笔老练不着痕迹,其冰冻三尺非一日之寒。

表达趋于节俭的另一表现是主语的数量减少。中文语言简练,主语一般是不言而喻的。译者使句子趋近中文的表达,只添加必要的主语,将动词并列,模拟中文句式多动词的特点,或者使用动词的现在分词,描写伴随的动作状态,其结果是句子变长,句子的数量相对减少,但干净利落,毫不拖泥带水。如:

例 5. 敦万骑于中营兮,方玉车之千乘。
　　　声驲隐以陆离兮,轻先疾雷而駆遗风。
　　　凌高衍之嶵嵬兮,超纤谲之清澄。
　　　登椓栾而矼天门兮,驰闾阖而入凌兢。
1968 年版:A myriad riders gather into the middle camp;
　　　A thousand jade chariots group together.
　　　Their noise is loud and sporadic;
　　　The light vanguard moves as fast as thunder and as quick as a tornado.
　　　They climb a towering high plain,
　　　Cross a twisting crystalline stream.
　　　They ascend Chwan-luan mountain as far as the celestial gate,
　　　Gallop up to the Chang-her gate and enter the shivering cold.(页 401)
1976 年版:They gather a myriad riders in the central camp;
　　　Assemble a thousand jade chariots.

With a continuous rumbling noise,

The light vanguard speeds like thunder, races the whirl-
wind.

They ascend the lofty heights of a tall expanse;

Cross the clear purity of a sinuous, winding course.

They climb mount Ch'uan-luan as far as the heavenly
gate;

Gallop to Ch'ang-ho and enter the shivering cold.(页 47)

1982 年版:They muster a myriad riders in the central camp,

With a thousand jade chariots massed side by side.

With a rumbling, rattling noise, sprawling and scattering,

The light vanguard, faster than thunder, outgallops the
rapid wind.

They scale the leaping loftiness of a high plateau,

Traverse the pristine purity of a twisting vortex,

Ascend Chuanluan and reach the celestial gate,

Race through Changhe and enter a freezing fright.(页 18)

1987 年版:Assembling a myriad riders in the central camp,

Mustering a thousand rigs of jade-encrusted chariots,

Their sounds rumbling and roaring, echoing and re-echoing,

Nimbly outpacing rapid thunder, outgalloping the swiftest
wind,

He scales the lofty heights of a high plateau,

Crosses the crystalline clarity of winding waters,

Ascends Chuanluan and alights at Heaven's gate,

Gallops through Changhe and enters its trembling terror.
(页 23)

原文是四个句子。1968 年版中"敦万骑于中营,方玉车之千乘"被理解
为"万骑敦于中营,玉车方之千乘"。前两句中被分离出四个主语"万骑(a
myrid riders)""(千乘)玉车(a thousand jade chariots)""声(their noise)"
"轻先"(the light vanguard)。在此,"先"被理解为名词,译为"vanguard(先
锋)",误解了原文。"先"应该与"驱"并列,意为赶超。后两句译者添加了
第三人称的复数"they"作主语,指代前文提到的天子及其仪仗。其中"凌高

衍之嵱嵷,超纡谲之清澄"被正确地理解为"凌嵱嵷之高衍,超清澄之纡谲",译为"They climb a towering high plain,/ Cross a twisting crystalline stream",意思是"他们登上耸立的高原,穿过蜿蜒清澈的溪流"。原文的4个句子被处理为6个句子。1976年版与1968年版类似,只是第一句添加了一个主语"they"。第二句前半句处理为一个介词短语"with a continuous rumbling noise"表示伴随的状态,说明先锋疾驰时发出的不绝于耳的巨大声响。后半句仍把"先"理解为先锋,作主语。这一版共有四个句子。1982年的版本中进一步缩减为三个句子。第一句添加主语"they",将"方玉车之千乘"和"声骈隐以陆离兮"处理为两个介词短语结构"With a thousand jade chariots massed side by side"和"With a rumbling, rattling noise, sprawling and scattering"表示伴随的动作。"轻先疾雷而驱遗风"仍处理为单独的一句。后两句处理为一句"They scale the leaping loftiness of a high plateau,/ Traverse the pristine purity of a twisting vortex,/ Ascend Chuanluan and reach the celestial gate,/ Race through Changhe and enter a freezing fright",将动词"scale"(攀登)、"traverse"(穿过)、"ascend"(登上)、"reach"(到达)、"race"(竞速)、"enter"(进入)并列,分别对应原文的"凌""超""登""跹""驰""入"六个动词。这样译文的句式就更接近原文"凌嵱嵷之高衍""超纡谲之清澄""登椽栾""跹天门""驰阊阖""入凌兢"六个动宾短语并列的句式。1987年的版本更强化了向原文结构靠拢的趋势,将这四句的主语理解为"天子",添加了主语"he"。原文中的前两句处理成分词短语"Assembling a myriad riders in the central camp,/ Mustering a thousand rigs of jade-encrusted chariots,/ Their sounds rumbling and roaring, echoing and re-echoing,/ Nimbly outpacing rapid thunder, outgalloping the swiftest wind",表示伴随的动作和状态。并列现在分词"assembling(集结)""mustering(检阅)""rumbling and roaring(轰鸣)""echoing and re-echoing(回响)""outpacing(赶超)""outgalloping(疾驰以超越)",表达原文动词"敦""方""骈隐""陆离""先""驱"传达的意思。这一版中改正了前几个版本中的错误,将"先"处理成动词"outpace"。后两句中依1982年版,将几个动词并列,只是改变了个别用词使译文更为生动。如将"reach(到达)"改为"alight"(飞落),将"race(赛跑)"改为"gallop"(疾驰)。原文"跹",《说文》写为"翂",训为"飞声。从羽,工声。"[1]李善注引苏林语:"跹,至也。"[2]综合这两个注

---

①　李恩江、贾玉民主编:《文白对照说文解字译述》,中原农民出版社2000年版,第315页。

②　(梁)萧统、(唐)李善注:《文选》,上海古籍出版社1986年版,第324页。

释，"駈"与鸟飞有关，是到达的意思。译者将其译为"alight"，此词是正式用语，形容鸟飞到某处，这个版本保留了原词的词义。"驰"，《说文》释为："大驱也。从马，也声。"①用来形容马的快速奔跑。译者将其译为"gallop"，同样用来形容马的飞驰，两词从语义和语用上都是对等的。这个版本比前面的版本，保留了原文语义，用词更为考究。纵览几个版本在句式上的处理，显然 1987 年的最优，既趋近于中文多动词的句式特点，又符合英文句子偏长，多从属结构的特点，在中文和英文句式的差异中找到了最佳平衡点。

（三）风格趋向古雅，并向原作靠拢

扬雄赋作于 2000 年前的西汉，语言古老而典雅。译成让现代西方读者能读懂的晓畅英文已非易事，而康达维对自己提出了更高的要求，即体现原文的古雅。因此，他在适当的时候选择了非常用的、正式的或者是文学词汇来表现这一特点。他在 1982 年的版本中，开始间或使用这类词汇。

　　例 6. 齐總總以撙撙，其相胶轕兮，猋骇云迅，奋以方攘。

1968 年版：They are evenly grouped and massed in close formation,

　　　　　　But as quick as wind-driven clouds they scatter.（页 400）

1976 年版：Evenly grouped and massed, they stick tightly together;

　　　　　　Quick as the wind, swift as the clouds, rapidly they scatter.

　　　　　　（页 46）

1982 年版：Evenly grouped and gathered,

　　　　　　They are compactly commingled.

　　　　　　Swift as whirlwinds, fleet as clouds.

　　　　　　Fast and furious, they disperse in all directions.（页 17）

1987 年版：Jointly massed and mustered, grouped and gathered, twined and tangled,

　　　　　　Swift as whirlwinds, fleet as clouds, they rush helter-skelter.（页 21）

在例 6 这句的译文中，1968 年和 1976 年的版本中都是较常见的词汇。1982 年版中，"commingle"一词为非常用词汇。"fleet"为文学用语，源自古英语"*flēotan*"和中古英语"*fleten*"，与前面两版中形容云动态的"quick"和"swift"同义，都是轻快的意思，但更为雅致。1987 年版中用了文学用语

---

① 李恩江、贾玉民主编：《文白对照说文解字译述》，中原农民出版社 2000 年版，第 885 页。

"muster"与"mass"两个押头韵的词来传达"總總"描绘的聚拢的样子,更增添了译文的典雅。

然而,1987年版中有两个非正式用语"whirlwind"和"helter-skelter",似乎与典雅的趋势相背离。"whirlwind"指旋风,能让人想见风的速度之快,与"swift"搭配在一起能充分诠释"迅"一词表示的意义。"helter-skelter"押尾韵用来表现叠韵词"方攘"的音韵特点,同时形象地表现出队伍飞奔离散时慌乱的样子。非正式用词虽偶见于译文中,却提醒了读者汉赋口诵的特点。康达维非常看重汉赋的这一特点,认为诵读是赋的本质属性,是使赋区别于诗的显著特点。[1] 学者简宗梧和万光治也认为汉赋有口诵的特点。根据万光治的研究,汉赋中包含有大量口语的文字记录,汉赋中的形声字有许多都是来自方言,如"砰磷""郁律"等都来自四川方言。[2] 康达维的翻译与中国学者的研究结论不谋而合,他也运用了少量的口语用词来表现汉赋口诵的特点。

还有个别地方用了过时的用语,来变现汉赋的年代感。如:

例7. 圣皇穆穆,信厥对兮。

1987年版:Our Sage Sovereign,solemn and stately,

Truly is Heaven's compeer.(页39)

"compeer"为正式用语,意为"地位相同的人",既能表达"对"的意思,又符合原句描述的庄严肃穆的氛围,且这个词是古旧的表达,现在已很少使用,使译文带有古雅的格调。

康达维对扬雄赋有较为精深的研究,他对扬雄赋的风格有准确的把握,这在1987年版中体现最为明显。刘勰在《文心雕龙·诠赋》篇中将扬雄的大赋风格概括为"深玮"。《文心雕龙·体性》篇进一步解释了"深"的含义:"子云沉寂,故志隐而味深。"[3]其"味深"体现于其"志隐",即行文中隐含对君主劝谏的真实意图。康达维经过对汉代文学中有关玉女和宓妃的描述进行研究,认为这两位道德堕落、变化无常的女神是对赵昭仪(赵合德)和其姐(皇后赵飞燕)的委婉批评,其中深蕴强烈的讽谏之意。[4] 因此,译者

① David R. Knechtges,*The Han Rhapsody*,*A Study of the Fu of Yang Hsiung*(53B.C.-A.D.18), Cambridge:Cambridge University Press,1976.

② 万光治:《汉赋通论》,巴蜀书社1989年版。

③ 周振甫:《文心雕龙今译》,中华书局1986年版,第259页。

④ David R. Knechtges,*The Han Rhapsody*,*A Study of the Fu of Yang Hsiung*(53B.C.-A.D.18), Cambridge:Cambridge University Press,1976.

对"宓妃"一词的处理颇具深意。

　　例 8. 玉女亡所眺其清瞩兮, 宓妃曾不得施其蛾眉。

1968 年版：The Jade Maiden no longer has occasion to twinkle her
　　　　　clear eyes,

　　　　　Fwu-fei can no more display her moth-eyebrows. (页 405)

1976 年版：The Jade Maiden has no place to twinkle her clear eyes;

　　　　　Fu-fei can no longer display her moth-eyebrows. (页 50)

1982 年版：The Jade Girl has no place to twinkle her clear eyes;

　　　　　Fufei can no longer display her moth-eyebrows. (页 22)

1987 年版：Jade Maiden has no place to gaze her limpid orbs;

　　　　　Consort Fu can no longer flaunt her pretty eyebrows. (页 35)

　　《文选·洛神赋》李善注引如淳《汉书音义》曰："宓妃,宓羲氏之女,溺
死洛水,为神。"①此后,多数学者接受这一观点,认为宓妃是伏羲的女儿。
因此,在前三版中译者将"宓妃"看作一个姓名,只对它做音译的处理。然
而,"妃"字,《说文》训为："匹也。"②指男子的配偶,尤指君王的配偶。有学
者就认为"妃"是指的王妃。清人屈复在《楚辞新注》中说："下文佚女为高
辛妃,二姚为少康妃,若以此意例之,则宓妃当是伏羲之妃,非女也。"③游国
恩肯定了这一说法,并进一步说："后人以为宓羲氏女,然既云宓妃,必宓羲
氏之妃无疑。若云女也,则措辞之例,不当以妃称之。后人自妄耳。"④1987
年版中此名的译法就是取了"王妃"之意。在这一版中,译者将"宓妃"译为
"Consort Fu"。"Consort"指男性或女性配偶,且主要指君主的配偶,它与
"妃"在语义和语用上都基本对等。在注释中译者对《汉书》所载《甘泉赋》
创作背景进行了交代"又是时赵昭仪方大幸,每上甘泉,常法从,在属车间
豹尾中。……又言'屏玉女,却宓妃',以微戒齐肃之事",并说明"显然,扬
雄用玉女和宓妃来代表不应该扈从帝王车驾的嫔妃们"。⑤ "Consort Fu"这
个译文加上注释中更容易让读者将"宓妃"和倍受汉成帝宠爱的赵氏姐妹

---

① （梁）萧统、（唐）李善注：《文选》,上海古籍出版社 1986 年版,第 895 页。
② 李恩江、贾玉民主编：《文白对照说文解字译述》,中原农民出版社 2000 年版,第 1152 页。
③ （清）屈复：《楚辞新集注》,陈亮点校,南京大学出版社 2018 年版,第 16 页。
④ 游国恩：《离骚纂义》,中华书局 1980 年版,第 302、304 页。
⑤ David R. Knechtges, *Wen Xuan or Selections of Refined Literature*: *Volume Two. Rhapsodies on
Sacrifices*, *Hunting*, *Travel*, *Sightseeing*, *Palaces and Halls*, *Rivers and Seas*, Princeton: Princeton
University Press, 1987, p.34.

联想到一起。"flaunt"是贬义词,表示夸耀的意思,与"Consort Fu"这个主语搭配,使原文的讽谏意味得到更好彰显。

"玮"主要表现在用词上。钱基博评扬雄赋"丽辞瑰气,张皇周流。"[1]扬雄用词华美,赋中大量使用联绵词。康达维在联绵词的翻译上下足了功夫,充分表现了扬雄作为文学家所具文字上的功力。这在前文中已有详细分析,此不赘述。扬雄赋的瑰丽还体现在"奇辞"上。这一点主要体现在名词的运用上,特别是专有名词中星名、地名、宫殿、鬼神等的名称。这些词在康达维译文的早期版本中多用音译,后来的版本,多用意译,如:

> 例 9. 捎夔魖而抶獝狂。
> 1968 年版:Beats Kwei-chyu and flogs shiu-kwang.(页 400)
> 1976 年版:Beats K'uei-hsü and flogs Hsü-k'uang.(页 46)
> 1982 年版:Cudgels Kuixu and flogs Xukuang.(页 17)
> 1987 年版:Cudgels Demon Drought and flogs Flying Frenzy.(页 19)

前三个版本中,鬼神的名称"夔魖"和"獝狂"是用音译处理的,不同的是 1968 年版使用的是中文罗马拼音,1976 年版使用的是威氏拼音(Wade-Giles System),1982 年版使用的是现代汉语拼音。拼音的使用说明了译者对中国文化的尊重。当然,意译更能表现原文用词的"奇"。《文选·东京赋》中李善的注释为:"夔,木石之怪,如龙有角,鳞甲光如日月,见则其邑大旱。《说文》曰:'魖,耗鬼也。'"[2]译者应该是据此注将"夔魖"译为"Demon Drought",意为恶魔旱灾,包含恶鬼和旱灾两个重要的信息。并且,"Demon"和"Drought"押头韵,在视觉和听觉上都能起到引起注意,强化节奏的作用。"獝狂"一词被李善解释为"恶戾之鬼名。"[3]但此鬼是什么样的却没有具体说明。译者根据"獝"字有"惊飞"的意思,选择了"flying"一词,这与"flog"这一动词的词首辅音相同,押头韵。译者又根据"狂"字的意思,选择了与前两词押头韵的"frenzy"一词。因此,"獝狂"被译为"Flying Frenzy",飞翔的狂徒。这两种鬼的译名不但生动地刻画了恶鬼恐怖疯狂的形象,让人产生丰富联想,并且在声韵上强化韵律感,体现了赋的音韵美。意译能触发读者的想象,让他们在头脑中描画名物奇谲怪异的形象,这是音译加注所替代不了的。又如:

---

① 钱基博:《中国文学史》,上海古籍出版社 2011 年版,第 95 页。
② (梁)萧统、(唐)李善注:《文选》,上海古籍出版社 1986 年版,第 124 页。
③ (梁)萧统、(唐)李善注:《文选》,上海古籍出版社 1986 年版,第 123 页。

　　例 10. 东烛沧海,西耀流沙。北煥幽都,南炀丹厓。

1968 年版:In the east it illumines Tsang-hae,

　　　　　　In the west it dazzles the Flowing sands.

　　　　　　In the north it brightens the Iou-du mountains,

　　　　　　In the south it warms up Dan-yai.(页 406)

1987 年版:Eastward illumining the Azure Sea,

　　　　　　Westward dazzling the Flowing Sands,

　　　　　　Northward brightening the Dark Capital,

　　　　　　Southward singeing the Cinnabar Shore.(页 35)

用"the Azure Sea"(天蓝色的大海)来译"沧海",用"the Cinnabar Shore"(朱砂色的海岸)来译"丹厓"。译文说明了这些地方的地貌,且具斑斓的色彩;用"the Flowing Sands"(流沙)来译"流沙",表现了沙漠流动的特点;用"the Dark Capital"来译"幽都"(黑暗的都城),渲染了神秘的氛围。原文中的地名不只是声音的符号,而是极言东南西北所及地域之远。意译能更形象地表现原文的夸张和奇幻色彩。

　　通过对康达维对《甘泉赋》英译的改进,可见其对扬雄赋的研究日益精深。他对赋形式和内容上的把握日益精准,对英文的驱遣也日益纯熟。

三、康达维的英译《扬雄的汉书本传》

　　译著《扬雄的汉书本传》是康达维在 1968 年博士论文《扬雄、赋与汉代修辞》附录部分对《汉书·扬雄传》英译的基础上修改而成,于 1982 年由美国亚利桑那州立大学亚洲研究中心出版。全书主要由导言、正文、注释、重要名词索引、参考书目等五部分构成。

　　注释是这一译本的重要特色。其中,导言的注释有 29 条,正文的注释有 514 条,注释的篇幅是正文的近两倍。注释有对地名、人名、星名、神怪名称、动植物名称、事物名称等专有名词的解释,有对典故和史实的说明,有难词、难句的辨析,有对异文的著录和分析。比如,对《校猎赋》"方椎夜光之流离"中"流离"一词的注释为:

　　　　此处"流离"的意思不清晰。在《甘泉赋》中,(见《汉书》,第八十七卷)此词是双声词,用来描述流动的光和色。许多注家(见朱珔《文选集释》;胡绍煐《文选笺证》;高步瀛《文选李注义疏》)将其解释为矿物的名称"璧流离",《汉书》对西域的记载提过此物。法国汉学家伯希和认为他是由 Sanskrit vaidya(Pali veluriyam),也就是绿宝石,转化而成。见伯希和对劳佛著《玉器:中国考古学和宗教研究》(纽约:多佛,1974 年版)一书的书评。后来,琉璃也是有色玻璃的名称。见薛爱华著《撒马尔罕的金桃子》(伯克利:加州大学出版社,1963 年版)。虽然,扬雄对流离发光的描述令人费解,要注意的是汉代官员在亚洲东南部的市场上购买流离和"明珠"。①

此注释十分详尽,使我们了解流离最初指一种宝石,后来又指彩色玻璃。光是这一注释中,康达维就参考了朱珔、胡绍煐、高步瀛等训诂学家和法国汉学家伯希和(Paul Pelliot)、美籍德裔汉学家劳佛(Berthold Laufer)及其他历史学家、汉学家对流离的解释,可见他的阅读广泛,以及为了理解词义所进行的钻研。他的注释不但为读者提供了知识,还注明了知识来源,有利于此项问题研究的继续推进。汉学家魏世德(J. T. Wixted)在前言中评论:"注释对于学习汉代历史、早期中国思想、古典中国诗歌的学生来说,简直就是一个信息的金矿。"②康达维的注释不但丰富、详细,且提供了充裕的资料,对推进汉学界对汉代文学、历史和思想的了解和研究都十分有益。康达维在后来出版的《昭明文选赋英译》中,也保留了同样的注释风格和体例,只是把文后注改成了文内注,将注释附在译文的旁边,更加便于阅读。

此外,译文也能生动体现汉赋气势宏大、辞藻瑰丽、用词繁冗的特点。康达维在"自序"中说:"在译赋时,我用了弥尔顿体,试图传达扬雄语言中充斥的稀有词汇、繁冗词语和双声叠韵词表现出的丰富性和多样性。"③弥尔顿是英国文艺复兴晚期的一位伟大的古典诗人,其三大史诗《失乐园》《复乐园》和《力士参孙》对英语诗歌的发展和成熟影响很大。他将古典拉丁语融入英语当中,创制出既庄严宏伟又简洁质朴的语言风格,被称为"庄严体"(Grand Style)④。康达维模仿弥尔顿的语言风格力求表达扬雄赋的声势。比如《校猎赋》中描写禽兽被穷追猛击后的惊恐情状:

---

① David R. Knechtges, *The Han Shu Biography of Yang Xiong* (53 *B.C-A.D.*18), Temp, Arizona: Center for Asian Studies, Arizona State University, 1982, p.115.

② David R. Knechtges, *The Han Shu Biography of Yang Xiong* (53 *B.C-A.D.*18), Temp, Arizona: Center for Asian Studies, Arizona State University, 1982, p.ⅵ.

③ David R. Knechtges, *The Han Shu Biography of Yang Xiong* (53 *B.C-A.D.*18), Temp, Arizona: Center for Asian Studies, Arizona State University, 1982, preface.

④ 陈敬玺:《古朴典雅的洪钟巨吕——论弥尔顿的"庄严体"》,《西北大学学报(哲学社会科学版)》2011 年第 4 期。

例 11. 亶观夫票禽之绁隃,犀兕之抵触,熊罴之挐攫,虎豹之凌遽。徒角抢题注,蹴竦眘怖,魂亡魄失,触辐关脰。妄发期中,进退履获,创淫轮夷,丘累陵聚。

1982 年版:All one sees are:

Bounding and bouncing of swift birds,

Butting and battering of rhinos and gaurs,

Gripping and grappling of brown and black bears,

Quaking and quivering of tigers and leopards.

Vainly they thrust with horns,strike with foreheads,

Kicking and rearing in fright and fear.

Their animus gone,their souls lost,

They ram the spokes and entangle their necks.

Though shooting at random,archers hit their marks;

Whether advancing or retreating, they trample or catch something.

Beasts gashed by blades,wounded by wheels,

Are piled in hills,heaped in mounds.(页 34)

这一段描写飞禽走兽被逼入绝境,飞越逃窜、拼死搏斗、疯狂挣扎的样子,而打猎的队伍轻而易举,就稛载而归。"bounding and bouncing"表现出飞禽或许受伤,或许受制于罘网只能弹起、跳跃的样子;"butting and battering"描写出犀兕绝望之下奋力猛击的样子;"gripping and grappling"描绘熊罴与人搏斗的样子;"quaking and quivering"则体现虎豹因惊惧而战栗发抖的样子。这四对词中,每一对词都是同义词或近义词,同义词的堆积使用与英语尚简洁的特点相背离。译者在此为表现汉赋用词繁冗的特色,用同义词的重复使用表现出赋的"靡丽多夸"。且在这一段中,同义词的重复强化了动物的动作,表现出他们面临死亡,奋力挣扎,以求一线生机的样子。加之,这些词兼具押头韵和尾韵,且多为/b/、/t/、/p/、/k/等爆破音,不但造成了强烈的节奏感,也渲染了风卷残云般的气势和打猎场面的惨烈。然后,"Vainly they thrust with horns,strike with foreheads","vainly"一词放句首,强调动物的一切行动都是徒劳,而最终魂亡魄失"Their animus gone,their souls lost",使猎手的收获丘累陵聚"Are piled in hills,heaped in mounds"。

整个段落的译文遵照汉语的语序,几乎都是一个汉字对应一个英文实词,其他词根据英语的文法补齐。比如"创淫轮夷,丘累陵聚"一句译文为

"Beasts gashed by blades, wounded by wheels, Are piled in hills, heaped in mounds"。"创淫"对应"gashed by blades",表示被刀割伤;"轮夷"对应"wounded by wheels",表示被轮压伤;"丘累"对应"piled in hills","陵聚"对应"heaped in mounds"。原文"创淫"和"轮夷""丘累"和"陵聚"词性相同,意思相近属对文。译文"gashed by blades"和"wounded by wheels""piled in hills"和"heaped in mounds"结构相同,意思相近属于英文中的平行结构(parallel structure)。相同意思的重复有违于英语简洁的特点,但却将汉语对偶的特点表现出来。弥尔顿将古拉丁语融入英语中,而康达维将古汉语的结构和用词特点融入英语当中,同样渲染出庄严宏伟的气势,且其英语行文流畅易懂,和"庄严体"有类似的效果。

康达维的译著《扬雄的汉书本传》在其博士论文和专著《汉赋:扬雄赋研究》的基础上修改而成,其译文精致典雅,传达出了汉赋的特色。他对扬雄主要赋作的英译,不仅提供了更多的辞赋英译文,译文的高质量也为辞赋英译树立了新的典范。加之,书中囊括了丰富的扬雄研究资料,以及汉代文学和文化的研究资料,将会对西方扬雄研究、汉代文学文化研究产生十分积极的影响。

第三节　对于《剧秦美新》与《方言》的研究

除了扬雄研究的专著和译著之外,康达维在 20 世纪 70 年代还推出了系列论文《扬雄羽猎赋的叙事、描写和修辞》《掀开酱瓿:对扬雄〈剧秦美新〉的文学剖析》《刘歆与扬雄关于〈方言〉的往来书信》等系列论文,总结和推进对扬雄赋作和生平的研究。这三篇论文见录于 2002 年英国 Ashgate 出版社出版的康达维论文自选集《古代中国早期的宫廷文化与文学》,又于 2013 年由上海译文出版社推出中文版,可见这些成果是康达维扬雄研究和辞赋研究的精华部分。

一、扬雄《剧秦美新》的文学诠释

在对扬雄"失节"的批评中,作《剧秦美新》似乎是"褒美伪新""以媚莽意"的最佳证据。关于扬雄的评价问题,许结教授发现文学史上的一个奇异现象:"持贬抑态度者,每以《美新》发难;持褒扬态度者,每回避《美新》,甚至怀疑其著作权的归属。"①《剧秦美新》似乎为扬雄人生中抹不去的黑

---

① 许结:《〈剧秦美新〉非"谀文"辨》,《学术月刊》1985 年第 6 期。

点,影响着人们对他的评价。康达维作《掀开酱瓿:对扬雄〈剧秦美新〉的文学剖析》对因《剧秦美新》发难,批评扬雄人品的观点进行了批驳。① 此文最早于 1978 年发表在戴维·罗伊(David T. Roy)与钱存训主编的《古代中国:早期文明研究》一书中。此文标题中"掀开酱瓿",是针对北齐颜之推对扬雄的批评:"著《剧秦美新》,妄投于阁,周章怖慑,不达天命,童子之为耳!桓谭以胜老子,葛洪以方仲尼,使人叹息。此人直以晓算术,解阴阳,故著《太玄经》,数子为所惑尔。其遗言余行,孙卿、屈原之不及,安敢望大圣之清尘。且《太玄》今竟何用乎?不啻覆酱瓿而已!"②颜之推的批评是典型的因人废言的评价,康达维就是要掀开"覆酱瓿",通过深入分析《剧秦美新》一文,推翻覆在扬雄身上和作品上的不公评价。

在文中,康达维首先表达的观点是:对文学家的评价应该由其作品的文学价值来决定。他说:"我们在文学史上有时可以找到一些诗人的作品受到很低的评价。但这些评价并非以客观的文学标准,而是通过一些与作品完全没有关联的因素来评判,如'品格不佳'或'行为不当'。在中国文学史上,汉代著名赋家扬雄或许就是一个最著名的例子。他的文学声誉,因为文学以外的因素而遭到玷污。"③康达维指出了我们在对作品评价时走入的误区,即根据作家的品行及其他与文学无关的因素来评价。作为汉学家,康达维在传统文论之外,敏锐地发现了中国传统文论的弊端。并且,他对扬雄作品的文学价值受到低估的判断无疑是正确的。据学者 2006 年的统计数据,中国国内研究扬雄的论文有 180 余篇,专著 3 部,其中 95%是在 20 世纪90 年代以后发表的。④ 这说明 20 世纪 90 年代以后扬雄的研究价值受到了学界的认可,康达维在 70 年代末提出的观点是有先见之明的。

并且,康达维认为,由于《剧秦美新》称颂篡权者王莽就否定这篇作品的文学价值是不合理的。仅通过《汉书》中的只言片语,就认为扬雄反对王莽,亦缺乏足够证据,扬雄并非王莽的支持者或反对派。他运用"细读"的文学阐释方法,重新发掘了《剧秦美新》的主题,并肯定了其文学价值。他认为"确定文学表达的最好方法就是对篇章的细读(close reading),尤其留意语言的张力、模糊性以及潜藏的悖论。因此,我主张用这个方法来考察

① David R. Knechtges, "*Uncovering the Sauce jar: A Literary Interpretation of Yang Hsiung's Chü Ch'in mei Hsin*", in Ancient China: *Studies in Early Civilization*, Roy D. T. and Tsien Tsuen-Hsiun(eds.), Hong Kong: Chinese University Press, 1978, pp.229–252.
② 檀作文译注:《颜氏家训》,中华书局 2011 年版,第 151 页。
③ [美]康达维:《汉代宫廷文学与文化之探微:康达维自选集》,苏瑞隆译,上海译文出版社2013 年版,第 98—99 页。
④ 参见赵为学、王栋:《扬雄研究的源流与不足》,《湖南科技学院学报》2006 年第 6 期。

《剧秦美新》"①。细读是新批评派使用的典型的批评方法。在具体操作中,康达维还运用了新批评派代表人物美国文论家燕卜荪(William Empson)所主张的运用关键词来找到诗歌主题的方法。通过对《剧秦美新》的英译和细读,康达维发现文中反复使用的关键词是"典"字。他认为"典"在《剧秦美新》一文中"似乎代表了一种古代的规范,连接着过去,也是对当前社会的一种指引。"②结合扬雄对"古文"的推崇,康达维认为:"对'典'和'古文'的重视,以及大量引用古制典范,强化了《剧秦美新》的主题……《剧秦美新》的主题可以总结为一个'典'字。因此,文章的主题并非秦朝罪大恶极,或新朝特别具备美德,或王莽的成就值得赞颂……在扬雄看来,古代经典('典')是所有道德准则的体现。也就是说,在夸张、夸大和颂扬性的词句背后,是扬雄对理想典范的隐喻,其中包含着古代的典范('典'),是指导个人言行和贤明君王的准则。"③通过考察"典"和"古文"之间的联系,康达维认为"典"象征的是古代经典,由此推断《剧秦美新》的主题是扬雄对理想典范的推崇,倡导人们遵从古代流传下来的"指导个人言行和贤明君王的准则"。

康达维提倡以文学为本位,用细读的方法发掘作品的文学价值。以此来品评作品及作者的批评方法是正确的,值得我们借鉴。后来,中国学者许结和方铭等也重新探讨了《剧秦美新》的主题,④虽然结论与康达维的不尽相同,但他们都是立足于文本分析,得出了与传统观点相异的结论,肯定了《剧秦美新》的价值。康达维所运用的新批评的研究方法为我们突破传统文论的束缚,发现作品的真正主题和价值提供了新的途径。他的《掀开酱瓿:对扬雄〈剧秦美新〉的文学剖析》为运用新批评的方法解读中国文学文本树立了典范。

二、《刘歆、扬雄关于〈方言〉的往来书信》

《刘歆、扬雄关于〈方言〉的往来书信》一文发表于德国的《华裔学志》,于1980年出版。文章在翻译《方言》附录的《刘歆与扬雄书》《扬雄答刘歆

---

① [美]康达维:《汉代宫廷文学与文化之探微:康达维自选集》,苏瑞隆译,上海译文出版社2013年版,第104页。

② [美]康达维:《汉代宫廷文学与文化之探微:康达维自选集》,苏瑞隆译,上海译文出版社2013年版,第115页。

③ [美]康达维:《汉代宫廷文学与文化之探微:康达维自选集》,苏瑞隆译,上海译文出版社2013年版,第117页。

④ 参见许结:《〈剧秦美新〉非"谀文"辨》,《学术月刊》1985年第6期;方铭:《〈剧秦美新〉及扬雄与王莽的关系》,《中国文学研究》1993年第2期。

书》的基础上,辨别了书信的真伪,说明了其文学特色和对学术研究的意义。① 其中对书信真伪的探讨之观点来自康达维1968年的博士论文。

康达维认为书信中的疑点是由于东汉末期的某位编纂者的改动造成的,这两封书信很可能真出自刘、扬之手。书信的内容是汉代目录学家刘歆要求扬雄寄给他一本论方言的著作,以录于皇家目录,而扬雄的回信则叙述了他二十七年收集"异语"的工作。有鉴于此,康达维认为这两份资料是判定扬雄是否编撰过《方言》的重要证据。② 自宋代洪迈提出对扬雄作《方言》的质疑以来,扬雄是否为《方言》的作者倍受争议。因为《汉书·扬雄传》介绍了扬雄的主要作品,却未提及《方言》;《汉书·艺文志》也未见著录;且王充《论衡》、许慎《说文解字》均引过扬雄的一些著作,却未提到《方言》。正如康达维所说,如果这两封信真是扬雄和刘歆所写,将是判定《方言》为扬雄所作的有力证据。

康达维还认为"扬雄的书信里许多关于他生活细节的内容也十分重要,因为这些细节在别处无法找到"③。他的博士论文中对扬雄早年受教育经历的介绍就直接来自《扬雄答刘歆书》。他引用了信中"雄少不师章句,亦于五经之训所不解。常闻先代輶轩之使,奏籍之书,皆藏于周秦之室。及其破也,遗弃无见之者。独蜀人有严君平④、临邛林闾翁孺者,深好训诂,犹见輶轩之使所奏言。翁孺与雄外家牵连之亲,又君平过误,有以私遇,少而与雄也。君平财有千余言耳,而孺翁梗概之法略有。"由此,康达维认为扬雄的老师庄君平教授给他训诂之学,并且引发他对词汇学和方言的兴趣。⑤

康达维的这篇文章是为了纪念司礼义神父的学术成就。司礼义教授1956年在加州大学博士毕业的论文就是《根据〈方言〉对汉代方言研究之初探》,后来此文经过修订1959年由加州大学出版社出版,题为《根据〈方言〉看汉代的中国方言》。司礼义神父是康达维的论文导师之一,给他提供了

---

① David R. Knechtges, "The Liu Hsin/Yang Hsiung Correspondence on the Fang yen", *Monumenta Serica*, Vol.33, Issue 1(1977), pp.309–325.

② 参见[美]康达维:《汉代宫廷文学与文化之探微:康达维自选集》,苏瑞隆译,上海译文出版社2013年版。

③ [美]康达维:《汉代宫廷文学与文化之探微:康达维自选集》,苏瑞隆译,上海译文出版社2013年版,第120页。

④ 严君平实为庄君平。因为汉明帝名刘庄(公元58—75年在位),"庄"字为东汉时期的避讳。

⑤ David R. Knechtges, *Yang Shyong, the Fuh, and Hann Rhetoric*, unpublished Ph.D. diss., University of Washington, 1968, pp.52–53

自己有关扬雄研究的论文,并就怎样理解周代和汉代的语言给了他一些建议。司教授是康达维的夫人张泰平博士的老师,并为两人举行了婚礼。康达维以这篇论文表达对老师的崇敬和感激之情。

三、新批评和结构主义的赋学批评方法

康达维是美国汉学研究重镇华盛顿大学和哈佛大学培养出来的顶尖学者,他的研究方法受到当时欧美文学批评潮流的影响。他的扬雄赋研究主要采用了 20 世纪五六十年代流行的新批评和结构主义的研究方法。

(一) 新批评的研究方法

新批评(New Criticism)是在 20 世纪 20 年代肇始于英国,在美国逐渐繁荣的文学理论,到 20 世纪中叶成为主导美国文坛和批评界的主流。新批评认为"文学的本体即作品,文学研究应以作品为中心,对作品的语言、构成、意象等进行认真细致的分析",主张运用文本细读,研究"文本内部的语义和结构对意义形成所具有的重要价值,而不主张引入作者生平、心理、社会、历史和意识形态等因素来帮助解读文本"。[①] 它关注文本的内部研究,而排斥其外部研究。

虽然到 20 世纪 60 年代,康达维上大学时,新批评理论已经式微,但它仍是文学理论课的重要内容,仍然具有影响。康达维称自己是"受新批评思潮滋养的学者"[②]。在赋篇研究中,他始终遵循着新批评派的准则,以文本为中心进行研究。有时,还直接运用了新批评派的观点和方法来解读作品。

在《掀开酱瓿:对扬雄〈剧秦美新〉的文学剖析》一文中,他明确表明了新批评的批评观:

> 我的基本看法是,一部文艺作品是一个独立、自足的个体,应该从内在的文学价值去欣赏它,而非其它一些外在的因素,如作者的性格、社会和政治背景,或甚至写作动机等。[③]

① 赵一凡等主编:《西方文论关键词》,外语教学与研究出版社 2006 年版,第 682、630 页。

② David R. Knechtges, "Key Words, Authorial Intent, and Interpretation: 'Sima Qian's Letter to Ren An'", *Chinese Literature: Essays, Articles, Reviews (CLEAR)*, Vol. 30 (December 2008), pp.75-84.

③ [美]康达维:《汉代宫廷文学与文化探微:康达维自选集》,苏瑞隆译,上海译文出版社 2013 年版,第 99 页。

康达维这番话,意在否定那些因为扬雄颂扬新莽政权而批评其人格,继而贬低其作品的文学价值的传统做法。同时,他也旗帜鲜明地表达了新批评的观点,要从作品的内部去探寻它的价值,而非其外在因素。重视文本的内部因素,排斥其外部因素是一种"文本中心主义"思想。美国新批评具有强烈的"文本中心主义"思想,它只关注"纸页上的文字"。1942 年,韦勒克和沃伦在《文学理论》一书中,强调"内部研究"的重要性,反对过分倚重生平、社会环境、背景等外部因素而"轻视作品本身"的做法,认为"文学研究的当务之急是集中精力去分析研究实际的作品"①。在新批评理论的影响下,康达维主张"一部文艺作品是一个独立、自足的个体,应该从内在的文学价值去欣赏它"②。他的辞赋研究也始终实践着新批评的研究方法,"集中精力去分析研究实际的作品"。

康达维还主张用"细读"的方法来解读文学作品:

> 确定文学表达的最好方法就是对篇章的细读(close reading),尤其留意其语言的张力、模糊以及潜藏的悖论。因此,我主张用这个方法来考察《剧秦美新》。③

"细读"是新批评派主要的批评策略,是指"对文本的语言、结构、象征、修辞、音韵、文体等因素进行仔细解读,从而挖掘出在文本内部所产生的意义"④。康达维对《剧秦美新》细读的第一步就是将全文译成英文,并附注释,说明译者对文本语言、象征、修辞、音韵等因素的解读。

接着,对其进行文学诠释,"研究语言的张力、模糊以及潜藏的悖论"。"张力"(tension)说是美国批评家艾伦·推特提出的。他在《诗的张力》中说,"诗歌语言包含外延和内涵,外延(extension)指词的本意,即指称意义;内涵(intension)则指词的引申意,即众多的暗示和联想意义……诗歌批评着重于诗歌语言无限丰富的内涵意义"⑤。康达维提到的"模糊",也译作含混,指一个语言结构具有两种或两种以上的不同或相反的意思,即一种

---

① 赵一凡等主编:《西方文论关键词》,外语教学与研究出版社 2006 年版,第 633 页。
② [美]康达维:《汉代宫廷文学与文化探微:康达维自选集》,苏瑞隆译,上海译文出版社 2013 年版,第 99 页。
③ [美]康达维:《汉代宫廷文学与文化探微:康达维自选集》,苏瑞隆译,上海译文出版社 2013 年版,第 104 页。
④ 赵一凡等主编:《西方文论关键词》,外语教学与研究出版社 2006 年版,第 630 页。
⑤ 赵一凡等主编:《西方文论关键词》,外语教学与研究出版社 2006 年版,第 684 页。

"复义"或"一语多义"的现象,"它往往体现了诗歌的丰富性和复杂性"①。而悖论常指一个命题听上去错误,但实际正确。悖论也译作"似非而是"或"二律背反","表示命题内常常包含一些自相矛盾的因素,但是这些矛盾因素在更深层次上又达到了和谐统一"。②

在解读和翻译作品时,康达维充分关注了语言的张力、模糊以及潜藏的悖论。比如他在解读《剧秦美新》时,就关注着词语的内涵意义,解读了文中出现的隐喻和意象,以发掘文本的内涵。他认为文中"浑浮汹涌,川流海渟,云动风偃,雾集雨散,诞弥八圻,上陈天庭"一段是"用复杂的隐喻来形容新朝吸引的大量祥瑞";"京师沈潜,甸内匝洽,侯卫厉揭,要荒濯沐"中"湿润的意象"是用来"形容王莽的道德影响好像'灌溉者',越靠近京城,百姓获得的水分也越多"。康达维也充分注意到其中潜藏的悖论,指出这是"对事实的歪曲、凭空想象的隐喻、夸张的语句",并认为这是"典型的颂词风格",是赋中常用的表达方式。③

康达维不仅在细读《剧秦美新》一文时解读了其中的意象和隐喻,在细读贾谊赋和扬雄赋时也对其中的隐喻给予了充分关注。1968 年出版的《两种汉赋研究》是康达维第一本汉赋研究的专书,对贾谊《旱云赋》《吊屈原赋》和扬雄《反骚》进行了英译和分析。在书中,他分析了"旱云"的意象,认为"此赋明显是一个政治隐喻,在空中聚集但不施雨的旱云代表了不施恩泽的君主④"。在分析《羽猎赋》"鞭洛水之宓妃,饷屈原与彭胥"一句时,康达维指出"与《甘泉赋》中表达的意义一样,宓妃是艳情和堕落的代表,或特指此次狩猎这样奢华的场面。鞭宓妃似乎代表了对消闲享乐的拒绝。三位殉道者(按:指屈原、彭咸、伍子胥)既是儒者又是忠臣,为了挽救君主免入万劫不复之境而从容赴死。在全文的语境中,他们或者代表着对良政的回归,或者至少表示对奢靡挥霍的后果之警示。"⑤他不仅分析了"宓妃""屈原与彭胥"等意象的具体象征,还指出它们属于一种间接的批评方法(indirect criticism),并将之归于"劝说性修辞",说明这种古老修辞手法在赋中的运用。

---

① 赵一凡等主编:《西方文论关键词》,外语教学与研究出版社 2006 年版,第 635 页。
② 赵一凡等主编:《西方文论关键词》,外语教学与研究出版社 2006 年版,第 635 页。
③ 参见[美]康达维:《汉代宫廷文学与文化探微:康达维自选集》,苏瑞隆译,上海译文出版社 2013 年版,第 113 页。
④ David R. Knechtges, *Two Studies on the Han Fu. Parerga* 1, Seattle: Far Eastern and Russian Institute, University of Washington, 1968, p.50.
⑤ David R. Knechtges, *The Han Rhapsody*, *A Study of the Fu of Yang Hsiung* (53B.C.-A.D.18), Cambridge: Cambridge University Press, 1976, pp.76-77.

在《扬雄〈羽猎赋〉的叙事、描写与修辞：汉赋的形式与功能研究》一文中，康达维也注意到了矛盾和悖论所造成张力。通过对《羽猎赋》的细读，康达维发现"扬雄在赋中所作的，是建构对立面之间的冲突：节俭对奢华，简单对华丽，疏怠对勤劳。这些矛盾的张力在开篇简短的辩论中就被创造出来，并一直持续到作品的终结。这一修辞技巧的效果，是给读者造成一种印象，即在不同的行为之间做出选择。因此，赋中有大量篇幅用于详细描述皇帝的狩猎活动，这么做并非为了歌颂这些活动，或者表现作者高超的文学技艺，虽然这些因素在一定程度上确实存在；这么做是为了描绘出一个终日沉迷于玩乐，完全忽略国家与民生的皇帝的形象。"①康达维通过研究《羽猎赋》中矛盾形成的张力，认为这是作者将成帝与古代圣贤君主的形象进行类比，让成帝在沉迷玩乐和节俭勤政的行为中作出选择，以达到委婉劝谏的目的。

他还指出这种类比是有意讽刺。对讽刺（irony）的分析也是细读的主要方法。在新批评的术语中也译为"反讽"，"指语言结构的字面意思与实际意思不同或相反"②。康达维发现《羽猎赋》"群公常伯杨朱、墨翟之徒，喟然称曰：'崇哉乎德，虽有唐、虞、大夏、成周之隆，何以侈兹！太古之覜东岳，禅梁基，舍此世也，其谁与哉！'上犹谦让而未俞也，方将上猎三灵之流，下决醴泉之滋"。一段中，皇帝对颂词的拒绝具有讽刺性。他认为"这里隐含的看法是：一个把全部时间耗费在狩猎上的皇帝不配称为圣王，当然也不配进行封禅祭祀"③。他将赋中出现的张力、悖论、隐喻、讽刺归于"修辞"——"藻饰性修辞"和"劝说性修辞"，并认为这是赋中常用的修辞方法，以达到委婉劝说的目的。

康达维还运用了燕卜荪所提出的运用关键词来探究作品主题的方法。燕卜荪是新批评派的代表人物之一，他在名著《复杂词的结构》中说："如果要探讨一个字里面如何形成一个意义的结构，似乎应该将一首长诗的'关键字'挑出来，在诗中可以看到这个过程；此处关键字说明了诗歌的主题"④。康达维运用了这个理论，来找出《剧秦美新》的主旨，确定"典"为本文的关键词，认为"典"的意思是指"一种古代的规范，连接着过去，也是对

① ［美］康达维：《汉代宫廷文学与文化探微：康达维自选集》，苏瑞隆译，上海译文出版社2013年版，第95页。
② 赵一凡等主编：《西方文论关键词》，外语教学与研究出版社2006年版，第635页。
③ ［美］康达维：《汉代宫廷文学与文化探微：康达维自选集》，苏瑞隆译，上海译文出版社2013年版，第95页。
④ 转引自［美］康达维：《汉代宫廷文学与文化探微：康达维自选集》，苏瑞隆译，上海译文出版社2013年版，第117页。

当前社会的一种指引"。"因此,文章的主题并非秦朝罪大恶极,或新朝特别具备美德,或王莽的成就值得赞颂……在扬雄看来,古代经典('典')是所有道德准则的体现。也就是说,在夸张、夸大和颂扬性的词句背后,是扬雄对理想典范的隐喻,其中包含着古代的典范('典'),是指导个人言行和贤明君王的准则。"①"典"就是新批评派所指的"主题语象"(semantic image),这种语象"在同一作品中再三重复(例如艾略特《荒原》中水的语象),或在一个诗人先后的作品中再三重复(例如叶芝笔下的拜占庭)就渐渐积累其象征意义的分量,最后使我们明白它必有所指,这个渐渐积累并且展开的过程不是任意的,而是指向作品的主题。"②通过考察"典"和"古文"之间的联系,康达维认为"典"这个主题语象象征的是古代经典,由此推断《剧秦美新》的主题是扬雄对理想典范的推崇,倡导人们遵从古代流传下来的"指导个人言行和贤明君王的准则"。这种发现文本中词语的关联,来发掘词汇的多重意义,也是新批评的批评方法。

在对扬雄作品的研究中,康达维主要采用新批评细读的研究方法,但同时也不排斥对作者和历史背景的外部研究。在《汉赋:扬雄赋研究》一书中,康达维不仅运用细读的方法分析了扬雄的赋作,还详细介绍了扬雄的生平经历、思想和全部作品,重点分析了《太玄》以解读扬雄的哲学思想,肯定了扬雄作品的思想性和创新性。在《扬雄之前的赋》中,用一章篇幅介绍了赋的特点的形成过程,说明扬雄在赋体发展史上的重要性。此书发表于1976年,康达维结合了新批评注重文本内部的研究方法以及对作者和历史背景等外部因素的研究,极力扭转当时仍然存在的对扬雄及其作品的否定认识,肯定了其作品的文学价值,为扬雄研究作出了积极贡献。

新批评崛起的原因在于反对传统的实证主义批评。它和历史学研究,一个重文本内部的研究,另一个重文本外部的研究,是完全对立的。康达维开始其赋篇研究时,新批评已退出文学批评的主流。他能够清晰地看到新批评割裂作品、作者和其写作背景的弊端,并将新批评的方法与传统的语文学、历史学的研究方法结合起来,发挥了两者的优势。

(二) 结构主义诗学的研究方法

结构主义诗学兴起于20世纪60年代的法国,将批评的兴趣集中于它们的结构模式上,或解释代码上,或集中在一种体裁的形式特征以及语篇的

---

① [美]康达维:《汉代宫廷文学与文化探微:康达维自选集》,苏瑞隆译,上海译文出版社2013年版,第115,117页。

② 赵毅衡:《重访新批评》,四川文艺出版社2013年版,第124页。

常规结构上①。20世纪六七十年代结构主义诗学的研究方法在美国流行起来。康达维在开启汉赋研究之初,就使用了结构主义诗学研究的观点和方法。

他使用了加拿大文论家诺思洛普·弗莱(Northrop Frye)的修辞学理论,强调了藻饰性修辞和劝说性修辞之间的联系,并进一步说"文字上的增饰是加强论点的重要手段","劝说者的主要难点在于防止他对藻饰的兴趣阻碍了论点的传达,因为修辞性的篇章通常是九分藻饰,一分劝说"。② 康达维运用藻饰性修辞和劝说性修辞来解读汉赋,说明其委婉劝说目的的达成机制。

弗莱的修辞学理论来自其《批评的解剖》论文之四《修辞的批评:文类理论》。《批评的解剖》是20世纪西方原型批评的代表性论著,也是西方最早的一部结构主义文学批评著作。这本书着重研究西方整个文学系统的结构形式,并对这些结构形式进行了多层面的精细分析。对藻饰性修辞和劝说性修辞作用机理的分析,也就是对修辞结构模式和这种模式运作机制的解析。康达维直接运用了这一理论来解读汉赋,将赋中出现的间接的批评归结为一种修辞的结构模式,就是对结构主义诗学分析方法的运用。

此外,在研究"讽"(indirect criticism)的过程中,康达维还发现其中存在一种"双重劝说"的结构。"双重劝说"概念来自柯润璞对《战国策》的研究,康达维将这种模式运用于赋体结构模式的研究中。所谓"双重劝说",即:

> 这种劝说的双重结构包括论题与反论题,也就是说如果一种行为获得成功就会得到结果A,如果失败会得到结果B;同时还包括对一种行为和其相反行为的论说,即如果采用A方案,结果会是好的,不采用的话结果将是不理想的……这种论说的效果是使听者产生一种印象:已经斟酌了所有的可能性,听者可以从其中做出选择。在《战国策》中,这种双重劝说还偶尔以两位或多位策士进行辩论的形式出现,各方说明各种选择的利弊,直至最雄辩的一方取胜……这种框架结构成为赋的一个重要特征,即以几位虚构人物的辩论为结构。③

---

① 王守元、张德禄主编:《文体学辞典》,山东教育出版社1996年版,第131页。

② David R. Knechtges, *The Han Rhapsody:A Study of the Fu of Yang Hsiung*(53 B.C.-A.D. 18), Cambridge:Cambridge University Press,1976,pp.24-25.

③ David R. Knechtges, *The Han Rhapsody:A Study of the Fu of Yang Hsiung*(53 B.C.-A.D. 18), Cambridge:Cambridge University Press,1976,p.25.

康达维认为赋中的对问结构源于这种"双重劝说"的论说模式,并用这种模式解读了《七发》的立论模式和《羽猎赋》赋首对作赋目的的交代。康达维运用的"双重劝说"的结构模式类似于结构主义先驱法国符号学家罗朗·巴尔特(Roland Barthes,1915—1980年)对拉辛的悲剧所总结的主题模式,他把拉辛的全部悲剧归结为"A对B拥有全权。A爱着B,却不为B所爱"的抽象主题公式。① 虽然,一个是对赋体劝说模式的研究,另一个是对悲剧主题模式的研究,都是将文本内容总结为一种结构模式,使用的都是结构主义诗学的研究方法。

美国文论家乔纳森·卡勒(Jonathan Culler)认为"按照巴尔特的定义,结构主义诗学的任务,应该是将之所以产生文学效果的那个潜在的系统揭示出来"②。康达维就是运用了结构主义分析方法,将造成"讽谏"(indirect adomoniton)效果的那个潜在的修辞系统和论说模式及其运作规律揭示出来。他受西方文学批评思潮的影响,运用西方文论,解释了达成汉赋"讽谏"效果的内在机制。他的研究从文学的内部机制出发,将汉赋的研究推向深入。

在康达维对扬雄的研究中,他将新批评的研究方法与传统的语文学、历史学的方法结合起来,并运用了结构主义诗学的研究方法。从他的研究中可以折射出,20世纪六七十年代,美国文学批评正经历由新批评的方法向结构主义研究方法转向,但与此同时,在中国古代文学领域,新批评仍然是一种有效的研究方法。

---

① 参见[美]威莱克:《当代欧洲文学批评观》,见江西省文联文艺理论研究室、江西省外国文学学会编:《外国现代文艺批评方法论》,江西人民出版社1985年版,第8页。
② [美]乔纳森·卡勒:《结构主义诗学》,盛宁译,中国社会科学出版社1991年版,第180页。

第四章　康达维的汉魏六朝赋篇论述

　　在对扬雄及其赋作进行了较为深入的研究之后,康达维继续拓展自己的研究范围。从 20 世纪 80 年代至今,他陆续发表了赋研究论文近 40 篇,研究了从先秦到清代 30 余位作者的 60 余篇辞赋作品,包括辞赋发轫期的隐语、辞、七体到汉代成熟期的散体大赋、再到魏晋赋风转变期的抒情小赋,从中可清晰窥见赋体的发展轨迹。他的研究涵盖了对赋作真伪的辨析、对其中涉及名物的考证、对赋作主旨的揭示、对赋作反映的审美和思想观点的阐释、对赋作翻译方法的研究等。他的研究无论从赋作出现的时间跨度、涉及作者的数量、篇目的数量和种类以及研究内容的多样性都是其他西方研究者所无法比拟的。他的辞赋研究开启了欧美对赋体进行全面深入研究的新时代,完成了欧美的辞赋研究由翻译向深入研究的转变。

　　康达维对扬雄赋的研究主要是解析其内容,随着研究的全面铺开和深入,他对汉魏六朝赋的研究角度呈现出多样化的趋势,而大致可以归纳为以下三个方面。

第一节　汉赋与汉代宫廷文学活动

　　汉赋是一种宫廷文学。它是在汉武帝的推崇下兴盛起来的,其作家群体主要是宫廷侍从文人。它的内容主要是铺述宫廷生活的方方面面。康达维对汉赋的宫廷文学性质有深刻的认识,将汉赋作为宫廷文学活动进行研究。他于 2002 年在英国出版的论文自选集,题为 "Court Culture and Literature in Early China(古代中国早期的宫廷文化与文学)",2013 年由上海译文出版社出版了此书的中文版,题为《汉代宫廷文学与文化之探微:康达维自选集》。从标题上可见,康达维辞赋研究的重点在于汉代的宫廷文学和文化。

一、激发皇子:枚乘《七发》中的贵族宫廷生活描写

　　1971 年,康达维和苏文三博士合写的文章《七种对太子的刺激:枚乘的〈七发〉》,发表于德国的《华裔学志》。文章在英译的基础上,首先明确了《七发》的主旨在于劝说,赋家使用了一种传统的修辞手段以达到劝说的目

的,接着分析了这种修辞的来源、具体表现,以及赋家使用这种修辞的原因。①

此文的重点和亮点在于对《七发》中修辞的分析。他们是在分析和批评英国汉学家韦利和美国汉学家华兹生的观点基础上立论的。对于韦利的观点,康达维介绍说:"对(《七发》)结尾太子奇迹般地复原,一种解释是将吴客的吟诵看成一种咒语。韦利曾经将赋定义为一种能实施'文字魔法'的咒语,不是通过'辩说或修辞,而是通过节奏和语言造成纯感官的兴奋'。"②韦利是在 1923 年出版的赋和诗的译文集《游悟真寺及其他诗篇》的导言中说明这一问题的。韦利之所以将赋看成是"文字魔法",是因为他认为赋源于巫师的咒语。他说:"可以说,赋在所有阶段都呈现出与其源头紧密联系的特点:赋从源头上说是一种咒语。它有着纯魔幻的形式,源于楚国巫师吟咏的颂诗,迫使神灵从天而降,在信众面前显灵。屈原的《九歌》就具有这种性质,它是赋的浓缩。"③韦利显然是通过分析《楚辞》而找到赋的源头,并将赋的"治愈"作用,看作是咒语的效果。

康达维指出了韦利观点的症结,他认为赋的文学效果来自修辞,而非咒语:

> 韦利将赋视为具有魔力的咒语只是部分正确,因为他混淆了修辞和魔法……然而,诗人和劝说者是魔法师只是从比喻义上来说的。他们可以用语言的魔法魅惑或迷住听众,但咒语由修辞而产生,并非魔法。④

韦利的依据是《楚辞·九歌》中的文字是降神的咒语,赋源于《楚辞》,因此赋中的语言也是一种咒语。确实,《楚辞》与巫文化有很大的联系,它的辞藻绚烂、想象丰富、用词夸张、行文重铺述对汉赋产生了很大影响,但这种联系并不能说明赋中的语言也是咒语。如果将语言所产生的艺术张力都解释为咒语的话,那么其他文学体裁中触动人的语言也可称为咒语,这显然不合理。如果将《七发》理解为魔法还勉强可行,因为它毕竟治好了楚太子

---

① David R. Knechtges & Jerry Swanson, "Seven Stimuli for the Prince: The Ch'i-fa of Mei Ch'eng", *Monumenta Serica*, Vol.29(1970-71), pp.99-116.

② David R. Knechtges & Jerry Swanson, "Seven Stimuli for the Prince: The Ch'i-fa of Mei Ch'eng", *Monumenta Serica*, Vol.29(1970-71), pp.102-103.

③ Arthur Waley, *The Temple and Other Poems*, London: George Allen & Unwin Ltd., 1923, p.17.

④ David R. Knechtges & Jerry Swanson, "Seven Stimuli for the Prince: The Ch'i-fa of Mei Ch'eng", *Monumenta Serica*, Vol.29(1970-71), p.103.

的病,如果将《鹏鸟赋》这样倾诉心声的篇章、《洞箫赋》这样咏物的篇章、《北征赋》这样叙事的篇章、《髑髅赋》这样讥刺的篇章都理解为运用咒语来魅惑人的篇章是毫无道理的。康达维对前辈学者观点的修正是有其根据的,是对西方赋学的继续推进。

　　同时,康达维也批驳了华兹生的观点。华兹生认为《七发》完全是饰藻性修辞的练习,是赋家炫技的借口,结尾的道德训诫是敷衍的,是为了遵从说教的传统。康达维则认为赋家的主要目的在于劝说,使用藻饰的原因是由于:"既然需要朝臣的谏言,为了不触犯龙颜,必须使用一些修辞手段,特别是当劝谏触及到君王的个人行为问题。于是劝谏总是采用前文所述的委婉呈现的形式。"①文字的铺陈是为了达到双重目的"娱乐君王,使他高兴,以吸引其注意力,同时使批评显得不那么难以接受,不具冒犯性"②。鉴于汉赋的宫廷文学性质,其目的读者往往是高高在上的君王,赋家则一般为宫廷侍从文人,两者地位悬殊。加之,赋家作赋的目的往往是指出君王的过失,因此必须采取委婉的方式,即汉代人所说的"讽谏"。从汉代赋家对讽谏的强调,赋中体现出来的靡丽的风格,及赋家的地位来看,康达维的分析更加符合赋家的创作实际。

　　此外,他还说明这种修辞经常采用源自《战国策》的"双重劝说"的模式,即提出两相对立的论点或选项,而最后指向谏说的行为。在《七发》中表现为,作者用大量篇幅极力渲染自然之音乐、山珍野味、骏马良御、山海奇景、校猎、广陵之潮等六种活动,最后要说的"要言妙道"未及说明而使太子病愈。康达维认为这六种活动是作者不提倡的,而"要言妙道"是要引导太子将精力放到学问上,是作者的目的所在。这两个部分的内容看似矛盾,后一部分是为了加强前一部分的论点。

　　康达维在 1976 年出版的专著《汉赋:扬雄赋研究》中将提到的传统的修辞概括为"persuasive rhetoric(劝说性修辞)"和"epideictic rhetoric(藻饰性修辞)",并进一步详述了"双重劝说"的模式。③ 从修辞学角度对扬雄赋进行解析是专著的重点内容,也是康达维最具创造性的成果。

　　由于康达维对《七发》的翻译和解析,枚乘的《七发》引起了美国学者的

①　David R. Knechtges & Jerry Swanson, "Seven Stimuli for the Prince: The Ch'i - fa of Mei Ch'eng", *Monumenta Serica*, Vol.29(1970-71), p.105.

②　David R. Knechtges & Jerry Swanson, "Seven Stimuli for the Prince: The Ch'i - fa of Mei Ch'eng", *Monumenta Serica*, Vol.29(1970-71), p.106.

③　David R. Knechtges, *The Han Rhapsody, A Study of the Fu of Yang Hsiung*(53B.C.-A.D.18), Cambridge: Cambridge University Press, 1976.

关注。如美国宾夕法尼亚大学梅维恒教授（Victor H. Mair）就专门研究了《七发》，在 1988 年出版了《枚乘的〈七发〉和王勃的〈滕王阁序〉》①一书。

二、皇帝与文学：汉武帝与汉赋的兴盛及其在宫廷的传播

在 20 世纪 80 年代之前，赋被贴上"贵族文学"和"宫廷文学"的标签而遭到批判。然而，康达维则从这种宫廷文学中提炼出其中展现的宫廷文化。他发现在辞赋的发展史中，皇帝占有至关重要的地位。为弄清皇帝在辞赋发展过程中所起的作用，他写了《皇帝与文学：汉武帝》一文。此文最初以英文的形式发表在《中国古代君权与文化变迁》一书中，于 1994 年由美国西雅图华盛顿大学出版社出版，于 2002 年又收录在其论文自选集中，2011年由苏瑞隆译成中文，发表在《湖北大学学报》上，题为《汉武帝与汉赋及汉代文学的勃兴》。

在《皇帝与文学：汉武帝》一文中，康达维叙述并分析了武帝时期汉赋兴起的过程，重点分析了司马相如《上林赋》，以及汉武帝自己诗赋作品的内容和风格，探讨汉武帝文学品味的形成。他指出在汉武帝统治之前，汉赋的创作中心在诸侯王的宫廷，中央政府的宫廷对这一新兴文体完全忽视。由于汉武帝对雄辩和修辞的兴趣，他广泛招募文采富丽的文人入朝，其中就有司马相如和枚乘。司马相如所创作的《上林赋》迎合了汉武帝的爱好，称颂了汉帝国的荣耀与强大。由于武帝对赋的推崇，赋在他统治期间成了宫廷专属的文体。汉武帝自己也作了《李夫人赋》，展示了他的作赋才能。康达维进一步分析认为：

> 大赋在进京之前本是一种地方性的文学形式，这表明地方性或者地域性的文学对宫廷文学品味的形成有着重大的影响……通过肯定从未获朝廷认可的文学价值观，武帝事实上实现了辞赋与新乐的体制化。武帝之后，汉代的文学基本上是属于皇家的，赋尤其以皇帝及其体制为中心……无论武帝的动机为何，因为提升了文学的地位——中国文明中至高无上的成就之一，他至少应该得到一定程度的肯定。②

---

① Victor H. Mair, *Mei Cherng's "Seven Stimuli" and Wang Bor's "Pavilion of King Teng"*, Chinese Poems for Princes, *Studies in Asian Thought and Religion*, Volume 11, Lewiston / Queenston / Lampeter：The Edwin Mellen Press, 1988.

② ［美］康达维：《汉代宫廷文学与文化之探微：康达维自选集》，苏瑞隆译，上海译文出版社2013 年版，第 40—41 页。

　　由于司马相如原属于梁王刘武门下的文人,他的作赋技巧是在梁国形成的。而司马相如将铺陈华丽的赋带入了宫中。因此,康达维认为汉武帝文学品味的形成受到地方性文学的影响,且最终决定了宫廷文学品味的形成,汉武帝把赋由地方性文学提升到皇家文学地位,使文学在中国人的生活中占有中心位置。在此,康达维肯定了汉武帝对提升文学地位所起的重要历史作用。他的分析使我们看到个人对文学乃至文化发展所产生的巨大影响。不过,康达维似乎夸大了汉武帝对辞赋所产生的影响,辞赋繁荣更关键的因素应当是赋家的才能、前代物质财富和精神财富的积累以及文学的发展。

　　在《皇帝与文学:汉武帝》一文中,康达维还简要分析了汉武帝的《李夫人赋》《天马歌》《瓠子歌》。由此,康达维对汉武帝的辞赋产生了兴趣,并在《汉武帝的赋》一文中做了深入分析。这篇论文是台湾政治大学举办的有关辞赋学的学术讨论会参会论文,收录于会议论文集中,于1996年以中文的形式出版。在文中,康达维翻译和解析了汉武帝所作的《李夫人赋》和《秋风辞》。康达维认为《李夫人赋》是"汉武帝作品中最感人、最熟巧的作品",且"表达了个人深挚的情感","就其时代文风而言也十分特别,不像汉武帝时代出自宫廷诗人之手的辞赋"。① 他重点分析了《李夫人赋》的真伪问题,认为文章结尾的"乱曰"包含了一处年代错误。文中称李夫人的儿子为"王",而李夫人卒于公元前121年,而其子封王在24年后。他认为年代的错误表明汉武帝与李夫人的对话并不是当时逐字记录而来的。结合《汉书》第四十四卷《淮南衡山济北王传》中"时武帝方好艺文,以安属为诸父,辩博善为文辞,甚尊重之。每为报书及赐,常召司马相如等视草乃遣"②的记载,康达维推论认为汉武帝的辞赋作品可能经过了诗人辞客的代笔润色,而《李夫人赋》中"乱"的部分可能是后人根据原有的赋篇加添而成,或是以后人的作品取代原有的"乱"文。康达维还分析了汉武帝的《秋风辞》,并肯定了其文学价值。

　　康达维在《皇帝与文学:汉武帝》以汉武帝的辞赋作品为例,探讨了武帝时期的宫廷审美。他在《"君未睹夫巨丽也":早期中国皇家的审美探求》一文中,继续关注着宫廷审美的问题。这篇论文于2002年刊载于有关汉学的会议论文集《文学、文化与世变》中。论文从辨析"美"与"丽"的含义入手,从美学观的角度来观照赋,认为从汉代到魏晋南北朝的诗赋作品体现了人们审美观的变化,即从对"大之美"的追求到对"小之美"的推崇,并解析

　　① 〔美〕康达维:《汉武帝的赋》,1996年。
　　② (汉)班固、(唐)颜师古注:《汉书》,中华书局1962年版,第2145页。

了其中体现的权力政治的变化。康达维分析了司马相如《上林赋》、扬雄《校猎赋》、班固《西都赋》等赋作中对西汉占统治地位的审美观——"大之美"的表现，认为"赋中对罕见动植物和奢华物品的冗长列举是为证明汉代宫廷的权力和威望所提供的坚实证据"。他还分析了赋学家对赋体特征的评论，如刘勰对司马相如《上林赋》"繁类以成艳"的评述、扬雄对赋"必推类而言，极丽靡之辞，闳侈钜衍，竞于使人不能加也"的评论和司马相如"赋家之心，苞括宇宙，总览人物"的论述，认为"对事物的铺排列举是宫廷赋的特征"，"提供全面的、穷尽式的描述、对事物下定义、意欲无所不包的想法，这些趋势都是武帝时期普遍具有的心灵愿景所展现的自信之产物"。

　　中国学者何新文教授也关注了同样的问题，在《赋家之心　苞括宇宙——论汉赋以"大"为美》一文中从汉赋宏大体制的追求、对宇宙间一切大的事物的描述、对想象世界的铺陈等方面更全面概括了"大之美"在赋中的表现，并更清晰地表述其原因"在汉代，最高统治者这种以大为美的观念，既适应着当时特定的政治历史条件，又得力于他们巨大的权势声威……这种审美风尚也会渗透到文学领域中来，影响并支配着汉赋的创作，使它毫无例外地染上'大'的色彩"①。尽管具体论述不同，他们的主要观点是一致的：汉赋突出表现了对"大之美"的追求，这是受皇家审美观的影响和支配的。

　　康达维沿着皇家审美观对文学的影响这条主线继续前进，说明了在宫廷审美对"巨丽"推崇的同时，也存在质疑的声音，特别是在两汉交替之际扬雄对"大之美"的批判，与汉帝国的衰微，以及汉明帝对节制和简约的推崇息息相关。至东汉到魏晋，这种趋势更为明显但有所反复。如班固在《东都赋》中称赞崇尚简约的"太素"思想，但在曹魏作家何晏的《景福殿赋》中又开始赞扬城市和宫殿的辉煌壮丽。康达维认为这只是汉代覆灭之后，后世对汉帝国苍白的模仿。他指出，到了公元 200 年东汉灭亡之后，文学审美观发生了根本性的改变，逐渐转变到对"小之美"的喜爱。咏物"小赋"流行起来，如傅咸的《叩头虫赋》、张华的《鹪鹩赋》。南北朝末期又出现了被称为"小诗"的四言诗。拥有广阔宅邸的人也开始倾向于"小之美"，如谢灵运《山居赋》、潘岳《狭室赋》、束皙《近游赋》、庾信《小园赋》。直至唐代韩愈的五言组诗《盆池》也展现了迷你世界的美。康达维最后强调虽然出现了崇尚"小"的审美观，但古老的汉代审美，即对"大"的喜爱却未消失。

　　在这篇文章中，康达维回顾了从汉代到唐代约一千年间，文学世界，特

---

① 何新文：《赋家之心　苞括宇宙——论汉赋以"大"为美》，《文学遗产》1986 年第 1 期。

别是赋,展现的人们审美观的变化,并说明了崇尚"大之美"与皇家审美之
间的关系。可惜的是,他并未详细解析"大之美"到"小之美"的审美转变的
深层原因。

三、鸿都门学与东汉末期的宫廷文化

《东汉末期的宫廷文化:以鸿都门学为例》一文以英文撰写,载于陈金
樑、劳悦强编辑的《中国中世纪初期的诠释与文学》,于 2010 年由美国纽约
州立大学出版社出版。在文中,康达维通过还原鸿都门学在建立时蔡邕、杨
赐等官员对其争议,研究鸿都门学的课程、学生组成和入学机制,说明鸿
都门学所采用的机制与传统的机制背离,其品味是"市井的方式",而当时
的赋作如蔡邕的《短人赋》《青衣赋》《协和婚赋》也体现了这种"俗"的风
格,由此总结在汉灵帝时期宫廷文化开始受到市井的影响,由强调文学的政
治性向关注其艺术性转变,鸿都门学是文学自觉的初始阶段。①

康达维在文中发现一个有趣的现象,蔡邕赋中俗艳的描写与其身份很
不相称。他首先列出《后汉书·蔡邕列传》中蔡邕对鸿都门学和辞赋的批
判之文。然后翻译了蔡邕《青衣赋》的残文,并分析说:

> 引文中的最后几行(注:指《青衣赋》"思尔念尔,怒焉且饥"一句)
> 诗人将对青衣女子的欲望比作饥饿,是赤裸裸的欲望的体现。虽然宋
> 玉《登徒子好色赋》和司马相如《美人赋》描述了美人试图引诱帅气男
> 子,结果主人公拒绝了她的美意。在蔡邕的赋中,男子没能战胜其性
> 冲动。②

这篇赋的内容与蔡邕作为文学经典的捍卫者、对浮华文风的批判者的
地位是相矛盾的。的确,作为史学家的蔡邕(133—192 年)十分重视儒家经
典,恪守经学与道德规范的传统。比如,他在《上封事陈政要七事》中,以
"第五事"明确提出了对辞赋的批评:"夫书画辞赋,才之小者,匡国理政,未
有其能。陛下即位之初,先涉经术,听政余日,观省篇章,聊以游意,当代博

---

① David R. Knechtges, "*Court Culture in the Late Eastern Han: The Case of the Hongdu Gate School*", in *Interpretation and Literature in Early Medieval China*, Alan K. L. Chan and Yuet-Keung Lo(eds.), Albany: State University of New York Press, 2010, pp.9-40.

② David R. Knechtges, "*Court Culture in the Late Eastern Han: The Case of the Hongdu Gate School*", in *Interpretation and Literature in Early Medieval China*, Alan K. L. Chan and Yuet-Keung Lo(eds.), Albany: State University of New York Press, 2010, pp.33-34.

弈,非以教化取士之本。而诸生竞利,作者鼎沸。其高者颇引经训风喻之言;下则连偶俗语,有类俳优;或窃成文,虚冒名氏。"①他对汉灵帝重用擅长"书画辞赋"的"才之小者",而使"诸生竞利,作者鼎沸"的做法极为不满。可见,他轻视辞赋。并且,对于辞赋来说,他欣赏"引经讽喻之言"的作品,而看不起"连偶俗语,有类俳优"的作品。而其辞赋作品《短人赋》《青衣赋》《协和婚赋》却体现出其贬低的"俗"的风格。

对于这种矛盾,康达维的解释是,蔡邕创作这些浮艳的作品是为了适应汉灵帝宫廷的审美观。东汉末年,宫廷内外开始了重大的文化转变,并且"在下一代中,传统官僚阶层所奉行的价值观遭到巨大改变,对于汉灵帝时期蔡邕、阳球、杨赐、赵壹所拒绝的新价值观,反对的人越来越少。特别是我们看到下一代学者对于文学的政治功用兴趣越来越淡,我们通常所称的文学和艺术自觉的时代到来了"。他继而强调"鸿都门学的重要性在于它代表了这种重大文化发展的起始阶段"②。康达维此文的重点是分析鸿都门学中所体现的东汉末年宫廷审美观的重大变化,论证鸿都门学是文学自觉时代的初始阶段。因此,他未强调蔡邕作品对于文学自觉时代到来的意义。但从他的论述中,可以看到蔡邕在实际创作中重视文学的艺术性,他的作品对开启文学自觉的时代是有意义的。

一些中国当代的辞赋研究专家也提出了相似的观点。龚克昌先生在《中国辞赋研究·蔡邕评传》一书中说:"蔡邕不仅是转变汉赋思想内容的第一人,他同时也是转变汉赋艺术形式的第一人。"③程章灿也认为:"作为赋家的蔡邕,对建安作家的赋体创作产生显著的影响。"④可见,蔡邕对文学自觉时代的开启,起了重要作用。康达维将蔡邕对鸿都门学的批评、其赋作风格和东汉末期宫廷审美的变化联系起来分析,给我们以启迪。

四、扬雄、赵壹等赋家对汉代宫廷的批评

康达维用英文撰写的《汉代文学中对宫廷的批评》(*Criticism of the Court in Han Dynasty Literature*)一文,先于 2000 年发表于台湾地区。经苏瑞隆、龚航翻译成中文后,又于 2003 年和 2007 年分别在大陆期刊上刊出。

---

①　(南朝宋)范晔、(唐)李贤等注:《后汉书》,中华书局 1965 年版,第 1996 页。

②　David R. Knechtges, "*Court Culture in the Late Eastern Han: The Case of the Hongdu Gate School*", in *Interpretation and Literature in Early Medieval China*, Alan K. L. Chan and Yuet-Keung Lo(eds.), Albany: State University of New York Press, 2010, pp.33-34.

③　龚克昌:《中国辞赋研究》,山东大学出版社 2003 年版,第 591 页。

④　程章灿:《魏晋南北朝赋史》,江苏古籍出版社 2001 年版,第 42 页。

在此文中,作者开篇即指出"汉代在许多方面都可以说是文人士大夫的黄金时代",但是汉代文人士大夫在汉代宫廷仍处于依附地位,他们往往选择迂回的方式,运用当时处于主导地位的文学体裁——赋来表达对政治的批评。汉代文人批评朝廷"偏离古代圣王的伦理与政治理想"的做法,具体表现在以下五个方面:

　　一、宫廷中对物质的过度追求;二、宫廷选择官吏不是根据才能,而是通过皇亲国戚的关系和喜爱的佞臣来选择;三、朝廷已转变为一个巨大无情、排斥异议的官僚系统;四、朝廷是一个充满危险和欺骗的地方;五、朝廷无法制止皇室的宠信的势力,特别是外戚的势力。①

接下去,则举赋家扬雄和赵壹为例,来解析汉代文人对朝廷的批评。

（一）扬雄《甘泉赋》《羽猎赋》《长杨赋》《解嘲赋》诸赋"委婉的讽谏（讽刺）"

首先,是以"宫廷诗人"闻名的扬雄。扬雄是当时汉成帝(前32—前7年在位)宫中的首要诗人与学者。他在《甘泉赋》《羽猎赋》《长杨赋》这三篇受诏而作的赋中,都插入了"委婉讽谏",对他认为不正当或与古代道德标准不合的活动提出劝诫。比如他在《羽猎赋》中反对皇家的校猎,在《甘泉赋》中对成帝的皇后赵飞燕及其妹赵昭仪提出了"委婉的讽刺"等。

康达维肯定扬雄赋"委婉讽谏"或"委婉讽刺"的上述观点,早在他20世纪六七十年代完成并出版的博士论文《汉赋:扬雄赋研究》中就已然形成。在当时及之前的中国文学研究界,扬雄的赋往往作为"丽而无用"的汉大赋的典范而遭到批评和忽视。而作为"他者"的康达维,则一直在肯定扬雄赋中的"讽谏"。康达维的观点和研究方法为我们继续推进扬雄赋的研究提供了新的思路。后来到了20世纪80年代初,陆续有中国大陆的汉赋研究者发表跟康达维相似的观点。如山东大学的龚克昌教授发表《扬雄赋论》一文,指出扬雄的《甘泉赋》《羽猎赋》《长杨赋》等作品,表现了"注意农民的生产和生活","对汉成帝的奢靡进行揭露和批评","比较广泛而深刻地写出了生活的真实、时代的弊端","扬雄的赋比之司马相如的赋,讽谏的味道已大大地加强了"。② 1986年,湖北大学的何新文教授发表《在"体物"中"写志":汉赋研究之一》的文章,也认为"大赋作品还直接或间接地表达

---

① ［美］康达维:《汉代文学中对宫廷的批评》,见许结等主编:《中国赋学》,江苏教育出版社2007年版,第42页。

② 龚克昌:《汉赋研究》,山东文艺出版社1984年版,第93、96、109、110页。

了对帝王贵族奢侈生活和对社会不良风气的批评",如扬雄写赋"力主讽谏","在《羽猎赋·序》中公开指责汉武帝广开上林、纵情校猎,在《长杨赋》中更直接揭露当时皇上汉成帝不顾农时,发民入山捕兽的荒唐行径"。①

当然,更多的学者对于汉赋的"讽谏",是接受司马迁"劝百讽一"和扬雄"不免于劝"的观点,认为赋"丽"而无用。如罗根泽先生1962年出版的《中国文学批评史》说:"扬雄的赋也一样的欲讽反谀。本来辞赋是一种唯美的文艺,无奈汉人虽赏识它的优美,而又薄弃它的无用,所以不得不承受'美刺'的领导,装上'讽谏'的作用。但唯美文艺装上'讽谏',很容易使人'览其文而忘其用'……则一班人的观感,仍然是美而无用。"②1992年,程章灿著《魏晋南北朝赋史》谓:"两汉骋辞大赋向以雍容揄扬存讽谏之旨为依据,却往往欲讽反劝或劝百讽一,骋辞大赋及其作者常因此受到非难。"③还有一种观点认为,汉赋本身是一种优美的文体,汉人本不应该强调它必须具有讽谏的作用,如程德和《汉赋管窥》批评:汉人"在围绕'讽谏'功能上争论尤为激烈,这些争论不仅模糊了大赋的创作主题,也直接影响着大赋的创作,甚至约束了大赋艺术生命的发展"④。

而康达维一直在肯定扬雄赋中的"讽谏",如他在1997年发表的为龚克昌教授《汉赋讲稿》英译本所做的序文中,说:"扬雄甚至认为讽谏是赋这个文体的基本功能,在他的《自序》中他说:'雄以为赋者,将以风也'。"并且肯定龚教授"强调扬雄对那些因校猎而深受其害的农民表示关心,龚对扬雄的看法不寻常"。⑤ 康达维对于扬雄赋"讽谏"的肯定,有助于我们抛弃对赋的成见,重新认识赋的艺术价值。

(二) 赵壹《刺世疾邪赋》对当时朝廷的指控

赵壹(约130—185年)字元叔,是东汉末年揭露社会、批评朝廷最为直接尖锐的重要赋家。《后汉书·文苑列传》本传就曾记载他说:"体貌魁梧,身长九尺,美须豪眉,望之甚伟。而恃才倨傲,为乡党所摈,乃作《解摈》。后屡抵罪,几至死。"⑥曾作《穷鸟赋》一篇,以"毕网加上,机穿在下,前见苍隼,后见驱者"的穷途末路之鸟自喻;后又作《刺世疾邪赋》"以舒其怨愤"。

---

① 何新文:《在"体物"中"写志":汉赋研究之一》,见《辞赋散论》,东方出版社2000年版,第68—80页。
② 罗根泽:《中国文学批评史》,商务印书馆2017年版,第119—120页。
③ 程章灿:《魏晋南北朝赋史》,江苏古籍出版社2001年版,第162页。
④ 程德和:《汉赋管窥》,中州古籍出版社2003年版,第81页。
⑤ [美]康达维:《龚教授〈汉赋讲稿〉英译本序》,见《学者论赋:龚克昌教授治赋五十周年纪念文集》,齐鲁书社2010年版,第54、63页。
⑥ (南朝宋)范晔、(唐)李贤等注:《后汉书》,中华书局1965年版,第2628页。

康达维在所撰《汉代文学中对宫廷的批评》结尾部分,也评述了赵壹对当时社会和朝廷的批判。康达维先征引史蒂芬·贾格(Stephen Jaeger)刻画的"一个比地狱相差无几的宫廷图画",那里是"危机四伏,寄生虫、诽谤和谄媚者聚集地"。康达维认为,史蒂芬·贾格笔下的欧洲宫廷和中国后汉时期批判朝廷的文章很相似,而赵壹的赋就是一个例子。康达维指出,赵壹在赋作《刺世疾邪赋》中,"无情地攻击当时的朝廷,指控朝廷的权臣为谄媚者、舐痔者和与癞蛤蟆一样的奉承者,他们一同谋害忠良之士:佞谄日炽,刚克消亡。舐痔结驷,正色徒行。妪偻名势,抚拍豪强。偃蹇反俗,立致咎殃。捷慑逐物,日富月昌。浑然同惑,孰温孰凉? 邪夫显进,直士幽藏"①。

然后,康达维又引出《刺世疾邪赋》中的下一段文字:

> 原斯瘼之攸兴,实执政之匪贤。女谒掩其视听兮,近习秉其威权。所好则钻皮出其毛羽,所恶则洗垢求其瘢痕。虽欲竭诚而尽忠,路绝崄而靡缘。九重既不可启,又群吠之猜猜。

康达维分析道:"赵壹在这里所描述的甚至比扬雄所说的还要腐败","赵壹公然说出朝廷种种祸害的来源,那就是皇帝的近身宠幸,这些人使皇帝忠言逆耳"。②

其实,类似上面这样的认识,康达维前几年为龚克昌《汉赋讲稿》英译本所写的序文中,已有表述。康达维说:"赵壹最有名的赋《刺世疾邪赋》,是汉后期讽刺作品极好的例子,是对当权者的尖锐讽刺","赵壹以率直的语言称那些阿谀者'舐痔结驷''抚拍豪强',讽刺他们在政治权贵面前卑躬屈膝"。康达维高度评价了龚克昌教授在其《汉赋研究》中以专文《抒情小赋作家赵壹》"称赞赵壹的直率和战斗性","将赵壹的赋放在当时特定的政治背景下来阅读,同时还分析出赋中特有的文学特点"。③ 很显然,康达维的论述抓住了赵壹《刺世疾邪赋》"尖锐讽刺"朝政的思想性特点,也符合赵壹所处东汉末期的朝廷政治实际。

总之,康达维将汉赋作为宫廷文学活动进行研究,考察了汉武帝文学品味的形成对汉赋风格形成和转变的影响,通过汉赋审视了宫廷文化,研究了

① [美]康达维:《汉代文学中对宫廷的批评》,见许结等主编:《中国赋学》,江苏教育出版社2007年版,第56页。

② [美]康达维:《汉代文学中对宫廷的批评》,见许结等主编:《中国赋学》,江苏教育出版社2007年版,第56—57页。

③ 《学者论赋:龚克昌教授治赋五十周年纪念文集》,齐鲁书社2010年版,第66—67页。

汉赋中颂美和批评的因素,并用"双重劝说"的模式解释了汉赋的"劝百讽
一"。他的许多观点值得我们学习借鉴。

第二节　对于汉魏六朝赋篇的多元考辨

　　无论是源自清代考据派的中国传统学术还是欧洲早期的汉学研究,都
是以训诂和考据作为研究的基本方法。作为间接受到这两种传统的影响、
有着极好的语言天赋和扎实的中文音韵学知识、并对中国历史有强烈兴趣
的学者,训诂、考据自然成为康达维钟爱并运用自如的方法。他通过考证解
决了赋篇研究中的一些关键问题。

一、司马相如《长门赋》和班倢伃、班昭赋背景及主旨考辨

　　康达维比较关注"闺怨主题"。他认为抒写宫廷女性的怨愤是中国宫
廷文学中常见的主题,且司马相如的《长门赋》是书写这一主题最早的例
子。由此他展开了对《长门赋》的研究,写了《司马相如的〈长门赋〉》一文。
这篇文章最早于1981年发表于《哈佛亚洲研究学刊》,由王心玲译成中文
在台北出版,后来又收录于其论文自选集。在文中他重点探讨了《长门赋》
的真伪问题。认为证明《长门赋》为司马相如所作的最有力的证据在于其
押韵模式。赋中侵、冬以及谈、真韵部通押,这种押韵特点只能在西汉来自
蜀郡赋家的作品中见到。他在论文后面还特别附有韵律表和韵部表,其中
韵部表中统计了《长门赋》全文中的韵字,其所属的韵部和所在诗行,从中
可以直观地看到司马相如的押韵模式。①

　　汉成帝的妃子班倢伃②的作品也书写了"闺怨"的主题。康达维对它们
做了较为细致的研究,写了《班倢伃诗和赋的考辨》一文。此文以英文撰
写,最早于1993年刊载于德国著名的汉学杂志《远东期刊》,1997年译成中
文载于中国文选学会和郑州大学古籍整理研究所编写的《文选学新论》,在
2002年英文版收录于康达维论文自选集,2013年由苏瑞隆译成中文出版。

　　这篇文章对班倢伃的五言诗《怨歌行》和赋作《自悼赋》进行了翻译和
内容分析,并考辨了《怨歌行》的真伪。对《怨歌行》真伪的考辨是此文的重
点。他首先摆出了刘勰在《文心雕龙》中对班倢伃的作品表示的质疑:"至
成帝品录,三百余篇,朝章国采,亦云周备,而辞人遗翰,莫见五言,所以李

---

① 参见[美]康达维:《汉代宫廷文学与文化之探微:康达维自选集》,苏瑞隆译,上海译文出
　版社2013年版,第3—18页。

② "班倢伃"也写作"班婕妤"。本书根据引用的不同版本,采用不同的写法。

陵、班婕妤见疑于后代也。"①接着列举了中国学者逯钦立和萧涤非、法国学者侯思孟（Donald Holzman）和桀溺（Jean-Pierre Diény,1927—2014 年）、德裔美籍学者傅汉思的观点和证据,并详细辨析了各家观点的漏洞和合理性。

他还重点查考了《怨歌行》中描述的"圆扇"出现的年代。根据傅毅《扇铭》《扇赋》和班固《竹扇赋》中皆提到圆扇,以及《汉代物质文化资料图说》中所载关于圆扇的考古资料,康达维认为"圆形扇早在东汉初年就已经见存于中国",并以此作为证明《怨歌行》为东汉时期作品的有力证据。他认为"这首诗起初是一首有关弃妇的民歌,后来,可能在魏、晋时期,这首诗被附会于班婕妤的故事,以致《怨歌行》被认为出自班婕妤之笔"②。对《怨歌行》真伪的辨析体现了康达维广泛的阅读和深厚的文献功底。

康达维还研究了班婕妤的曾侄女班昭的《东征赋》,其《班昭〈东征赋〉考》③于 1999 年用中文发表于南京大学中文系主编的《辞赋文学论集》。这篇文章是基于他在 1989 年有关汉学的会议论文集上发表的《汉赋中的纪行之赋》中对《东征赋》的考论。

在考察此赋的写作背景时,康达维发现许多学者认为的此赋作于永和七年或永初七年班昭随丈夫曹世叔赴任途中之观点有误。他认为永和七年的年号不存在,如果此赋作于永初七年,即公元 113 年,此时班昭已寡居,不可能随夫赴任。他根据《文选》李善注所引《大家集》"子毂为陈留长,大家随至官,作《东征赋》"的说法,认为此赋是班昭随儿子曹子毂（曹成）东行赴任时所作,并依据《文选旁证》所引清阮元"赋首永初为永元之误"的论断,认为"永初"为"永元"的笔误,由此作出结论,《东征赋》应作于永元七年（按:公元 95 年）,也就是曹成第一次赴任之时④。确定《东征赋》是班昭随儿子赴任途中所作之后,再结合对文本的分析,康达维认为这篇赋不仅是通常认为的述行怀古之作,还是母亲对儿子的告诫,"希望他能遵循大道,行走仁义道德的道路"⑤。康达维运用传统的语文学、历史学的考辨方法,在

---

① ［美］康达维:《汉代宫廷文学与文化之探微:康达维自选集》,苏瑞隆译,上海译文出版社 2013 年版,第 63 页。

② ［美］康达维:《汉代宫廷文学与文化之探微:康达维自选集》,苏瑞隆译,上海译文出版社 2013 年版,第 66—67 页。

③ ［美］康达维:《班昭〈东征赋〉考》,见南京大学中文系主编:《辞赋文学论集》,江苏教育出版社 1999 年版,第 186—195 页。

④ ［美］康达维:《班昭〈东征赋〉考》,见南京大学中文系主编:《辞赋文学论集》,江苏教育出版社 1999 年版,第 188—189 页。

⑤ ［美］康达维:《班昭〈东征赋〉考》,见南京大学中文系主编:《辞赋文学论集》,江苏教育出版社 1999 年版,第 195 页。

确定赋篇真伪和主旨方面,得出了不少新见。因此,他将《昭明文选英译:第二册》中收录的《东征赋》"惟永初之有七兮,余随子乎东征"一句译为"It is the seventh year of Yongyuan, And I follow my son on an eastward journey"①,意为"在永元七年,我随儿子东行"。在翻译时,他将"永初"改为"永元",将"子"理解为儿子。康达维的翻译工作带来了研究课题,同时研究成果也使译文更为准确。

二、《西京杂记》所收赋篇真伪考证

西汉初年"梁园宾客赋"的真伪是当代赋学史上的一个疑点②,康达维的论文《〈西京杂记〉中的赋篇》③就是对《梁园宾客赋》真伪的考论。这篇赋最初在 1992 年于香港地区举办的第二届国际赋学会上发表。康达维从文献学和语言学的角度证明《西京杂记》所收录的作品为伪,而内地学者费振刚提交的论文《梁王菟园诸文士赋的评价及其相关问题的考辨》则从对《西京杂记》的考论与对汉代赋史的梳理得出与康达维相反的结论。于是,两人在会上展开了一场针锋相对的激烈讨论。1994 年,康达维和费振刚都正式发表在香港地区的《新亚学术集刊》上。同年,此文的中译文发表于《社会科学战线》。2002 年,康达维还将此文的英文版收录于其论文自选集,2013 年由苏瑞隆翻译出版。

文中考证了《西京杂记》中所收的枚乘《忘忧馆柳赋》、路乔如的《鹤赋》、公孙诡的《文鹿赋》、邹阳的《酒赋》、公孙乘的《月赋》、羊胜的《屏风赋》,以及由韩安国始作、邹阳完稿的《几赋》之真伪。其中,对《酒赋》的考证最为精彩。康达维首先指出《酒赋》中"清者为酒,浊者为醴。清者圣明,浊者顽骏"这种以酒比德的做法源自曹操的禁酒令,并引用《魏略》和《三国志》的相关记载来证明。他认为邹阳作为汉初的赋家,显然不可能用到三国时才出现的典故。他又根据《元和郡县图志》(9 世纪)和《水经注》的记载,认为赋中提到的"渌鄙"和"程乡"这两个词不可能早于 3 世纪,且"渌

①　David R. Knechtges, *Wen Xuan or Selections of Refined Literature: Volume Two. Rhapsodies on Sacrifices, Hunting, Travel, Sightseeing, Palaces and Halls, Rivers and Seas*, Princeton: Princeton University Press, 1987, pp.172–173.

②　许结:《20 世纪赋学研究的回顾与瞻望》,见复旦大学中国古代文学研究中心主编:《第一届全国高校中国古代文学科研与教学研讨会论文集》,上海三联书店 2003 年版,第 343 页。

③　具体见 "The *Fu* in the Xijing zaji", *Proceedings of Second International Fu Conference, New Asia Academic Bulletin* 13, Hong Kong, 1994; Collected in *Court Culture and Literature in Early China, Variorum Collected Studies Series*, Aldershot, Hants, England: Ashgate, 2002; 中译本:《西京杂记中的赋》,《社会科学战线》1994 年第 1 期;苏瑞隆译:《汉代宫廷文学与文化之探微:康达维自选集》,上海译文出版社 2013 年版,第 42—57 页。

酃"这一酒名最早见于 3 世纪后期的文学作品中,如张载的《酃酒赋》、左思的《三都赋》。他还发现《酒赋》中"千日一醒"所涉的玄石醉酒的典故出自六朝的文献《搜神记》和《博物志》。康达维通过对赋中的典故和名物的考辨证实《酒赋》不可能是汉初的作品。① 在论证过程中,他检索了《搜神记》《文选》《艺文类聚》《初学记》《三国志》《水经注》《元和郡县图志》《博物志》《齐民要术》等文献,涵盖文学、地理、历史、科技等方面的著作。从这些考证可以看出康达维对中国传统典籍的熟悉和对考据方法的熟练运用。在考证过程中,他不仅采用了大量史料,且综合运用了文献学、考古学、语言学、音韵学、历史学等研究方法,有助于进一步厘清梁园宾客赋的真伪。

三、鲍照《芜城赋》的创作时间和"芜城"的场合

在翻译《文选》、整理分析古今中外研究者的注疏和阐释的过程中,康达维发现了他们在考证中出现的问题,以及因和由考证上的失误导致的内容理解偏差。《鲍照的〈芜城赋〉:写作年代与场合》一文就是分析人们对作赋时间的误判,而导致主旨理解上的错误。② 这篇论文以英文撰写,最初于1993 年发表在《庆祝饶宗颐教授七十五岁论文集》中,由香港中文大学出版,录入了《康达维自选集》中的"辞赋研究中的主题和问题"的一部分,2013 年推出了中文版。

在文中,他指出由清代学者何焯(1661—1722 年)提出,后由钱仲联进一步阐释,现代学界普遍认同的观点,即鲍照在 459 年前后创作了《芜城赋》用以描绘广陵城在刘诞之乱后的情况,是错误的。他研究了《史记》《汉书》《后汉书》《三国志》《晋书》《宋书》《南史》等历史文献的相关记载,详述了广陵城从公元前 5 世纪前后到刘宋时期刘诞造反、广陵城陷落之间约一千年的发展嬗变。依据钱仲联和曹道衡等中国学者的研究成果,康达维认为鲍照在 458 年至 461 年任职永嘉郡(今浙江温州)。刘诞在 459 年造反时,他不可能在广陵城(今江苏扬州以西两公里)附近。通过查找《宋书》和《鲍参军集注》中的相关记载,康达维认为鲍照在 440 年和 451 年两次造访广陵,且很有可能是在第二次前往广陵时,即 451 年创作了《芜城赋》。他

---

① 参见[美]康达维:《汉代宫廷文学与文化之探微:康达维自选集》,苏瑞隆译,上海译文出版社 2013 年版,第 42—57 页。

② 《鲍照的〈芜城赋〉:写作年代与场合》,英文标题为"Pao Chao's Rhapsody on Ruined City: date and circumstances of composition"见《庆祝饶宗颐教授七十五岁论文集》,香港中文大学1993 年版,第 319—329 页;Collected in *Court Culture and Literature in Early China. Variorum Collected Studies Series*, Aldershot, Hants, England: Ashgate, 2002;苏瑞隆译:《汉代宫廷文学与文化之探微:康达维自选集》,上海译文出版社 2013 年版,第 220—231 页。

再援引《三国志》中记载的公元 213 年曹操在濡须攻打孙权使"江西遂虚"状况和 223 年魏文帝(曹丕)领军到达"广陵故城"的说法,认为广陵在东汉末年已成为废墟。再证以《文选》李善注所引"登广陵故城"的说法和《太平寰宇记》中"芜城……汉以后荒毁。宋文士鲍明远为赋,即词"的记载,以及《嘉庆统一志》中"考魏黄初六年文帝幸广陵故城,即鲍照所赋芜城"的解释,下结论"芜城"为汉代广陵城的废墟。康达维认为鲍照是在看到汉代广陵的废墟后创作了这篇赋,是为悲叹汉代的广陵所写,这篇赋属于吊古的作品。① 康达维运用语文学、历史学的研究方法,广泛征引文献,得出了令人信服的结论。

从康达维对司马相如《长门赋》、班倢伃《怨歌行》和《西京杂记》所收《梁园宾客赋》真伪的考证,以及对班昭《东征赋》和鲍照《芜城赋》作赋背景、时间及主旨的考辨,可见康达维对作品真伪的关注,以及对语文学和历史学等考辨方法的熟练运用。康达维对作品真伪的关注,可能与北美早期中国研究受到的顾颉刚及其疑古思潮的强烈影响有关。美国哥伦比亚大学东亚语言和文化系教授李峰指出:"不夸张地说,除艺术史和语言学外,北美早期中国研究在过去的学术根基都很薄弱(相较于中国和日本而言),并且受到了顾颉刚及其疑古思潮的强烈影响——相信历史的真知只能通过推翻既有的传统来获得——战后北美早期中国研究的崛起可以被看作是在国际水平上对中国考古学的进步的一个回应。"②根据李峰的研究,这种影响开始于 1931 年对《顾颉刚自传》的翻译。他的论断是针对历史研究来说的,但显然疑古思潮在中国古代文学研究领域也有一定影响。康达维在本科和硕士阶段都主修历史,他对中国历史的研究也比较熟悉。他对作品真伪的重视可以说是这种疑古思潮的体现。

总之,无论是康达维对作者人生经历、写作背景的考察和赋篇真伪以及赋中名物的考辨,还是他的赋篇翻译工作,似乎都在做文学"考古"的工作,通过还原历史语境,揭开并呈现作品的本来面目,以发掘凝固在文学中并得以保存的中国古代文化。他的研究就是运用传统的语文学和历史学的方法,从古今中外的资料中找寻历史碎片,相互比对,来发现中国古典文学作品特别是赋作中隐藏的文化遗迹,还原其真实面目并呈现给西方读者。

---

① 参见[美]康达维:《汉代宫廷文学与文化之探微:康达维自选集》,苏瑞隆译,上海译文出版社 2013 年版,第 220—231 页。

② 李峰:《早期中国研究及其考古学基础——全球化时代的新观察》,见张海惠主编:《北美中国学:研究概述与文献资源》,中华书局 2010 年版,第 54—55 页。

第三节　从主题学和文化角度切入的
两汉晋宋赋篇探讨

主题(theme)、题旨(motif)(也可称作母题)、常用主题(topos)、题材(subject)是康达维论文中常出现的词,属于文学研究中主题学的范畴。美国著名文论家 M. H. 艾布拉姆斯对这些词下了如下定义:

> 主题(theme)有时可以与"题旨"互换使用,不过,这个词更常用来表示一般的概念或信条。这种概念或信条既可以是含蓄的,也可以是明确的。
>
> 题旨(motif)是文学作品中经常出现的一个值得注意的成分,它可以是一类事件、一种手段、一项关联或一个程式。
>
> 表示反复出现的诗歌概念或程式的一个较古老的词是常用主题("topos"是希腊文,意为"日常琐事")。①

可见,这几个概念有相互重合的部分,但又存在细微的区别,很难将它们完全区分开来。因此苏瑞隆在翻译《汉代宫廷文学与文化之探微:康达维自选集》时,将"theme"和"subject"都译成了"主题",将"topos"译成了母题。

辞赋所书写的主题和表现的文化是康达维赋篇研究的主要切入点和重要内容。他在赋篇研究中主要探讨旅程和京都的主题,以及赋中体现的中国早期的饮食和花园文化。

一、纪实或想象:刘歆《遂初赋》与张衡《思玄赋》的"旅程"主题

旅程的主题是康达维赋篇研究的关注点之一,他分别研究了汉赋作品描写的现实的旅程和想象的旅程。《汉赋中的纪行之赋》一文就主要研究了现实的旅程。这篇英文论文最初发表于《第二届国际汉学会议论文集》,于 1989 年出版。2002 年收录于《康达维自选集》的"辞赋研究中的主题和问题"部分,2013 年由苏瑞隆译成中文,由上海译文出版社出版。

康达维首先表明"'纪行'是《文选》中'赋'的一种主题类别"。他将这种主题溯源到屈原的作品,指出描述"真实的旅途",典型的例子是《楚辞·

---

① [美]M. H. 艾布拉姆斯、杰弗里·高尔特·哈珀姆:《文学术语词典》,吴松江等编译,北京大学出版社 2014 年版,第 459 页。

九章》中屈原被放逐到楚国南部的经历。他重点列举了《九章·涉江》中屈原从武昌地区开始的旅途。接着,他将纪行的主题中常见的对历史地点的评论追溯到司马相如的《哀秦二世赋》。赋中记叙了皇帝到秦二世陵的一次巡游。当看到残破的风景时,作者凭吊秦二世,对这位亡国之君的悲剧进行了思考。因为其中的描述只限于单一的地点,康达维认为这篇赋只是"纪行"赋的先声。

他认为"以'旅行'为主题的赋最早出现在西汉末",其中的精品是刘歆的《遂初赋》。① 接着他解析并评价了刘歆《遂初赋》、班彪《北征赋》、班昭《东征赋》、蔡邕的《述行赋》的具体内容、历史背景和其中描写行旅的部分,重点揭示了作品通过行旅的描写想要传达的主旨。从这些行旅赋中,他发现"叙述真实的旅途而不是幻想的旅途,这一点是这个时期的赋更加个人化的明显反映。这个时期(按:指西汉末期)的赋也表现出在时间、地点、和表达个人意见方面的进一步具体化"②,以及赋家想发出自己声音的诉求,到了东汉末期,整个中国文学都呈现这种具体化的趋势。康达维认为研究纪行赋的重要性在于,纪行赋是这种具体化的最好例子,"研究这些早期的纪行赋不仅是对文学传统的一种探索,也提供了一种方法,来探讨中国文学的重要发展"③。康达维通过探讨描写旅程的主题之赋作,描述了建安时期之前文学自觉的意识发展和累积的过程。从康达维的分析中可以看到,文学自觉时代的到来绝不是一蹴而就,而是逐渐发展的过程。康达维对旅程主题的探讨也启发我们,可以将主题的研究作为汉赋研究的切入点,探寻赋中主题演进的规律。

旅程主题还表现为想象的旅程。《道德之旅:论张衡的〈思玄赋〉》④就描述了想象的旅程。这篇论文也是载于《康达维自选集》"辞赋研究中的主题和问题"部分,其英文版最初于1982年刊于香港地区的《冯平山图书馆

① 参见[美]康达维:《汉代宫廷文学与文化之探微:康达维自选集》,苏瑞隆译,上海译文出版社2013年版,第159页。
② [美]康达维:《汉代宫廷文学与文化之探微:康达维自选集》,苏瑞隆译,上海译文出版社2013年版,第172页。
③ [美]康达维:《汉代宫廷文学与文化之探微:康达维自选集》,苏瑞隆译,上海译文出版社2013年版,第182页。
④ 具体见"A journey to morality:Chang Heng's The Rhapsody on Pondering the Mystery",in Commemoration of the Golden Jubilee of the Fung Ping Shan Library(1932-1982),Ping-leung Chan(ed.),Hong Kong:Fung Ping Shan Library,1982,pp.162-182;Collected in Court Culture and Literature in Early China,Variorum Collected Studies Series,Aldershot,Hants,England:Ashgate,2002;中译本:陈广宏译,《古典文学知识》1996年第6期和1997年第1期;苏瑞隆译,《汉代宫廷文学与文化之探微:康达维自选集》,上海译文出版社2013年版,第200—219页。

金禧纪念论文集》,1996年由陈广宏翻译,载于《古典文学知识》。康达维在文中回顾了旅程主题发展的历史,指出其前身在《楚辞·九歌》中的典型形式,即"一个作为男巫或者女巫的主角进行的一次以寻神为目的的长途旅行",并认为"这种追寻的旅程在《离骚》当中达到了最高的境界……这个主题有了一个更现实的角色",即"有着极高的道德水准和高尚情操"的"失意的学者"。① 他详述了《离骚》和《远游》关于旅行的描写,认为它们都谈到同一主旨,即"一个人必须通过长途旅行来逃离世俗世界的狭隘"②。然后,他注意到司马相如《大人赋》对这一主题的创新,认为:"司马相如改变了天庭之旅的惯例,早先旅行的主题是一个不得志的学者官吏去抒发他的忧郁和绝望的工具,他则将其改成了一首没有任何失志的宫廷诗。其中的一切都是想要歌颂皇帝陛下,以及以小喻大地赞扬汉朝之强盛。"③到了东汉时期,张衡《思玄赋》描述的仍然是天庭之旅最常见的形式——"学者官吏的想象之旅"。通过康达维对从先秦到汉代辞赋作品中想象旅程主题的发展,使我们了解到旅程主题的演进过程,以及张衡的《思玄赋》对前代作品中某些元素的吸收。

当然,《思玄赋》借助旅程的主题,表达了有别于前代作品的思想。通过对文本内容的详细分析,康达维认为"张衡的作品很明显是建立在他对宇宙道德秩序乃是世间伦理规范的信心上的","直接反对《离骚》中的悲观思想","旅程的功能更多只是一种修辞方式……他用虚幻旅行当作一种媒介来探讨他所需要面对的两种选择——逃离这个世界或是留下来"④。最终作者选择自信地留在尘世寻求道德秩序,而非悲观弃世。康达维进一步分析了"从《离骚》中的极度悲观厌世到《思玄赋》中的乐观自信的转变",认为原因在于张衡对"玄"的理解,即"宇宙准则,道德秩序的纲领","来自上天唯一可知可信的就是其道德准则,那是人类伦理规范的来源。因此,虽然人并不能理解命理玄机,但仍有可能通过'德行'获得上天的祝福"。⑤

---

① [美]康达维:《汉代宫廷文学与文化之探微:康达维自选集》,苏瑞隆译,上海译文出版社2013年版,第201—202页。

② [美]康达维:《汉代宫廷文学与文化之探微:康达维自选集》,苏瑞隆译,上海译文出版社2013年版,第204页。

③ [美]康达维:《汉代宫廷文学与文化之探微:康达维自选集》,苏瑞隆译,上海译文出版社2013年版,第208页。

④ [美]康达维:《汉代宫廷文学与文化之探微:康达维自选集》,苏瑞隆译,上海译文出版社2013年版,第215、218页。

⑤ [美]康达维:《汉代宫廷文学与文化之探微:康达维自选集》,苏瑞隆译,上海译文出版社2013年版,第214—217页。

康达维考察了从先秦到汉代与想象旅行相关的作品，比较分析了旅行的主题、内容、主旨的异同点，并深入探讨了某些差异出现的原因。从他的分析，我们可以看到"想象之旅"这一主题的传承和发展，以及不同时代的作者是怎样诠释这个同一主题的。但《道德之旅：论张衡的〈思玄赋〉》一文分析的重点是解读《思玄赋》的主旨，对旅程主题的探讨这一问题并未完全深入地展开，且观点较为琐碎。

二、"汉颂"或颂汉：东汉前期京都赋的时代主题

康达维先生《汉颂：论班固〈东都赋〉和同时代的京都赋》①英文原文，刊于 1990 年的《秦汉中国的思想与法律》。2002 年收录在《康达维自选集》的"辞赋研究中的主题和问题"部分，现由苏瑞隆译成中文。文章的题目就很吸引人。"汉颂"（In Praise of the Han），在班固的时代就是不少文人共同写作的题目②，此一词语极能概括"班固《东都赋》和同时代的京都赋"的共同主题，堪称点睛之笔。

虽然在此之前，关于汉赋的"歌颂"内容或特征，现当代的文史学者已多有研讨评论。如刘大杰谓汉赋"多是歌颂性的作品"③；游国恩等以为"汉赋自司马相如始以歌颂王朝声威和气魄为其主要内容，后世赋家相沿不改，遂形成一个赋颂传统"④；龚克昌谓"汉赋……对祖国进行了尽情的歌颂"，又说"提倡法度、歌颂法度，就是《两都赋》的主题"；⑤李泽厚说汉赋"刻意描写、着意夸扬"的是"一个繁荣富强、充满活力、自信和对现实具有浓厚兴趣、关注、爱好的世界图景"⑥。此后的汉赋研究者，如毕万忱、何新文、阮忠、郭维森、许结、胡学常、冯良方、曹胜高、郑明璋、刘向斌等，都有关

①　具体见"To Praise the Han: the Eastern Capital Fu of Pan Ku and His Contemporaries", in *Thought and Law in Qin and Han China*, *Studies Dedicated to Anthony Hulse on the Occasion of His Eightieth Birthday*, W. L. Idema(ed.), Leiden: E. J. Brill, 1990, pp.118-139; Collected in *Court Culture and Literature in Early China*, *Variorum Collected Studies Series*, Aldershot, Hants, England: Ashgate, 2002; 中译本：苏瑞隆译，《汉代宫廷文学与文化之探微：康达维自选集》，上海译文出版社 2013 年版，第 183—199 页。

②　王充《论衡·宣汉篇》载"观杜抚、班固等所上《汉颂》"；《后汉书·文苑传》载"曹朔作《汉颂》四篇"。

③　刘大杰：《中国文学发展史》，上海古籍出版社 1982 年版，第 130 页；游国恩：《中国文学史》，人民文学出版社 1979 年版，第 123 页。

④　游国恩等：《中国文学史》，人民文学出版社 1979 年版，第 123 页。

⑤　龚克昌：《汉赋研究》，山东文艺出版社 1984 年版，第 32、140 页。

⑥　李泽厚：《美的历程》，中国社会科学出版社 1989 年版，第 77 页。

于汉赋"歌颂"的论述。① 但是,直接以"汉颂"为题而论者,康达维或许才是第一人。② 我们不能不佩服作者精准的概括力。

当然,康达维此文的魅力,并不仅仅在于它精彩的题目。洋洋万言的一篇长文,以十分亲切、洁净的文字娓娓道来,颇能引人入胜。全文虽然没有再划分大的段落和另立小的标题,但文章结构完整严密,层次分明清晰。依其所述内容,似可分为以下四个部分:

第一部分,相当于全文的引言。作者开宗明义,指出"汉代最宏伟的诗篇是京都长赋"③,萧统《昭明文选》的第一篇即是班固的《两都赋》,接着简要交代"两都"的兴废及班固作《两都赋》的由来。

第二部分,主要是介绍《两都赋序》所阐述的"赋史观点及赋应有的正确功能"。康达维认为,虽然班固承认赋有颂扬、劝诫两种功用,但他强调赋的"主要功用是颂扬","赋主要是一种歌颂的文类"。④

第三部分,是对《东都赋》主要内容的分析:其中"充满了对后汉缔造者伟大功绩的盛赞,他的功绩可与前朝历代最贤明的君主相媲美"。除了歌咏光武之外,还"颂扬其继承人明帝",尤其赞美汉明帝对礼仪的重视,比如在"三雍"(明堂、辟雍、灵台)中进行"养老礼"和"大射礼",在洛阳城外的苑囿中举行"礼仪狩猎"等,"目的就是要证明东汉优越于西汉,因为东汉坚守儒教的礼仪纲常"。⑤

---

① 参见毕万忱:《体国经野　义尚光大——刘勰论汉赋》,《文学评论》1983 年第 6 期;何新文:《关于汉赋的"歌颂"》,《湖北大学学报(哲学社会科学版)》1987 年第 5 期,后收入其2000 年出版《辞赋散论》,谓赋家的"主要倾向是在以这种颂歌来'称颂国德'",汉赋"因它唱出了对时代……的颂歌而成为一代文学的正宗";阮忠《汉赋艺术论》谓"讽谏赋是汉赋的主流",但《两都赋》……颂强讽弱"(华中师范大学出版社 1993 年版,第 141、129页);郭维森、许结:《中国辞赋发展史》,江苏教育出版社 1996 年版;胡学常:《文学话语与权力话语——汉赋与两汉政治》,浙江人民出版社 2000 年版;冯良方:《汉赋与经学》,中国社会科学出版社 2004 年版;郑明璋《汉赋文化学》谓"颂美是汉赋尤其是汉大赋的主流"(齐鲁书社 2009 年版,第 65 页);曹胜高主编的《汉赋与汉代文明》谓"对隆礼的褒扬和对朝政的夸赞成为汉赋创作中鲜明的主题"(东北师范大学出版社 2009 年版,第 23页);刘向斌《西汉赋生命主题论稿》谓"西汉人认为汉赋应以'讽谏'为主题",东汉"明帝则主张'颂述功德'说,进一步明确了汉赋的讽谏、美颂主题"(中国社会科学出版社 2012年版,第 9 页)。
② 参见蒋文燕:《汉颂:汉代颂扬主题的另一种表现——兼谈汉颂与汉赋的关系》,《南都学坛》2003 年第 1 期。
③ [美]康达维:《汉代宫廷文学与文化之探微:康达维自选集》,苏瑞隆译,上海译文出版社2013 年版,第 183 页。
④ [美]康达维:《汉代宫廷文学与文化之探微:康达维自选集》,苏瑞隆译,上海译文出版社2013 年版,第 184、185 页。
⑤ 参见[美]康达维:《汉代宫廷文学与文化之探微:康达维自选集》,苏瑞隆译,上海译文出版社 2013 年版,第 186—191 页。

第四部分，是叙论班固同时代其他作家的"京都赋"及其他赞美东汉礼仪与礼仪建筑的作品。如傅毅的《洛都赋》及其宫廷诗《显宗颂》、赞美汉明帝永平之政的《七激》，崔骃的《反都赋》及其《明帝颂》《神雀颂》和劝汉明帝时期隐士出仕的《达旨》，李尤的《辟雍赋》，等等。

通过以上的分析论述，康达维得出结论认为公元一世纪后半叶出现数量庞大的颂美诗篇，说明了当时的诗人把颂扬视为文学的一种主要功用。[①]康达维的所谓"颂诗"，既指那些以"颂"名篇的作品，更是指以班固《东都赋》为代表"京都赋"。他指出这些诗赋作品"都有一个共同的目的，即颂扬汉朝"[②]。这一明确表达的见解，无疑是正确的、客观的，而且富有启发意义。

三、晋人《饼赋》《酒赋》中的中国饮食

康达维早在哈佛大学跟随海陶玮教授学习时，就认识到文化上的学习对语言学习的重要性：

> 我发现念中文不只是语言上的学习，不仅是纯粹文法上、词汇上的探讨，更重要是察觉西方与中国文化上的差异。"[③]

康达维在研究汉赋这种宫廷文学的过程中，发现其中有很多关于饮食的描写，他对中国的饮食文化产生了好奇，写了《文宴：早期中国文学中的食物》和《渐至佳境——中世纪初的中国饮食》等论文，来发掘先唐的中国饮食文化。这两篇论文都被收录于《汉代宫廷文学与文化之探微：康达维自选集》"食物、文化与文学"的部分。

《文宴：早期中国文学中的食物》[④]最初以英文撰写，于 1986 年刊于《美

---

① ［美］康达维：《汉代宫廷文学与文化之探微：康达维自选集》，苏瑞隆译，上海译文出版社2013 年版，第 198—199 页。
② ［美］康达维：《汉代宫廷文学与文化之探微：康达维自选集》，苏瑞隆译，上海译文出版社2013 年版，第 199 页。
③ 蒋文燕：《研穷省细微 精神入图画——汉学家康达维访谈录》，见张西平主编：《国际汉学》第二十辑，大象出版社 2010 年版，第 15 页。
④ 具体见："A literary feast：food in early Chinese literature"，*Journal of the American Oriental Society*，Vol.106，No.1.（January–March 1986），pp.49–63；Collected in *Court Culture and Literature in Early China. Variorum Collected Studies Series.* Aldershot，Hants，England：Ashgate，2002；中译本：王亦蛮译，《文宴：早期中国文学中的美食》，见《北美中国古典文学研究名家十年文选》，江苏人民出版社 1996 年版，第 664—693 页；苏瑞隆译，《汉代宫廷文学与文化之探微：康达维自选集》，上海译文出版社 2013 年版，第 235—256 页。

国东方学会期刊》。1996 年,由王亦蛮译成中文,题为《文宴:早期中国文学中的美食》,发表于《北美中国古典文学研究名家十年文选》中。2013 年出版的《汉代宫廷文学与文化之探微:康达维自选集》中文版中,有苏瑞隆翻译的另一个中文本。在文中,康达维搜索并梳理了从周代到南北朝时期各类文献特别是赋中关于饮食的知识,对一些食物的名称、做法和来源进行了考辨。其中,对束皙《饼赋》中提到的"饼"的考证特别精彩。康达维通过查考《周礼注疏》《三国志》《语林》《世说新语》《齐民要术今释》《北堂书钞》《艺文类聚》《初学记》《太平御览》《说郛》《释名疏证》《说文解字诂林》《荆楚岁时记校注》等文献,再从《饼赋》搜寻文本内证。康达维分析,束皙《饼赋》中"饼"的概念包括馒头、汤饼、馎饦、牢丸、水引等,指的是由面粉制成,有时也可用小米和大米制作的食品,可以煮、烤、蒸或炸,与饮食历史学家图桑·萨马(Toussaint-Samat)定义的意大利面食Pasta 类似。因此,康达维认为饼的英译文用"Pasta"(意大利面食)更为确切,并指出英国著名翻译家韦利将束皙《饼赋》译为"Hot Cake"(热蛋糕)的译法有误。

《渐至佳境——中世纪初的中国饮食》为 1995 年康达维就任美国东方学会会长的演说词,发表于东方学会第 205 次会议论文集的修订版,足见他对这个问题的重视。在文章中,康达维介绍了公元 2 世纪到公元 7 世纪中国人使用的食材和烹饪方法,以及有关这些食物的历史和文学作品中对它们的描写。他特别提到来自西域的食物,如芝麻(胡麻)、黄瓜(胡瓜)、核桃(胡桃)、黑椒(胡椒)、葡萄、苜蓿、安石榴(石榴)、胡荽、荜拨(长椒)、兰香(罗勒)等。全文提到的食物包括谷物、蔬菜、水果、肉类、饮料、香料、酱料、面食等类别的 70 余种食物,其中还介绍了有关水煮面、馒头、茶的逸闻趣事。① 整篇涉及公元 7 世纪之前中国饮食的方方面面,有助于西方人全面深入地了解中国的饮食文化。

这两篇文章中引用了《楚辞·招魂》《楚辞·大招》、枚乘《七发》、邹阳《酒赋》、张衡《南都赋》、束皙《饼赋》等辞赋作品。康达维在 2013 年还发表了《茯苓与胡麻、枸杞与菊花、黄柑与松醪、猪肉与面食:辞赋作为中国饮食

---

① 具体见"Gradually Entering the Realm of Delight: Food and Drink in Early Medieval China", *Journal of the American Oriental Society*, Vol.117, No.2.(April-June,1997), pp.229-239; Collected in *Court Culture and Literature in Early China. Variorum Collected Studies Series*, Aldershot, Hants, England: Ashgate, 2002; 中译本:苏瑞隆译,《汉代宫廷文学与文化之探微:康达维自选集》,上海译文出版社 2013 年版,第 257—276 页。

历史的来源》①,由此可见辞赋不仅多录鸟兽草木之名,还记载着多种多样的食物。且赋有着铺陈的特性,对于有些食物的描写十分详尽,例如康达维列举的《饼赋》中对"牢丸"的描写,就细腻地讲述了"牢丸"是如何包制、蒸煮,以及煮熟的形态、香气,这是其他文献中所罕见的。

从康达维的研究中,可见赋对于研究古代饮食文化具有极高的文献价值。并且,赋具有百科全书的性质,其中描述的事物多种多样。同理,我们还可以研究其中展现的中国古代礼仪、乐舞、鬼神、器具、书法、建筑等多方面的文化。康达维对赋中不同主题的研究也启发我们发掘赋中的更多主题,打开赋篇研究的多维视角,进一步推进赋篇研究。

第四节　康达维汉魏六朝赋研究的学术特点

康达维的汉魏六朝赋研究继承了传统的汉学研究方法,又在传统的基础上寻求突破,形成了自身的特点,为传统的研究方法赋予了新的生命力。

一、穷原竟委、循序渐进的史学思维

康达维在对西汉赋家扬雄作了集中深入的专门研究之后,便逐渐向扬雄之前和之后的辞赋领域拓展自己的研究范围。20 余年间,他陆续发表研究汉魏六朝以及唐人辞赋的论文 20 余篇,涉及 20 多名作者的 40 多篇辞赋作品。

综观康达维汉魏六朝辞赋的研究,从中可以窥见一条大致清晰的线索:从文学史上最早以"赋"名篇的荀况《赋篇》开始,经由西汉贾谊《吊屈原赋》、枚乘《七发》、汉武帝赋、司马相如赋、扬雄赋、刘歆《遂初赋》,班倢仔赋,东汉班固《两都赋》、班昭《东征赋》、张衡《思玄赋》、蔡邕《述行赋》,再到《西京杂记》所收赋篇考辨,以及晋宋时期束皙《饼赋》、谢灵运《山居赋》、鲍照《芜城赋》,最后到唐代韩愈的古赋。他的研究,几乎可以连接成一部从楚汉至唐的赋文学创作的发展史。可以说,康达维对赋篇的研究和对中国文化的研究,表现出清晰的文学史家的史学思维。

不仅如此,在具体到对某一个对象的研究中,康达维也十分自觉地关注中国文学及文学所反映之文化传统的形成过程。例如,在《中国早期文学

---

① 具体见 David Knechtges,"Tuckahoe and Sesame,Wolfberries and Chrysanthemums,Sweet-peel Orange and Pine Wines,Pork and Pasta:The Fu as the Source of Chinese Culinary History", *Journal of Oriental Studies*,Vol.45,No.1/2(2012),pp.1-26,这篇文章笔者未见,不能对其内容详加评析。

中的机智、幽默和讽刺》一文中,他搜索了从先秦到汉代的文史典籍,如《晏子春秋》《庄子》《战国策》、宋玉《登徒子好色赋》,以及《史记》《汉书》,司马相如《大人赋》、王褒《僮约》、扬雄《酒箴》、王延寿的《王孙赋》到邯郸淳《笑林》诸文献中用幽默手法叙述的情节或故事,系统地描述了中国传统文学中幽默的形成过程。① 在《文宴:早期中国文学中的美食》一文中,康达维也从《尚书》《左传》《周礼》《孟子》《战国策》《吕氏春秋》《汉书》等典籍,以及《楚辞》中的《大招》《招魂》、枚乘《七发》和束皙《饼赋》中对饮食的描写,整理叙述了从先秦到汉晋时期中国饮食文化的发展脉路,并考证了一些古代食物名称的具体所指。② 而《挑出野草与选择嘉卉:中国中古早期文选》一文,则在比较文学选集《昭明文选》和《玉台新咏》的选文倾向之前,回溯了古代"选集"的历史,论及了《诗经》《尚书》《庄子》《荀子》《韩非子》《楚辞》等文集。③ 在《"君未睹夫巨丽也":早期中国皇家审美探求》一文中,康达维从《论语》《国语》《荀子》《楚辞》中追寻到有关"美"和"丽"的传统观念的形成过程。④ 通过对中国古代文史经典的检索,康达维探索了中国传统文化中的饮食文化、文学中的幽默传统和选集传统以及中国传统美学观念的形成过程等问题。

这一理念,同样也贯彻在他对汉魏六朝辞赋的研究中。他不仅循序渐进地细读和分析了自楚汉至晋宋的赋家赋作,还在不拒绝关注文学"外部秩序"的同时,通过考察写作背景来确定《东征赋》及《芜城赋》的主旨,在对汉赋与宫廷文化的研究中关注帝王文学品味和宫廷审美观对于西汉大赋审美风格的影响,而始终将汉魏六朝赋研究的重点放在发掘文学的"内部秩序"方面。例如,在阐释枚乘、扬雄等人的赋作时,通过修辞学原理来解释赋文语言的增饰和讽谏的内容;在阐释扬雄《剧秦美新》和张衡《思玄赋》时,通过赋文中的"关键词"来揭示作品的主旨。

康达维的汉魏六朝辞赋研究,之所以能显示出文学史家的思维方式,与他认真考察并实际参与过中国文学史的编撰工作是分不开的。他撰写过汉

① David R. Knechtges, "Wit, Humor, and Satire in Early Chinese Literature(to A.D.220)", *Monumenta Serica*, Vol.29(1970-1971), pp.79-98.

② David R. Knechtges, "A Literary Feast: Food in Early Chinese Literature", *Journal of the American Oriental Society*, Vol.106, No.1(January-March, 1986), pp.49-63.

③ David R. Knechtges, "Culling the Weeds and Selecting the Prime Blossoms: The Anthology in Early Medieval China", in *Culture and Power in the Reconstruction of the Chinese Realm 200-600*, Pearce S., Spiro A. and Ebrey P.(eds.), Cambridge: Harvard University Press, 2000, pp.200-333.

④ David R. Knechtges, "Have You Not Seen the Beauty of the Large? An Inquiry into Early Imperial Chinese Aesthetics", 见《文学、文化与世变》, 2002 年。

魏六朝的《赋史》,其撰写的《东汉至西晋的文学史》,被收入宇文所安主编的《剑桥中国文学史》;他还主持过耶鲁大学出版社发起的《中国文学史》的编写工作。在这部耶鲁版中国文学史的筹备会议上,他确定的一条准则为"文学的社会语境",强调"我们应该提防完全诉诸文学的'外部秩序(external order)'来确定文学史中事件发生的原因或解释'为什么'。确实,我们的文学史重点应该集中在发掘文学的'内部秩序(internal order)'"①。这些原则,在一定程度上反映了康达维的文学史观,即通过文学的"内部秩序"来解释文学现象,探讨中国文学史的发展。

当然,康达维对这些中国文学传统形成过程的兴趣,应该也受到了西方传统语文学倾向于历时研究,以及西方传统的理性精神主张站在"他者"的角度客观描述的学术理念的影响。

二、微观分析与宏观考察相结合的学术风格

康达维对汉魏六朝赋的研究时间跨度大,涉及篇目多,研究的角度和手法较为多样。但是,从总体的学术风格而论,微观分析与宏观考察的两相结合是其显著特点。

康达维继承了欧洲传统汉学的语文学和历史学的研究方法,以翻译为基础,运用丰富的资料,以赋篇为单位,细致分析其内容和主旨。这种传统汉学,就是从微观层面入手的,被称为狭义汉学的研究。在进入 21 世纪之前,他的研究几乎都是这种狭义汉学的研究。20 世纪 80 年代发表的论文《司马相如的〈长门赋〉》《道德之旅——论张衡的〈思玄赋〉》《隐语之诗歌:荀子的赋篇》,20 世纪 90 年代发表的论文《鲍照的〈芜城赋〉:写作年代与场合》《班昭〈东征赋〉考》等都是对单篇赋作的内容进行详细的解析,其中对《思玄赋》《芜城赋》和《东征赋》的研究,主要是通过对赋中语言和写作背景的考辨来确定作品的主旨。其他论文中,虽然一篇中涉及多个作品,但往往着重对作品的内容进行分析,很少从宏观层面对其共同点做深入探讨,如《论韩愈的古赋》《汉赋中的纪行之赋》《汉颂——论班固的〈东都赋〉和同时代的京都赋》《班婕妤诗和赋的考辨》《西京杂记中的赋篇》和《汉武帝的赋》等。

康达维对赋篇进行的语文学和历史学的研究是一种微观层面的研究,所关注的是某个作家、某篇作品中的具体问题。哈佛大学东亚语言文明系

---

① 　David R. Knechtges & Steven Owen:"General Principles for a History of Chinese Literature", *Chinese Literature:Essays,Articles,Reviews(CLEAR)*,Vol.1(January 1970),pp.49-53.

教授田晓菲注意到这种研究的局限性,认为"北美中古文学研究领域目前的最大挑战,就是如何突破固有的窠臼,既保持老一辈汉学家以文本为基础的严谨治学态度,又摆脱昔日汉学缺乏思想和理论深度、见树木不见森林的研究特征"①。康达维在保持传统,扩展研究的广度方面作出了自己的尝试。他不仅精于微观层面的传统研究,还对赋进行了宏观层面的研究,避免了只见树木不见森林的缺陷。20世纪末,从1999年发表的《汉代文学中对宫廷的批评》开始,他渐渐转向了宏观层面的研究,开始关注文学作品,特别是赋中表现的宫廷文化。如《挑出野草与选择嘉卉:中国中古早期文选》《"君未睹夫巨丽也":早期中国皇家审美的探求》《东汉末年的宫廷文化:鸿都门学》《汉武帝与汉赋及汉代文学的勃兴》等论文都是从宏观层面,对帝王在宫廷文化中起的主导作用、宫廷文化对文学的影响、宫廷文化的审美观、文学观及其变化进行分析和描述。

　　1996年康达维已经出版了《昭明文选赋英译》,包括前19卷赋部分的英译。在深入了解了单篇赋作的内容之后,他的研究也从探讨作品语言和内容的层面,上升到他所关心的文化问题上来。掌握了足够多的个案和辞赋研究的丰富资料,他自然地从更广阔的视角来全面审视这些作品,研究作品中体现出来的文学观、审美观以及宫廷文化。这不仅是康达维个人研究的转向,同时也引领着西方汉赋研究从以单篇作品或单个作家的作品研究为主的微观层面上升到宏观层面。宏观研究相对来说更难,没有对大量赋篇研究的积累是无法做到的。从苏瑞隆总结的欧美20世纪辞赋研究的状况来看,对辞赋的翻译和分析评论占总成果的90%,论文的标题多是"某某的某某赋"或"某某与其某某赋"。20世纪90年代以来,对赋进行宏观研究的论文开始较为密集地出现,如荷兰戴克乐教授(Dominik Declerq)1998年出版的专著《反对朝廷:中国3—4世纪的政治修辞》、美国犹他州大学吴伏生教授2007年的论文《汉代的铺陈大赋:一个皇家支持下的产物与皇家的批评者》、普林斯顿大学柯马丁教授2003年的论文《西汉赋的美学和赋的源起》等。这些成果从内容上看受到康达维《激发皇子:枚乘〈七发〉》《皇帝与文学:汉武帝》《汉代文学中对宫廷的批评》等文章以及《汉赋:扬雄赋研究》中有关赋中政治性修辞等内容的影响。其中柯马丁还在论文中表达了对康达维的感谢:

　　　　我衷心希望向康达维教授致以深切的感谢。他在亚洲研究协会年

---

①　张海惠主编:《北美中国学:研究概述与文献资源》,中华书局2010年版,第603页。

会上对我提交会议的这篇文章的初始版本进行了细致评说,对我给予了肯定。此后,他又阅读了我如今这篇论文的全文,并进行了广泛的评论。①

可见,柯马丁这篇论文的写作得到了康达维的评论和影响。这只是从一个侧面反映出康达维对欧美辞赋研究产生的直接影响。除了直接影响之外,还有间接影响:一方面,康达维的赋篇英译为欧美学者了解中国辞赋以及进一步深入研究提供了便利;另一方面,他大量的赋研究论文能启发其他学者的研究,并为辞赋研究的入门者提供研究范式。从欧美辞赋研究的趋势来看,宏观层面的研究也将是研究走向深入的主要方向。

三、语文学和历史相结合的研究方法

康达维在求学期间系统学习了中国古典文学、古汉语音韵学、汉学研究史、欧洲中古文学等方面的知识,得到卫德明、海陶玮、李方桂、施友忠、严倚云等著名汉学家的悉心传授。他受到华盛顿大学和哈佛大学汉学传统的长期浸润和直接滋养,因此欧洲传统学术的微观研究法,强调资料丰富、考据详细、注释详尽的特点和中国传统的训诂、考据学注重对文字和文意的辨析和具体问题的考证在康达维的研究中有显著的体现和完美的结合。他不仅继承了传统的语文学研究方法,并对其有所创新。

康达维的语文学研究方法受到了德国哲学家尼采对语文学定义的启发,将其命名为"慢读的艺术",就是要"从旁涉猎,花费时日,平心静气地慢慢研究",并强调对经典中国古代文学文本的研究应当采用这种慢读的方法,在细嚼慢品中发现问题,解决问题,使作品得到准确的解读。② 这种运用文学文献来研究文化和文明的方法,即是欧洲传统的语文学研究方法。

从事这种语文学研究的利器便是考证。考证作品真伪是康达维赋家和赋篇研究的重要内容。如他的赋篇研究《司马相如的〈长门赋〉》开篇就探讨了司马相如《美人赋》和《长门赋》的真伪问题;《班婕妤诗和赋的考辨》辨析了《怨歌行》和《捣素赋》等作品的真伪问题;《〈西京杂记〉中的赋篇》

---

① Martin Kern, "Western Han Aesthetics and Genesis of the Fu", *Harvard Journal of Asiatic Studies*, Vol.63, No.2(*December* 2003), pp.383-437.

② *The Art of Reading Slowly*: *Applying Philology to the Study of Classical Chinese Literary Texts* (《慢读的艺术:将语文学运用于经典中国文学文本之研究》),见"北京论坛(2004)文明的和谐与共同繁荣"《文学艺术的对话与共生:中国文学分会论文或论文提要集》,http:// jour. blyun. com/views/specific/3004/CPDetail. jsp? dxNumber = 330103619362&d = DFF49-F1F195BECDED3C5E711210444AE.

更是通篇都是对《西京杂记》所收《梁园宾客赋》真伪的论析。

康达维还对文学作品中的名物进行详细的查考。比如《文宴：早期中国文学中的食物》和《渐至佳境——中世纪初的中国饮食》就是对早期中国文学中涉及的食物的具体所指、制作方法和来源进行考证。还有《金谷和兰亭：两个（或三个）晋朝的庭园》一文对金谷和兰亭的地理位置和具体所指进行了查考。他通过对金谷园位置的查考发现，传统认为的《思归引序》中所称的"河阳别业"指金谷园的说法有误，它是石崇位于河阳的另一处住所。他根据石崇的《金谷园诗序》"有别庐在河南县界，金谷涧中"的记载认为金谷园位于河南县，即都城洛阳的西北方。又据北魏郦道元《水经注·榖水》中的"榖水又东，左会金谷水，水出太白原，东南流历金谷，谓之金谷水。东南流迳晋卫尉卿石崇之故居"的说法，认为金谷园的名称源于金谷水。但他发现《晋书·石崇传》记载"崇有别馆在河阳之金谷，一名梓泽"，其中所载的河阳位于黄河北岸洛阳正北，未在金谷水附近，且与《艺文类聚》中戴延之《西征记》和顾野王《舆地志》中记载的梓泽位于洛阳西北郊的地理位置相去甚远。他又依据石崇《思归引序》中"遂肥遁于河阳别业"之说及王隐《晋书》中所载石崇被拘时其别馆位于黄河以北的说法，认为石崇这一处住所位于黄河以北，与位于黄河以南的金谷园无关。因此总结，石崇拥有两处别馆，其一位于金谷，其二名称不详，位于河阳。① 在这些研究中，康达维广征博引，从历代文献中检索依据，找到名物的具体所指。

他的研究是对狭义汉学研究方法的运用。英国剑桥大学教授杜希德（Denis Twitchett）说：

> 狭义的汉学——伯希和式模仿的积极方面——归根结底，是将考据和"文字学"应用于中国文学的传统科学，是专为从一大堆书面资料当中获取最准确信息而设计的一套研究方法。②

同时作为翻译家的康达维，"获得最准确信息"是他的兴趣点也是他的研究目的。传统汉学研究的方法，显然是达到此目的最有效的方法。但这种语文

---

① David R. Knechtges, "Jīngǔ and lán Tíng: Two (or Three) Jìn Dynasty Gardens", in *Studies in Chinese Language and Culture: Festschrift in Honor Christoph Harbsmeier on the Occasion of His 60th Birthday*, Anderl C. and Eifring H. (eds.), Oslo: Hermes Academic Publishing, 2006, pp. 395-405.

② ［英］杜希德：《为汉学家孤独地喝彩》，见朱政惠编：《美国学者论美国中国学》，上海辞书出版社 2009 年版，第 120 页。

学研究存在着明显的缺陷。对此哈佛大学东亚语言文学系教授田晓菲曾评论：

> 北美中古文学研究领域的另一个曾经也是十分突出、近年来开始呈现淡化趋势的特点，可以说是对早期汉学语文学（Sinological philology）传统的继承，譬如说对中古文学中的名物——无论鸟、兽、虫、鱼、草木、食物、器具还是某种游戏如斗鸡、马球、围棋，等等——进行繁复详尽的查考……在这样的研究中，"文学"也不再是研究者真正的兴趣之所在，只是研究的工具和手段而已，虽然除了对研究对象本身增长了知识以外，研究者往往并不说明最终希望通过这样的研究达到什么样的目的。①

在这种传统的汉学语文学研究中，研究者偏离了文学的范畴，只将文学作为研究的工具和手段，研究成果所具有的意义也十分有限。康达维继承了这一传统的研究，同时也为传统的语文学研究赋予了新的意义。

他把名物的考证作为辨别作品真伪和确定作品主旨的重要依据，将研究拉回文学的轨道上。如在《道德之旅——论张衡的〈思玄赋〉》中，他通过考证"玄"的意思为"宇宙准则，道德秩序的纲领"，而确定《思玄赋》的主旨为对宇宙秩序的呼唤，为儒家学者提供了"如何通往道德之旅的清晰视角"。② 在《汉颂——论班固的〈东都赋〉和同时代的京都赋》中，他考证了《东都赋》中"三雍"之殿——"明堂""辟雍""灵台"用于礼仪的功能，由此说明班固的《两都赋》称颂东汉统治者特别是明帝卓越的道德品质。③在《班婕仔诗和赋的考辨》一文中，他发现有关《怨歌行》中的"合欢扇"的史料皆来自东汉时期，结合文本解读和对扇意象的分析，他认为《怨歌行》应该是东汉时期的作品。④

在这些研究中，康达维不仅继承了传统汉学语文学的研究方法，还将之继续推进，不是为了考证而考证，而是以考证为手段，结合文本解读来发掘

---

① 张海惠主编：《北美中国学：研究概述与文献资源》，中华书局 2010 年版，第 604 页。

② David R. Knechtges, "A Journey to Morality: Chang Heng's The Rhapsody on Pondering the Mystery", in *Essays in Commemoration of the Golden Jubilee of the Fung Ping Shan Library* (1932–1982), Ping-leung Chan(ed.), Hong Kong: Fung Ping Shan Library, 1982, pp.162–182.

③ David R. Knechtges, "To Praise the Han: the Eastern Capital Fu of Pan Ku and His Contemporaries", in *Thought and Law in Qin and Han China, Studies Dedicated to Anthony Hulse on the Occasion of His Eightieth Birthday*, W. L. Idema(ed.), Leiden: E. J. Brill, 1990, pp.118–139.

④ David R. Knechtges, "The Poetry of an Imperial Concubine: The Favorite Beauty Ban", *Oriens Extremus*(Wiesbaden), Vol.36, No.2, 1993, pp.127–144.

作品的真意。他的研究为传统的方法赋予了新的生命力。

除了运用语文学研究的方法，康达维还使用了欧美传统的历史学研究的方法。这与他在求学阶段知识结构和观念是分不开的。从高四时候受到 Harry Wray 先生的"远东历史"课的影响开始，康达维就一直对历史特别感兴趣。他在读本科和研究生阶段，修了中国历史。因此在进入赋学领域之后，他努力从文学中发掘中国古代文化的历史遗迹，试图通过对汉赋的研究还原汉代的宫廷文化。

传统历史学研究，其中有一种类型就是将历史作为作品的背景进行介绍，史实研究与文学研究的界限较为分明。康达维继承了这种传统的历史学研究，如在《汉赋中的纪行之赋》中，介绍刘歆被贬为五原太守的前因后果，说明他为何要开启从都城到五原的旅程和"作斯赋以叹往事而寄己意"的缘由。① 还比如《汉颂——论班固〈东都赋〉和同时代的京都赋》一文中研究了西都长安和东都洛阳更迭的历史，作为《东都赋》的作赋背景来介绍。②

但是，与传统历史研究不同的是，康达维也将历史研究作为确定作品主旨的重要证据。比如在《鲍照的〈芜城赋〉：写作年代与场合》一文中，康达维从历史文献中拣择材料，详述了广陵城从公元前 5 世纪前后到刘宋时期刘诞造反、广陵城陷落之间一千年的发展嬗变。通过查找《宋书》和《鲍参军集注》中的记载，证明广陵在东汉末年已成为废墟。鲍照描绘的不是 459 年刘诞造反后的广陵城，而是汉代的广陵废墟，这篇赋描述的是鲍照触景伤情，哀叹汉代的广陵废墟，属于吊古的作品。③ 在此，对广陵城历史和鲍照生平经历的研究并非只是背景研究或纯历史的探寻，对历史的研究成为确定主旨的重要依据。《班昭〈东征赋〉考》同样也是通过历史研究，提出对主旨解读的不同看法。康达维梳理历史文献，重新确定作赋时间，认为《东征赋》是班昭随儿子赴任途中所作，是一篇"劝子之赋"，表达了班昭对即将上任的儿子曹成寄予的厚望。④ 同样，对史实的还原成了确定主旨的有力依据。

① David R. Knechtges, "Poetic Travelogue in the Han Fu", in *Transactions of the Second International Conference on Sinology*, 1989, pp.127—152.

② David R. Knechtges, "To Praise the Han: the Eastern Capital Fu of Pan Ku and His Contemporaries", in *Thought and Law in Qin and Han China. Studies Dedicated to Anthony Hulse on the Occasion of His Eightieth Birthday*, W. L. Idema(ed.), Leiden: E. J. Brill, 1990, pp.118—139.

③ David R. Knechtges, "Pao Chao's Rhapsody on Ruined City: Date and Circumstances of Composition",《庆祝饶宗颐教授七十五岁论文集》，香港中文大学 1993 年版，第 319—329 页。

④ 参见[美]康达维：《班昭〈东征赋〉考》，见南京大学中文系主编：《辞赋文学论集》，江苏教育出版社 1999 年版，第 186—195 页。

在历史研究中,对权力政治的研究是一个重要方面。赋是宫廷文学,与权力政治息息相关。康达维关注到权力政治对汉赋创作及文学地位的影响。他在《皇帝与文学:汉武帝》《"君未睹夫巨丽也":早期中国皇家的审美探求》《东汉末期的宫廷文化:鸿都门学》等论文中还原了当时文学发展的社会背景,研究了帝王对文学发展的推动作用,以及文学作品中体现的宫廷审美观的变化。

康达维所运用的细节性的语文学、历史学的研究方法直接得益于其硕士导师哈佛大学的海陶玮教授和博士导师华盛顿大学的卫德明教授。海陶玮的《陶潜赋》《贾谊的〈鵩鸟赋〉》和卫德明的《士不遇:对一种类型的"赋"的注解》被称为"赋之历史学、语文学探究的杰作"的"三篇具有根本性影响的早期论文"奠定了美国辞赋研究的范式。① 康达维继承了两位导师的衣钵,把这种方法运用到辞赋研究的各个层面,研究了赋的起源、显著特点、帝王对辞赋发展的影响、辞赋与宫廷审美观的变化,以及战国末期到唐代的赋家和赋篇的研究。与此同时,他为传统的语文学、历史学的研究赋予了新的意义,将它们作为工具来确定作品的真伪或主旨。他的研究使美国的辞赋研究完成了以翻译为中心到深入研究的转变,使西方的赋学得到了前所未有的发展。

40 多年来,康达维坚持立足于文本,对赋篇进行语文学、历史学的探索,在追求新意的大潮中,坚若磐石并取得不朽的成就,实属难能可贵。但是,这种语文学、历史学的研究不可避免地存在缺陷,就是注重作品内容和与之相关的背景知识的研究,而忽略了对作品文学性的分析。虽然康达维努力将语文学、历史学的研究拉到文学的轨道上来,以此为基础追寻作品的主旨。但是从他的赋篇研究中,我们得到的主要信息是作品的内容、主旨、作者的经历和创作背景,而对于赋的艺术魅力是如何在具体的文本中得以体现的分析却比较有限且不够深入。康达维的辞赋研究在北美汉学界有着巨大影响,他研究的这种倾向性很可能使北美的辞赋研究继续这一趋势,注重外部因素的研究而忽略对辞赋文学性的分析。

---

① 参见张海惠主编:《北美中国学:研究概述与文献资源》,中华书局 2010 年版,第 577 页。

第五章 康达维《昭明文选赋英译》的翻译成就

康达维的汉魏六朝赋研究保证了赋篇翻译的准确性。在此基础上产生的《昭明文选赋英译》是其辞赋翻译和研究的集大成成果。从1982年到1996年十余年间，已出版《昭明文选英译第一册：京都之赋》《昭明文选英译第二册：祭祀、畋猎、纪行、游览、宫殿、江海之赋》《昭明文选英译第三册：物色、鸟兽、志、哀伤、论文、音乐、情之赋》，共包括了萧统《昭明文选》前19卷所收全部56篇赋原文的英译及其系统、详细的注释，总字数近百万。

康达维《昭明文选赋英译》的问世，在北美汉学界产生了巨大影响，不仅好评如潮，还直接催生了许多辞赋研究成果的出现。因此，哈佛大学伊维德教授在《昭明文选英译第一册：京都之赋》出版后就发表评论说："已完成的部分，将使康达维与过去一个半世纪中最伟大的汉学家比肩。"①普林斯顿大学的柯马丁教授也认为："资深学者如康达维或倪豪士分别奠定了关于汉赋和《史记》的研究基础。无法想象如果没有他们的巨大贡献，这两个领域如今将呈现出怎样的发展状况。"②在他们看来，康达维的《昭明文选赋英译》不仅是他个人辞赋研究的集大成之作，更是北美中国学领域划时代的标志性成果。

第一节 对于《昭明文选》及"选赋"的认识

康达维在总结《昭明文选》英译的经验时说："我的目标乃在：撰写一部能把中国文学的伟大介绍给西方读者的翻译。"③显然，康达维将被誉为"文章之渊薮"的《昭明文选》视为能充分展现中国文学伟大的作品。他不仅精

① W. L. Idema，"Review：*Wen Xuan, or Selections of Refined Literature, Volume One：Rhapsodies on Metropolises and Capitals* by Xiao Tong"，Second Series Vol.71，No.1/3，1985，pp.139-142.
② ［美］柯马丁：《学术领域的界定——北美中国早期文学（先秦两汉）研究概况》，见张海惠主编：《北美中国学：研究概述与文献资源》，中华书局2010年版，第584页。
③ ［美］康达维：《文选英译浅论》，见赵福海主编：《文选学论集》，长春时代文艺出版社1992年版，第108页。

心翻译,努力展示出中国文学的独特和精深,还进行了详细的学术性评介,不遗余力地将《昭明文选》推介给西方读者。

《昭明文选赋英译》第一册,卷首有康达维所撰长达70页的"导言",其内容共分为五个部分:①中国早期的文类理论与文类选本开端;②萧统的生平与《昭明文选》的编撰;③梁代的文学背景与萧统的文学观念;④《昭明文选》的内容;⑤《昭明文选》研究与版本。相当全面地叙论了萧统与《昭明文选》赋的诸多问题。可以说,他的介绍不仅能帮助读者更好地理解作品,同时也是《昭明文选》研究的入门指导。

一、明确中国古代文学选本对文体分类的意义

在具体介绍《昭明文选》之前,康达维回顾了先秦至南北朝文学选本的发展史。他追溯了先秦时期的《诗经》《楚辞》,提及了刘向、刘歆父子编辑《荀子》和《战国策》的史实,并强调早期的文选都是单一文类的选集。他着重介绍了汉代之后出现的包含多种文类的"总集"及文类理论。他认为:"以文类相次的总集在汉代之前没有出现的原因之一在于,区分和界定文学类型的理论直到公元3世纪初才出现。"①总集的出现与文学理论的发展息息相关。

康达维介绍了魏晋之际关于文类的重要论述,如曹丕《典论·论文》、陆机《文赋》和挚虞《文章流别论》的相关叙述。其中,他重点介绍了挚虞的文学观。根据现存的挚虞关于颂、赋、诗、七、箴、诔、哀辞、图谶等文类的论述,康达维认为挚虞所谓的文学,包括了任何以书写形式呈现的文体。他还分析了挚虞关于赋类的论述,并翻译了对"七"体的评论,认为挚虞的文论显示了他对文学政教作用的推崇。他还列举了《文章流别集》之后、《昭明文选》出现之前,《隋书·经籍志》收录的有目无文的文学选集,如谢混的《集苑》、刘义庆主编的《集林》、孔逭的《文苑》、谢灵运和崔浩的《赋集》,以及谢灵运编选的《诗集》和《七集》等。列举了这些已经佚失的文献,目的是说明"《文选》的编撰者们一定熟悉早期选集的遴选标准和组织原则。他们的选集并非无中生有,而是展现了几个世纪以来对文体分类探索的结果。"②

康达维对文学选本发展史和文类理论的介绍及其关系的分析表明了他

---

① David R. Knechtges, *Wen Xuan or Selections of Refined Literature. Volume One: Rhapsodies on Metropolises and Capitals*, Princeton: Princeton University Press, 1982, p.2.

② David R. Knechtges, *Wen Xuan or Selections of Refined Literature. Volume One: Rhapsodies on Metropolises and Capitals*, Princeton: Princeton University Press, 1982, p.4.

认识到中国古代文学选本对文体分类的意义,即文学选本展现了人们对文体分类探索的结果,文学选本的发展能反映出文类理论的发展。中国学者郭英德也认为"总集编撰与文体分类,从一开始便相因相成:总集编纂成为文体分类的胚胎,文体分类成为总集编纂的依据"①。总集分体编录,以类相从的编撰体例必然是以当时的文类理论为依据,同时也反映出当时的文体分类思想。《昭明文选》分为37大类,其中赋又细分为15类,诗细分为23类,是研究当时文体分类思想的绝佳素材。康达维在"梁代的文学背景与萧统的文学观念"和"《昭明文选》的内容"两节中就研究了《昭明文选》的文体分类,并总结了萧统的文体分类思想。

二、解析萧统《昭明文选》编撰的关键问题及其文体分类的思想

康达维对《昭明文选》编撰的介绍主要集中于对编者、编撰时间和地点的探讨。这是三个颇有争议的问题。对于《昭明文选》的编撰者,康达维介绍了3种观点:其一,日本僧人空海(774—835年)的《文镜秘府论》提到萧统、刘孝绰等人一起编撰了《昭明文选》;其二,王应麟(1223—1296年)《玉海》引《中兴馆阁书目》录著了"与何逊、刘孝绰等选集"的说法;其三,何融在1949年《国文月刊》76期上发表的《〈文选〉编撰时期及编者考略》一文中提出,主要编撰者为刘孝绰和王筠,此外还有殷芸、到洽、明山宾和张率等人的协助。

康达维认为《昭明文选》不仅仅由萧统编撰,他应该有协助者。通过考察与萧统交游的文人,康达维列出了可能参与编撰的人有刘孝绰、王筠、殷芸、陆倕、到洽、明山宾等人,其中起主要作用的可能是刘孝绰。这个观点大致与中国学者曹道衡、沈玉成和傅刚的看法相似。② 对于编撰时间,康达维根据萧统《昭明文选》不录存者的原则和收入作家刘峻、徐悱、陆倕的卒年,以及刘峻《辩命论》的写作时间③,推断《昭明文选》可能编撰于普通年间,

---

① 郭英德:《中国古代文体学论稿》,北京大学出版社2005年版,第102页。

② 参见曹道衡、沈玉成《有关〈文选〉编纂中几个问题的拟测》(《昭明文选研究论文集》,吉林文史出版社1988年版)、傅刚《〈文选〉的编者及编纂年代考论》(傅刚:《昭明文选》研究》,中国社会科学出版社2000年版,第153—164页)、俞绍初《〈文选〉成书过程拟测》(《文学遗产》1988年第1期)。

③ 刘峻卒于公元522年,徐悱卒于524年,陆倕卒于526年。关于《辩命论》的写作时间,康达维同意何融的看法,认为《辩命论》作于刘峻被选为类书《华林遍略》编撰者之前,也就是公元516年之前。

即公元 520—527 年。① 对于编撰地点，康达维肯定《昭明文选》编成于东宫，但也介绍了编撰地为襄阳的说法，并借用高步瀛的研究成果否定了这一说法。

对萧统文学思想的研究开始于对梁代文学背景的分析。康达维描述了《昭明文选》编撰之前，梁代存在的三种文学思潮：永明诗人倡导的讲究声韵、风格靡丽的新变，以钟嵘、裴子野、刘之遴等人为代表的对新变的批评，以刘勰为代表的"折中派"对古典规范和新变的平衡。在康达维看来，萧统可能多多少少受到了这些思潮的影响。通过分析《昭明文选·序》，康达维解读了萧统的文学思想。他分析了"序言"屡次出现的"文"的概念，认为"文"除了指"文字""图文"以外，主要指"纯文学"。他还指出"篇章""篇翰""篇什""翰藻"可以宽泛地理解为"美文学"，接近于"纯文学"的概念。此外，萧统因为将一些文体排除在《昭明文选》之外而遭受批评，康达维为他做了辩护。比如，萧统未收录具有美学价值的辩士言论和历史作品，康达维认为这是因为这些作品异于"篇章""篇翰""篇什"这些单篇的文学作品，且它们难以被摘选。在他看来"作品的存在方式是萧统选集的考虑因素之一"②。我们在研究萧统的文学思想之时，往往关注的是他对"纯文学"作品的推崇，对文学艺术性的重视。康达维的研究启发我们从另一角度重新审视这个问题，即萧统在选文时可能不仅有内容上的权衡，还有形式上的考量。

康达维还介绍了《昭明文选》的内容、研究状况和版本等问题。对《昭明文选》内容的介绍是导言部分的重要内容，占导言篇幅的近一半。在介绍具体篇目的内容之前，康达维对《昭明文选》的文类进行了研究，列出了每一文类的名称，并且标明了每一类的卷数和篇目的数量。康达维的老师海陶玮教授也曾经对《昭明文选》的文类进行了研究，写了《〈文

---

① 学界对《昭明文选》成书年代的争论较多：曹道衡、沈玉成认为是大通元年（527 年）底到中大通元年（529 年）期间（《有关〈文选〉编纂中几个问题的拟测》，《昭明文选研究论文集》，吉林文史出版社 1988 年版）；俞绍初则认为是天监十五年（516 年）至中大通元年（529 年）（《〈文选〉成书过程拟测》，《文学遗产》1988 年第 1 期）；王立群认为是普通三年（522 年）至七年（526 年）（《〈文选〉成书时间研究》，《河南大学学报（社会科学版）》2004 年第 3 期）；傅刚认为开始编辑于普通三年（522 年）至六年（525 年），完成于大通元年（527 年）至中大通元年（529 年）（傅刚：《〈昭明文选〉研究》，中国社会科学出版社 2000 年版，第 13—14 页）；力之认为是普通五年（524 年）至七年（526 年）（《〈文选〉成书时间各家说辨析——〈文选〉成书时间研究之一》，《井冈山大学学报》2010 年第 4 期）。

② ［美］康达维：《〈文选〉英译本前言（选译）》，刘欢萍译，见南京大学古典文献研究所主编：《古典文献研究》（第十四辑），凤凰出版社 2011 年版，第 334 页。

选〉和文类理论》①一文,刊于 1957 年《哈佛亚洲研究学刊》第 20 卷,收录
于毕晓普(John L. Bishop)编撰的《中国文学研究》,由哈佛大学出版社于
1966 年出版。文中回顾了《昭明文选》出现之前的文类理论,翻译了《昭明
文选》的序言部分,并将序言部分所涉的文类与目录部分所列的文类进行
了对比。由于序言部分所包含的文类和目录所列的文类不完全对应,因此
目录中有文、上书、启、弹事等 4 种文类海陶玮没有翻译,如表 5-1 所示:

表 5-1　海陶玮的译文与康达维的译文不同之处

文类	海陶玮的译文	康达维的译文
赋	*Fu*/Rhymeprose	Rhapsody
诗	Poetry	Lyric Poetry
骚	Sao	Elegy
七	Sevenses	Sevens
诏	Proclamation	Edict
册	Patents of Enfeoffment	Patent of Enfeoffment
令	Command	Command
教	Instruction	Instruction
文	/	Examination Questions
表	Memorial	Memorial
上书	/	Letter of Submission
启	/	Communication
弹事	/	Accusation
笺	Report	Memorandum
奏记	Memorandum	Note of Presentation
书	Letter	Letter
檄	Charge	Proclamation
对问	Dialog(Reply to a Question)	Response to Questions
设论	Essays on Set Subjects	Hypothetical Discourse
辞	Elegy	*Ci*
序	Preface	Preface
颂	Eulogy	Eulogy
赞	Appreciation	Encomium

---

① James R. Hightower,*The Wen Hsüan and Genre Theory*,in *Studies in Chinese Literature*,John L. Bishop(ed.),Cambridge,Massachusetts:Harvard University Press,1966.

续表

文类	海陶玮的译文	康达维的译文
符命	Investiture with the Mandate	Mandate through Prophetic Signs
史论	Disquistions from the Histories	Treatises from the Histories
史述赞	Appreciations from Narratives in the Histories	Evaluations and Judgments from the Histories
论	Disquisition	Treatise
连珠	Strung Pearls	Linked Pearls
箴	Admonition(Warning)	Admonition
铭	Inscription	Inscription
诔	Dirge	Dirge
哀	Lament	Lament
碑文	Epitaph	Epitaph
墓志	Necrology	Grave Memoir
行状	Obituary	Conduct Description
吊文	Condolence	Condolence
祭文	Requiem	Offering

　　其中,赋、诗、骚、诏、笺、奏记、檄、辞、赞、符命、史论、史述赞、论、连珠、墓志、行状、祭文等 17 种文类,康达维和海陶玮的译文不相同,两位译者在翻译时应该有不同考量。比如,海陶玮注意到赋体的独特性,将"赋"音译为"*Fu*",或是考虑到赋韵散结合的文体特点,译为"Rhymeprose(押韵散文)";康达维考虑到赋体最初是以诵读的形式呈现,联想到其呈现方式与游吟诗人在宫廷中即兴吟诵的一种史诗相同,将"赋"译为"Rhapsody"。海陶玮想到檄文往往有历数被讨伐者罪状的内容,将"檄"视为指控,译为"Charge";康达维则注意到"檄"是公开发布的,将其视为重要的公告,而译为"Proclamation"。海陶玮考虑到"笺"是一种下级对上级的文体,将其视为报告,译为"Report";康达维则认为"笺"实际上与备忘录的形式相似,译为"Memorandum"。

　　对于有些文类,康达维的翻译明显比他的老师用词要准确。比如对"赞"的翻译。海陶玮的译文是"Appreciation",康达维的译文是"Encomium"。海陶玮注意到"赞"一般是用来表达欣赏和称颂的,用表达赞赏意思的名词来译这个文类。康达维则直接用了"颂词"这个文类的名称来译"赞"。康达维的选词显然更加精当。

　　还有对"墓志"和"行状"的译文,也是康达维的更为合理。海陶玮也许认为这两类文章与逝者相关,分别用"Necrology"和"Obituary"来译,这两个英文单词都是讣告的意思。而康达维用"Grave Memoir"来译"墓志",表达这类文章是刻在墓上记录逝者生平事迹的;用"Conduct Description"来译"行状",来表达这类文章的内容通常是描述人的所作所为,使读者看到名称立即懂得两种文类的主要区别。

当然,康达维认真研读过海陶玮的《〈文选〉和文类理论》。他对《昭明文选》之前的文类理论的介绍、对《昭明文选》序言进行分析、对《昭明文选》的类别进行比较分析似乎都受到海陶玮这篇论文写作思路的影响,并且有些内容和译名应该是借鉴了海陶玮的成果。他的七、令、教、表、书、序、颂、箴、铭、诔、哀、碑文、吊文等13个文类的译文与海陶玮相同。如果不是站在巨人的肩膀上,他的《昭明文选》研究和翻译难以呈现出现在的面貌。他在《昭明文选·赋》(第二册)的扉页上写着"献给海陶玮",表达了他对老师的感激之情,也说明了他的《昭明文选·赋》翻译得以完成受海陶玮的影响很深。

康达维对文类的介绍带有科研的性质。他将《昭明文选》与《文心雕龙》所列的文类进行对比。其目的并非品评孰优孰劣,而是想说明两者可能存在的传承关系,并比较其异同。对比之下,他发现:

　　　　虽然,《文选》与《文心雕龙》文类的数量大致相同,《文选》所囊括文学的范围却窄得多。它不仅未包括重要的类型,如史、哲、谐,还有几个类别没有刘勰作品中相应类别包含的内容宽泛。①

通过与《文心雕龙》的对比,康达维注意到《昭明文选》中显示出来的文学概念要比《文心雕龙》中的文学概念所涵盖的范围窄。这从一个侧面说明了萧统在选文时,更注重作品的文学性。

康达维接着试图解释某些看似不合理的文类分类缘由。他把目光投向标题中含有"赞"字的作品。他发现第47卷赞类的作品完全是颂词,而不是批判性地赞颂;第49卷列于史论之下的班固《公孙弘传赞》属于散文,与范晔《后汉书二十八将传论》《宦者传论》以及《逸民传论》都是对一段历史时期主要人物的评论;第57卷史述赞都是四言韵文,用于赞颂或是批评一个王朝或者是历史人物。由此,他得出的结论是:

---

① David R. Knechtges, *Wen Xuan or Selections of Refined Literature. Volume One: Rhapsodies on Metropolises and Capitals*, Princeton: Princeton University Press, 1982, p.24.

　　虽然,萧统将冠名"赞"的作品置于三个不同的类别,看上去他对术语的使用似乎是漫不经心的,事实上这显示了他对细微差别的敏感,这是许多对名称痴迷的中国分类学者无法做到的。①

　　对于萧统的分类,康达维不是意图进行价值判断,而是分析其分类理由,以便深入理解其分类思想和选文标准。

　　别具特色的是对各篇内容的介绍。康达维不仅对《昭明文选》所收的761 篇作品的主要内容进行了较为全面的简介,特别是赋的部分介绍得尤为细致,基本上提到了各个赋篇的主要内容。此外,他还对《昭明文选》未收录的当时的名作进行了分析。比如:

　　　　考虑到萧统曾是陶潜诗的热心崇拜者,《文选》收录的陶潜诗数量之少特别令人疑惑不解……尽管萧统对陶潜词采充满溢美之词,也许是这位隐逸诗人看似简单的措辞以及缺乏"藻饰"的作品与齐梁时推崇的"丽靡"风格不符……这两篇入选《文选》的作品(按:指陶潜的《拟古诗》和《读山海经诗》)表明萧统的编选符合梁代时人崇尚的藻饰风格。②

又如:

　　　　萧统似乎故意将"藻饰"和"浮艳"的永明体诗排除在外。比如,《文选》中未收录《玉台新咏》中的艳情诗或宫体诗,也未收录南朝具有感官刺激和情欲色彩的乐府歌谣。也许乐府歌谣对宫体诗的形成产生过影响。因此,有人也许可以得出结论,《文选》诗集体现了一种折中性的编选原则——摒弃"浮靡轻艳"的宫体诗这类极端作品,但没有完全排斥新的、创新性的格律诗。③

　　从康达维的分析中,使我们看到萧统崇尚词采华丽的诗作,但却排斥当

---

①　David R. Knechtges, *Wen Xuan or Selections of Refined Literature. Volume One*: *Rhapsodies on Metropolises and Capitals*, Princeton: Princeton University Press, 1982, p.24.

②　David R. Knechtges, *Wen Xuan or Selections of Refined Literature. Volume One*: *Rhapsodies on Metropolises and Capitals*, Princeton: Princeton University Press, 1982, pp.40–41.

③　David R. Knechtges, *Wen Xuan or Selections of Refined Literature. Volume One*: *Rhapsodies on Metropolises and Capitals*, Princeton: Princeton University Press, 1982, p.41.

时流行的"浮艳"作品。对诗类中未收录作品的分析让我们从反面了解到，萧统的选文受到了时代风尚的影响，但同时也有其个人的评价标准。

可见，康达维对《昭明文选》选文标准的分析是从收录的篇目和排除的作品两方面同时进行的。再如：

> 然而，《文选》被看作是杰出的骈文选集说明萧统对高度藻饰的、词采华美的作品有特殊偏好。你甚至可以如清代思想家阮元一样，认为萧统将经、史、子排除于选集之外的原因，在于这些作品比之于艺术性的散文较少使用到对偶。这种阐释部分说明了萧统为什么将选集中如此大的篇幅贡献给赋——这种大量依赖对偶的作品。这也许可以解释为什么像陆机、潘岳、颜延之和任昉这些在散文和诗歌中都广泛运用"对仗"的名家与当时的"大诗人"如曹植、陶潜、鲍照、谢灵运相比，占据同等或更重要的地位。①

通过分析被《昭明文选》排除在外的文类和收录较多的文类，以及收录作品较多的作家的风格，康达维认为萧统的选文观是：

> 即使我们不能用偏好骈偶的原因来解释萧统对每篇作品的选择，但我们可以确定的是，这部选集总的倾向是将"文"看作是"精美""典雅"的作品。对于萧统来说，"文"不是任何一种书写形式，而是某种特殊的文类。因此，《文选》并不如标题的字面翻译那样，仅仅只是"文学选集"，而是"精美文学的选集"或"典雅作品的精选范本"。②

康达维认为萧统倾向于选择"精美""典雅"且具有文学性的作品。因此不应将"文选"简单理解为"文学选集"，而应理解为"精美文学的选集"或"典雅作品的精选范本"，在翻译时也应将"精美""典雅"这样的关键词表达出来。这个结论应该与萧统在《答湘东王求文集及〈诗苑英华〉书》中所表达的"丽而不浮，典而不野"的思想是一致的。从《昭明文选》收录的和未收录作品的两方面来分析，使我们从新的视角加深了对萧统选文标准的理解。同时，这种独具特色的作品内容介绍使欧美的读者了解到《昭明文

---

① David R. Knechtges, *Wen Xuan or Selections of Refined Literature. Volume One: Rhapsodies on Metropolises and Capitals*, Princeton: Princeton University Press, 1982, p.52.

② David R. Knechtges, *Wen Xuan or Selections of Refined Literature. Volume One: Rhapsodies on Metropolises and Capitals*, Princeton: Princeton University Press, 1982, p.52.

选》的主要内容,同时也了解到汉魏六朝时《昭明文选》录入的和未录入的著名作家和作品以及当时的时代风尚。

此外,康达维还介绍了从隋朝萧该的《文选音义》一直到 20 世纪 80 年代之前古今中外《昭明文选》研究的主要成果。对中国研究者颇具价值的是对日本、法国、德国、英国、美国学者的文选研究成果介绍。而对外国学者来说,这一部分俨然是选学入门指南。

《〈昭明文选〉英译本前言》全面介绍了《昭明文选》编撰之前文学选本的历史和文类理论的发展、《昭明文选》编撰背景、编撰者、编撰思想、主要内容以及其研究史和版本等问题。但这不仅仅是简单的介绍,其中还处理了《昭明文选》的真实编撰者、编撰时间、萧统的选文思想等《昭明文选》研究中的热点问题,是《昭明文选》研究的学术成果。因此,前言的全部内容被译成韩语,分成三部分于 1984 年和 1988 年刊于韩国岭南中国语文学学会会刊《中国语文学》;前言中的“萧统的生平与《文选》的编撰”和“梁代的文学背景与萧统的文学观念”两部分被译成中文,载于南京大学古典文献研究所编的学术集刊《古典文献研究》2011 年第十四辑。

三、详细介绍赋篇及赋家

为了方便英文读者对汉魏六朝辞赋作品的阅读和理解,康达维还在英译《昭明文选》赋的同时,撰写了所有赋篇的“解题”和赋家“小传”,来详细介绍赋篇的内容及相关研究和赋家的相关知识。

（一）《昭明文选》所录 56 篇赋的“解题”

康达维在每篇赋译文开篇的页脚处都有类似于解题的介绍文字,共有 56 篇①,对赋的主要内容、作赋的背景、主旨、其他译本和相关资料进行介绍。如对左思《三都赋》的解题,除了对赋的内容介绍还有对蜀、吴、魏及其都城历史和地理知识的介绍。如其中《蜀都赋》解题的译文如下:

> 这篇赋描写了蜀地和其都城成都。蜀地的历史可以追溯到秦汉时期,其范围大致相当于现在的四川中部地区。公元 221 年,刘备(161—223 年)在成都建立了其蜀汉政权的都城。蜀汉政权统治的地域大致相当于今天的四川、云南、贵州和陕西的部分地区,其政权在公元 263 年被曹魏击败。左思描写的地区最初是由非汉族族群居住,直到汉初

---

① 赋的解题共有 56 篇,其中班固的《西都赋》和《东都赋》在《昭明文选》中列于“班孟坚两都赋二首”的标题下,共用一篇解题;左思的《三都赋序》在《昭明文选》中列于“左太冲三都赋序”的标题下,有一篇解题。

他们渐渐处于汉人的控制之下。此地多高山和丘陵,左思对此有详细地描述。蜀地资源丰富,特别是铜、铁储量高。在汉代,帝国最富有的几个家族就曾居住在蜀地。它也是一些重要作家的故乡——最著名的有司马相如、王褒、扬雄。虽然成都处于偏僻之地,但从早期开始就是中国的大城市之一。它以织锦闻名,同时其市场是商人交易从印度、东南亚、中亚而来的香料和食品的贸易中心。可参见瞿蜕园编《汉魏六朝赋选》(北京:中华书局,1964 年),第 141—161 页。①

　　此解题不仅能使读者对《蜀都赋》的内容有大致了解,同时还能获得有关蜀地的地理范围、地形地貌、物产资源、历史沿革、重要作家和成都的相关知识,以及《蜀都赋》的资料来源等信息。再如《鲁灵光殿赋》的解题中有对灵光殿的建造者、使用者、地理位置、形制大小和建筑结构的介绍;②《西征赋》的解题中有对潘岳因任杨骏的幕僚而险遭杀戮的史实介绍,并附有潘岳西征赴长安上任所经地点的地图;③《琴赋》和《笙赋》的解题中有对古琴和笙的形制简介;等等。④ 这些解题有助于西方读者了解相关背景知识,更好地理解作品内容。同时,从解题中也可以看到,康达维的英译《昭明文选·赋》不仅仅关注文学知识的传播,还有中国历史文化知识的传播。他不但想让欧美读者了解赋这种文体和赋体文学作品,还想让他们了解古老的中国文化。结合他的翻译思想不难判断,他将翻译作为载体,以引起读者对中国文化的关注。

　　解题中还列有赋篇的其他译本。比如向秀《思旧赋》的解题中就列举了凡·赞克(Von Zach)录于《昭明文选译文》中的德译本、华兹生录于《汉魏六朝赋选》中的英译本、小尾郊一和花房英树录于《昭明文选》中的日译本,以及收录于陈宏天等注译的《昭明文选译注》、李景漾《昭明文选新解》和迟文浚等编纂的《历代赋辞典》中的三个白话译本,还有收录于《魏晋南

① David R. Knechtges, *Wen Xuan or Selections of Refined Literature. Volume One: Rhapsodies on Metropolises and Capitals.* Princeton: Princeton University Press, 1982, p.341.

② David R. Knechtges, *Wen Xuan or Selections of Refined Literature: Volume Two. Rhapsodies on Sacrifices, Hunting, Travel, Sightseeing, Palaces and Halls, Rivers and Seas*, Princeton: Princeton University Press, 1987, pp.263, 265.

③ David R. Knechtges, *Wen Xuan or Selections of Refined Literature: Volume Two. Rhapsodies on Sacrifices, Hunting, Travel, Sightseeing, Palaces and Halls, Rivers and Seas*, Princeton: Princeton University Press, 1987, pp.181-183.

④ David R. Knechtges, *Wen Xuan or Selections of Refined Literature: Volume Three. Rhapsodies on Natural Phenomena, Birds and Animals, Aspirations and Feelings, Sorrowful Laments, Literature, Music and Passions*, Princeton: Princeton University Press, 1996, pp.279, 281, 303, 305.

北朝文学史参考资料》、林俊荣《魏晋南北朝文学作品选》、刘祯祥和李方晨的《历代辞赋选》、李晖和于非的《历代赋译释》、黄瑞云《历代抒情小赋选》、王晨光《魏晋南北朝辞赋选粹》、韦凤娟《魏晋南北朝诸家散文选》中的7个注释本，以及甲斐胜二著《向秀〈思旧赋〉试释》。① 这里列举的中西译本或注本有13种之多，几乎网罗了20世纪90年代及之前《思旧赋》全部的现代注译本，涉及中、英、德、日四种语言，这不仅展现了康达维广阔的学术视野和扎实的前期工作，也为后学深入理解和研究《思旧赋》提供了丰富的资料。康达维在访谈中表明，他的《昭明文选》译本的目的读者是学者②。仅就解题部分来说，就是学者研究中国中古文学、历史、地理、文化等课题的不可多得的资料。

（二）《昭明文选》所录赋篇31名作者的《小传》

独具特色的是，三册译本后附有《昭明文选》所收31位赋家的小传，介绍生平经历和与文学创作相关的内容。小传以赋家姓氏首字母的英文字母顺序排列，以便检索，赋家简介之后还列有参考书目，包括现当代中外研究者对赋家生平和作品的研究成果。比如，王粲的小传就介绍了其家庭及主要生平经历，其后列有缪钺的《王粲行年考》和《读史存稿》、伊藤正文的《王粲论坛》和《王粲诗论考》、下定雅弘的《王粲诗研究》、缪文杰（Ronald C. Miao）《王仲宣生平和诗歌考论》和《王粲的生平及其创作：中国中古诗歌研究》等研究资料。③ 这些资料为学习者和研究者提供了极大便利。

在现代追求创新、快速、高效的时代氛围下，需要耗费极大精力理解语言、寻章摘句的中国古代文学研究显得格格不入，美国的中国古代文学研究更是面临困境。康达维作为中国中古文学研究和赋体研究的领头人，以学术传承为己任，在《昭明文选》赋英译中，特别是前言和附录的部分展示了自己的研究成果，为学术研究提供了丰富的信息。他的《昭明文选》译本不仅旨在推介中国文学，更重要的是为西方中国古代文学研究的持续推进和中国文化的传播贡献力量。

---

① David R. Knechtges, *Wen Xuan or Selections of Refined Literature: Volume Three. Rhapsodies on Natural Phenomena, Birds and Animals, Aspirations and Feelings, Sorrowful Laments, Literature, Music and Passions*, Princeton: Princeton University Press, 1996, p.167.
② 蒋文燕：《研幽省细微 精神入图画——汉学家康达维访谈录》，见张西平主编：《国际汉学》（第二十辑），大象出版社2010年版，第17页。
③ David R. Knechtges. *Wen Xuan or Selections of Refined Literature: Volume Two. Rhapsodies on Sacrifices, Hunting, Travel, Sightseeing, Palaces and Halls, Rivers and Seas*, Princeton: Princeton University Press, 1987, pp.362-364.

第二节　对于《昭明文选》"京都赋"的英译

"京都赋"是《昭明文选》赋类的第一次类,包括第 1—6 卷的班固《西都赋》《东都赋》、张衡《西京赋》《东京赋》《南都赋》、左思《蜀都赋》《吴都赋》《魏都赋》8 篇赋作。这些作品是汉代散体大赋的代表,都具有铺张扬厉、以大为美的艺术特点,在篇幅上都规模宏大。班固《两都赋》有四五千言,张衡拟《两都赋》所作的《二京赋》创"长篇之极轨"有八千余言。左思《三都赋》更是突破了张衡所创下的"极轨",有一万余言。并且,赋作内容包括对都城地理历史、宫殿建筑、园林苑囿、宝物特产、风俗民情、珍奇异怪、神话传说、各色人物等内容的铺陈,所涉及的知识上至天文、下至地理,无所不包。加之华丽繁缛的辞藻、骈偶对称的句式、奇特夸张的比喻,这一切都给翻译造成了极大的困难。

康达维在翻译了扬雄的《甘泉赋》《羽猎赋》《河东赋》《长杨赋》《解嘲赋》《解难赋》《逐贫赋》《反离骚赋》《酒箴赋》、贾谊的《吊屈原赋》《旱云赋》、枚乘的《七发》、司马相如的《长门赋》等赋篇[①],并对这些作品的内容、形式、主题等问题做了深入研究之后,对汉赋的形式和艺术特色有了深刻的体认。从 20 世纪 70 年代末到 80 年代初的几年间,康达维完成了对《昭明文选》"京都赋"的英译,并定名为《昭明文选英译第一册:京都之赋》于1982 年由普林斯顿大学出版社出版。此书获得了学界的普遍好评,白润德教授甚至称赞"这对所有研究中国古代的学者来说是最具重要性的事件","读者不满的唯一理由是:必须等待其他七卷的出版"。[②]

本节拟在探讨康达维对于"京都赋"认识的同时,从其译文形式和语言两个方面,叙论康达维《昭明文选》"京都赋"英译的成就。

一、康达维对"京都赋"的认识

康达维认为萧统《昭明文选》以 6 卷(约占"赋"类三分之一)的巨大篇

---

① 扬雄的赋作译文见康达维 1968 年华盛顿大学的博士论文《扬雄、赋和汉代修辞》和 1976年由剑桥大学出版社出版的专著《汉赋:扬雄赋研究》以及 1982 年由亚利桑那大学亚洲研究中心出版的《扬雄的汉书本传(公元前 53—公元 18 年)》;贾谊《吊屈原赋》《旱云赋》和扬雄《反离骚赋》的译文见 1968 年由华盛顿大学出版的《两种汉赋研究》;枚乘《七发》的译文见《激发皇子·枚乘〈七发〉》(德国《华裔学志》1970—71 年第 29 卷);司马相如《长门赋》的译文见《司马相如〈长门赋〉》(《哈佛亚洲研究学刊》1981 年第 41 卷)。

② D. H. Illman, *David Knechtges: Translation of Wen Xuan*, www.washington.edu/research/showcase/1982a.html, 1997.

幅选录"京都赋",并且将其设定为"赋"的第一类是有深刻含义的。他在所撰《汉颂——论班固〈东都赋〉和同时代的京都赋》一文中说：

> 汉代最宏伟的诗篇是京都长赋。在萧统和其门客编于公元 526 年的《文选》中，赋被列为第一种文体，并且赋的第一类即为"京都"赋。……萧统如此看重京都赋，大概是跟随著名理论家刘勰的观点。刘勰认为，赋中以京都、官殿、苑囿为主题的篇章，其功用是"体国经野"。这一说法中表现出的主张，来自《周礼》的首要几行，即不管什么主题，赋最终的关注在于国家，广而言之，就是王朝和帝国。①

康达维的这一叙述，既符合历史事实，还十分准确地道出了萧统《昭明文选》选录编辑"京都赋"的意图。接下来，康达维还进一步论述了"都城"的意义：

> 都城也是宇宙本身的一个象征，不仅是帝国的一个缩影，同时也是整个宇宙的缩影。因此，萧统将京都赋放置于赋的首要位置，是非常恰如其分的。②

这些关于都城是"宇宙的象征""整个宇宙的缩影"的说法，实际上还道出了以"京都赋"为代表的汉大赋作品最本质的艺术特征，以及赋家"苞括宇宙，总揽人物"的创作理想。

在该文的后一部分，康达维还通过分析班固《东都赋》和其同时代的傅毅《洛都赋》、赞美汉明帝永平之政的《七激》、崔骃《反都赋》及劝汉明帝时期隐士出仕的《达旨》、李尤《辟雍赋》等作品，指出"这一时期的诗人将颂扬视为文学的一种主要功用。我们已经看到，在《两都赋》的序文中，班固称赋的主要作用是盛赞当朝的伟大成就及统治者的丰功伟绩……这些颂诗，尤其是京都赋，表达了对社会及政治秩序的自信"③。康达维的所谓"颂诗"，既指那些以"颂"名篇的作品，又指以班固《东都赋》为代表的"京都

---

① ［美］康达维：《汉代宫廷文学与文化之探微：康达维自选集》，苏瑞隆译，上海译文出版社2013 年版，第 183—184 页。
② ［美］康达维：《汉代宫廷文学与文化之探微：康达维自选集》，苏瑞隆译，上海译文出版社2013 年版，第 184 页。
③ ［美］康达维：《汉代宫廷文学与文化之探微：康达维自选集》，苏瑞隆译，上海译文出版社2013 年版，第 199 页。

赋"。他指出这些诗赋作品"都有一个共同的目的,即颂扬汉朝"。

在此后若干年,康达维又发表了题为《挑出野草与选择嘉卉:中国中古早期文选》的文章,阐述了大致相同的认识。例如,康达维在这篇文章中说:"《文选》的文类排序在很大程度上说明了萧统的文学价值观",诸如"京都、郊祀、畋猎"之类,"萧统将这些类别置于首位表现了汉代人的观念,即文学的最终关注点是国家",加之"从古代起,中国人就不仅仅将京都看作一个城市。它首先是皇权的中心,也是帝国和整个宇宙的象征。那么有关治理帝国中心和管理宇宙秩序的篇章自然占据了选集的首位"。① 康达维认识到汉人文学关注的中心是国家,而京都是皇权的中心,是汉帝国和宇宙的象征,因此京都赋在所有文类中占据最重要的位置。

正因为康达维对汉代"京都赋"的功能、艺术特征和萧统将"京都赋"置于赋之首要位置的意图有深刻的认识,所以,他也十分重视《昭明文选》"京都赋"的研究和翻译,并且将他对于"京都赋"的理解体认表现在其翻译之中,从而作出了令世人瞩目的卓越成绩。

二、用"大词"体现"京都赋"的庄严典重

翻译学中的所谓"大词"(big words),是泛指语言中的大词、长词、难词、生僻词,其正式程度及语域皆高出一般词汇。② 汉晋"京都赋"是"体国经野"的代表,体现了皇权的威严。翻译之时,康达维保持了译文的庄重典雅,这集中表现在对"大词"的使用上。康达维的《昭明文选》赋英译使用了许多大词。班固《两都赋序》中大词的使用频率就很高,比如:

　　　原文:或以抒下情而通讽谕,或以宣上德而尽忠孝,雍容揄扬,著于后嗣,抑亦雅颂之亚也。

　　　译文:Sometimes it was for the purpose of expressing the feelings of the Emperor's subjects and conveying subtle criticism and advice. Other times it was for the purpose of proclaiming the superior's virtue and demonstrating utmost loyalty and filial obedience. Compliant and accommodating, they praised and extolled, and their compositions became known to

---

① David R. Knechtges, *Culling the Weeds and Selecting the Prime Blossoms*:*the Anthology in Early Medieval China*, in *Culture and Power in the Reconstruction of the Chinese Realm* 200 - 600, Pearce S., Spiro A. and Ebrey P. (eds.), Cambridge: Harvard University Press, 2000, pp. 217 - 218.

② 参见毛荣贵:《翻译美学》,上海交通大学出版社 2005 年版,第 144 页。

posterity. They were second only to the *Elegantiae* and the *Eulogia*.①

这短短的一段中"purpose""subject""convey""subtle""proclaim""superior"
"demonstrate""utmost""loyalty""filial""obedience""compliant"
"accommodate""praise""extoll""composition""posterity""second"
"Elegantiae""Eulogia"20 个词,源自希腊语、拉丁文或法语。据学者研究,
具有希腊语、拉丁文和法语词源的词构成了英语中的大词,是一种源自悠久
历史的文化传统,具有深厚历史积淀和挥之不去的贵族气质。② 在这段译
文中,"Elegantiae"和"Eulogia"是拉丁语。"Elegantiae"指的是"雅","Eulo-
gia"指的是"颂"。它们是《诗大序》中提及的"六义",即风、雅、颂、赋、比、
兴中间的两种。拉丁语的使用,显示了译文的古雅。其他词,除了"compli-
ant"之外,有 17 个词源于法语或拉丁语,或本身就是中古英语。比如:
"convey",中古英语的词形是"conveien",源于古法语"conveier"和中古拉丁
语"conviāre",意思是"护送"(escort)。又如"filial",它本身就是中古英语,
源于后期拉丁语"filiālis"和拉丁语"filius",意思是"儿子"(son)。③ 这些大
词赋予了原文华贵典雅的气质。

　　赋正文的译文中,也有许多大词。比如《西都赋》中一段:

　　　原文:于是睎秦岭,睋北阜,挟沣灞,据龙首。图皇基于亿载,度宏
　　规而大起。肇自高而终平,世增饰以崇丽。历十二之延祚,故穷泰而
　　极侈。

　　　译文:In this place
　　　　　One could look out on Qin Mound,
　　　　　Catch a glimpse of North Hill,
　　　　　Be embraced by the Feng and Ba,
　　　　　And recline on the Longshou Hills.
　　　　　They planned a foundation of one million years;
　　　　　Ah! An immense scale and a grand construction!
　　　　　Beginning with Emperor Gao and ending with Ping,
　　　　　Each generation added ornament, exalted beauty,

---

① David R. Knechtges, *Wen Xuan or Selections of Refined Literature. Volume One: Rhapsodies on Me-
tropolises and Capitals*, Princeton: Princeton University Press, 1982, pp.95－97.
② 毛荣贵:《翻译美学》,上海交通大学出版社 2005 年版,第 145 页。
③ 所有关于英语语源的知识来自英文网站:http://www.thefreedictionary.com。

Through a long succession of twelve reigns.

Thus, did they carry extravagance to its limit, lavishness to its extreme.①

这段译文中,"glimpse""embrace""recline""foundation""million""immense""scale""grand""construction""begin""ornament""exalt""beauty""succession""reign""carry""extravagance""limit""lavishness""extreme"20个词都具有古老的源头。"generation"一词虽然年代不久远,但它是用于医学和法律等正式语体中的词汇,也属于大词。并且,"foundation""construction""ornament""succession""lavishness""generation"都是10个字母左右的难词,且都包含3个或3个以上的音节,在形式和音韵上都让人产生"繁缛"的印象,并造成宏富的气势。大词的运用让读者想见京城的富丽和庄严。

再如《东都赋》中描述明君行为的句子:

原文:于是圣上睹万方之欢娱,又沐浴于膏泽,惧其侈心之将萌,而怠于东作也。乃申旧章,下明昭。

译文:And then the Sage Emperor:

Observing that the myriad regions are filled with joy and pleasure,

And long have bathed in his rich bounty,

He is apprehensive lest prodigal tendencies germinate,

And cause neglect of the occupation of the east.

He then promulgates the ancient statutes,

Sends down clear edicts. ②

在这一段译文中,"observe""myriad""pleasure""bath""bounty""apprehensive""prodigal""tendency""germinate""neglect""occupation""promulgate""ancient""statute""edict"15个词均属于大词,都具有古老的语源。比如,"observe"源自古英语"observen"、古法语"observer"及古拉丁语"observāre";"tendency"源自中古拉丁语"tendentia"和拉丁语"tendēns";

---

① David R. Knechtges, *Wen Xuan or Selections of Refined Literature. Volume One: Rhapsodies on Metropolises and Capitals*, Princeton: Princeton University Press, 1982, p.103.

② David R. Knechtges, *Wen Xuan or Selections of Refined Literature: Volume One. Rhapsodies on Metropolises and Capitals*, Princeton: Princeton University Press, 1982, p.169.

"germinate"源自拉丁语"germināre";"neglect"源自拉丁语"neglegere";"oc-cupation"源自中古英语"occupacioun",古法语"occupacion"和古拉丁语"occupātiō";等等。这些词都是源自拉丁语、古英语或法语这些古代贵族的语言,散发出高贵、典雅的气息。

三、在形式上凸显赋的宇宙空间模式

朱光潜先生在《诗论》中说:"一般抒情诗较近于音乐,赋则较近于图画,用在时间上绵延的语言表现在空间上并存的物态。诗本是'时间艺术',赋则有几分是'空间艺术'。"①京都赋即是这种"空间艺术"的典型代表。赋家往往以京都为中心,从东南西北、前后左右、内外阴阳等各个方位对物象层层铺述,创造出广阔的宇宙空间。比如,《西都赋》描写地形地势和丰富物产一段:"其阳则崇山隐天,幽林穹谷。陆海珍藏,蓝田美玉……其阴则冠以九嵕,陪以甘泉,乃有灵宫起乎其中……东郊则有通沟大漕,溃渭洞河。泛舟山东,控引淮湖,与海通波。西郊则有上囿禁苑,林麓薮泽,陂池连乎蜀汉。"②康达维将这一段英译为:

> To the South：
>
> > There are lofty peaks obscuring the sky,
> >
> > Dark woods, deep valleys,
> >
> > The precious treasures of the dry-land sea,
> >
> > The fine jade of Lantian
> >
> > …
>
> To the North：
>
> > It is crowned by Nine Peaks,
> >
> > Joined by Sweet Springs Mountain.
>
> Here there are divine palaces rising in the middle of the mountain
>
> > …
>
> In the eastern suburbs：
>
> > There are transport canals, great waterways.
> >
> > By breaching the Wei, opening the He,
> >
> > They could sail their boats east of the mountains.

---

① 朱光潜:《诗论》,上海古籍出版社 2001 年版,第 156 页。
② (梁)萧统、(唐)李善注:《文选》,上海古籍出版社 1986 年版,第 9—10 页。

> By diverting the Huai and its nearby lakes
>
> They merged the waters with the waves of the sea.
>
> In the western suburbs：
>
> There are imperial enclosures and the forbidden park.
>
> Their woods and forests, meres and marshes,
>
> Across sloping terrain stretch to Shu-Han.①

据《春秋谷梁传·僖公二十八年》："水北为阳，山南为阳。"②及许慎《说文解字》："阴，暗也；水之南，山之北也。"③"阳"指山的南面，"阴"指山的北面。原文中的"其阳""其阴"指在南面、在北面。康达维分别译为"To the South""To the North"是对原文的正确解读。并且，他将表示空间方位的词组"To the South""To the North""In the eastern suburbs""In the western suburbs"抽离出来，单独置于一行，下面铺述的内容以缩进的方式呈现，一目了然，凸显了赋中所表现的南、北、东、西的空间模式。

再加上中间对于山川、河流、物产、原野、宫殿、苑囿的铺述，以及"There are lofty peaks obscuring the sky（崇山隐天）""They merged the waters with the waves of the sea（与海通波）""Across sloping terrain stretch to Shu-Han（陂池连乎蜀汉）"等书写，描绘出广阔辽远的空间和壮美宏大的意境。

再如《蜀都赋》"于前则跨蹑犍牂，枕辖交趾……于后则却背华容，北指昆仑……于东则左绵巴中，百濮所充……于西则右挟岷山，涌渎发川"④。康达维的译文是：

> To the South：
>
> > It straddles Qian and Zang；
> >
> > Nestles against Jiaozhi
> >
> > …
>
> To the North
>
> > It stands with its back to Huarong,
> >
> > Points northward to Kunlun

---

① David R. Knechtges, *Wen Xuan or Selections of Refined Literature. Volume One：Rhapsodies on Metropolises and Capitals*, Princeton：Princeton University Press, 1982, pp.109-113.

② （清）廖平：《谷梁古义疏》（上），郜积意点校，中华书局 2012 年版，第 301 页。

③ 李恩江、贾玉民主编：《说文解字》，中原农民出版社 2000 年版，第 1363 页。

④ （梁）萧统、（唐）李善注：《文选》，上海古籍出版社 1986 年版，第 176—180 页。

...

To the East

On the left it stretches as far as Ba,

An area filled with the Bai Pu tribes

...

To the West

On the right it embraces the Min Mountains,

Which spout great waterways and issue large streams.①

在此例中,康达维同样用特殊的排版方式,强化了《蜀都赋》所表现的空间模式。并且,他将"跨蹑""枕輠""却背""北指""左绵""右挟"这些以动写静的词正确地译为"straddles""nestles""stands with its back""points northward""on the left it stretches as far as""on the right it embraces",使静态的画面充满了动感,同时也可使读者感受到成都辽阔的地域。译者使用特殊的诗行设置,将表示南、北、东、西的方位词放在显著位置,清晰勾勒了赋中的空间模式和结构模式,也表明了赋家以都城和皇权为"中心"的意识。

四、形象灵动地书写并置的物象

"京都赋"中大量的篇幅是对山川城邑、宫殿苑囿、原野水泽、草木鸟兽、物产珍奇等内容的铺排描写。比如左思《吴都赋》中"木则枫柙橡樟,栟榈枸棍,绵杬杶栌,文欀桢橿,平仲桾櫨,松梓古度,楠榴之木,相思之树"一句中,就列有枫、柙、橡、樟、栟榈、枸棍、绵、杬、杶、栌、文、欀、桢、橿、平仲、桾櫨、松、梓、古度、楠榴、相思21种树木名称。左思在《三都赋序》中说"美物者贵依其本;赞事者宜本其实"②。他本是强调对事物的描写要尊重客观事实,但其所言"美物""赞事"也说明对事物的描写是为了"美""赞",即歌颂王朝的声威和气魄。对这些物象竭泽而渔式地搜罗,铺排于赋文当中,体现了赋家的颂美之思。康达维在翻译这些名称时力求准确、形象。如他对张衡《南都赋》中描写珍奇异宝一段的翻译:

Its precious assets and rare marvels include:　　其宝利珍怪,

Glittering gold, unwrought jade,　　则金彩玉璞,

① David R. Knechtges, *Wen Xuan or Selections of Refined Literature. Volume One: Rhapsodies on Metropolises and Capitals*, Princeton: Princeton University Press, 1982, pp.343-351.
② (梁)萧统、(唐)李善注:《文选》,上海古籍出版社1986年版,第174页。

Sui pearls, night-glowers,	随珠夜光,
Copper, tin, lead, iron,	铜锡铅锴,
Red clay, white clay, sulphur,	赭垩流黄,
Green prase, amethysts,	绿碧紫英,
Blue azurite, cinnabar granules,	青䰉丹粟,
Taiyi's spare provisions,	太一余粮,
Brown hematite and double-jade. ①	中黄毂玉。

在此段中他对随珠、锴、流黄、紫英、青䰉、丹粟、太一余粮、中黄、毂玉9个名词皆有查考②。其一,他依据《淮南子》中的记载和美国明尼苏达大学东亚系教授马瑞志对《世说新语》英译的注释,认为"随珠"即"明月珠",并在注释中叙述了周族后裔随侯救蛇仙后得随珠的传说,由此将"随珠"译为"Sui Pearls"。查考工作增加了翻译的准确性,但同时他也注重表现这些物象的特点。其二,他将"金彩"译为"Glittering gold",让读者想见金子的闪光耀眼,且"Glittering"与"gold"形成头韵,增强了译文的韵律;将"夜光"译为"night-glowers",而非"luminous pearl",让读者理解这是夜间发光的,且避免了与"Sui pearls"重复。他注意到原文中"赭""黄""绿""紫""青""丹"等表颜色的词,在译文也强化了对颜色的表现。其三,他将"赭""垩"译为"Red clay""white clay",将"绿碧"译为"green prase""青䰉"译为"blue azurite""中黄"译为"brown hematite"。译文中红、白、绿、蓝、棕等色彩描绘出绚烂的图画。其中,"prase"是指绿玉髓,"azurite"指蓝铜矿,"hematite"指赤铁矿,本身就可以表达"绿碧""青䰉""中黄"的意思,译者增加了"green""blue""brown"等颜色词,不仅表现了原文的特点,也突出了这些宝物的五彩缤纷,充分表现了赋"美物"的写作目的。

比如,张衡《西京赋》"建玄弋,树招摇;栖鸣鸢,曳云梢。孤旌狂矢,虹旆蜺旄"中,据李善注"玄弋""招摇""鸣鸢""云梢""孤旌""枉矢""虹旆""蜺旄"都是指的旗帜,"玄弋""招摇""鸣鸢""云""孤""矢""虹""蜺"是旗帜上的图案。③ 既然是旗帜的名称,用音译也可行。然译者并未采用这种省时的做法,而是弄懂这些词的确切含义,用形象鲜明的词将意思表达出

---

① David R. Knechtges, *Wen Xuan or Selections of Refined Literature. Volume One: Rhapsodies on Metropolises and Capitals*, Princeton: Princeton University Press, 1982, pp.313.

② David R. Knechtges, *Wen Xuan or Selections of Refined Literature. Volume One: Rhapsodies on Metropolises and Capitals*, Princeton: Princeton University Press, 1982, pp.312, LL.17n, 19n-25n.

③ 参见(梁)萧统、(唐)李善注:《文选》,上海古籍出版社1986年版,第67—68页。

来。他的译文是"They raise the Dark Lance,/Hoist the Twinkling Indicator,/Attach the Screeching kite,/And unfurl Cloud Streamers behind them./There are Bow Flags with warped arrows,/Rainbow pennants and iris banners."①译文使读者想象到这些旗帜上的图案,有鸣叫的风筝,有云朵,有弓箭,有彩虹等。对"旗帜"一词的表达各有不同,有"streamer""flags""pennants""banners"四个词,可见译者掌握的词汇量之大,堪与赋家比才学。并且,动词"建""树""栖""曳"四个词用"raise""hoist""attach""unfurl"翻译,表现出旌旗林立、翻飞的样子。整段译文充分表现了天子仪仗的庞大和豪华,展现出赋家"颂美"的意图。

此外,"玄弋"和"招摇"并非指字面的意思,而是星名。康达维的译文表达了它们的字面意义,在注释中解释了其具体所指:

> 玄弋是星名(牧夫座 λ 星),有时被画为北斗斗柄上的第八颗星(见胡绍煐《文选笺证》),有时也被称为"盾"和"天锋"。招摇古时为星名(牧夫座 γ 星),有时也被想象为北斗的一部分,别称为"矛"(见司马迁《史记》、沙畹《司马迁的〈史记〉》)。薛综认为玄弋是北斗星的第八颗,并说它主胡兵。他认为招摇为北斗的第九颗星。这些"武力之星"(martial stars)被画于旗帜上。《礼记》特别提到招摇在所有的旗帜之上,因此得以"急缮其怒"。②

通过注释,读者可以学到中国古代的天文学知识,并深入了解"招摇"和"玄弋"被描绘在旗帜之上与军事相关。并且,"招摇"的译文"the Twinkling Indicator"十分形象生动,读者可以想象到星星一闪一闪似乎在发信号。读者在欣赏美文,惊叹于汉代中国帝王出行仪仗的声势浩大之时,还能学到丰富的知识。译文通顺流畅,具画面感,而注释使译文锦上添花。

康达维以一己之力完成了规模庞大的《昭明文选》京都赋部分的翻译,并且在形式上凸显了赋的空间模式,用大词体现了"京都赋"的庄严典重,形象灵动地书写并置的物象,表现了京都赋重"颂美"的特点,不仅首次为英语世界读者提供了张衡《二京赋》《南都赋》和左思《三都赋》的全译文,

---

① David R. Knechtges, *Wen Xuan or Selections of Refined Literature. Volume One: Rhapsodies on Metropolises and Capitals*, Princeton: Princeton University Press, 1982, pp.215.

② David R. Knechtges, *Wen Xuan or Selections of Refined Literature. Volume One: Rhapsodies on Metropolises and Capitals*, Princeton: Princeton University Press, 1982, pp.214.

而且其译文的准确性和艺术性也是其他译本不能企及的。①

第三节　对于《昭明文选》"郊祀、畋猎、宫殿、江海之赋"的英译

康达维英译了《昭明文选》第 7 卷至第 12 卷郊祀、耕藉、畋猎、纪行、游览、宫殿、江海七个类别中的 17 篇赋作,载于《昭明文选英译第二册:祭祀、畋猎、纪行、游览、宫殿、江海之赋》,于 1987 年由美国普林斯顿大学出版社出版。下面选取郊祀、畋猎、宫殿、江海类别中最能体现康达维英译特色的译文,包括有平行文本,便于对照分析以突出其英译特点的篇章,来看他对不同题材、不同作家、不同风格作品特点的传达。

一、显现扬雄《甘泉赋》《羽猎赋》诸赋的"讽谏"意蕴

扬雄是西汉著名的辞赋家。在其赋论中,他特别重视辞赋的"讽谏"作用。《汉书·扬雄传》记载他对赋体文学创作的看法说:"雄以为赋者,将以风也。"②在此,"风"通"讽",意思是不用正言,用婉言劝说。在扬雄看来,赋的主要作用是达到其讽谏的目的。御用文人通过作赋,委婉地对帝王进行劝谏,以实现自己的政治抱负。在他早期创作的名赋《甘泉赋》《河东赋》《羽猎赋》《长杨赋》的序言中,他十分明确地表达了这一目的:"正月,从上甘泉,还奏《甘泉赋》以风","雄以为临川羡鱼,不如归而结网,还,上《河东赋》以劝","又恐后世复修前好,不折中以泉台,故聊因《校猎赋》以风","雄从至射熊馆,还,上《长杨赋》,聊因笔墨之成文章,故藉翰林以为主人,子墨为客卿以风"③,可见"风(讽)"或者"劝"是其写作的核心也是主要目标。扬雄的赋作,不仅仅是要体现君王的威严和汉王朝的强大,更重要的是要对君王起到劝诫的作用。可悲的是,他晚年发现赋体文学并不能达到"意达言从"的效果,从而放弃赋的创作,"辍不复为"。

康达维对扬雄及"讽谏"有过深入研究。他在《汉赋:扬雄赋研究》中,论述了"讽谏"传统的形成和特点。他从语源学上,探究了"讽谏"一词的由来,认为"讽"一词来自"风",在汉代这个词是"支配"和"影响"的意思,被

① 班固的《两都赋》还有英国汉学家修中诚在 1956 年完成的遗作《两篇中国诗歌:汉代生活和思想小景》,由普林斯顿大学出版社于 1960 年出版。他的译文只是释义,大概叙述了《西都赋》和《东都赋》的内容。

② (清)王先谦:《汉书补注》,中华书局 1983 年版,第 1508 页。

③ (清)王先谦:《汉书补注》,中华书局 1983 年版,第 1489、1494、1497、1502 页。

用来指"间接地批评"这一修辞手法。"讽"与"谏(意思是轻责)"结合在一起形成"讽谏(意思是间接地轻责)"这一表达,至少是君王最能接受的一种批评方式。① 他把"讽"解释为"an oblique and circuitous method of argument"②,指委婉辩说的方法;把赋的作用描述为:"make the poem an ethical, suasory demonstration that would influence the emperor's behavior","moral edification"③,赋就是通过间接的表述,在道德上作委婉的批评和劝诫,并影响君王的行为。他还在解说《甘泉赋》中具体说明了讽谏意味在赋中的表现。有了这些研究做基础,他在译文中自然能准确把握赋中的讽谏意味,并将其表达出来。

《甘泉赋》是《昭明文选》第七卷"郊祀"类中的第一篇,描写汉成帝到甘泉宫南的泰一祠祭天的情形。在赋首扬雄明确表达了"正月,从上甘泉还,奏《甘泉赋》以风"④的写作目的。在作品中,用典是扬雄实现间接、委婉的劝谏目的的手段之一。例如"想西王母欣然而上寿兮,屏玉女而却宓妃。玉女亡所眺其清矑兮,宓妃曾不得施其蛾眉"⑤一句中,玉女指仙女或美女,宓妃是屈原《离骚》中试图追求的女神中的一位。根据屈原的描述:"纷总总其离合兮,忽纬繣其难迁。夕归次于穷石兮,朝濯发乎洧盘。保厥美以骄傲兮,日康娱以淫游。""帝降夷羿,革孽夏民。胡射夫河伯,而妻彼雒嫔?"⑥从这些描述可知,宓妃虽然美丽,但与洛伯用、河伯冰夷、有穷后羿都有暧昧关系,朝三暮四、人尽可夫,不是正人君子的理想伴侣。在《汉书·扬雄传》中扬雄提到"又是时赵昭仪方大幸,每上甘泉,常法从"⑦。由此,康达维认为,玉女、宓妃可能是影射赵昭仪,此处不同于以往女神拒绝求爱者的模式,这里是君王拒绝了女神。扬雄在这里植入了劝诫的成分,拒绝极富魅力的女神象征着君王对浮华享乐行为的放弃。⑧ 因此,译文中此处的讽谏之意能否传达,"屏玉女,却宓妃"一句的翻译很关键。康达维的译

① David R. Knechtges, *The Han Rhapsody, A Study of the Fu of Yang Hsiung* (53B.C.-A.D.18), Cambridge: Cambridge University Press, 1976, p.34.
② David R. Knechtges, *The Han Rhapsody, A Study of the Fu of Yang Hsiung* (53B.C.-A.D.18), Cambridge: Cambridge University Press, 1976, p.25.
③ David R. Knechtges, *The Han Rhapsody, A Study of the Fu of Yang Hsiung* (53B.C.-A.D.18), Cambridge: Cambridge University Press, 1976, pp.40-41.
④ (梁)萧统、(唐)李善注:《文选》,上海古籍出版社1986年版,第321—322页。
⑤ (梁)萧统、(唐)李善注:《文选》,上海古籍出版社1986年版,第330页
⑥ (南宋)洪兴祖:《楚辞补注》,中华书局1983年版,第31—32、99页。
⑦ (清)王先谦:《汉书补注》,中华书局1983年版,第1489页。
⑧ David R. Knechtges, *The Han Rhapsody, A Study of the Fu of Yang Hsiung* (53B.C.-A.D.18), Cambridge: Cambridge University Press, 1976, p.56.

文是"He rejects Jade Maiden, expels Consort Fu"①。屏,摒弃的意思;却,躲
避的意思。如《史记·鲁仲连邹阳列传》云:"勇士不却死而灭名。"②在这
句话中,"却"有比较被动的含义,康达维使用了一个意义很主动的词
"expel"(指"用武力驱逐")。在此,译者改变了原词的语态,原作者的劝谏
意图体现得更明显。"rejects"和"expels"体现了天子对玉女和宓妃的态度
坚决,这也是扬雄希望汉成帝对赵昭仪采取的态度。只有这样才能"方揽
道德之精刚兮,俟神明与之为资"③。他在注释中引用了《汉书·扬雄传》
中对《甘泉赋》作品的介绍并说明:"很明显扬雄用玉女、宓妃来代指不应该
随从君王车驾的嫔妃们。"④通过精准的用词,加上注释的说明,读者能体会
到原文讽谏的意图。《甘泉赋》讽谏的意图十分隐晦,康达维在讽谏力度的
理解和把握上做得很成功。

　　《羽猎赋》是《昭明文选》第八卷"畋猎"类中的一篇,重点描写成帝时
代羽猎的宏阔场面和全过程。同样,在赋首作者也交代了"风(讽)"的写作
意图。且《羽猎赋》讽谏之意比《甘泉赋》明显。它首先赞颂尧舜、夏禹、商
汤、周文王时代的狩猎不出"三驱"之意,注重取与予的平衡,而使"国家殷
富,上下交足"。接着以对汉武帝羽猎的"尚泰奢丽夸诩"的批评,引出了作
这篇赋的目的"故聊因校猎赋以风之"⑤。接着,作者铺述了狩猎的全过程,
用词夸张艳丽,极写狩猎的奢靡之事:

　　　　原文:若夫壮士忼慨,殊乡别趣。东西南北,骋耆奔欲。拖苍豨,跋
　　犀犛,蹶浮麕,斮巨狿,搏玄猿……莫莫纷纷,山谷为之风猋,林丛为之
　　生尘。

　　　　译文:As for

　　　　　　Stout warriors, brave and bold,

　　　　　　Facing in diverse directions, dashing separate ways,

　　　　　　East, west, south, and north,

①　David R. Knechtges, *Wen Xuan or Selections of Refined Literature: Volume Two. Rhapsodies on Sacrifices, Hunting, Travel, Sightseeing, Palaces and Halls, Rivers and Seas*, Princeton: Princeton University Press, 1987, p.35.

②　(汉)司马迁:《史记》,中华书局1959年版,第2465页。

③　(梁)萧统、(唐)李善注:《文选》,上海古籍出版社1986年版,第330页。

④　David R. Knechtges, *Wen Xuan or Selections of Refined Literature: Volume Two, Rhapsodies on Sacrifices, Hunting, Travel, Sightseeing, Palaces and Halls, Rivers and Seas*, Princeton: Princeton University Press, 1987, p.34, L.160.

⑤　(梁)萧统、(唐)李善注:《文选》,上海古籍出版社1986年版,第388—389页。

Chase whatever they please, pursue whatever they desire:

They drag down green boars,

Trample rhinos and yaks,

Crush roaming elaphures;

Cut down the giant *yan*,

Pummel black apes

…

It is so dusty and dark, windy and wild,

In mountains and ravines they cause whirlblasts to blow,

And in woods and thickets sandstorms to rage. ①

　　勇士猎杀动物时没有任何节制,而是"Chase whatever they please, pursue whatever they desire",追其所悦,逐其所欲,任由欲望驱使。与野兽搏击时 "drag down" "trample" "crushing" "cut down" "pummel" 表现出勇士的勇猛和力量,也把猎人们赶尽杀绝的狠劲淋漓尽致地表现了出来。结果"It is so dusty and dark, windy and wild,/ In mountains and ravines they cause whirlblasts to blow,/ And in woods and thickets sandstorms to rage" 造成巨大的声势。译者将"莫莫纷纷"译为"It is so dusty and dark, windy and wild",表现人与动物激烈搏斗,十分狂野,致使灰尘遮天蔽日,使天色变暗,刮起大风。译者将 "风"译为"whirlblasts",意思是飓风;将"尘"译为"sandstorms",意思是沙尘暴,用夸张的描写渲染搏斗的激烈。最终"Fields are scoured, mountains combed,/ And they bag males and females (野尽山穷,囊括其雌雄)" ②。 "scour"本是冲刷的意思,"comb"本是梳理的意思,用在这里说明动物被赶尽杀绝,好像被冲刷、梳理过一般,形象表达出"穷""尽"的意思。一切结束之时"And then/ When the game is depleted, shot to extinction (于是禽殚中衰)","depleted"一语双关,既表示狩猎结束的意思,又表示枯竭之意,"ex-tinction"一词是灭绝的意思,更是直接表现了动物遭受的灭顶之灾。对狩猎过程和结果的描述,与下文"He releases pheasants and rabbits,/ Stores nets

---

① David R. Knechtges, *Wen Xuan or Selections of Refined Literature: Volume Two. Rhapsodies on Sacrifices, Hunting, Travel, Sightseeing, Palaces and Halls, Rivers and Seas*, Princeton: Princeton University Press, 1987, p.125.

② David R. Knechtges, *Wen Xuan or Selections of Refined Literature: Volume Two. Rhapsodies on Sacrifices, Hunting, Travel, Sightseeing, Palaces and Halls, Rivers and Seas*, Princeton: Princeton University Press, 1987, p.129.

and snares;/Elaphures and deer, fodder and hay,/He shares with the common folk"①描述君主"放雉兔,收罝罘,麋鹿蒭荛与百姓共之"②的善行形成巨大的反差。康达维认为,作者描绘理想君主统治下太平盛世的图景和惊心动魄的狩猎场面,主要目的是两相对比,以突出讽谏的目的。③ 狩猎的场面描写得越夸张血腥,明君的形象呈现得越可亲可敬,其中讽谏的意义就越凸显。康达维的译文用形象夸张的方法诠释了作者本身就夸大的描写,进一步扩大了这种矛盾,使文章的讽谏意味得到准确体现。

二、精致描摹王延寿《鲁灵光殿赋》的种种物象

王延寿的《鲁灵光殿赋》是《昭明文选》第 11 卷宫殿类中的第一篇,描绘鲁恭王刘余所建鲁灵光殿的昔日辉煌。赋中的描写既气势宏大又精细传神,刘勰将它与司马相如《上林赋》、班固《两都赋》、张衡《二京赋》、扬雄《甘泉赋》等并举,称"延寿《灵光》,含飞动之势"④。

英国著名翻译家韦利也译过《鲁灵光殿赋》,收录他 1923 年出版的译文集《游悟真寺诗及其他诗篇》(*The Temple and Other Poems*)中。韦利的译文是节选,翻译的是从"飞禽走兽,因木生姿"到"贤愚成败,靡不载叙"一段⑤,描写灵光殿中的雕刻和壁画,是全文描写最精细传神的一段。比较康达维和韦利的译文,可以看出康达维在物象的描摹方面下了很大功夫。

原文:飞禽走兽,因木生姿。奔虎攫拏以梁倚,仡奋舋而轩髻。虬龙腾骧以蜿蟺,颔若动而躨跜。朱鸟舒翼以峙衡,腾蛇蟉虬而绕榱。

康达维译:Flying birds and running beasts,
Are given form by the wood.
Prowling tigers, clawing and clasping in vicious clenches,
Raise their heads in a furious frenzy, manes bristling.

① David R. Knechtges, *Wen Xuan or Selections of Refined Literature: Volume Two. Rhapsodies on Sacrifices, Hunting, Travel, Sightseeing, Palaces and Halls, Rivers and Seas*, Princeton: Princeton University Press, 1987, p.135.

② (梁)萧统、(唐)李善注:《文选》,上海古籍出版社 1986 年版,第 398 页。

③ The main purpose of presenting this portrait of an idealized ruler is to set up a contrast with the Emperor who engaged in the hedonistic and extravagant hunt. See David R. Knechtges, *The Han Rhapsody, A Study of the Fu of Yang Hsiung (53B.C.–A.D.18)*, Cambridge: Cambridge University Press, 1976, p.78.

④ (梁)刘勰、周振甫注:《文心雕龙注释》,人民文学出版社 1981 年版,第 80 页。

⑤ (梁)萧统、(唐)李善注:《文选》,上海古籍出版社 1986 年版,第 514—516 页。

Curly dragons leap and soar, twist and twine,

Their jowls seeming to move as they limp and lumber along.

The vermilion Bird, with outspread wings, perches on the cross-beams;

The Leaping Serpent, coiling and curling, winds round the rafters...①

韦利译：Birds of the air, beasts of the earth

Sprout from the timber; to swift-slanting beams

The coursing tiger clings, or perilously leaping

In a wild onrush rears his shocky mane.

A young dragon wreathes his coils,

And as he prances seems to nod his slithery head.

The Red Bird of the South

Soars skyward from his niche; the serpent ring on ring

Enfolds his beam...②

　　原文中"飞禽""走兽""奔虎""虬龙""腾蛇"等动物名称词基本上都是动词和名词构成，"飞""走""奔""腾"等词使刻在木头上的形象顿时具有动感。康达维译文是"flying birds""running beasts""prowling tigers""curly dragons""the Leaping Serpent"，形象描绘了飞翔的鸟儿、奔跑的野兽、匍匐觅食的老虎、蜷曲的蛟龙、腾跃的大蛇，充分体现了原文的动感。而韦利对这几个词的翻译是"birds of the air""beasts of the earth""the coursing tiger""a young dragon""the serpent"基本上用的都是名词，来指飞鸟、走兽、奔虎、幼龙、大蛇，只是表达了原文的基本意思，而失去了动势。

　　综观整个译例，康达维运用动词或动名词使原文静态的物象活动了起来，如"raise""leap and soar""twist and twine""limp and lumber""perches on""winds round""flying""running""prowling""leaping""bristling""clawing and clasping""coiling and curling"。这13个词或词组全是形容动物的动态，包含动词或动名词多达18个，将刘勰所说的"飞动之势"充分渲染出来。并且"coiling and curling""clawing and clasping""twist and twine""limp

---

① David R. Knechtges, *Wen Xuan or Selections of Refined Literature: Volume Two. Rhapsodies on Sacrifices, Hunting, Travel, Sightseeing, Palaces and Halls, Rivers and Seas*, Princeton: Princeton University Press, 1987, p.271.

② Arthur Waley, *The Temple and Other Poems*, London: George Allen & Unwin Ltd. 1923, p.95.

and lumber"4 对押头韵的词使原文具有节奏感和跃动感。韦利译文中描述动物的动词或动名词有"sprout""clings""leaping""rears""wreathes""prances""nod""soars""enfolds"9 个词,在动词的使用数量上只是康达维的一半。

并且,康达维的译文十分精细传神。比如"奔虎攫拏以梁倚,仡奋鬣而轩鬐"一句,描写奔虎奋爪抱梁、鬣毛竖起的样子。康达维的译文是"Prowling tigers,clawing and clasping in vicious clenches,/Raise their heads in a furious frenzy,manes bristling"。"Prowling tigers,clawing and clasping in vicious clenches"一句表达潜行的老虎强有力地紧握着(梁柱)的意思。其中"clawing"和"clasping"是同义词,为紧握的意思,"vicious clenches"一词表示用力地紧握。3 个表示紧握意思的词"clawing""clasping"和"clenches"押头韵,造成音韵上的节奏感,再加上表达"剧烈"的形容词"vicious",使读者体会到虎爪的强劲有力。"Raise their heads in a furious frenzy,manes bristling"表示老虎在狂怒的状态中抬头,鬣毛竖了起来。形容词"furious"和名词"frenzy"都有暴怒的意思,两词开头相同的辅音/f/形成头韵造成声音的跳跃感。整个句子形象描画出老虎发怒的状态,有虎虎生威之感。再看韦利的译文"The coursing tiger clings,or perilously leaping/In a wild onrush rears his shocky mane",意思是"潜行的老虎紧贴着梁柱,危险地跃起,在猛烈袭击中抖动的鬣毛拢向后方"。译文中感受不到老虎的凶猛有力,且关于鬣毛的描述更像是狮子。

再如"虬龙腾骧以蜿蟺"一句,康达维的译文是"Curly dragons leap and soar,twist and twine"。其中,"leap"和"soar"表示龙腾跃的动感,且"soar"表示快速飞升,充分体现了"腾骧"的速度;"curly""twist""twine"原意为卷曲、弯曲、缠绕的意思,形象描述了龙的身形。而韦利的译文是"A young dragon wreathes his coils",用动词"wreathes(环绕)"和名词"coils(盘绕)"只是表达了龙绕梁的意思,表意的丰富性和生动性上逊于康达维译文。

从以上几个译例中可以看出,康达维对《鲁灵光殿赋》中物象的描绘十分精细传神,这是之前的韦利译文没有做到的。

三、用头韵及同义词重复方法表现"江、海"之赋的磅礴气势

木华的《海赋》和郭璞的《江赋》是《昭明文选》第 12 卷江海类中的两篇,"二者皆为赋史上描写水域声明最著名的作品"①。康达维对其中描写

---

① 赵逵夫主编:《历代赋评注·魏晋卷》,巴蜀书社 2010 年版,第 589 页。

海水和江水情状的段落译得最为精彩。

比如《海赋》中描写浪涛的句子：

> 原文：惊浪雷奔,骇水迸集,开合解会,瀳瀳湿湿。葩华踧沑,泧沴漈潎。
> 译文：Startled waves thunderously race,
> 　　　Stampeding waters scatter and gather again：
> 　　　They open and close,dissolve and merge,
> 　　　Spurting and spouting,shaking and shuddering,
> 　　　Spreading and sprawling,crowed and cramped,
> 　　　Frothing and foaming,pitching and plunging.①

前面三行"Startled waves thunderously race, / Stampeding waters scatter and gather again：/ They open and close,dissolve and merge"描绘浪涛如受惊般迅速奔涌,发出雷鸣般巨响,一会散开又一会聚集,分分合合的样子。其中"startled"和"stampeding"为近义词,都有受惊的意思,表达原文"惊"和"骇"的意思,且"stampeding"还有逃跑之意,加上动词"race",波涛如受惊般争先恐后、蜂拥向前的样子就惟妙惟肖地刻画出来。"scatter and gather""open and close""dissolve and merge"3个词组将原文中"迸集""开合""解会"3个同义词的意思表达出来,描述水流分散又合拢的样子。"scatter""open""dissolve"表示分散的意思,"gather""close""merge"表示合拢的意思,但没有一词重复,译者运用语言的能力可见一斑。

尤其精彩的是后三行,6组同时押头韵和尾韵的词"spurting and spouting""shaking and shuddering""spreading and sprawling""crowed and cramped""frothing and foaming""pitching and plunging"将波浪涌射、抖动、扩张、拥挤、喷沫、倾泻的样子表现出来。除"crowed and cramped"为形容词词组外,"and"连接的两个词是同义的动名词,充分地展示了水流的动态。在音韵上,头韵和尾韵造成音韵的和谐与铿锵,"spurting and spouting""pitching and plunging""crowed and cramped"含有爆破音/p/、/k/、/t/在声音上让人感受到水的气势和动能。加之,第一、二行行首的单词都以/st/开头,押头韵;第四、五行行首的单词都以/sp/开头,押头韵;造成回环往复的效果,仿佛潮水的涨退。

---

① David R. Knechtges, *Wen Xuan or Selections of Refined Literature*：*Volume Two. Rhapsodies on Sacrifices*, *Hunting*, *Travel*, *Sightseeing*, *Palaces and Halls*, *Rivers and Seas*, Princeton：Princeton University Press,1987,p.309.

译者不仅生动地描绘了水的动态,对水静态的刻画也毫不逊色。还比如郭璞《江赋》中描写水面广大澄澈的几句:

原文:澄澹汪洸,㳠潒困㳄。泓㳄洞潒,涓邻圞潾。混浣灝涣,流映扬焆。溟㳠渺涵,汗汗油油。
译文:Crystal clear, spaciously sparkling,
Flowing and flooding, deep and diluvian,
Broad and boundless, rolling and reeling,
Twisting and twirling, turning and churning;
Bubbling bright, limpid and lucent,
Streaming with luster, casting off radiance,
Wasteful and wide, distantly distended,
Boundlessly spread, vast and far.①

根据李善注的训释,原文中双声词有"澄澹""混浣""渺涵";叠韵词有"汪洸""㳠潒""洞潒""困㳄""涓邻""圞潾";同为双声叠韵的词有"泓㳄""灝涣""溟㳠";叠音词有"汗汗""油油"。在译文中,康达维使用了 12 对押头韵的词、1 对同义词及 1 个动词短语来译这 14 个联绵词,造成音韵的重复和谐,读之抑扬顿挫、节奏感强。7 对押头韵的词,主要是形容词"deep and diluvian""broad and boundless""spaciously sparkling""bubbling bright""crystal clear""limpid and lucent""wasteful and wide"和一对同义词"vast and far"描述了水幽深广阔、波光粼粼、清澈透明、浩瀚无垠的静态特征;4 对动词的现在分词,同时押头韵和尾韵的词"flowing and flooding""rolling and reeling""twisting and twirling"和押尾韵的词"turning and churning"形容出水流动、翻滚、盘旋、转腾的动态。形容词和现在分词的组合使动静结合,穷形尽相地刻画出水面澄澈闪烁、烟波浩渺、波涛涌动的样子。康达维的译文生动形象地描绘了江海的动态与静态,充分表现了江海的宏阔和气势。

总之,康达维的译文通过精准的用词,加上注释或是用形象夸张的方法诠释了作者夸大的描写,凸显扬雄《甘泉赋》《羽猎赋》等诸赋的"讽谏"意蕴;用动词或动名词精致描摹王延寿《鲁灵光殿赋》的种种物象,体现赋的"飞动之势";用头韵及同义词重复方法,表现出了"江、海"之赋的磅礴气势。

———————

① David R. Knechtges, *Wen Xuan or Selections of Refined Literature*: *Volume Two. Rhapsodies on Sacrifices*, *Hunting*, *Travel*, *Sightseeing*, *Palaces and Halls*, *Rivers and Seas*, Princeton: Princeton University Press, 1987, p.327.

第四节 对于《昭明文选》"物色、哀伤、 论文、音乐、情之赋"的英译

康达维《昭明文选英译第三册：物色、鸟兽、志、哀伤、论文、音乐、情之赋》，于 1996 年由美国普林斯顿大学出版社出版。其中包括《昭明文选》第 13 至 19 卷物色、鸟兽、志、哀伤、论文、音乐、情 7 个类别、31 篇赋作的英译文。下面选取物色、哀伤、论文、音乐、情类别中最能体现康达维英译特点的译文，包括有平行译本，便于对照分析以突出康达维英译特色的篇章，来看他对赋文学性和抒情性的传达。

一、用音韵表现宋玉《风赋》风的气势和嵇康《琴赋》的乐感

《风赋》是"物色"类的第一篇，为宋玉的代表作之一。文章对比了大王之雄风和庶民之雌风的不同情状以及带给人截然不同的感觉，表现了平民生活的凄苦悲惨，讽刺了宫廷生活的骄泰淫逸。此赋"极声貌以穷文"，对风的气势和动态的描写十分生动形象，"妙绝今古"①。

原文中铺述了风刚起、正劲和消歇的样子。比如大王之雄风，"夫风生于地"，旋即"激扬熛怒，耾耾雷声"，最后"被丽披离""离散转移"。康达维译文运用头韵手法，形象地表现了风在不同阶段的不同情态。从"飘忽溯滂"至"离散转移"的一段译文尤为精彩：

> 原文：飘忽溯滂，激飏熛怒。耾耾雷声，回穴错迕。蹶石伐木，梢杀林莽。至其将衰也，被丽披离，冲孔动楗，眴焕粲烂，离散转移。
>
> 译文：Swiftly soaring, blasting and blustering,
>
> Fiercely it flies, swift and angry,
>
> Rumbling and roaring with the sound of thunder.
>
> Tortuously twisting, in chaotic confusion,
>
> It overturns rocks, fells trees,
>
> Strikes down forests and thickets.
>
> Then, when its power is abating,

---

① 明代胡应麟云："宋玉赋《高唐》《神女》《登徒》及《风》，皆妙绝今古。"参见（明）胡应麟：《诗薮》（20 卷），上海古籍出版社 1958 年版，第 246 页。

　　　　It scatters and spreads, spreads and scatters,

　　　　Charging into crevices, shaking door bolts.

　　　　All that it brushes is bright and shiny, dazzling fresh

　　　　As it disperses and turns away.①

　　为了表现原文中"溯漭""眈眈""梢杀""被丽""披离""眴焕""粲烂"
等双声叠韵词的音韵效果,译者使用了很多组押头韵的词。这些双声叠韵
词被康达维称作"描写性复音词"。他对这些词的处理方法是"用两个英文
单词来表述……希望通过双声或同义重复来传达中文词语的某些悦耳的谐
音效果"②。这里所说的"双声"也就是英文中的头韵手法,即两个或多个
以辅音字母开头的单词,它们各自开头的辅音字母相同,而所押的韵。③ 英
文的头韵手法确实能在一定程度上表现出汉语声母或韵母相同所表现出来
的音韵效果。这一段的译文中,押头韵的词与原文中的双声叠韵词并非一
一对应,但头韵词能表现出音韵重复所产生的音乐效果。不仅如此,头韵词
所产生的语音象征作用还能表现出风由弱变强再到弱的全过程。

　　"swiftly"和"soaring"押头韵/s/,描写风刚起时迅速飘升;"blasting"和
"blustering"押头韵/bl/,模拟风猛烈地吹时咆哮的声音;"fiercely"和"flies"
押头韵/f/,"fiercely it flies"描绘风激扬飞动的样子;"rumbling"和"roaring"
押头韵/r/,"rumbling and roaring"模拟风力更加强劲时发出轰隆隆的如雷
声一般的巨响;接着风"tortuously twisting"转动回旋,"tortuously"和
"twisting"押头韵/t/;最后风"scatters and spreads, spreads and scatters"四处
飞散,逐渐停歇,"scatters"和"spreads"押头/s/。从/s/到/bl/到/f/到/r/开
口度是从小到大的,从声韵上可以模拟风从嘶嘶到呼呼进而隆隆作响的一
个逐渐猛烈的过程;进而从/t/到/s/,开口度由大变小,表现风由猛烈而逐
渐四散消歇的过程。如此,由声音结合意义的表达,刮风的整个过程被惟妙
惟肖地表现出来,使读者如临其境,如闻其声。

　　庶民雌风与大王雄风不同,一起来就飞沙走石,令人难以招架。原文中
未详述从起风到停歇的过程,而主要描绘雌风的气势和动态。译文在音韵

───────────

① David R. Knechtges, *Wen Xuan, or Selections of Refined Literature. Volume Three: Rhapsodies on Natural Phenomena, Birds and Animals, Aspirations and Feelings, Sorrowful Laments, Literature, Music, and Passions*, New Jersey: Princeton University Press, 1996, p.9.

② [美]康达维:《汉代宫廷文学与文化之探微:康达维自选集》,苏瑞隆译,上海译文出版社2013年,第149页。

③ 参见刘坤尊:《英诗的音韵格律》,广西师范大学出版社2011年版,第99页。

的辅助下,将风的气势表现得生动形象:

> 原文:夫庶人之风,塕然起于穷巷之间,堀堁扬尘。勃郁烦冤,冲孔袭门。动沙堁,吹死灰,骇溷浊,扬腐余。邪薄入瓮牖,至于室庐。
>
> 译文:The wind of the common people
> Gustily rises from a remote lane
> Scooping out grime, raising dust.
> Sullen and sad, fretting and fuming,
> It dashes through holes, invades doors,
> Stirring up sand piles,
> Blowing dead embers,
> Throwing up filth and muck,
> Blowing rotten residue.
> In oblique attack, it enters jar-windows,
> Reaching into cottage rooms. ①

　　这一段的原文中有双声词"堀堁",叠韵词"勃郁"和"烦冤",译文中的押头韵词有"rises"和"remote"、"sullen"和"sad"、"fretting"和"fuming"、"rotten"和"residue"4 对。其中,"rises"和"remote"押头韵/r/,其开口度较大,表现风塕然而起的狂暴气势;"sullen"和"sad"押头韵/s/,其开口度小,类似风穿过孔隙的嘶嘶声;"fretting"和"fuming"押头韵/f/,"rotten"和"residue"押头韵/r/,开口度均较大,表现风呼啸着吹入户牖的情形。特别是描写风吹到人身上,使人心烦气躁,滋生疾病的句子。原文为"直憯凄郁邑"②包含叠韵词"憯凄"和双声词"郁邑";译文为"Its manner makes him feel dizzy and dazed, downcast and dejected"③,包含"dizzy""dazed""downcast""dejected"4 个押头韵/d/的词,表达头晕目眩、垂头丧气的意思。4 个连续押头韵/d/的词像风袭人一样,犹如几记连环重拳打得人无法招架。头韵手法的使用不仅表现了原文双声叠韵词表现的音韵效果,更是促进了意义

---

① David R. Knechtges, *Wen Xuan, or Selections of Refined Literature. Volume Three: Rhapsodies on Natural Phenomena, Birds and Animals, Aspirations and Feelings, Sorrowful Laments, Literature, Music, and Passions*, New Jersey: Princeton University Press, 1996, p.11.

② (梁)萧统、(唐)李善注:《文选》,上海古籍出版社 1986 年版,第 584 页。

③ David R. Knechtges, *Wen Xuan, or Selections of Refined Literature. Volume Three: Rhapsodies on Natural Phenomena, Birds and Animals, Aspirations and Feelings, Sorrowful Laments, Literature, Music, and Passions*, New Jersey: Princeton University Press, 1996, p.11.

的表现,使表达更为生动。

在音乐类之下的第四篇嵇康的《琴赋》中,译者使用的韵式更为多样,除了头韵之外,还有谐元音、谐辅音、尾韵、排韵、富韵、完美韵等多种押韵方式,促进了文章音乐性的传达。有时,一行译文中就包含多种韵式结构,比如"纷文斐尾"的译文是"The tones, diversely hued, brightly colored"[1],"diversely"和"brightly"同时谐元音/ai/和押尾韵/li/,"hued"和"colored"谐辅音/d/。再如"则盘纡隐深"的译文"Twisting and twining, dark and deep"[2],就有由"twisting"和"twining",两个词的词头和词尾均押韵/twi-iŋ/而形成的排韵;"dark"和"deep",两个词的词头押韵/d/而形成的头韵和"and"重复形成的富韵等3种韵式。其中,"and"重复形成的富韵突出了4个实词,且前两个实词和后两个实词用逗号隔开,又往往押韵,类似于汉语中前两个字为一个词,后两个字为一个词,构成一个词的两个字又经常是双声或叠韵词的韵式结构。

富韵是脚韵的一种,一般出现在诗行的末尾,但有时也会出现在一行诗内,起特殊作用。比如英国浪漫主义诗人威廉·布莱克(William Blake)的名作 The Tiger 的第一行和最后一段的第一行是"Tiger! Tiger, burning bright",就是用"tiger"一词的重复押富韵,一方面首尾照应并点题,另一方面突出老虎象征劳动人民和火的象征意义。[3]《琴赋》中对制琴材料梧桐生长环境的描述,描写水流拍击岩壁、汹涌澎湃、奔驰回旋的情形时,就集中使用了富韵:

原文:触岩抵隈,郁怒彪休。汹涌腾薄,奋沫扬涛。沛沌澎湃,蜿蟺相纠。

译文:Smashing into cliffs, battering crooks and crannies,

Seething with anger, roaring with rage.

Soaring and leaping, clashing and colliding.

Rushing and racing, swelling and surging.

---

[1] David R. Knechtges, *Wen Xuan, or Selections of Refined Literature. Volume Three: Rhapsodies on Natural Phenomena, Birds and Animals, Aspirations and Feelings, Sorrowful Laments, Literature, Music, and Passions*, New Jersey: Princeton University Press, 1996, p.295.

[2] David R. Knechtges, *Wen Xuan, or Selections of Refined Literature. Volume Three: Rhapsodies on Natural Phenomena, Birds and Animals, Aspirations and Feelings, Sorrowful Laments, Literature, Music, and Passions*, New Jersey: Princeton University Press, 1996, p.283.

[3] 参见刘坤尊:《英诗的音韵格律》,广西师范大学出版社 2011 年版,第 140 页。

> Sinuously snaking, as if coiled together...①

用重复的虚词"and"和"with"将4个实词隔开,表现汉语的四字句在音韵上的铿锵有力。其中,"and"和"with"又连接着两个实词,一行中的两个词组间用逗号隔开,表达出原文一行4个字中,2个字构成1个词的结构特点。并且,两个实词往往押韵,比如"沛泪澎湃"的译文"Rushing and racing, rushing and racing"中,"rushing"和"racing"、"swelling"和"surging"押排韵,表现出原文中双声词"澎湃"产生的音韵效果。只是,在这一段中,不知是翻译出版的哪个环节出了问题,"奋沫扬涛"一行未译。

原文中有些段落,联绵词比较集中。译文中也相应使用了多种押韵手法来体现原文的音乐性。比如描写琴音如崇山和流波的一段:

原文:浩兮汤汤,郁兮峨峨。怫愲烦冤,纡馀婆娑。陵纵播逸,霍濩纷葩。

译文:Now full and flowing,

Then tall and stately.

Rumbling and grumbling, troubled and tormented,

The sounds twist and twine, whirl and twirl,

Then with wild abandon, they disperse and drift,

Rolling and swelling, unfolding and spreading.②

本段运用典故"伯牙鼓琴,志在登高山。钟子期曰:'善哉,峨峨兮若泰山。'志在流水,钟子期曰:'洋洋兮若江河。'",描写琴音有时凝滞忧郁,有时回旋婉转,有时四处播散,有时如霍濩流水,又如纷葩盛开之花。原文中,"浩兮"和"峨峨"以及"纡馀"和"霍濩",声母韵母一样;"怫愲""烦冤""婆娑"均为叠韵词。译文中"full"和"flowing"、"twist"和"twine"、"disperse"和"drift"押头韵;"rumbling"和"grumbling",倒数第一、二个音节的元音和其后的读音相同,押阴韵;"troubled"和"tormented",押排韵;"whirl"和

---

① David R. Knechtges, *Wen Xuan, or Selections of Refined Literature. Volume Three: Rhapsodies on Natural Phenomena, Birds and Animals, Aspirations and Feelings, Sorrowful Laments, Literature, Music, and Passions*, New Jersey: Princeton University Press, 1996, p.283.

② David R. Knechtges, *Wen Xuan, or Selections of Refined Literature. Volume Three: Rhapsodies on Natural Phenomena, Birds and Animals, Aspirations and Feelings, Sorrowful Laments, Literature, Music, and Passions*, New Jersey: Princeton University Press, 1996, p.289.

"twirl"，倒数第一个音节的元音和辅音相同，押阳韵；"rolling"和"swelling"、"unfolding"和"spreading"最后一个音节相同，押尾韵。译文几乎每一行至少有一对押韵的词，运用了头韵、完美韵中的阳韵和阴韵、排韵、尾韵，较好地展现了原文中几乎每一行都有联绵词，而导致声音回环往复的效果。此外，译者用"and"的重复押富韵，凸显 4 个实词，表现原文四字一行组成两个词的诗行结构。

以上列举的都是行内韵，偶尔也有押脚韵的情况。比如，"From afar, they arch over all in supreme grandeur,/ Standing tall and imposing in solitary splendor"①。行末的"grandeur"和"splendor"押尾韵/ər/；再如"Held in and held back, restrained and repressed,/ lingering and loitering, reticent and reserved,/ All is calm and composed,well-practiced."②三行末尾的词"repressed""reserved"和"well-practiced"谐辅音/d/。脚韵只是偶尔出现，并未形成规律。虽然英诗中的押韵一般是脚韵，并且格律诗一般有固定的韵式结构。赋中韵体部分的押韵也是脚韵，押韵方式灵活，可以随时换韵。但因为英文的儿歌和打油诗经常使用脚韵，用脚韵会使译文看起来像儿歌或打油诗。而且，如果使用脚韵，难免会出现为了谐韵而以辞害意的情况。有学者分析过翻译史上的一些经典案例，认为"韵体也不比自由体为佳"，且对于国外的读者来说，自由体的译文比韵体的译文更容易接受。③

然而，对于赋体来说，多为韵散结合的体式，韵体部分多联绵词且押脚韵，是赋的显著特点。为了表现出联绵词所产生的音韵效果，康达维用头韵法或同义词重复来传达中文联绵词造成的音韵节奏。但译者并未拘泥于在译文中用押头韵的词来对应原文中的联绵词，而是在不影响意思表达的情况下，灵活使用头韵词，并辅以其他押韵方式。译者在音韵上精心安排，以头韵手法为主，兼用其他韵式，既部分展现了赋的音韵特点，兼顾了西方读者的欣赏习惯。从《风赋》和《琴赋》的音韵处理，可以看出译者在再现赋体音韵特点方面所作的努力。押韵形成的音乐性突出了赋的特点，同时也促进了意义的传达。

---

① David R. Knechtges, *Wen Xuan, or Selections of Refined Literature. Volume Three: Rhapsodies on Natural Phenomena, Birds and Animals, Aspirations and Feelings, Sorrowful Laments, Literature, Music, and Passions*, New Jersey: Princeton University Press, 1996, p.283.

② David R. Knechtges, *Wen Xuan, or Selections of Refined Literature. Volume Three: Rhapsodies on Natural Phenomena, Birds and Animals, Aspirations and Feelings, Sorrowful Laments, Literature, Music, and Passions*, New Jersey: Princeton University Press, 1996, p.293.

③ 参见洪涛：《从窈窕到苗条——汉学巨擘与诗经楚辞的变译》，凤凰出版社 2013 年版，第 43—48 页。

二、对潘岳《寡妇赋》、江淹《别赋》中悲情的生动抒发

潘岳的《寡妇赋》是《昭明文选》第 16 卷哀伤类中的一篇,是魏晋赋中的名篇,抒写少妇悼念亡夫的悲痛之情如泣如诉,让人感同身受。译者在翻译时,也极力将悲情表达得情真意切、生动感人。比如:

> 原文:雪霏霏而骤落兮,风浏浏而夙兴。霤泠泠以夜下兮,水潇潇以微凝。
>
> 译文:Snow,flurrying thick and heavy,suddenly begins to fall;
>
> 　　　Wind,blowing hard and swift,rises at dawn.
>
> 　　　Runoff from gutters,dripping steadily,pours down at night;
>
> 　　　Water,slowly freezing,forms thin ice.①

这表面是描写由秋入冬,天气转冷所表现出来的一些自然物象,实则物我相感,表达主人公内心的悲戚不断聚集,由凄冷至冰冻。"霏霏""浏浏""泠泠""潇潇"等叠音词的运用,重复着一种单调的声响,如同主人公的呜咽,且"霏霏"有雨字头,"浏浏""泠泠""潇潇"都有三点水旁,让人自然联想到主人公泪水涟涟的样子。自然物渲染着悲剧的氛围,表达着主人公内心的凄凉。译文中"flurrying thick and heavy"表现出雪来得迅疾、猛烈,为接下来的"suddenly begins to fall"铺垫,同时也表达出主人公心中的悲伤来得迅猛、沉重;"blowing hard and swift"表现出风轻快而强劲,也反映出悲痛对主人公内心的冲击;"dripping steadily"描绘出不断滴落的屋檐水,如同颗颗滴落的泪水,而最终"pours down at night",倾泻而下,而一发不可收拾;"slowly freezing"表现水慢慢凝结而"forms thin ice"结成冰,仿佛主人公的心由于悲戚的浸润渐渐凝结成冰。所有的用词既符合自然物象的特点,也能渲染气氛,表现出主人公悲苦的心境。

下文还有一句"夜漫漫以悠悠兮,寒凄凄以凛凛"②,叠音词的运用也很出彩。这句话是描写主人公想在梦中与夫君团聚,却夜不能寐,而感到黑夜特别漫长,夜的寒冷也加剧了主人公凄冷的心境。叠音词的运用生动地表现了夜的漫长和凄冷。康达维的译文是"The night,stretching on and on,is

---

① David R. Knechtges,*Wen Xuan or Selections of Refined Literature*:*Volume Three. Rhapsodies on Natural Phenomena*,*Birds and Animals*,*Aspirations and Feelings*,*Sorrowful Laments*,*Literature*,*Music*,*and Passions*. Princeton:Princeton University Press,1996,p.189.

② (梁)萧统、(唐)李善注:《文选》,上海古籍出版社 1986 年版,第 739 页。

interminably long;/The cold, bitter and biting, chills me to the bone"①。"漫漫"用词组"stretching on and on"来译,"on and on"在语音上造成声音重复的效果,同时也表现出夜不断延伸,好似没有尽头。"凄凄"用两个押头韵的词"bitter and biting"来译,表达出叠音词的音乐性。且"凄凄"一词不仅指秋夜的寒冷,更体现少妇思念亡夫、夜不能寐的凄楚。"bitter"有严寒的、痛苦的意思;"biting"有刺痛的、尖刻的意思。"bitter and biting"可以形容寒冷刺骨,侵蚀人的身体,同时更丝丝入扣地描述出少妇由悲伤苦楚到感觉心被咬噬,陷入痛苦而不能自拔的情绪。叠音词"凄凄"用两个押头韵的词"bitter and biting"译出,不仅表达了叠音词的音乐性,爆破音/b/和/t/的重复和连用如同击鼓之声,声声敲击着读者的心灵,让人感受到痛苦所带来的冲击力。在这个例子当中,叠音词所渲染的悲情之浓郁在英译文中得到了生动表达。

原文中除了用词能增强情感的渲染,合适的句型也能帮助情绪的传达,比如哀伤类中的另一篇江淹的《别赋》。其中"怨复怨兮远山曲,去复去兮长河湄"②一句用的是适合传达悲情的骚体句式,且模仿了《九歌·大司命》中"悲莫悲兮生别离,乐莫乐兮新相知"③的句式。这句话就是描述"生别离"之"悲",抒写与远去异国他乡之人由于山水的阻隔而不得见的悲伤。译文为"They complain and complain again of the twisting turns of the distant hills,/Where he must travel on and on along the banks of an endless stream"④。译文无法完全还原原文的骚体句式,但形亏而神补,译文中以精巧的用词来弥补,能与原文取得相似的效果。"complain and complain again"用动词"complain"的重复来表现原文"怨"字的重复,体现怨之深;"travel on and on"用介词"on"的重复表现原文"去"字的重复,体现旅途的遥远。并且,上句中译文增加了"twisting"一词,表现出山曲的蜿蜒曲折、道路难行;下句中"长河"译为"an endless stream"而非"a long stream","endless"形象地描画出河之长,似乎也暗示了旅人归来的遥遥无期。

《别赋》结尾一段中"是以别方不定,别理千名。有别必怨,有怨必盈。

---

① David R. Knechtges, *Wen Xuan or Selections of Refined Literature：Volume Three. Rhapsodies on Natural Phenomena，Birds and Animals，Aspirations and Feelings，Sorrowful Laments，Literature，Music，and Passions*. Princeton：Princeton University Press，1996，p.189.

② (梁)萧统、(唐)李善注:《文选》,上海古籍出版社1986年版,第753页。

③ (南宋)洪兴祖:《楚辞补注》,中华书局1983年版,第72页。

④ David R. Knechtges, *Wen Xuan or Selections of Refined Literature：Volume Three. Rhapsodies on Natural Phenomena，Birds and Animals，Aspirations and Feelings，Sorrowful Laments，Literature，Music，and Passions*，Princeton：Princeton University Press，1996，p.207.

使人意夺神骇,心折骨惊"①的句式也挺别致。赋讲究用词的新颖和丰富,而在此江淹却用了重复的词,用了三个"别"字,两个"怨"字,且使用了首尾相接的回环句式,强调了无论离别的方式和名称如何,别必生怨的意思。译文是"Thus,although the ways of separation are not fixed,/ And the reasons for separation have a thousand names,/Separation always leads to regret;/And when regret comes,it overflows one's breast,/Thus causing a man's mind to despair,his spirit to tremble,/His heart to shatter,and his bones to shake."②译者用了 3 个"separation"表达"别"之意,两个"regret"表达"怨"之意。用"Separation always leads to regret;And when regret comes,it overflows one's breast"这一尾首相连的结构表达了"有别必怨,有怨必盈"的意思。"使人意夺神骇,心折骨惊"一句中,一般的词序应该是"意骇神夺,心惊骨折",作者故意颠倒词序,引起读者的注意,强调了别致怨,而怨所带来的毁灭性后果。译文为"Thus causing a man's mind to despair,his spirit to tremble,/His heart to shatter,and his bones to shake"。用现在分词构成的短语表示结果,表现离别使人思想绝望,精神动摇,内心震惊,骨头颤抖。译文表现了原文的内在逻辑联系,"意骇"导致"神夺","神夺"带来"心惊","心惊"最终表现为"骨折"。英译文中未颠倒语序,取而代之的是英诗中惯用的头韵手法。"shatter"和"shake"押头韵,引起了读者注意,且词尾的/t/和/k/两个爆破音加上词义表达的破碎和动摇的意思,给人带来内心分崩离析之感,强化了离别和怨恨带来的胆战心惊、摧志夺神的效果。

三、准确重现陆机《文赋》中的比喻

陆机的《文赋》是中国第一篇系统而完善的文学创作论,在中国文学理论发展史上具有重要意义。它是《昭明文选》第 17 卷论文类中的唯一一篇,兼具理论价值和文学艺术性,是典型的文质相称的作品。它有多个西方译本,其中康达维和方志彤的译本都有详细的注释,属于"学者型"译本。汉学家方志彤的《陆机的〈文赋〉》(*Rhymeprose on Literature*:*The Wên-fu of Lu Chi(A. D. 261-303)*))于 1951 年发表于《哈佛亚洲研究学刊》,后收录于毕晓普所编的《中国文学研究》,于 1965 年由剑桥大学出版社出版。方志彤是康达维的老师哈佛大学海陶玮教授的老师。康达维在《昭明文选英译

---

① (梁)萧统、(唐)李善注:《文选》,上海古籍出版社 1986 年版,第 756 页。
② David R. Knechtges,*Wen Xuan or Selections of Refined Literature*:*Volume Three. Rhapsodies on Natural Phenomena*,*Birds and Animals*,*Aspirations and Feelings*,*Sorrowful Laments*,*Literature*,*Music*,*and Passions*,Princeton:Princeton University Press,1996,p.209.

第二册:祭祀、畋猎、纪行、游览、宫殿、江海之赋》的扉页上写道"献给詹姆斯·罗伯特·海陶玮",可见海陶玮对康达维的《昭明文选》英译影响很深。康达维的翻译方法与方志彤有着某种一脉相承的联系,但同时又具有自身的特点。

《文心雕龙·比兴》曰:"若斯之类,辞赋所先,日用乎'比',月忘乎'兴'。"①辞赋中经常用到比喻。《文赋》也多用比喻,比喻使理论的阐述更为形象,易于理解,但是比喻句的翻译比较棘手。因为,在一种文化中被熟知的事物,可能并不为信奉另一种文化的人所熟悉。比如,英语中表示聪明绝顶的意思可用"as wise as Solomon"。"Solomon"这个人物最早出自《希伯来圣经》。他是以色列王国的第三任君主,拥有超凡的智慧,是耶路撒冷第一圣殿的建造者。大多数中国的读者不熟悉这个词的内涵,就难以理解"所罗门"一词所蕴含的深意。并且,很多物象在中西方文化中也可能有不同的含义。如英语说"as hungry as a hunter",像猎人一样饿,而中文却说"饿狼";英语说"as timid as a rabbit",像兔子一样胆小,而中文则说"胆小如鼠"。因此,译好比喻句,使读者顺利理解其含义,并使译文与原文一样形象生动是颇具挑战的。康达维是勇于接受挑战的译者,他在译文中尽量保留了原文的比喻。比如:

> 原文:辞程才以效伎,意司契而为匠。
>
> 康达维译:Through phrasing a writer shows his talent, displays his skill, But through ideas he holds the creditor's tally and acts as craftsman.②
>
> 方志彤译:Words vie with words for display, but it is mind that controls them.③

原文为对仗工整的对偶句,意思是文辞体现了作家的才能并展示其技巧,思想好比掌握作者写作意图的巧匠。"司契"本义为掌握契据。《老子》:"是以圣人执左契而不责于人,有德司契,无德司彻。"任继愈注:"司契

---

①　周振甫:《文心雕龙今译》,中华书局 1986 年版,第 328 页。

②　David R. Knechtges, *Wen Xuan or Selections of Refined Literature*: *Volume Three. Rhapsodies on Natural Phenomena*, *Birds and Animals*, *Aspirations and Feelings*, *Sorrowful Laments*, *Literature*, *Music*, *and Passions*, Princeton: Princeton University Press, 1996, p.219.

③　Achilles Fang, "Rhymeprose on Literature", in *Studies in Chinese Literature*, John L. Bishop (ed.), Cambridge, Massachusetts: Harvard University Press, 1966, p.11.

的人,只凭契据来收付,所以显得从容。"①匠指工匠。"意司契而为匠"以掌握契据的人和工匠为喻,使人联想到作文之人从容不迫、胸有成竹地运用技巧使文词恰切地传情达意。康达维用"holds the creditor's tally",意为"拿着债权人的契据",表达"司契"的含义;用"acts as craftsman",意为"作为工匠",表达"为匠"的含义。康达维还在注释中解说"司契"的引申义是在写作中操控和下判断,李善注认为"辞程才以效伎,意司契而为匠"是指如"程才以效伎"的遣词过程和选择要表达的思想之过程。② 债权人和工匠是为西方读者所熟悉的人,读者可依据生活经验、上下文的语境和注释理解这个比喻所表达的含义。方志彤则未用这个比喻,直接表达原文的含义。他将"意司契而为匠"译为"but it is mind that controls them",表达"思维统帅词语"的意思。原文这个对偶句的上下两句,确实反映了思维和语言的关系。但如果仅将原文理解为"词语竞相展示,但思维操控词语",译为"Words vie with words for display,but it is mind that controls them",就简化了其丰富含义,没有表达出文辞和作者才能和技巧的关系,以及思想有所依凭、巧妙地遣词造句的意思。并且,方志彤未用比喻句,失去了比喻给人的丰富联想和形象性,给人枯燥说理和表达生硬的感觉。

舍弃原文的比喻,直接表达含义是译者惯用的做法。它虽然能简洁高效地表达原文的意思,但也失去了比喻的形象性、多义性和艺术性,弊端也是显而易见的。而保留原文的比喻,往往需要用注释加以说明,必然会增加读者的阅读负担。因此,许多译者也采用转换喻体的做法,运用目的语文化中常见的意象来置换原文的喻体。而康达维却坚持尽量保留原文比喻的做法。比如:

原文:虽杼轴于予怀,怵他人之我先。

康达维译:Even though the loom is my heart,

I am afraid that someone has preceded me.③

方志彤译:True,the arrow struck my heart; what a pity, then, that others were struck before me.④

---

① 任继愈:《老子绎读》,北京图书馆出版社 2006 年版,第 174 页。

② David R. Knechtges, *Wen Xuan or Selections of Refined Literature: Volume Three. Rhapsodies on Natural Phenomena, Birds and Animals, Aspirations and Feelings, Sorrowful Laments, Literature, Music, and Passions*, Princeton: Princeton University Press, 1996, p.218.

③ David R. Knechtges, *Wen Xuan or Selections of Refined Literature: Volume Three. Rhapsodies on Natural Phenomena, Birds and Animals, Aspirations and Feelings, Sorrowful Laments, Literature, Music, and Passions*, Princeton: Princeton University Press, 1996, p.223.

④ Achilles Fang, "Rhymeprose on Literature", in *Studies in Chinese Literature*, John L. Bishop (ed.), Cambridge, Massachusetts: Harvard University Press, 1966, p.15.

　　"杼轴"也称作"杼柚"。《诗经·小雅·大东》:"小东大东,杼柚其
空。"朱熹集传:"杼,持纬者也;柚,受经者也。"①"杼轴"指织布机上的两个
部件,即用来持横线的梭子和用来承直线的筘,也代指织机②。李善注曰:
"杼轴,以织喻也。"③这里用织布来喻指文章的组织和构思。这个对句的意
思是,虽然构思谋篇是出于自己的胸臆,也害怕别人用于我先。康达维保留
原文的比喻,将"杼轴"译为"loom"(织机),并在注释中解说"织机暗喻文
学创作。写作经常被喻为用织机织布"④。且结合上文的"At times literary
thoughts blend as in a fabric(或藻思绮合)",将文思比作布料,读者虽然对织
机的比喻有陌生感,即使不参阅注释,也能很好地理解这个比喻。

　　方志彤译采用了转换喻体的做法,将"杼轴"译为"arrow",并在注释中
明确指出是有意为之,使用了"箭"这个在西方传统文学中并不陌生的词。⑤
提到"arrow",西方读者很容易想到"Cupid's arrow"。丘比特的箭是西方文
学中常见的意象,如果被此箭射中,就会不可救药地陷入爱情。罗马诗人阿
普列尤斯(Lucius Apuleius)的《金驴记》中讲过一个故事,丘比特不小心被
自己的箭射中,爱上了他原本要去惩罚的普赛克(Psyche)。普赛克是人类
灵魂的象征,可以用来指人的思想、灵魂或精神。方志彤在《文赋》"志往神
流"一句中,就用了"psyche"来指"神",将此句译为"the mood gone but the
psyche remaining"⑥。在这里,他将"虽杼轴于予怀"译为"True, the arrow
struck my heart",想让读者联想到丘比特被箭射中爱上普赛克的故事,被箭
射中就意味着得到直触灵魂的东西。再加上上一句"But assuredly there is
nothing novel in my writing, if it coincides with earlier masterpieces(必所拟之
不殊,乃暗合乎曩篇)"⑦,使读者容易理解被箭射中是指作者在写作中获得
创新性的想法。方志彤将"怵他人之我先"译为"I am afraid that someone
has preceded me",意思是怕他人先于"我"被箭射中,暗指怕我的构思与他

① (宋)朱熹:《诗集传》,中华书局1958年版,第147页。
② 夏传才:《诗经学大辞典》(下),河北教育出版社2014年版,第1348页。
③ (梁)萧统、(唐)李善注:《文选》,上海古籍出版社1986年版,第768页。
④ David R. Knechtges, *Wen Xuan or Selections of Refined Literature : Volume Three. Rhapsodies on
   Natural Phenomena, Birds and Animals, Aspirations and Feelings, Sorrowful Laments, Literature,
   Music, and Passions*, Princeton : Princeton University Press, 1996, p.222.
⑤ Achilles Fang, "Rhymeprose on Literature", in *Studies in Chinese Literature*, John L. Bishop
   (ed.), Cambridge, Massachusetts : Harvard University Press, 1966, p.33.
⑥ Achilles Fang, "Rhymeprose on Literature", in *Studies in Chinese Literature*, John L. Bishop
   (ed.), Cambridge, Massachusetts : Harvard University Press, 1966, p.21.
⑦ Achilles Fang, "Rhymeprose on Literature", in *Studies in Chinese Literature*, John L. Bishop
   (ed.), Cambridge, Massachusetts : Harvard University Press, 1966, p.15.

人的构思相重复。爱情往往滋生嫉妒,"True,the arrow struck my heart"能顺利地引出下文"what a pity,then,that others were struck before me",让读者体会对"他人之我先"的深深担忧。并且,丘比特生性顽皮,他的箭会射向谁,在什么时候射,都是无法预测的。"箭"的意象让人想到文学构思的来去不定。

原文中从"或藻思绮合,清丽千眠"到"苟伤廉而愆义,亦虽爱而必捐"①一段讲的是写作构思中,与别人的作品相重复的问题。开头把好文思比喻成美丽的锦缎和繁复的刺绣,接着又把文思比喻成织布的织机,这些比喻使这一段形成一个整体。被箭射中的比喻虽然让西方读者倍感亲切,且容易理解,但是它与前文的"藻思绮合(It may be that language and thought blend into damascened gauze)"和"炳若缛绣(Glowing like many-colored broidery)"②将好文章比作丝织品和色彩绚丽的绣品这一比喻相脱离,无法形成呼应。

康达维译文尽量保留了原文的比喻,在注释中加以说明,使读者深入理解这些比喻的内涵。方志彤译文则经常采用舍弃比喻,直接表达比喻的意思或有时将喻体转化为西方读者熟知的意象,虽然能使意思的传达变得简明扼要,或是让读者易于接受,但是与原文造成的效果和传达的信息有一定的偏离。

康达维始终以无限接近原文为目标,在处理词汇、句型和修辞方面,努力将原文的意思和特点在译文中表现出来。康达维译文和方志彤译文虽然都属于"学者型"的翻译,但相较于方志彤译文,康达维译文更加注重译文的忠实性和严谨性。他同意俄裔美籍作家弗拉基米尔·纳博科夫(Vladimir Nabokov)对翻译的看法,认为:"所谓自由式的翻译带有欺骗和专横的意味。一旦译者企图传'神'的时候(不是语义上的),他就开始背叛作者了。最艰涩的翻译要比最流利的意译好上上千倍。"③从上述译例中可以看到,方志彤译文中这些自由式的处理无论是在意义的传达上,还是在文学艺术性的传达上,较之原文都打了折扣。从与方志彤《昭明文选》英译文的对比中,我们可以更清晰地看到康达维为"准确地复制整个文本"④所做的努力。

---

① (梁)萧统、(唐)李善注:《文选》,上海古籍出版社 1986 年版,第 767—768 页。
② Achilles Fang, "Rhymeprose on Literature", in *Studies in Chinese Literature*, John L. Bishop (ed.), Cambridge, Massachusetts: Harvard University Press, 1966, pp.14-15.
③ [美]康达维:《玫瑰还是美玉:中国中古文学翻译中的一些问题》,李冰梅译,见赵敏俐、[日]佐藤利行主编:《中国中古文学研究》,学苑出版社 2005 年版,第 28 页。
④ [美]康达维:《玫瑰还是美玉:中国中古文学翻译中的一些问题》,李冰梅译,见赵敏俐、[日]佐藤利行主编:《中国中古文学研究》,学苑出版社 2005 年版,第 28 页。

四、对宋玉《神女赋》女神形象的塑造

宋玉《神女赋》是《昭明文选》第 19 卷情类中的第二篇,描绘了一位姿容瑰玮、举世无双、超凡脱俗的惊世美人——高唐神女。学者叶舒宪先生将她比作为东方的维纳斯。① 比较德国汉学家何可思 20 世纪 20 年代的译文、中国翻译家孙大雨 20 世纪 70 年代的译文,可以看到康达维的译文在神女形象的塑造上对前人的超越。②

《神女赋》其中一句"详而视之,夺人目精"和《高唐赋》中"煌煌荧荧,夺人目精"③的表达相似,描写神女光彩照人,是如此耀眼,使人眼花缭乱。现在,流行用语"吸引眼球""亮瞎眼"表达的就是"夺人目精"的意思。时代和环境的变迁不能改变人们对美的直观感受。"夺人目精"的"夺"字让人体会到这种感觉来势迅猛,使人无法避开。

> 原文:详而视之,夺人目精。
>
> 何可思译:When I looked close on and beheld her, she took away the eye's clearness.④
>
> 孙大雨译:When I looked at her closely,
>
> Dazzled became mine eyesight.⑤
>
> 康达维译:Looking at her closely,
>
> Robs one of his power of vision.⑥

将康达维译进行回译为"仔细看她,夺走了部分眼力"。康达维译将"夺"直译为"robs",意为夺走,生动地描述了感觉到来的速度和力量,然而

---

① 参见叶舒宪:《高唐神女与维纳斯:中西文化中的爱与美主题》,中国社会科学出版社 1997 年版。

② 何可思的译文在 1927 年至 1928 年的《通报》第 25 卷上发表,题为"Shen-Nü-Fu: The Song of the Goddess"。其译文的底本为清人于光华《评注昭明文选》(石印本) 所收的《神女赋》,之前附有明张凤翼的纂注及清何焯的评论。孙大雨的译文译于 1974 年,题为"A Fu on the Divine Lady",收录于 1997 年出版的《古诗文英译集》。康达维的译文题为"Rhapsody on the Goddess",收录于其《昭明文选英译第三册:物色、鸟兽、志、哀伤、论文、音乐、情之赋》,1996 年由普林斯顿大学出版社出版。

③ (梁)萧统、(唐)李善注:《文选》,上海古籍出版社 1986 年版,第 887、878 页。

④ Ed. Erkes, "Shen-Nü-Fu: The Song of the Goddess", *T'oung Pao*, Vol.25, No.5, 1928, p.390.

⑤ 孙大雨:《古诗文英译集》,上海外语教育出版社 1997 年版,第 7 页。

⑥ David R. Knechtges, *Wen Xuan or Selections of Refined Literature: Volume Three. Rhapsodies on Natural Phenomena, Birds and Animals, Aspirations and Feelings, Sorrowful Laments, Literature, Music, and Passions*, Princeton: Princeton University Press, 1996, p.343.

他将"夺"的对象译为"one of his power of vision",意为他的一部分眼力,让人感觉这种翻译是受逻辑思维的支配,缺少了文学语言的浪漫色彩和让人遐想的空间;何可思译将"夺"处理为"took away",意为带走,在音韵上感觉拖沓,也无法表现出"夺"字传达出的力量和速度,以及让人无法闪避的霸气,但句子的余下部分"the eye's clearness",意指眼眸的清澈,可以让人理解为女神的光彩耀眼让人的眼神变得模糊,或是原文上一句所述"晔兮如华,温乎如莹。五色并驰,不可殚形"①的丰富色彩映入观者眼中,使眼眸不再清澈透明。孙大雨译文的意思是"当我仔细看她,变得眼花缭乱"。此译文用的是意译,"dazzled"一词表现出神女光彩耀眼,让人目眩神迷,将原文的意思完整地传达出来。何可思译和康达维译用的是直译的手法。将何可思译进行回译,为"当我凑近看她,她带走了眼眸的明亮";如若将何可思译和康达维译合并为"Looking at her closely, robs the eye's clearness",既表述准确简洁,又给人浪漫遐想,能最好地表现神女的美丽带给人的强烈感受。

原文:既娩婳于幽静兮,又婆娑乎人间。
何可思译:Already quiet in her sombre chastity,
　　　　　　She also danced between men.②
孙大雨译:Keeping herself serene in solitude high,
　　　　　　She hustleth yet amongst our mundane kind.③
康达维译:She maintains a lovely reserve in quiet seclusion,
　　　　　　But also cavorts and frolics in the human world.④

"既娩婳于幽静兮,又婆娑乎人间",既能安静地处于幽隐的深山险境,又在世俗的人间盘旋徘徊。宋玉如此描写,意在表现神女动静皆宜。但何可思译和孙大雨译却都让人感觉神女举止较为轻浮、放荡。何可思译将"人间"理解为"人类(男人)之间",似乎太拘泥于字面意思。"又婆娑乎人间",在他的阐释下变成了"她也在人类(男人)之间舞蹈"。孙大雨译将此行解释为"她在我们世俗的人类中疾行",他用的"hustleth"是古英语中第三

---

① (梁)萧统、(唐)李善注:《文选》,上海古籍出版社1986年版,第887页。
② Ed. Erkes, "Shen-Nü-Fu: The Song of the Goddess", *T'oung Pao*, Vol.25, No.5, 1928, p.392.
③ 孙大雨:《古诗文英译集》,上海外语教育出版社1997年版,第11页。
④ David R. Knechtges, *Wen Xuan or Selections of Refined Literature: Volume Three. Rhapsodies on Natural Phenomena, Birds and Animals, Aspirations and Feelings, Sorrowful Laments, Literature, Music, and Passions*, Princeton: Princeton University Press, 1996, p.345.

人称单数的形式,这个词含有"卖淫"的意思。这两种译文让人觉得神女人尽可夫。

一般认为,《高唐赋》《神女赋》为姊妹篇,《高唐赋》中的神女是"自荐枕席"的"奔女",而《神女赋》中的神女却是"怀贞亮之清兮"的"贞女"。人们对这种矛盾的描述,给出了各种解释。有些人认为这两篇作品本身是爱情文学或是艳情文学,描写男女欢爱,因此神女会有轻浮的举止;①有些人认为《神女赋》中描绘的是端庄典雅、有礼有节的女神;②也有人认为这种矛盾不可调和,《高唐赋》《神女赋》描写神女性情的不同方面,或不同的神女形态,侧重点不同,甚至干脆描写的是不同的女神,应该分开来理解。③

孙大雨和康达维对这个矛盾给出了自己的阐释,这从《神女赋》开篇的"使玉赋高唐之事"④一句的译文中可以看出来。孙大雨译将"高唐之事"译为"the affair of Gaotang"⑤。"affair"一词可译为事件,但它也表示非正当男女暧昧关系的意思。孙大雨以诗人的浪漫情怀想描述一个缠绵幽怨的爱情故事,他笔下的神女就或多或少地展现出魅惑、性感和轻佻的感觉。他将"顺序卑,调心肠"⑥译为"She fared in bearing suave,/Any one near,weal be-

① 姜亮夫、袁珂、傅正谷等认为《高唐赋》《神女赋》是爱情文学,参见姜亮夫《楚辞学论文集》(上海古籍出版社1984年版)、袁珂:《宋玉〈神女赋〉的订讹和高唐神女故事的寓意》(袁珂:《神话论文集》,上海古籍出版社1982年版)、傅正谷《中国古代梦幻主义文学的名作——论宋玉〈高唐赋〉〈神女赋〉的艺术成就及其影响》(《名作欣赏》1991年第6期);龚维英、吴广平等力主两赋为性爱文学,见龚维英著《宋玉〈高唐〉〈神女〉创作因由》(《社会科学辑刊》1994年第1期)、《宋玉赋性因子觅踪——〈高唐〉〈神女〉二赋新探》[《吉首大学学报(社会科学版)》1993年第3期]和《从性视角审视宋玉〈高唐〉〈神女〉赋》[《长沙水电师院学报(社会科学学报)》1994年第1期],以及吴广平著《宋玉研究》(岳麓书社2004年版)。
② 参见毛庆《论宋玉辞赋的女性美及其创作心态》[《山西师大学报(社会科学版)》1992年第3期]、褚斌杰《宋玉〈高唐〉、〈神女〉二赋的主旨及艺术探微》[《北京大学学报(哲学社会科学版)》1995年第1期]、汪渝、郭杰《试论宋玉赋中的女性形象及艺术特色》[《读与写(教育教学刊)》2007年第3期]、马世年、李城瑶《〈高唐〉〈神女〉主旨新探——兼论宋玉赋作中的"娱君"问题》(《甘肃社会科学》2010年第5期)、何新文、徐三桥《论洪迈与朱熹对〈高唐〉〈神女赋〉评价的差异——兼及宋玉辞赋批评标准与方法的把握》(《中国韵文学刊》2011年第4期)。
③ 参见胡兴华:《论〈高唐赋〉、〈神女赋〉中的"高唐神女"形象》,《边疆经济与文化》2007年第10期;李立:《后〈九歌〉时代的神女——在继承和背叛中基于理性和道德的文学感知》,见吴晓峰主编:《〈文选〉学与楚文化》,武汉出版社2008年版;刘刚:《论宋玉的女性观》,《鞍山师范学院学报》2008年第5期;林立坤:《"色"的渲染和美的净化——宋玉艳情赋中美人形象的多层面美感探析》,《襄樊学院学报》2011年第7期;赵沛霖:《〈高唐赋〉〈神女赋〉的神女形象和主题思想》,《社会科学战线》2005年第6期。
④ (梁)萧统、(唐)李善注:《文选》,上海古籍出版社1986年版,第886页。
⑤ 孙大雨:《古诗文英译集》,上海外语教育出版社1997年版,第5页。
⑥ (梁)萧统、(唐)李善注:《文选》,上海古籍出版社1986年版,第887页。

tide"①。其中"weal"一词有双重含义,即能表达幸福的意思,也有伤痕之意。译文可理解为她举止殷勤,靠近之人会得到幸福,但同时也隐含美女如毒药的意思,为结尾主人公的"徊肠伤气,颠倒失据"埋下伏笔。孙大雨将"孰者克尚"译为"That wondereth who could share her marriage bed"②,意思是想知道谁能共享她的婚床,也增添了文章艳情的色彩。

康达维译将"高唐之事"译为"the Gaotang shrine"③,意思是"高唐的祭祀"。不知康达维是否知道闻一多先生对《高唐赋》的解读④,或许他是根据其结尾,说到王见神女所要做的准备及所起的作用,认为王与神女的相遇交接实际上描述的是祭祀活动。他笔下的女神端庄持重,没有让人产生淫邪幻想的举动。他将"既姽嫿于幽静兮,又婆娑乎人间"译为"She maintains a lovely reserve in quiet seclusion. /But also cavorts and frolics in the human world",意思是"她在清净的隐居之地保持可爱的矜持,但又在人世间狂舞、嬉戏"。译文能较好地展现神女既能处于幽静的仙境,又能悠游于喧闹的世俗,既沉静安闲,又热烈奔放的样子。

正如学者所说,"《神女赋》铺写的重点,并不在男女之间的情色欢爱,而是写'意似近而既远、若将来而复旋'的'如即如离、亦迎亦拒之状'。在赋中,美妙缥缈的神女,性情'合适'安闲,举止以礼'自持'而无轻浮、放纵之态"⑤。像康达维译文那样,将神女刻画为端庄的女性,似乎更符合原文的意思。又如:

> 原文:望余帷而延视兮,若流波之将澜。
>
> 何可思译:She looked at my curtains and invited(me)to regard(her),
> 　　　　like floating water's great waves.⑥
>
> 孙大雨译:Casting distant glances at my draperies,
> 　　　　Her look seemeth like a wave raising its crest.⑦

---

① 孙大雨:《古诗文英译集》,上海外语教育出版社1997年版,第9页。
② 孙大雨:《古诗文英译集》,上海外语教育出版社1997年版,第11页。
③ David R. Knechtges, *Wen Xuan or Selections of Refined Literature: Volume Three. Rhapsodies on Natural Phenomena, Birds and Animals, Aspirations and Feelings, Sorrowful Laments, Literature, Music, and Passions*, Princeton: Princeton University Press, 1996, p.339.
④ 闻一多先生认为高唐神女的传说是楚人祭祀先妣高禖神仪式的记录。参见闻一多:《高唐神女传说之分析》,见《闻一多全集》第三册,湖北人民出版社1993年版,第3—32页。
⑤ 何新文、徐三桥:《论洪迈与朱熹对〈高唐〉〈神女赋〉评价的差异——兼及宋玉辞赋批评标准与方法的把握》,《中国韵文学刊》2011年第4期。
⑥ Ed. Erkes, "Shen-Nü-Fu: The Song of the Goddess", *T'oung Pao*, Vol.25, No.5, 1928, p.392.
⑦ 孙大雨:《古诗文英译集》,上海外语教育出版社1997年版,第13页。

康达维译:Toward my curtain she looked with beckoning gaze,

Her eyes like the surge of rolling waves.①

神女飘忽不定,"望余帷而延视兮,若流波之将澜"一句将含情脉脉的女神描画得动人心弦。在何译的阐释中,"望"和"视"有不同的主体,"望"为神女望,"视"为"我"视。对何译本进行回译之后是:"她看着我的床帷,让我注视她,像漂流之水的巨大浪花。"而原文中"望"和"视"的主体都是神女,原文的意思是"她盯着我的床帷看,眼神像涌起的波浪"。何译将"延"解读为"请"的意思,将"望余帷而延视兮"误解为"望余帷而请余视之",且他用"floating"来修饰"water",也似乎不妥。何译较为忠实于原句,何译本的回译文是"远远地瞭着我的帷幔,她的眼神好似波浪掀起波峰"。康译本的回译文是"她用召唤的目光盯着我的床帷,她的眼睛像涌起的波涛",他用了增译的手法,增加了"beckoning",意为召唤,突出了"余帷而延视"的意图,与下文"But she held to her chaste purity,/And refused to consort with me(怀贞亮之清兮,卒与我兮相难)"②一句中的"refused"(拒绝)形成对比,一"召"一"拒",将神女对"我"欲迎还拒的暧昧态度准确地表达了出来。

综合以上分析,塑造美丽动人、高贵典雅、端庄持重的神女形象,比俗艳的奔女形象更能打动人心,也符合《昭明文选》"丽而不浮,典而不野"的整体格调。

总之,译者在音韵上精心安排,以头韵手法为主,兼用其他韵式,用音韵表现出《风赋》中风的动势和《琴赋》的乐感;以无限接近原文为目标,保留文中的比喻,表现出论文赋的生动性;用既符合自然物象的特点,又能渲染气氛的词汇以及合适的句型表现哀伤赋中主人公悲苦的心境;用准确生动的用词表现出美丽庄重的女神形象。从康达维对宋玉《风赋》、嵇康《琴赋》、陆机《文赋》、潘岳《寡妇赋》、江淹《别赋》和宋玉《神女赋》的英译中可以看出,他不仅善于翻译规模宏大、长于体物的作品,对于富于文学性和抒情性的作品同样拿捏得当,表现了原作的特色。

---

① David R. Knechtges,*Wen Xuan or Selections of Refined Literature:Volume Three. Rhapsodies on Natural Phenomena,Birds and Animals,Aspirations and Feelings,Sorrowful Laments,Literature, Music,and Passions*,Princeton:Princeton University Press,1996,p.345.

② David R. Knechtges,*Wen Xuan or Selections of Refined Literature:Volume Three. Rhapsodies on Natural Phenomena,Birds and Animals,Aspirations and Feelings,Sorrowful Laments,Literature, Music,and Passions*,Princeton:Princeton University Press,1996,p.347.

第六章　康达维《昭明文选赋英译》副文本系统

康达维的《昭明文选赋英译》是当代第一部用英语对《昭明文选》56篇辞赋进行全译全注的巨著，不仅以其信、达、雅的译文广受好评，被誉为西方汉学家辞赋翻译和研究的标志性成果，而且书中篇幅庞大、内容丰富的"副文本"也格外引人注目。《昭明文选赋英译》三大册共1509页，其中副文本多达1044页，篇幅已超过译文本身的两倍。这个包括"导论、解题、注释、插图、赋家小传、参考文献和专有名词索引"等多项内容的副文本系统，不仅与译文相辅相成，互为表里，为以英语为母语的读者进行一般性阅读和欣赏中国古代辞赋带来便利；同时，也为西方的辞赋学者更加深入理解辞赋原文，探究一些难解难懂的典故或棘手问题，提供了具有学术性的宝贵资料或思路，凸显了此著作为《昭明文选·赋》研究参考书的作用；并给中国古代文学的翻译及跨语言、文化的传播以重要的方法论启示。

"副文本（Paratext）"相对于"正文本"而言，是为读者能更好地阅读、理解文本本体而编写的介绍、说明、注释、相关资料图像等的辅助性文本。自20世纪80年代法国文艺理论家热拉尔·热奈特（Gerard Genette）提出了"副文本"概念以来，全面关注"作者署名、标题、插页、献词、题记、序言、注释"等副文本内容，系统深入地探究评价文本本体的成就、价值与特色，已经为中外文学研究尤其是翻译研究开辟了崭新的视角与途径，并且取得了不少具有创意的学术成果。

第一节　《昭明文选赋英译》副文本系统的创制构想

德国翻译目的学派的创始人之一汉斯·弗米尔（Hans Vermeer）在《翻译行为中的目的与委任》一文中认为："译者总是依照某一特定目的进行翻译，目的说明翻译一定按某种特定的方式操作，并非跟着译者的感觉天马行空。"①康达维面对的《昭明文选·赋》，是一个语言古奥、文字繁难、历史久

---

① ［德］汉斯·弗米尔：《翻译行为中的目的与委任》，见谢天振：《当代国外翻译理论导读》，南开大学出版社2008年版，第170页。

远以至于中国学者都视为难读难懂的特殊文本,如何能够实现吸引英语读者兴趣的目的? 这对于翻译者不啻是一个巨大的挑战。幸运的是,康达维依照其"特定目的进行翻译",而且选择了与其目的相适应的"操作方式"——为了追求"忠实地翻译古代及中古的作品,而达到"绝对的准确",他"选择了为原文作大量的注解"①,形成了具有针对性的"副文本"。如康达维在《昭明文选赋英译》的前言中明确表示"这一《文选》译本,既是参考书也是翻译"②,显然,他希望这部《昭明文选赋英译》既有读者直接阅读的辞赋译文,同时也是一部可以释疑解难的"参考书",给英语读者或有研究兴趣的辞赋学者传递更多相关的辞赋知识,何况这本译著对于西方读者而言,它的受众也"多半是学者"③。为了达到这样的目标,康达维在将辞赋文本翻译成英文时,精心设置了规模庞大、别具一格的副文本系统。

一、融合中国训诂学传统与现代西方文学译著经验撰写尽可能完备合理的副文本

在康达维编制《昭明文选赋英译》副文本系统之前,中国古代以经典诠释为中心的训诂学传统和西方近现代经典文学译著已经提供了相当丰富的可供参考借鉴的成功经验。比如,中国古代儒家经典"十三经"的"注疏"系统,围绕《易经》编写的《易传》"十翼",包括解题、序论、注释等内容的《楚辞章句》及其《补注》,包括"集解、索隐、正义"三种辅助文本的《史记》"三家注"本等;近现代西方的不少文学译著,比如英国汉学家中,理雅各(James Legge)的《中国经典》(*The Chinese Classics*),附有"导论、注释、参考文献和专有名词索引";韦利的《游悟真寺诗及其他诗篇》,包括"导论、附录"(附录包括中国诗歌形式简介、注释、专有名词索引);霍克思的《南方之歌》(*The Songs of the South*),包括"前言、导论、注释、术语表、插图"等。这些类似于后来热奈特"副文本"概念的训诂学与西方文学译著经典体例的丰富成果,给了谙悉中西学术的康达维极大的启发和帮助。

康达维从"这一《文选》译本,既是参考书也是翻译"④的目的出发,在

---

① [美]康达维:《〈文选〉英译浅论》,见赵福海主编:《文选学论集》,时代文艺出版社1992年版,第103页。

② David R. Knechtges, *Wen Xuan, or Selections of Refined Literature. Vol. One: Rhapsodies on Metropolises and Capitals*, Princeton: Princeton University Press, 1982, p.xi.

③ 蒋文燕:《穷省细微 精神入图画——汉学家康达维访谈录》,见张西平主编:《国际汉学》第二十辑,大象出版社2010年版,第17页。

④ David R. Knechtges, *Wen Xuan, or Selections of Refined Literature. Vol. One: Rhapsodies on Metropolises and Capitals*, Princeton: Princeton University Press, 1982, p.xi.

充分汲取前人经验基础上,精心设计、编制了包括"封面、标题页、前言、自序、翻译说明、导论、解题、注释、插图、赋家小传、参考文献和专有名词索引"等体例完备的副文本系统。① 其中,"解题、赋家小传、注释"主要是吸收中国古代训诂学尤其是《昭明文选》李善注的注疏传统;其"导论、参考文献、专有名词索引和插图"则主要借鉴了近现代西方学者理雅各、韦利、霍克思等汉学家文学译著的体例。

(1)解题。李善注原来只有解题 34 则,均置于赋的标题之下,一般是概述作赋背景,篇幅短小。康达维《昭明文选赋英译》的解题则扩充至 56 篇,内容也详细得多,既介绍作赋背景,也介绍赋的作者、内容主旨、相关学术争论和有关资料等。比如,英译《蜀都赋》的解题,不仅介绍了赋的主要内容,还介绍了蜀地的地理位置、地形地貌、物产资源、历史沿革、重要作家和中心城市成都的相关知识,以及《蜀都赋》的创作资料来源等信息。② 有些解题中还列有赋篇的其他注译本和研究书目,这对于学者尤具价值。比如陆机《文赋》的解题,既介绍了《文赋》作为文学专论的重要性、《文赋》的内容、译者对陆机创作时间的推断,还列举了涉及中、英、法、日四种语言的译本、注本及研究书目达 25 种之多。③ "解题"的撰写,不仅展现了康达维广阔的学术视野和扎实的前期工作,也为后学深入理解和研究中国古代辞赋作品提供了丰富的资料。

(2)赋家小传。李善注有 31 位赋家的 38 篇小传,位于赋篇作者名字之下,简要说明赋家的名、字、出生地及主要经历。《昭明文选赋英译》撰有 31 位赋家的小传共 36 篇,集中编辑于每册的正文之后,总题为"人物小传(*Biographical Sketches*)"。康达维撰写赋家小传的内容比李善注中的赋家小传详细得多。比如,对《两都赋》作者班固的介绍就有 1000 余言,包括对班固家学渊源、文学天赋的说明,还以其主要文学、史学、哲学作品为主线叙述其生平事迹,并附有现当代中外研究者对班固生平和作品的研究成果。④ 从中,读者能够对班固的生平经历和学术贡献以及相关研究成果有较为全

① 本书研究的《昭明文选赋英译》的副文本仅限此系列的初版,其再版和中文译本不予探讨。

② David R. Knechtges, *Wen Xuan, or Selections of Refined Literature. Vol. One: Rhapsodies on Metropolises and Capitals*, Princeton: Princeton University Press, 1982, p.341.

③ David R. Knechtges, *Wen Xuan, or Selections of Refined Literature. Volume Three: Rhapsodies on Natural Phenomena, Birds and Animals, Aspirations and Feelings, Sorrowful Laments, Literature, Music, and Passions*, Princeton: Princeton University Press, 1996, pp.211-213.

④ David R. Knechtges, *Wen Xuan, or Selections of Refined Literature. Vol. One: Rhapsodies on Metropolises and Capitals*, Princeton: Princeton University Press, 1982, pp.479-481.

面的了解。小传的内容和提供的参考资料为学习者和研究者提供了极大便利。

（3）注释。康达维《昭明文选赋英译》中的赋篇注释,是整个副文本系统的核心内容,篇幅庞大,内容也特别丰富,下面将予以专门分析探究,此不赘述。除了吸收中国学术传统,撰写内容丰富的"解题、赋家小传"和"赋篇注释"之外,康达维还借鉴近现代西方文学译注的体例,编写了"导论、参考文献"和"专有名词索引"等具有西方学术特色的副文本。且略述其"导论""插图"及"名词索引"等如后。

（4）导论。"导论"是中国古代文学译著的重要组成部分,西方读者在阅读译文前可以通过"导论"了解译本的相关背景知识。比如,英国汉学家韦利《游悟真寺诗及其他诗篇》的"导论",就简要介绍赋的起源和形式及楚汉赋家和《游悟真寺诗》的内容,还提出"区别赋的显著标志是不歌而诵"[①]的观点。康达维也很重视"导论"在介绍全书内容、体例及传递相关知识、信息方面所起的引导作用,其《昭明文选赋英译》的"导论",往往篇幅宏伟,提供了中国早期文学选本研究、《昭明文选》研究、辞赋翻译研究等多方面的知识和资料,为读者深入理解《昭明文选》及赋卷的内容打下坚实基础。如置于第一册之首的"导论",篇幅长达70页,注释达482个,全面叙述了《昭明文选》编撰之前"文学选本"的历史和文类理论的发展、《昭明文选》编撰背景、编撰者萧统的选文思想、文体分类、作家作品及其研究史和版本等问题,相当于一部《昭明文选》及其编者萧统研究乃至于早期中国文学研究的入门指南;第二册的"导论",则专题切入古代辞赋"描写性复音词"（即"联绵词"）的翻译问题;第三册的"导论",包括本册所收赋篇的内容简介等。

（5）插图。插图是西方译著中副文本常见的一种体例。如,上述英国汉学家霍克思《南方之歌》中书后所附的插图,包括有《楚国地形图》《汉初疆域图》以及《现代中国省级行政区划（东部）》等。康达维或许对霍克思配置插图的做法有借鉴,他在英译《昭明文选·赋》第二册的《甘泉赋》《上林赋》《东征赋》《西征赋》《登楼赋》《鲁灵光殿赋》和《景福殿赋》7个篇目中,分别附有7幅地图。其中,《西征赋》中所附的《潘岳西征图》尤为详细,绘有潘岳从洛阳出发到汉代故都长安途中所经或涉及的46个地点,标有都城、郡、县、亭、关隘、山岳、丘陵、河流、河渠、人工湖、池塘、宫殿、陵墓甚至道路的所在地。值得注意的是,函谷关这一地名地图上标有两个地点。康达

---

① Arthur Waley, *The Temple and Other Poems*, London: George Allen & Unwin LTD., 1923, p.15.

维在"县弘农而远关"一句的注释中说"汉代的第六位统治者是汉武帝,他将函谷关的关隘从弘农迁至新安,旧函谷关成为弘农郡"①。他认为"携老幼而入关"指新安的函谷关,而"蹑函谷之重阻"指的是秦代弘农的函谷关。从对函谷关地点的辨析中,可见译者查考之细致。地图形象地说明了赋中宫殿苑囿的布局或主人公的行程,对于读者读懂相关赋作具有形象的指引作用,也可以增加读者的阅读兴趣。

二、副文本吸收了中西方学者的相关研究成果 而具有研究参考书的价值

康达维在《昭明文选赋英译》第一册导论中写道:"如果没有几个世纪以来的学者的评论、注解、训释和阐释,这个译本就无法完成。"②康达维的译文广泛借鉴了古今中外的研究成果。主要采用的《昭明文选》注除李善注和五臣注外,还有从东汉至清代45位注家的观点。其中,主要有胡克家、段玉裁、梁章钜、朱珔、高步瀛等清代著名选学家的观点。全文参考的《昭明文选》文本有14种、《昭明文选》译本10种、中日西文论著1204种,有中、英、日、法、德五种语言。译者在导论、注释、解题、赋家小传、参考文献等副文本中一一标明了观点来源,为学者提供了宝贵资料。

除了采用其他学者的观点,副文本中也不乏译者康达维自己的研究成果。如在《昭明文选》书名的翻译中,就体现了作者对这部书的深入研究。《昭明文选》的标题被译为"*Wen Xuan or* Selections of Refined Literature",意思是"文选或精美文学的选集"。"文选"一词从字面上并不能传达精美文学选集的意思。作者通过分析《昭明文选》各类篇章的具体内容和风格确定了萧统的选文观,认为他选择的都是"精美"或"典雅"的篇章,"《昭明文选》并不如标题的字面翻译那样,仅仅只是'文学选集',而是'精美文学的选集(Selections of Refined Literature)'或'典雅作品的精选范本(Choice Specimens of Elegant Writing)'"③。确实,"(《昭明文选》)选录了在思想上和艺术上各种有代表性的文学作品,同时能够兼顾到各种体裁,各种流派,各种内容,在一定程度上反映了梁以前各种封建朝代的文学面貌,为以后文

---

① David R. Knechtges, *Wen Xuan, or Selections of Refined Literature. Volume Two: Rhapsodies on Sacrifices, Hunting, Travel, Sightseeing, Palaces and Halls, Rivers and Seas*, Princeton: Princeton University Press, 1987, pp.200, LL.240—241.

② David R. Knechtges, *Wen Xuan, or Selections of Refined Literature. Vol. One: Rhapsodies onMetropolises and Capitals*, Princeton: Princeton University Press, 1982, p.70.

③ David R. Knechtges, *Wen Xuan, or Selections of Refined Literature. Vol. One: Rhapsodies on Metropolises and Capitals*, Princeton: Princeton University Press, 1982, p.52.

学研究提供了重要资料"①。将《昭明文选》阐释为"精美文学的选集"概括了这本文学选集的内容和特色。

解题和注释中也不乏康达维自己的研究成果。如在鲍照《芜城赋》的解题中，康达维依据《昭明文选》李善注、《太平寰宇记》和《嘉庆重修大清一统志》中有关"芜城"的记载，认为"芜城"并非学术界普遍认为的南朝时期的广陵城，而是汉代广陵城的废墟。鲍照在看到汉代广陵废墟后创作了此赋，是为悲叹汉代的广陵所写②。

英译《昭明文选·赋》的副文本，一方面吸收译者所见的相关研究成果，另一方面也展示自己的研究心得，不仅有助于读者对辞赋的理解，还为研究者提供了宝贵资料或思路，自觉体现着"参考书"的作用。

三、封面、标题页和索引等其他副文本的设计体现传递知识方便读者的撰写目的

除上面提及的"导论、解题、赋家小传、插图"外，康达维副文本的其他部分也是精心设计，比如封面、标题页和索引等，无不体现方便读者的译著目的。

（1）封面。《昭明文选赋英译》三册的封面采用的是统一设计，占据封面四分之三篇幅的是《昭明文选》明嘉靖四年（公元1525年）晋藩养德书院本《晋藩重刻文选序言》影印图页。明嘉靖晋藩养德书院刊本为晋端王朱之烨主持刊刻的《昭明文选》李善注60册本，此本重刻元张伯颜池州路本，其底本为南宋孝宗淳熙八年（1181年）尤袤刻于池阳郡斋的版本，即后世广泛流传的尤刻本。尤刻本为现存最早李善注本之完帙，极具文学及史学价值。同时，养德书院刻本也因上佳的底本和装帧工艺，在明代就被誉为佳刻。封面图片由康达维自主选择，体现了他深厚的中国学养和对版本的重视。同时，封面采用明代珍本的序言，也迎合了对中国文学文化有深入研究的学者和对此有学习热情的学生群体的兴趣。

（2）标题页。《昭明文选赋英译》三册的标题页如一般译著标明书名、原著者及译者姓名和出版社外，每一册都有一个副标题，如"京都之赋"

---

① （梁）萧统、（唐）李善注：《文选》，上海古籍出版社1986年版，出版说明。
② David R. Knechtges, *Wen Xuan, or Selections of Refined Literature. Volume Two: Rhapsodies on Sacrifices, Hunting, Travel, Sightseeing, Palaces and Halls, Rivers and Seas*, Princeton: Princeton University Press, 1987, pp.253-259.

"郊祀、畋猎、纪行、游览、宫殿、江海之赋"①"物色、鸟兽、志、哀伤、论文、音乐、情之赋"。译者基本按照《昭明文选》李善注所列赋的 15 个子类,即京都、郊祀、耕藉、畋猎、纪行、游览、宫殿、江海、物色、鸟兽、志、哀伤、论文、音乐、情,来标示每一册所收赋的主要内容,便于读者按照自己的兴趣来选择性阅读。

(3)索引。康达维编写的专有名词索引,也力求方便读者学习和查阅。三册书末尾都分别附有本书所涉及的专有名词索引,共计 6827 条。索引标明了人名、地名、建筑术语、文学术语,以及植物、动物、矿石、星辰等专有名词的具体位置,有助于读者快速查检与这些名词相关的内容。比如,"赋"一词的索引为:

> Fu(rhapsody) : frustration, 34; didactic function, 28, 32; on cities, 28,
> 32; on journeys and excursions, 30, 32; on music, 29; prefaces, 49; Six Dy-
> nasties poets, 33; sorrowful laments, 30; *yongwu*, 29; mentioned, 1, 2, 3, 20,
> 21, 23, 25, 26, 28, 46, 52, 61, 62, 65, 68, 70, 93, 94, 339, 485, n.1, 487, n.
> 4, 518, n.308. *See also Wen Xuan, Fu.*②

此处列出了"赋"字出现的 34 处位置,同时还列出作者所用"赋"的两种译名"Fu"和"rhapsody",以及赋的不同种类,如"骚体赋""京都赋""有关旅途和游览的赋作""音乐赋""咏物赋""哀伤赋",还有有关赋的组成部分、赋家、赋的功能,如"赋序""六朝赋家""劝诫功能"等内容。如根据索引查找原文的内容,可获得赋的溯源、分类、功能、赋家、赋篇内容、相关研究及翻译等有关赋的系统内容。整个索引部分涵盖了原文中种类丰富的专有名词,加上辐射于原文中的相关信息可以成为《昭明文选·赋》专有名词研究的工具书。

为了服务于学者群体,使读者更好地理解原文,甚至对《昭明文选》文本产生研究兴趣,康达维融合了中国训诂学传统与现代西方文学译著经验撰写了尽可能完备合理的副文本系统;副文本吸收了中西方学者的相关研

---

① 第二册的标题中少了"耕藉(Plowing)"这一类的译名。在目录中,译者把属于耕藉类的《藉田赋》和郊祀类的《甘泉赋》归于一类,译名为"Sacrifices",意思是"祭祀"。不知是译者遗漏了"耕藉"的译名,还是因为《藉田赋》所述内容本就是一种祭祀神农的仪式,译者因此改变了李善注的分类。

② David R. Knechtges, *Wen Xuan, or Selections of Refined Literature. Vol. One: Rhapsodies on Metropolises and Capitals*, Princeton: Princeton University Press, 1982, p.580.

究成果而具有研究参考书的价值;并且,封面、标题页和索引等其他副文本的设计也体现了传递知识方便读者的撰写目的。整个副文本规模庞大,内容丰富,提供了文选研究、辞赋研究、先唐文学和文化研究的宝贵资料。

第二节　《昭明文选赋英译》副文本系统
详细注释的丰富内容

中国古代辞赋,多奇文玮字,诘屈聱牙,即使中国学者不借助注释也难以读懂。长期以来,赋在西方汉学中被忽视,很大部分原因就在于它的难懂。康达维深谙此中道理,主张在《昭明文选赋英译》中"大量使用注释"①,要让注释很好地帮助读者阅读理解,还要让注释具有一定程度的学术性。因此,他花了最大的精力,弘扬中国传统训诂学"用语言解释语言"随文释义的注疏传统,撰写了共计5538条赋篇注释,篇幅达530页,超过全书副文本总篇幅的一半,是篇幅最多也是成就最高的重要副文本成果。

中国当代学者周大璞所著《训诂学要略》,曾经总结训诂体式"随文释义的注疏"内容为11个方面:

①解释词义;②串讲文意;③分析句读;④校勘文字;⑤阐述语法;⑥说明修辞手段;⑦诠释成语典故;⑧考证古音古义;⑨叙事考史;⑩记述山川;⑪发凡起例。②

康达维《昭明文选赋英译》的"注释"内容,几乎包含了周大璞先生所论的上述各项,很是全面丰富。若概括而言,则大致包括如下5类:①析专名及难词;②详细注释赋篇典故;③校核赋篇原文;④梳理文意;⑤说明部分赋篇的英译译文。这里,仅对这5项内容,略作介绍叙论。

一、析专名及难词

"赋家之心,苞括宇宙,总揽人物"。赋家呕心沥血,力图把天地万物纳入自己的作品之内,以显示才学。种类繁多的名物既是汉大赋的亮点,也是造成翻译难点的一个主要因素。康达维在其译注的《昭明文选》赋卷的中文版序中提到他对这些词的认识"这些赋篇十分深奥晦涩,必须细心研究

---

① [美]康达维:《玫瑰还是美玉:中国中古文学翻译中的一些问题》,李冰梅译,见赵敏俐、[日]佐藤利行主编:《中国中古文学研究》,学苑出版社2005年版,第33页。

② 周大璞:《训诂学要略》,湖北人民出版社1980年版,第49—62页。

文本的语言文字"①。为了译好这些作品,他刻苦钻研中国的地理历史、礼仪官制、建筑学、植物学、动物学、鱼类学、地质学、天文学等,以确定赋中所涉及城市、礼仪、官服、建筑、植物、动物、鱼类、矿石和星辰等名称在西方的对应词,并将其研究的结果记录在注释中。仅仅张衡的《南都赋》一篇,译者注解的山名有 5 个,水名有 7 个,矿物名有 10 个,动物名有 24 个,植物名有 64 个。仅注解这篇当中的植物名词,译者参阅的除了《昭明文选》的不同注解之外(朱珔注、李善注、刘逵注),还有字书《尔雅》《说文解字》《广雅疏证》,药典《正类本草》,谱录类典籍《竹谱》,地理典籍《山海经》(郭璞注),史书《史记》(郭璞注)、《尚书》(孔安国注)、《汉书》(张揖注、颜师古注、晋灼注),还有西文书籍如:张光直编著《中国文化里的食物》(*Food in Chinese Culture*)、李惠林译《〈南方草木状〉:4 世纪东南亚植物群》(*Nan-fang ts'ao-mu chuang*:*A Fourth Century Flora of Southeast Asia*)、Frederick Porter Smith 著《中国药物学:草木部》(*Chinese Materia Medica*:*Vegetable Kingdom*)、Berthold Laufer 著《中国和伊朗:中国对古代伊朗文明史的贡献,尤其是培育作物和产品的历史》(*Sino-Iranica*;*Chinese Contributions to the History of Civilization in Ancient Iran with Special Reference to the History of Cultivated Plants and Products*),论文如:葛瑞汉(Bernhard Karlgren)著《国风注释》(*Glosses on the Kuo-Feng Odes*)、Michael J. Hagerty 著《戴凯之的〈竹谱〉:以韵文写成并带注释的五世纪竹子专著》(*Tai K'ai-chih's Chu-p'u*:*A Fifth Century Monograph of Bamboos Written in Rhyme with Commentary*),中文论著及辞典如:石声汉著《齐民要术今释》、陆文郁著《诗草木今释》和《植物学大辞典》《中国高等植物图鉴》和《辞海》。② 作者用功之深,由此可见一斑。

　　难解词也是注释的一个重点。康达维对联绵词的注释尤为重视。司马相如《子虚赋》《上林赋》两篇中注释的联绵词就多达 76 个。每个词除解释意思和说明依据外,都标有现代读音和古音,有的还列出了异体字。对于联绵词的古音,译者依据李方桂的音标系统,并参考了柯蔚南著《东汉声训手册》、周祖谟和罗常培著《汉魏晋南北朝韵部演变研究》以及丁邦新的论文《魏晋音韵研究》来进行标注。他还将翻译联绵词的译注心得记录在第二册的导论中,为我们确定联绵词的读音和含义,并找到合适的英文词汇来译,提供了可资借鉴的方法。

---

① ［美］康达维:《康达维译注〈文选〉》,贾晋华等译,上海古籍出版社 2020 年版,中文版序。
② David R. Knechtges, *Wen Xuan*, *or Selections of Refined Literature. Vol. One*:*Rhapsodies on Metropolises and Capitals*, Princeton:Princeton University Press, 1982, pp.311-335.

二、详细注释赋篇典故

用典是除辞藻之外,赋家才学的又一体现。许多赋家偏好"捃摭经史",借古抒怀。典故的翻译也考验着译者的才学。康达维除了在正文中译出典故所传达的意思,还在注释中指出典故的来源,极力保留典故所蕴含的历史文化信息。

典故分为言典和事典。对于言典,康达维译在注释中还原其原文并指出来源。仅《东征赋》的注释中,译者就标明了 21 个言典的原文和出处。其出处包括《诗经》《楚辞》《论语》《左传》《中庸》《老子》等典籍,可见译者阅读广博。对于事典,注释则更为详细。比如在注释班固《幽通赋》"重醉行而自耦"一句时,译者简明扼要地了叙述了重耳逃亡齐国,耽于逸乐而忘记复国,其妻将其灌醉,诱使其离开,最终使其成就英雄伟业的故事。① 此注不仅帮助读者了解重耳复国的故事,还提供了资料来源,除《史记》外,有收录于理雅各《中国经典》中《左传》的英译文和沙畹对《史记》的法译文。对于这些言典和事典,其原文和故事梗概使读者对正文的理解更为深入,其典故来源为读者的进一步探究提供了宝贵的资料。

三、校核赋篇原文

校勘是中国传统注释的重要内容。康达维注吸收了传统注疏之精华,在注释中记录下了 208 条主要差异。康达维译的底本是清胡克家刊刻的宋淳熙八年的尤袤刻李善注《昭明文选》,校本有《昭明文选》的其他版本,如《昭明文选》五臣注、六臣注、敦煌本及唐代手抄本,以及史书《史记》《汉书》《后汉书》《晋书》和文学家选集《鲍照集》《曹植集》等收录的《昭明文选》中的篇目。其中不乏译者根据校本校改原文的例子,如在《西征赋》"才难,不其然乎"的注释中,康达维依据五臣注本将原文的"才难"改为"名难"。他采用清代训诂学家王念孙的看法,认为原文中提到的王音、王凤、弘恭、石显尽管在世时声名显赫却身后无名,这句话是化用《论语》的"才难,不其然乎",用"名难"更符合人物境遇②。如果说著录异文容易,要判

---

① David R. Knechtges, *Wen Xuan, or Selections of Refined Literature. Volume Three: Rhapsodies on Natural Phenomena, Birds and Animals, Aspirations and Feelings, Sorrowful Laments, Literature, Music, and Passions*, Princeton: Princeton University Press, 1996, p.92.

② David R. Knechtges, *Wen Xuan, or Selections of Refined Literature. Volume Two: Rhapsodies on Sacrifices, Hunting, Travel, Sightseeing, Palaces and Halls, Rivers and Seas*, Princeton: Princeton University Press, 1987, p.214.

断哪个版本正确却十分考验注者的知识储备。

还有 60 处注解，未著录异文，只是说明了原文中的问题，以及作者自己或其他学者对原文的校改。在其中，注者犀利地指出了存在于序言中的问题，如《甘泉赋》序文是自《汉书·扬雄传》扬雄的《自传后记》中窜入原文的；①《鵩鸟赋》中的序言来自《汉书》的文本；②《鹦鹉赋》的序言也并非祢衡所作。③ 如果没有对不同版本的细致比对和对选学家成果的广泛阅读，是很难发现这些问题的。

此外，《昭明文选》不同版本间本无差异，而注者通过其他知识来改正原文的错误，是非常见功力的。比如，在《东征赋》第一句"惟永初之有七兮，余随子乎东征"的注释中，康达维依据清代学者梁章钜《文选旁证》所引阮元的意见，认为"永初"是"永元"之误。他指出，班昭之子曹成被任命为齐相，发生在永初年间。而依据《后汉书》引挚虞《三辅决录》的注释，《东征赋》中提到班昭陪同曹成去往陈留郡的长垣县任职，是远早于其任齐相之前。对于《昭明文选·赋》的文本，译者极深研几，发现了原文不少错误。

四、梳 理 文 意

有少量注释用来梳理文意。如在班固《〈两都赋〉序》"赋者古诗之流"一句的注释中，译者说明了这句话的字面意思"赋是古诗的支流"。然后依据《汉书·艺文志》《汉书·叙传》《文章流别集》，认为"流"的意思是"类别""品类""文类"。继而译者指出"古诗"指《诗经》，《诗经》的"赋、比、兴"中的"赋"指修辞手段，而非文类。并阐明班固的意图是想将"赋"与诗经传统相关联④。在这个注释中，译者探寻了"赋者，古诗之流"的真正含义，并涉及了赋的含义和源流等赋体研究的重要论题。

---

① David R. Knechtges, *Wen Xuan, or Selections of Refined Literature. Volume Two: Rhapsodies on Sacrifices, Hunting, Travel, Sightseeing, Palaces and Halls, Rivers and Seas*, Princeton: Princeton University Press, 1987, p.16.

② David R. Knechtges, *Wen Xuan, or Selections of Refined Literature. Volume Three: Rhapsodies on Natural Phenomena, Birds and Animals, Aspirations and Feelings, Sorrowful Laments, Literature, Music, and Passions*, Princeton: Princeton University Press, 1996, p.402.

③ David R. Knechtges, *Wen Xuan, or Selections of Refined Literature. Volume Three: Rhapsodies on Natural Phenomena, Birds and Animals, Aspirations and Feelings, Sorrowful Laments, Literature, Music, and Passions*, Princeton: Princeton University Press, 1996, p.403.

④ David R. Knechtges, *Wen Xuan, or Selections of Refined Literature. Vol. One: Rhapsodies on Metropolises and Capitals*, Princeton: Princeton University Press, 1982, p.92.

五、说明部分赋篇的英译译文

注释中还有少量的注对翻译进行说明。一般是原文意思不确定或有多义性，或是原文没有英文对应词，对译者进行的处理所做的说明。如王褒《洞箫赋》"中节操兮"一句的注释为：

> Jiecao 节操, which I have rendered "strict rhythm," also means "integrity and principle". This is another example of Wang Bao's imbuing panpipe music with moral qualities.①

这里译者解释了将"节操"译为"strict rhythm"的原因，说明了"节操"具有"严格的韵律"和"正直有道义"的双重含义，原作者运用此双关词是为了将道德教化注入箫乐。这类注释体现了注者对原文的深入理解，也让读者见到译者为弥合不同语言和文化之间的鸿沟所作出的努力。

从以上分析中，可见译者为了传递知识，在增强译文的学术性方面作出了不懈努力。特别是注释部分，围绕译文的正文，为读者提供了汉魏六朝之前文学、史学、文化研究的详备资料，并记录了作者自己的研究成果，实现了其知识传递的目标。

第三节 《昭明文选赋英译》副文本
形成的学术渊源及示范意义

康达维《昭明文选赋英译》及其撰写的副文本，主要是运用"语文学（philology）"的方法。从中文的角度而言，"语文学"方法也就是传统的文字学、音韵学、训诂学、校勘学的方法。它偏重从文献和书面语的角度研究语言文字，为古代文化经典作注释，目的是帮助读者阅读和正确理解这些经典作品。运用"语文学"或训诂、注疏的研究方法，要求研究者能够"从旁涉猎，花费时日，平心静气地慢慢研究"，实际上康达维《昭明文选赋英译》也用了长达十数年的艰苦努力，因此，他调侃自己是"世界上最慢的译者"②。

---

① David R. Knechtges, *Wen Xuan, or Selections of Refined Literature. Volume Three: Rhapsodies on Natural Phenomena, Birds and Animals, Aspirations and Feelings, Sorrowful Laments, Literature, Music, and Passions*, 1996, p.242, L.171.

② David R. Knechtges, *The Art of Reading Slowly: Applying Philology to the Study of Classical Chinese Literary Texts*, 2004 < http://jour.blyun.com/views/specific/3004/CPDetail.jsp? dxNumber = 330103619362&d = DFF49F1F195BECDED3C5E711210444AE >, 2017-03-17.

最终为读者提供了"精准清晰的译文,并辅以无可挑剔的语文学考证"①,是"20世纪汉学最令人敬佩的学术成就之一"②。然而,这种语文学或传统训诂、注疏学的研究方法,其来有自。

一、用语文学方法解读文本的学术继承

在大学阶段,康达维认真研习有关中国古代文学的各类基础知识和语文学的治学方法。在本科阶段,他因德籍汉学家卫德明教授的中国文学史课程而进入汉赋领域;在研究生阶段,又系统修习了"唐宋古文""汉学入门""中国历史""汉语音韵学""中世纪修辞学"等课程。他的老师几乎都是美国当时研究中国古代文学、文化和历史的顶尖学者,如对中国文学、哲学、宗教和历史均有研究的卫德明教授,对汉赋、陶渊明以及《昭明文选》有深入研究的海陶玮教授,对中国古音韵学有深入研究的语言学家李方桂、历史学家杨联陞、《文心雕龙》研究专家施友忠、《孝经》研究专家严倚云等。其中,对康达维影响最大的是他的博士导师卫德明和硕士导师海陶玮。在卫德明的启发下,康达维开始学习德文,将奥地利汉学家赞克的德文版《昭明文选》和中文版《昭明文选》进行对照阅读。赞克是与法国汉学家沙畹(Edouard L. Chavannes)、英国汉学家理雅各和瑞典汉学家高本汉(Bernhard Karlgren)齐名的汉学大家,他的著作是汉学训诂学的经典著作。对赞克《昭明文选》德译本的学习,使康达维初步了解了汉学训诂学的研究方法和《昭明文选》的内容,为其日后《昭明文选》英译工作打下了基础。卫德明还鼓励康达维阅读贾谊、枚乘、司马相如、王褒、刘向、刘歆等人的辞赋,引导康达维走上汉赋和《昭明文选》研究的道路,并指导了他的博士论文《扬雄、赋和汉代修辞》,使他全面了解了汉赋并在汉赋研究领域崭露头角。

卫德明和海陶玮的汉赋研究,更是对康达维产生了直接影响。卫德明先生的《士不遇:对一种类型的"赋"的注解》,海陶玮的《陶潜的赋》《贾谊的〈鵩鸟赋〉》,均被美国汉学界认为是"赋之历史学、语文学探究的杰作",对汉赋研究有"根本性影响"③。这些研究都是运用语文学、训诂学方法对文本内容进行考证和解析,直接为康达维的辞赋研究提供了可资学习借鉴的范本。

康达维从上大学,到读硕士、博士研究生的求学历程,是全面掌握中国古代的文字、音韵、文学、历史以及欧洲中古文学、修辞学等学科知识的过

---

① [美]康达维:《康达维译注〈文选〉》,贾晋华等译,上海古籍出版社2020年版,原序。
② [美]康达维:《康达维译注〈文选〉》,贾晋华等译,上海古籍出版社2020年版,译者序。
③ 张海惠主编:《北美中国学:研究概述与文献资源》,中华书局2010年版,第577页。

程,也是他传承语文学、训诂学方法的过程,为其后来成绩斐然的辞赋英译和学术研究奠定了坚实的基础。

二、有效传播中国古代辞赋的学术使命

西方学界的辞赋翻译和研究从 20 世纪初至今已有 120 余年的历史,但是译文少,研究论著更是凤毛麟角。因而康达维在这一领域辛勤耕耘,试图开拓一片天地。他深知自己任重道远,并坦言"过去几十年来,我可能是西方汉学家中唯一继续从事这方面研究的人"①。

康达维是学院派汉学家。1972 年,卫德明让他到华盛顿大学任教,并于 1987 年至 1992 年任亚洲语言文学系主任。他肩负着传承的使命,接替卫德明使华盛顿大学的中国文学研究特别是辞赋研究薪火相传,绵延不绝。

并且,康达维还一度在美国东方学会任要职,1972 年至 1975 年任《美国东方学会会刊》副主编,从 1978 年至 1995 年历任东方学会西部分会副主席和主席、东方学会副主席和主席。美国东方学会成立于 1842 年,是北美最早的学术团体之一,其宗旨是"促进对亚洲、非洲、波利尼西亚群岛的学术研究"②。作为学会领军人,康达维以学术的接续和发展为己任,亲力亲为,以辞赋译文和规模庞大的副文本为载体,传播中国文化和文学的知识,为辞赋研究的发展作出了巨大贡献。

三、《昭明文选赋英译》副文本的学术影响和示范意义

康达维的《昭明文选赋英译》一经出版便受到学界的普遍好评。哈佛大学教授伊维德在评论第一册时说:"这本身就是一项巨大的研究成果,对于其他任何汉学家来说都是一生倾力研究的巅峰。已完成的部分,将使康达维能与过去一个半世纪中最伟大的汉学家比肩。"③白润德教授在第一册的书评中也对这本书给予了充分肯定,他认为:"这是一本应该立即被每一个对前现代中国文学有严肃兴趣的学者拥有的书。"④剑桥大学对中国诗歌

---

① [美]康达维:《赋学与选学:康达维自选集》,张泰平等译,南京大学出版社 2019 年版,第10 页。

② 顾钧:《美国东方学会及其汉学研究》,《中华读书报》2012 年 4 月 4 日。

③ Wilt L. Idema, "Review: Wen Xuan, or Selections of Refined Literature. Vol. One: Rhapsodies on Metropolises and Capitals, Translated, with Annotations and Introduction by David Knechtges", *T'oung Pao*, Second Series Vol.71, No.1/3 (1985), pp.139-142.

④ Daniel Bryant, "Review: Wen Xuan, or Selections of Refined Literature. Vol. I: Rhapsodies on Metropolises and Capitals by David Knechtges", *Harvard Journal of Asiatic Studies*, Vol.44, No.1 (June 1984), pp.249-257.

和神话有专门研究的白安妮评论《昭明文选赋英译》第一册和第二册,称康达维对《昭明文选》的英译为"英雄般的壮举(heroic task)",认为"他呈现了研究性的宏伟工程。这对任何学科任何层次的汉学家和许多领域的比较文学学者来说都是基础性的必读书","值得汉学界和学术界的掌声和尊敬"。① 还有明尼苏达大学终身教授马瑞志、亚利桑那州立大学教授柏夷和科罗拉多大学教授、欧洲汉学杂志《通报》的现任主编柯睿等,均对这部书给予了极高评价。由此可见,康达维《昭明文选赋英译》的影响巨大。该书于 2014 年入选"普林斯顿遗产图书馆"系列丛书,而获再版。这部被普林斯顿大学出版社视为西方重要学术遗产之一的图书,受到中国学者贾晋华的关注,由她组织团队译成中文,2020 年由上海古籍出版社出版。贾晋华认为这部书是可以"传之名山的杰作",并"相信会在治学态度、研究方法和学术研究各方面给予中国古代文学和文化研究者重大的启示和深远的影响"②。康达维的《昭明文选赋英译》及其副文本,对中国古代文学尤其是赋体文学的译介和传播,具有多方面的示范意义。

（一）《昭明文选赋英译》具有辞赋研究参考书的性质,发挥着传递知识的作用

《昭明文选》被誉为"文章之渊薮",是唐以来文人士子学习作文的范本。而辞赋"苞括宇宙,总揽人物","蕴藏着丰富的学问,具有深刻的文化知识价值"。③ 康达维将这些丰富的内容和详细的资料,英译介绍给西方读者,自然很受欢迎。据康达维介绍,美国的有些大学如文艺学院,和某些课程如"早期中国城市和城市文化",就使用其《昭明文选赋英译》作为课本,在发挥着传递知识的作用。④

（二）副文本是传递知识的理想载体,能为后学提供丰富的研究资料并启发带动新的研究

《昭明文选赋英译》的副文本集合了自唐以来古今中外学者研究《昭明文选》的丰富资料和不同观点,从中可以大致了解从唐代至今《昭明文选》及所收赋篇的研究成果;除了辞赋研究和文选研究的相关知识以外,

---

① Anne M. Birrell, "David Knechtges(ed. and tr.)：Wen Xuan, or Selections of Refined Literature. Vol. Ⅱ：Rhapsodies on Sacrifices, Hunting, Travel, Sightseeing, Palaces and Halls, Rivers and Seas", *Bulletin of the School of Oriental and African Studies*, Vol.53, No.3, 1990, pp.556-557.

② ［美］康达维：《康达维译注〈文选〉》,贾晋华等译,上海古籍出版社 2020 年版,译者序。

③ 侯立兵、郑云彩：《知识传播：〈赋体文学的重要功能〉》,《广东第二师范学院学报》2021 年第 1 期。

④ 参见蒋文燕：《穷省细微精神入图画——汉学家康达维访谈录》,见张西平主编：《国际汉学》第二十辑,大象出版社 2010 年版,第 17—18 页。

副文本中的导论、注释、解题、插图、赋家小传、参考文献、索引还包含了早期中国历史文化研究和翻译研究等方方面面的内容,能指导和启发读者开展辞赋研究、文选研究、翻译研究,以及早期中国文学、历史及文化等方面的研究。因此白润德认为:"这是一本应该立即被每一个对前现代中国文学有严肃兴趣的学者拥有的书。一旦获得,它将是此人藏书中常参考咨询的书之一。"①白安妮也认为"这对任何学科任何层次的汉学家和许多领域的比较文学学者来说都是基础性的必读书"②。康达维著的学术价值得到了学者们的充分肯定,其对于学术研究的促进会在不久的将来得到显现。

(三)《昭明文选赋英译》及其副文本的成功实践,既为古代辞赋的翻译与有效传播提供了宝贵经验,还为如何将翻译的心得总结为学术成果作了示范

康达维发表的辞赋研究论著,大多与其翻译工作有着直接或间接的联系。比如,《昭明文选赋英译》第一册导论的全部内容被译成韩语,分成三部分分别于 1984 年和 1988 年刊于韩国岭南中国语文学学会会刊《中国语文学》;第二节"萧统的生平与《文选》的编撰"和第三节"梁代的文学背景与萧统的文学观念"两部分被译成中文,载于南京大学古典文献研究所编的学术集刊《古典文献研究》2011 年第十四辑。第二册导论中的内容来自论文《赋中描写性复音词的翻译问题》,最早于 1985 年发表于台北的《淡江评论》;上文所提的《芜城赋》解题发展为《鲍照的〈芜城赋〉:写作年代与场合》一文,于 1993 年发表在《庆祝饶宗颐教授七十五岁论文集》中,收录于 2002 年英国 Ashgate 出版社出版的《康达维自选集》中;对《东征赋》原文的修订发展成为论文《班昭〈东征赋〉考》,于 1999 年收录于南京大学中文系主编的《辞赋文学论集》。康达维的赋篇研究和《昭明文选》研究大多源于其翻译实践。收录于其自选集《汉代宫廷文学与文化之探微:康达维自选集》《赋学与选学:康达维自选集》中的研究精品,如《扬雄〈羽猎赋〉的叙事、描写与修辞》《司马相如的〈长门赋〉》《道德之旅:张衡的〈思玄赋〉》《汉赋中的纪行之赋》《汉颂:论班固〈东都赋〉和同时代的京都赋》《〈文选〉在

①　[加]白润德:《评康达维英译〈文选〉第一册》,见南京大学古典文献研究所主编:《古典文献研究》(第十四辑),凤凰出版社 2011 年版,第 337 页。本文原载《哈佛亚洲研究学刊》第 44 卷,1984 年第 1 期,第 249—257 页。

②　Anne M. Birrell, "David Knechtges(ed. and tr.) :Wen Xuan, or Selections of Refined Literature. Vol. I :Rhapsodies on Metropolises and Capitals", *Bulletin of the School of Oriental and African Studies*, University of London, Vol.47, Issue 2(June 1984) , pp.389-390.

中国与海外的流传》《〈文选〉辞赋与唐代科举考试之关系》《芟其芜杂,集其英华:中国中古早期的选集》《选集的缺憾:以应璩诗为个案》①等论文都是源自翻译过程中发现的问题。还有其翻译研究系列论文《〈文选〉英译浅论》《玫瑰还是美玉:中国中古文学翻译中的一些问题》《英译〈文选〉的疑难与困惑》更是直接源于其辞赋翻译工作。康达维既由翻译所得而总结成文,又将自己的学术论文载录在译文的副文本中以提高翻译的学术性。在翻译被视为"雕虫末技"的时代,译著往往不能被认定为学者的研究成果,而使许多学者不愿从事翻译工作。康达维译著的成功和以译养研、以研促译的做法鼓励了更多学者从事这项工作,有效提高了译本质量,促进了中国古代文学经典的传播和学术研究的发展。

在海外汉学发展到专业汉学阶段,学者成为汉学研究的主力军。② 能吸引学者关注的译本会促进相关研究的发展。比如,庞德的《华夏集》促进了中国古代诗歌的英译和研究;加里·斯奈德(Gary Snyder)英译的24首寒山诗掀起了寒山诗研究的热潮。特别像《昭明文选·赋》这样语言文字繁难、历史文化积淀深厚、卷帙浩繁的文本,如何能吸引学者的关注,使辞赋研究得以继承发展? 康达维的《昭明文选赋英译》三册给我们提供了一个范本。那就是运用语文学的方法,细细研究每个词每句话的含义,用副文本的形式记录前人及自己的研究成果,以提供知识,启发并激励后来者不断完善深入对此文本的研究。

辞赋因其文字古奥,描写繁复,多仿古之作,其传承举步维艰。作为中华民族的文化瑰宝,值得我们花费时间和精力,本着科学研究的求真精神,做出质量精良符合原文原意的译本。吸收前人研究的精华,在副文本中详细记录下有关作者、作品的背景知识,有关文章中具体词汇的解析及相关研究或者译者自己的研究成果。不仅扫除阅读障碍,让读者了解辞赋的内容和美感,同时也了解相关的历史和文化,甚至引发对相关问题的研究兴趣,让更多的人自愿加入传承与传播辞赋研究及中华优秀传统文化的队伍中。

---

① 参见[美]康达维:《汉代宫廷文学与文化之探微:康达维自选集》,苏瑞隆译,上海译文出版社2013年版;[美]康达维:《赋学与选学:康达维自选集》,张泰平等译,南京大学出版社2019年版。

② 张西平将海外汉学划分为三个阶段:游记汉学、传教士汉学和专业汉学。1814年,法国法兰西学院开设汉学课程,设汉学教授,标志着专业汉学阶段的开始。参见张西平:《传教士汉学研究》,大象出版社2005年版,第2页。

第七章　康达维辞赋英译与研究的
跨文化贡献

康达维曾说:"我希望能够借着这类'原汁原味'的翻译,将中国独有的文化、独特的文化词语传达到世界各地。"①他的《昭明文选·赋》译文以学者型译文为主,兼具文学性译文的特征,集学术性与艺术性于一体。他力图保留《昭明文选·赋》的"原汁原味",将中国特有的文体"赋"及其中包含中国特有的文化和语言传播到世界各地。他的翻译实践及研究对中国文学和文化的跨文化传播作出了巨大贡献。

第一节　"学者型英译"的典范之作

康达维的中国辞赋研究,是从对辞赋的翻译开始并逐渐过渡到对赋的专题研究。在40多年的研究生涯中,翻译始终是其汉魏六朝赋研究的基础和有机组成部分,体现出较高的学术性。西方汉学家将这种翻译称为"学者型翻译",并将它作为与"文学性翻译"相对立的存在。康达维的《昭明文选赋英译》被哈佛大学东亚语言文明系教授田晓菲认为是"学者型翻译"的代表作。② 美国著名华裔学者夏志清也曾评论,不仅是外国学者,连中国学者在内,要研究《昭明文选》的话,一定要看康达维的英文译本。③ 白润德教授甚至称赞:

> 这对所有中国古代文学研究者来说是最具重要性的事件。注释囊括的范围及其细致是史无前例的,更不用说翻译的气势和独具匠心。④

---

① [美]康达维:《〈中华文明史〉英文版美国首发式致辞》,《国际汉学研究通讯》2012年第6期。
② [美]田晓菲:《关于北美中国中古文学研究之现状的总结与反思》,见张海惠主编:《北美中国学:研究概述与文献资源》,中华书局2010年版,第606页。
③ 徐公持:《"人本主义""兴趣一致"及其他——采访高德耀教授》,《文学遗产》1998年第6期。
④ D. H. Illman, *David Knechtges: Translation of Wen Xuan*, www.washington.edu/research/showcase/1982a.html,1997.

可见,西方评论家对康达维《昭明文选》译文学术性充分肯定。的确,康达维《昭明文选赋英译》中译文的准确性、丰富翔实的注释、对异文的著录,以及对赋篇语言和内容的考证使其极具学术参考价值,堪称"学者型英译"的典范。

一、忠实于原文的翻译是第一位的

康达维把"忠实"的标准放在第一位,具有典型的批评家译者的特点。他在探讨中国中古文学的翻译时说"我认为忠于原诗原文的翻译还远胜于自由形式的翻译"①。在翻译的过程中,他实践着自己的翻译观,追求译文在形式和内容上无限接近原文。

散体赋是汉赋的典型形式,特别是京都赋中的赋篇都属于这一类型。它一般是由散文首部、韵文中部、散文尾部三部分组成,是一种骈散结合的文体,康达维在翻译时也注意了这类赋形式上的特点,将形式上是散体、表示故事情节进展的句子,用散文的形式来表现,将用韵文表现的描述部分用自由体诗的形式来表现。比如班固的《东都赋》,康达维将开头"东都主人喟然而叹曰"至"以变子之惑志",以及结尾"主人之辞未终"至"请终身而诵之"的散体部分用散文的形式翻译,将中间铺述汉明帝仁德礼仪的韵体部分用自由体诗的形式翻译,即韵体的部分由诗行组成不同的诗节,在形式上与散体部分的整段文字区别开来。② 对汉赋形式上的表现,可以使西方读者了解赋不同于其他文体的典型特点。

为了让译文尽可能忠实于原文,康达维在译文中尽量保留原文的语序。他的译法是按照汉语,给出原文对应的英文单词,再按照英语的语法补入虚词或适当调整语序。比如,班彪《北征赋》的开篇:

原文:余遭世之颠覆兮,罹填塞之阨灾。

译文:I have met the overturning of the dynasty,
　　　Suffer the perilous calamity of blockage and obstruction.③

---

① ［美］康达维:《文选英译浅论》,见赵福海主编:《文选学论集》,时代文艺出版社1992年版,第103页。

② David R. Knechtges, *Wen Xuan or Selections of Refined Literature. Volume One: Rhapsodies on Metropolises and Capitals*, Princeton: Princeton University Press, 1982, pp.145-175.

③ David R. Knechtges, *Wen Xuan or Selections of Refined Literature: Volume Two. Rhapsodies on Sacrifices, Hunting, Travel, Sightseeing, Palaces and Halls, Rivers and Seas*, Princeton: Princeton University Press, 1987, p.165.

上句中,"余"对应"I","遭"对应"meet","世"对应"dynasty","之"对应"of","颠覆"对应"overturning"。根据逻辑用完成时,"meet"变为"have met",再根据语法加入定冠词"the",调整语序将"世之颠覆"译为"the over-turning of the dynasty"。下句中"罹"对应"suffer","填"对应"blockage","塞"对应"obstruction","之"对应"of","厄"对应"perilous","灾"对应"ca-lamity"。根据语法,加入定冠词"the"和连词"and",调整语序将"填塞之厄灾"译为"the perilous calamity of blockage and obstruction"。原文和译文的字词基本上是一一对应的关系,基本保持原文的语序,只是必要时有微调。

再如潘岳《秋兴赋》"善乎宋玉之言曰:'悲哉秋之为气也'"[1],译文为:"Excellent indeed are the words of Song Yu, who said:/'Mournful is the air that is autumn's'"[2]。一般的语序应该是:"The words of Song Yu are excellent indeed. He said:"The air that is autumn's is mournful."译文遵照原文的语序用了倒装句,产生了强调"excellent indeed(善乎)"和"mournful(悲哉)"的客观效果,同时也因为倒装这种有违于常规的句式而产生了诗意。只是按照英语的语法和逻辑,"宋玉之言"需译为"the words of Song Yu","言"与"宋玉"的语序调换,"秋之为气"译为"the air that is autumn's","气"与"秋"的语序调换。可见,译者在遵照英语语法的前提下尽量按照原文的语序来处理译文,并取得了不错的效果。

康达维还尽量保留原文用词的特点。比如,贾谊的《鹏鸟赋》,康达维将篇名译为"Rhapsody on the Houlet"[3]。在其他译本和研究文章中,包括康达维的老师海陶玮教授对《鹏鸟赋》的研究,都将"鹏鸟"译为"owl"。康达维并未遵照传统的译法,而将鹏鸟译为"houlet",这正体现了他的深入研究。他根据《史记》中对鹏鸟的记载,认为鹏是楚地的方言,指"鸱鸮",也就是猫头鹰,英文是"owl"。康达维选用古英语对猫头鹰的称谓"houlet"来译"鹏鸟",使它区别于通用的名称,表示这个词源于楚地方言,并在解题中说明这样译的原因。这样处理是基于对"鹏鸟"一词的研究,使读者通过这个标题了解有关古楚语的小知识。这表达了康达维的翻译理念,即翻译"要

① (梁)萧统、(唐)李善注:《文选》,上海古籍出版社 1986 年版,第 586 页。
② David R. Knechtges, *Wen Xuan or Selections of Refined Literature: Volume Three. Rhapsodies on Natural Phenomena, Birds and Animals, Aspirations and Feelings, Sorrowful Laments, Literature, Music, and Passions*, Princeton: Princeton University Press, 1996, p.15.
③ David R. Knechtges, *Wen Xuan or Selections of Refined Literature: Volume Three. Rhapsodies on Natural Phenomena, Birds and Animals, Aspirations and Feelings, Sorrowful Laments, Literature, Music, and Passions*, Princeton: Princeton University Press, 1996, p.41.

引起人们对文化和语言上的关注"①,同时也将读者引入古代楚人的世界。

又如《文赋》"伫中区以玄览,颐情志于典坟"②中的"典坟"一词。康达维依据孔安国《尚书序》"伏羲、神农、黄帝之书,谓之三坟,言大道也。少昊、颛顼、高辛、唐、虞之书,谓之五典,言常道也",认为"典坟"泛指典籍。他仿照原文两个同义词构成复合名词的构词法,将其译成"canons and scriptures"③。《朗文当代高级英语辞典》对"canon"的释义是:"an official list of writings that are recognized as being truly the work of a certain writer or as being part of a larger collection of writings"④,意为原著或真传经典;"scripture"可以用来指圣经,也可以指某种特定宗教的经典。"canon"和"scripture"都可以用来指典籍,两个词并列在一起用"and"连接仿照了原文同义复合词的构词法。同义词的叠用看似不符合英文行文简洁的特点,但这个翻译却体现了赋体用词"繁冗"的特征。哈佛大学汉学家方志彤对"典坟"的译文是"the great works of the past"⑤,意思是过去的伟大作品,只是传达了基本含义却没有反映原文用词的特点。且"great works"属于一般的词汇,而康达维译文中"canon"表示真传之作,且"scripture"有宗教经典的意思,表现出"三坟五典"所传达出的崇高和神圣意味。

赋中列举的事物很多是中国独有的,具有强烈的东方特色,是翻译的难点之一。为了让西方的读者易于理解,有时译者不得不采取归化的译法。比如《鲁灵光殿赋》中"蟠螭宛转而承楣"⑥一句,康达维将其译为"A coiling wivern, writhing and wriggling, clings to the lintels"⑦。"蟠螭"是中国古典文学中特有的形象,据李周翰注"蟠螭"为"蟠曲螭龙也"⑧。且《后汉书·张

---

① 〔美〕康达维:《玫瑰还是美玉:中国中古文学翻译中的一些问题》,李冰梅译,见赵敏俐、〔日〕佐藤利行主编:《中国中古文学研究》,学苑出版社 2005 年版,第 26 页。

② (梁)萧统、(唐)李善注:《文选》,上海古籍出版社 1986 年版,第 762 页。

③ David R. Knechtges, *Wen Xuan or Selections of Refined Literature: Volume Three. Rhapsodies on Natural Phenomena, Birds and Animals, Aspirations and Feelings, Sorrowful Laments, Literature, Music, and Passions*, Princeton: Princeton University Press, 1996, p.213.

④ 朱原等译:《朗文当代高级英语辞典》,商务印书馆 1998 年版,第 199 页。

⑤ Achilles Fang, *Rhymeprose on Literature*, in *Studies in Chinese Literature*, John L. Bishop (ed.), Cambridge, Massachusetts: Harvard University Press, 1966, p.7.

⑥ (梁)萧统、(唐)李善注:《文选》,上海古籍出版社 1986 年版,第 514 页。

⑦ David R. Knechtges, *Wen Xuan or Selections of Refined Literature: Volume Two. Rhapsodies on Sacrifices, Hunting, Travel, Sightseeing, Palaces and Halls, Rivers and Seas*, Princeton: Princeton University Press, 1987, p.271.

⑧ (梁)萧统:《日本足利学校藏:宋刊明州本六臣注文选》,(唐)吕延济等注,人民文学出版社 2008 年版,第 180 页。

衡传》:"伏灵龟以负坻兮,亘螭龙之飞梁。"李贤注引《广雅》曰:"无角曰螭龙。"①"蟠螭"指盘曲的无角龙。康达维将"蟠螭"译为"wivern"。"wivern"也是欧洲文学中常见的形象,是有翅膀的双足龙,与中国龙的形象不同。但西方语言中没有一个词能完全描画出中国龙的形象。随着中西方文化交流的深入,龙的形象成为中国的标志,在西方人看来并不陌生。"a coiling wivern"能让了解中国文化的读者想象到盘曲的龙这一形象,且"wivern"是恶劣天气和冰雪的象征,这与中国龙施雨的水神形象也比较接近。"writhing and wriggling"描绘出螭龙翻腾、蠕动的样子,使龙的形象具有动感,表现出动态美。

而英国翻译家韦利将"蟠螭"译为"the squat griffin"②,意思是蹲坐的狮鹫。狮鹫,也称为"格里芬",是希腊神话中一种鹰头狮身、有翅的怪兽,被认为是神圣的标志或是神圣的守护者,在中亚宫廷中经常可见狮鹫形象的雕塑。虽然"螭"也同属怪兽,但它的形象似巨蛇,有四个脚,与狮鹫完全不同。且"蟠螭宛转而承楣"中的"宛转"给"螭"的形象带来动感,而狮鹫是无法像蛇一样盘曲扭动的。韦利将此句译为"The squat griffin on his corbel curled"③。"宛转"转化为"蜷缩",译为"curled",整个形象就显得呆板。就这个例子来说,康达维的译文在内容上显然比韦利的译文更接近原文。

可以说,康达维无论是在遣词造句,还是在篇章结构的处理上都力求忠实于原文,以学者的严谨态度努力呈现出汉赋的特点。

二、丰富翔实的学术性注释

注释是学者型译文的重要组成部分。康达维的《昭明文选赋英译》注释尤其丰富翔实,三册中共有注释 5538 条,对人名、地名、星名、官职、礼仪、动植物、建筑、车马、物品、神怪等内容以及难解词汇和典故的解释,还有对异文的著录,注释文本远超于译文。仅张衡《南都赋》中就对楔、樱、橿、枦、柍、柘、箖、箊、楈枒、拼榈、蒹葭、蘘荷等 51 种植物的注释,比如对鍾笼等竹子名称的注释为:

这部分提及的大多数竹子名称在《竹谱》中有记载,这是一部公元5 世纪戴凯之所著的有关竹子用途的文献。其文已散佚,今仅存残文,

---

① (南朝宋)范晔、(唐)李贤等注:《后汉书》,中华书局 1965 年版,第 1932 页。

② Arthur Waley,*The Temple and Other Poems*,London:George Allen & Unwin Ltd.,1923,p.95.

③ Arthur Waley,*The Temple and Other Poems*,London:George Allen & Unwin Ltd.,1923,p.95.

收于《丛书集成》中。这部书已由 Michael J. Hagery 翻译,题为《戴凯之的〈竹谱〉:对五世纪竹专著的注译》(载于《哈佛亚洲研究学刊》,1948年第 11 卷,第 372—440 页)。《竹谱》中将"籦笼"定义为一种生长于昆仑山的竹子。黄帝派伶伦将它们制成竹管,定出十二律。①

他对"其竹则籦笼箽簩,篠簳筱箘"②一句的翻译是 " Its bamboos include:/Zhonglong, jin, and mie,/Xiao, gan, and guzhui"③。康达维用音译译出了这些竹子的名称,并辅以注释。注释是译文有益的补充,通过这个注释,读者不仅知晓了"籦笼"是什么,了解与之相关的历史传说,还得到了有关竹子记载的中英文资料来源。

译文不仅注释多、内容丰富,还广泛征引了古今中外学者研究的相关成果。比如,康达维将班固《东都赋》"韶武备,太古毕"④一句译为"The Shao and Wu are perfectly done;/The music of antiquity is completely rendered"⑤,并将"韶武"注释为:

> 韶是舜帝所作的舞乐。韶,继也,称为"韶"是强调舜帝对尧帝事业的继承(见《史记》,第二十四卷;沙畹译《司马迁的〈史记〉》,第三册;《汉书》,第二十二卷;《礼记》,第十一卷,郑玄注)。武(也称大武),是一种乐舞,分为六篇,描述了武王伐殷纣的场景。《礼记》(第十一卷)简述了此乐舞的结构。《诗经·周颂》中的六首诗被认为属于大武。见王国维(1877—1927)《周大武乐章考》,载《王观堂先生全集》(第一册);马伯乐《古代中国》(1927 年版,巴黎:法兰西大学联合出版社,1965 年重印本);王靖献《周朝的容颜》(*The Countenance of the Chou*)。⑥

其中提及了中国东汉时期经学大师郑玄的《礼记》注、近代学者王国维

① David R. Knechtges, *Wen Xuan or Selections of Refined Literature. Volume One:Rhapsodies on Metropolises and Capitals*, Princeton:Princeton University Press, 1982, pp.316, L.70.
② (梁)萧统、(唐)李善注:《文选》,上海古籍出版社 1986 年版,第 152 页。
③ David R. Knechtges, *Wen Xuan or Selections of Refined Literature. Volume One:Rhapsodies on Metropolises and Capitals*. Princeton:Princeton University Press, 1982, p.317.
④ (梁)萧统、(唐)李善注:《文选》,上海古籍出版社 1986 年版,第 36 页。
⑤ David R. Knechtges, *Wen Xuan or Selections of Refined Literature. Volume One:Rhapsodies on Metropolises and Capitals*, Princeton:Princeton University Press, 1982, pp.167, 169.
⑥ David R. Knechtges, *Wen Xuan or Selections of Refined Literature. Volume One:Rhapsodies on Metropolises and Capitals*, Princeton:Princeton University Press, 1982, p.166, L.244.

的相关研究、法国汉学家沙畹对司马迁《史记》的法译本,以及法国汉学家
马伯乐和美国华裔学者王靖献的相关研究。康达维的注释不仅丰富了读者
的知识,为学者的进一步研究也打开了渠道。

　　除了介绍学者的相关研究,注释也展示了康达维自己的研究成果。最
具特色的是《昭明文选英译第二册:祭祀、畋猎、纪行、游览、宫殿、江海之
赋》中对描写性复音词的注释。在这一册中,就注释了193个描写性复音
词(即联绵词),其中对这类词的音、形、义有详细的解析,比如:

> 　　注家们解释双声词"胶葛"(古音 Kroh-kat)有"胶輵""胶轕""轇
> 轕"等多种不同写法。在多数语境中描写复杂和混乱的情状(见《楚辞
> 补注》《史记》《汉书》)。颜师古认为"胶加"即"交加",两者都有繁复、
> 精妙、纠结之意。有些注家也认为这个词有狂放、不加节制的动作之意
> (见王念孙《广雅疏证》、胡绍煐《文选笺证》)。我怀疑表意的语素是
> "胶",也许与"纠"(古音 kjioh)相关,表交错之意,因此我译为"twined
> and tangled(纠结缠绕)"。①

　　《昭明文选》所收赋篇有近千个联绵词,且对这类词的注释往往不清
晰,注家总是以"高貌""乱貌""行貌""笑貌""舞貌""某某貌"这样的表述
提供一个模糊的释义,康达维的注释则说明了联绵词的古音、变体、含义、资
料来源、判断词义的方法,为准确理解这类词提供了知识、方法和可借鉴的
资料。康达维曾说想编一本联绵词词典,"提供有关音韵学、词源学的信
息,以及它们在赋中的用法和含义"②。如果这本词典得以编成,将帮助我
们深入理解联绵词和赋。

　　注释的丰富翔实和学术性使评论家普遍对康达维的《昭明文选》译文
给予了高度评价。汉学家伊维德评价说:"注释体现了令人惊叹的广泛阅
读,使译者成为现代主要的《文选》注家。"③其赞美之辞溢于言表。注释中
的丰富知识和广征博引,将汉赋百科全书的性质展露无遗,无论是一般读者

---

① David R. Knechtges, *Wen Xuan or Selections of Refined Literature*: Volume Two. Rhapsodies on Sacrifices, Hunting, Travel, Sightseeing, Palaces and Halls, Rivers and Seas, Princeton: Princeton University Press, 1987, p.20, L.22.

② 康达维:《汉代宫廷文学与文化之探微:康达维自选集》,苏瑞隆译,上海译文出版社 2013 年版,第 156 页。

③ W. L. Idema, "Review: Wen Xuan, or Selections of Refined Literature, Volume One: Rhapsodies on Metropolises and Capitals, Xiao Tong by David R. Knechtges", *T'oung Pao*, Second Series, Vol.71, Livr.1/3, 1985, pp.139–142.

还是研究者都能各取所需。

三、著录异文并校原文之失

康达维在《翻译的险境和喜悦：中国经典文献的翻译问题》一文中，以《易经》的英译为例，指出了西方译者普遍存在的问题：

> 《易经》译者和大多数中国典籍的译者所面临的最大问题之一就是，文本的不确定性。几乎所有的译者都满足于这一假定，像《易经》这样的文本在传承过程中一直是确定的。事实上，我们知道《易经》也许是所有典籍中文本最不确定的……那么，《易经》的译者是怎样展现文本的多层次性和文字的不确定性？不幸的是，大多数将此书译成英语或欧洲语言的译者都没有意识到这个问题。他们翻译《易经》，就好像从古至今文本呈现的一直是现今的面貌。①

他注意到西方译者对中国典籍的翻译，特别是对《易经》的翻译存在误区，即忽视文本的不确定性，将文本视为亘古不变的存在。这篇文章最初在2003年台湾大学东亚文明研究中心和东亚文献研究室主办的有关东亚传世汉籍文献译解方法的学术研讨会上宣读，发表于2004年台湾地区的《"清华"学报》。当时，他的《昭明文选赋英译》三册已全部出版，显然他对中国典籍文本不确定性的重视是源于对其《昭明文选》翻译的经验。

康达维在翻译《昭明文选》时，对文本不确定性给予了充分重视。他在《昭明文选英译第一册：京都之赋》的前言中介绍了从隋朝萧该的《文选音义》一直到20世纪80年代之前包括注本和译本在内的古今中外《昭明文选》的各种版本②。在该书的附录部分，列有《昭明文选》的14种版本③。概括之下，可以分为5类：日本转抄唐本、李善注本、五臣（吕延济、刘良、张铣、吕向、李周翰）注本、六臣（李善和五臣）注本。其中，唐本中列举了现存的神田喜一郎编《敦煌本文选注》、京都帝国大学文学部影印的《旧抄本文选集注残卷》、罗振玉编《唐写文选集注残卷》和《敦煌本文选》；李善本中列

① David R. Knechtges, "The Perils and Pleasures of Translation: The Case of the Chinese Classics", *The Tsing Hua Journal of Chinese Studies*, New Series, Vol.34, No.1 (June 2004), pp.137, 140.

② David R. Knechtges, *Wen Xuan or Selections of Refined Literature. Volume One: Rhapsodies on Metropolises and Capitals*, Princeton: Princeton University Press, 1982, pp.52-70.

③ David R. Knechtges, *Wen Xuan or Selections of Refined Literature. Volume One: Rhapsodies on Metropolises and Capitals*, Princeton: Princeton University Press, 1982, pp.532-533.

举了南宋尤袤刊本、元张伯颜本、明汲古阁毛晋刊本、清胡克家刊本,基本涵盖了对《昭明文选》研究很有帮助的重要版本。

在比对《昭明文选》所收赋篇现存的不同版本的过程中,康达维发现了版本之间存在差异①,在《昭明文选》译文的注释中记录下了 208 条主要差异。如班固《西都赋》中"建金城而万雉,呀周池而成渊"②两句,康达维在注释中记有其异文:"对于尤袤本的'而万',六臣本作'之万';《后汉书》作'其万'。"③不仅著录了异文,康达维对异文的选择有自己的判断。如,潘岳《秋兴赋》中对"虽末士之荣悴兮,伊人情之美恶"④的注释为:

> 对五臣本(《六臣注文选》)中的"末事",《文选》(按:指胡克家刻尤袤刊本)写作"末士"。末士是指可怜、卑贱的文人,这里也许是潘岳的自嘲。末事指"微不足道的东西或事情",这里指潘岳在上文提到的荣枯的过程。尤袤刊本的意思非常模糊,它可以指"甚至像我一样的可怜文士的起起落落,也能引起人们的欣喜或厌恶之感"。虽然尤刻本记载的是李善注《文选》,胡绍煐(《文选笺证》)指出李善的原文写作"末事"。李善原本在此语境中更有意义,因为前一行提到荣枯的自然过程。按照此版本,这一行是说:"尽管如荣枯这样的小事,也能引起人们的欣喜或厌恶之感。"我译作"delight and disgust(欣喜和厌恶)"就是"美恶"的字面意思。这个表达暗含了荣枯的变化激发了不同情感的意思。⑤

此处,不但记录了五臣注、李善注本记载的此句的异文,而且说明了不同异文所表达的含义。作者据清人胡绍煐的研究和此句的语境,认为原文应该是"虽末事之荣悴兮,伊人情之美恶"。对异文的著录说明康达维对《昭明文选》研究的深入。他阅读了《昭明文选》的多个版本,向西方读者展示不同的文本给原文意思带来的变化,并根据异文校改了原文。这是其他绝大多数西方译者在英译中国典籍时所不曾做到的。这种对异文的著录和分

---

① 康达维使用的底本是影印的宋淳熙尤袤刊本重雕鄱阳胡氏藏版的李善注《文选》。

② (梁)萧统、(唐)李善注:《文选》,上海古籍出版社 1986 年版,第 7 页。

③ David R. Knechtges, *Wen Xuan or Selections of Refined Literature. Volume One: Rhapsodies on Metropolises and Capitals*, Princeton: Princeton University Press, 1982, p.104, L.44.

④ (梁)萧统、(唐)李善注:《文选》,上海古籍出版社 1986 年版,第 586 页。

⑤ David R. Knechtges, *Wen Xuan or Selections of Refined Literature: Volume Three. Rhapsodies on Natural Phenomena, Birds and Animals, Aspirations and Feelings, Sorrowful Laments, Literature, Music, and Passions*, Princeton: Princeton University Press, 1996, p.14, LL.7-8.

析不仅本身具有学术性，还可以启发其他学者对《昭明文选》的进一步研究。

英译文中不乏译者通过异文校改原文的例子。比如班固《西都赋》的英译文中没有"众流之隈，汧涌其西"①两句的译文。译者在注释中说：

> 《文选》的各个版本在第 16 行之后插入了两行衍文："众流之隈，汧涌其西。"《汉书》中没有这两行，李善对此无训释。这两行也许是从五臣注中纂入李善注的文本中。参见胡克家《文选考异》、孙志祖《文选考异》、梁章钜《文选旁证》、胡绍煐《文选笺证》。②

康达维充分吸收了清代训诂学家的研究成果，认为"众流之隈，汧涌其西"为衍文，因此在正文中未译这两句。虽然依据的是清代训诂学家的观点，对这两句选择不译也体现了康达维自己的思考和研究。

对于有些异文，康达维未轻易取舍，而采取了存疑的做法。比如对《思玄赋》中"出石密之暗野兮，不识蹊之所由"③中"石密"的注释为：

> 《文选》中的"石密"，《后汉书》作"右密"。我不能肯定石密的意思。右密意为"西边的密山"。密山也许就是峚山，据《山海经》记载位于不周山西北 420 里处。见袁珂《山海经校注》、朱琦《文选集释》和胡绍煐《文选笺证》。④

在此处，康达维并未下判断"石密"和"右密"哪个更正确，只是给出了自己查找到的信息，供读者继续研究。然而，翻译时必须有选择，康达维还是依《后汉书》的版本将"右密"译为"Mi in the west"，意思是"西边的密山"。对疑难之处存疑的做法显示了康达维将《昭明文选》的注释以学术性的严谨态度来对待。

康达维对异文的著录和对原文的校改展现了其对《昭明文选》赋研究的成果。这不仅体现了其译本的学术性，还为西方的《昭明文选》或是赋篇研究向纵深发展提供了资料、铺平了道路。

---

① （梁）萧统、（唐）李善注：《文选》，上海古籍出版社 1986 年版，第 6 页。

② David R. Knechtges, *Wen Xuan or Selections of Refined Literature. Volume One：Rhapsodies on Metropolises and Capitals*, Princeton：Princeton University Press, 1982, pp.98, 100.

③ （梁）萧统、（唐）李善注：《文选》，上海古籍出版社 1986 年版，第 668 页。

④ David R. Knechtges, *Wen Xuan or Selections of Refined Literature：Volume Three. Rhapsodies on Natural Phenomena, Birds and Animals, Aspirations and Feelings, Sorrowful Laments, Literature, Music, and Passions*, Princeton：Princeton University Press, 1996, p.126, L.255.

第二节 "文学性英译"的生动呈现

赋"铺采摛文",其表现出来的文学性为学者所公认。从汉魏六朝的赋论家论及赋所用的"靡丽""文丽""丽淫""丽则"等词,以及"诗赋欲丽""文必极美,辞必尽丽""然则美丽之文,赋之作也"等评论可知,无论他们意欲批评或是褒扬,可以肯定的是,他们对赋"丽"的艺术特征有共通的认识。① 《昭明文选》的编撰者昭明太子萧统在序言中表达了"综辑辞采""错比文华""事出于沈思,义归乎翰藻"的选文标准,强调作品的文学性。同时,他也认为好文章能"丽而不浮,典而不野,文质彬彬,有君子之致"②,反对过度艳丽,以致伤于浮艳的作品。赋见录于《昭明文选》体现出,在萧统看来,赋属于具有"辞采""文华"及"翰藻",但并不至于浮艳的作品。

在译成英文之时,是否能表现出赋篇的文学性,是判断译文成败的关键因素之一。虽然,在评论译文之时,人们往往将"学者型翻译"和"文学性翻译"对立起来,认为非此即彼。然而,康达维的赋篇译文却将两者融合起来,他不但始终坚持"忠实"的原则,力求表达出原文的意思,还运用广博的知识和精湛的技艺将赋体文学美感用流畅的英文呈现出来。下面,就具体分析康达维是如何运用生花的译笔将赋篇的艳丽呈现出来的。

一、对赋铺陈性的展现

赋"繁类以成艳",对名物的铺排是形成艳丽艺术特征的重要因素,同时也造成了其"巨大的语言学难度"③。如何译好这些词是再现赋体艺术特征的关键,特别是专有名词的翻译难度较高。因为赋中的专有名词不仅表音,表示一个地点或事物的名称,同时也有表意的作用,能引发读者想象,比如《西都赋》中描写后宫中后妃居处的句子"后宫则有掖庭椒房,后妃之室。

---

① "靡丽"一词出自司马迁《太史公自序》:"《子虚》之事,《大人》赋说,靡丽多夸。然其指风谏,归于无为";"文丽"一词出自扬雄《法言·君子》:"文丽用寡,长卿也。"王充《论衡·定贤篇》中对司马相如和扬雄赋的批评也用到"文丽"一词:"文丽而务巨,言眇而趋深,然而不能处定是非,辩然否之实";"丽淫""丽则"出自扬雄《法言·吾子》:"诗人之赋丽以淫,辞人之赋丽以则。"两汉的赋论家受儒家诗教观的影响,将唯美和尚用对立起来,对赋篇"丽"的艺术特征普遍持否定的态度。这种观点到魏晋时期有所转变,此时的赋论家开始关注赋的艺术性,如,曹丕在《典论·论文》中谈到赋体的特点时说,"诗赋欲丽";曹植在《长乐观画赞》中说,"辞赋之作,华若望春"(《全三国文》卷十七);皇甫谧在《〈三都赋〉序》中说,"引而申之,故文必极美;触类而长之,故辞必尽丽。然则美丽之文,赋之作也"。
② (梁)萧统:《答湘东王求文集及诗苑英华书》,见《全梁文》卷二十。
③ 张海惠主编:《北美中国学:研究概述与文献资源》,中华书局 2010 年版,第 577 页。

合欢增城,安处常宁。茝若椒风,披香发越。兰林蕙草,鸳鸯飞翔之列"①。
这些句子都是对后宫宫殿的列举铺排,"合欢""增城""安处""常宁""茝
若""椒风""披香""发越""兰林""蕙草""鸳鸯""飞翔"都是宫殿的名称。
但这些词不仅仅是一些名称,"合欢增城,安处常宁""鸳鸯飞翔"表达了后妃
们安祥、和谐地生活,与她们的君王婚姻和美、幸福快乐的美好愿望;"茝若椒
风,披香发越。兰林蕙草……"表现了这是花木飘香的温柔之乡。这简单几
句专有名词的叠加,描绘了一幅人间仙境的图画。这几句话的译文是:

> In the rear palaces there are:
>> The lateral courtyards,the pepper rooms,
>> The chambers of the empress and concubines:
>> Concordant Joy,the Tiered Structure,
>> Peaceful Abode,Constant Tranquility,
>> The Hall of Angelica and Pollia,Pepper Breeze,
>> Wafting Fragrance,Seeping Aroma,
>> Thoroughwort Grove,Basil Plants,
>> Mandarin Ducks②,the Soaring Chamber"③

　　显然译者认为在此意义的表达更重要,他基本采用直译的方法,表达出
这些词的意思而忽略了原文语音的传达。他将"后妃之室"译为"The cham-
bers of the empress and concubines",并用冒号表示后面列举的都是"后妃之
室"的名称,并用首字母大写表示列举的词为专有名词;在"茝若椒风,披香
发越"一句的译文中增译了"the hall"一词,指出后面列举的都是殿名。其
中,"tiered""soaring"表现出建筑的繁复和高耸;"concordant""peaceful"
"joy""tranquility"表现出这些地方是和谐、安宁、快乐、宁静的所在;
"angelica""pollia""pepper""thoroughwort""basil"这些香草名与原文中的
"茝""若""椒""兰""蕙"等植物名称对应,再加上"wafting fragrance"
"seeping aroma"的渲染,表达了这里植物繁茂、香气四溢,生动描画出人间
仙境给人带来的视觉和嗅觉的感受。原文虽然是对宫殿名称的列举铺排,

---

①　(梁)萧统、(唐)李善注:《文选》,上海古籍出版社1986年版,第12页。
②　这个词的翻译显示了"学者型英译"的特点。康达维根据《三辅黄图》的记载,认为《昭明
文选》记载的"鸳鸯"的殿名应该是"鸳鸯"之误,因此他将此殿名译为"Mandarin Ducks"。
③　David R. Knechtges, *Wen Xuan or Selections of Refined Literature. Volume One: Rhapsodies on Me-
tropolises and Capitals*, Princeton: Princeton University Press, 1982, p.123.

具有美好寓意的用词和各种香草的名称描绘出宁静美好的女儿国,译文精准的用词不但表达了原文的含义,且毫无堆砌之感,能与原文一样传达一种美好的意境。

对物象的铺排描绘是散体大赋的一大特点,康达维用精心的措辞生动地再现了原文的铺述性。比如《上林赋》中描写山的一段:

> 原文:于是乎崇山矗矗,龙嵸崔巍。深林巨木,崭岩参差。九嵕嶻嶭,南山峨峨。岩陁甗锜,摧崣崛崎。
>
> 译文:And then the lofty mountains spire on high:
>
> Arching aloft,tall and towering,
>
> Densely forested with giant trees,
>
> Steeply scarped,jaggedly jutting.
>
> Nine Peaks rises sheer and sharp,
>
> The Southern Mountains soar solemn and stately
>
> Their cliffs and ledges,like tottering cauldrons,
>
> Lieprecipitously piled,bluff and bold.①

原文中"矗矗""龙嵸""崔巍""崭岩""嶻嶭""峨峨""摧崣"都是指山的高大雄伟和险峻。这些同义词或近义词的使用,造成意思的重复,但并不显刻板,而是层层铺排,造成雄壮的气势,彰显出汉大赋的"闳衍博丽"。康达维对这些词的翻译分别是"spire on high""arching aloft""tall and towering""steeply scarped""sheer and sharp""soar solemn and stately""lie precipitous piled"。这些词组中有动词词组、现在分词词组、形容词词组;动词词组中,"spire on high"是动词加介词短语,"soar solemn and stately"和"lie precipitous piled"是动词加形容词词组;形容词词组中,"tall and towering"和"sheer and sharp"是由并列的两个形容词构成的,"steeply scarped"是由副词加形容词构成的。原文都是形容词,而译文在词性和结构上都呈现出多样化。

译文在意思上也有不同程度的差异。"spire on high"和"arching aloft"指高山山峰的不同形态,有的如"spire"是尖的,有的似"arch"是呈拱形的。"tall and towering"近义词重复,极言山的高大。"sheer and sharp""steeply

---

① David R. Knechtges, *Wen Xuan or Selections of Refined Literature: Volume Two. Rhapsodies on Sacrifices, Hunting, Travel, Sightseeing, Palaces and Halls, Rivers and Seas*, Princeton: Princeton University Press, 1987, p.83.

scarped"和"lie precipitous piled"描绘山的陡峭和险峻,到处是悬崖峭壁,似刀片般锋利。"soar solemn and stately"则为山赋予了个性,庄严肃穆、直插云霄。译文在意义的表达上比原文更为丰富,并且这些词都十分具有画面感,将山的形状、样貌、状态以及给人的直观感受形象生动地描绘出来。

原文中的字词多为"山"字旁,并且"巃嵸""崔巍""崭岩""巇嶭""摧崣"为叠韵词;"嵾嵳""崛崎"为双声词;"峩峩"为叠音词。"山"字旁使人一目了然,不用深思其意,就能明白这些词是描写山的形态的。"矗矗"虽然没有山字旁,但"直"字的重叠凸显了山势的直,也仿佛让人看见重峦叠嶂的山峰。汉语是表意的文字,而英语是表音的文字,"山"字旁的重复以及"直"字的重叠无法在译文中完全呈现出来。康达维巧妙地运用头韵手法,在很大程度上展现了原文声音和形态上的特点。"tall and towering""steeply scarped""jaggedly jutting""sheer and sharp""soar solemn and stately""precipitous piled""bluff and bold"7组押头韵的词将原文相同声母、相同韵母或同声母同韵母所产生的声音重复的特点表现出来,并且押头韵的词首字母相同,也部分再现了原文偏旁相同的特点。康达维的译文与原文一样,描绘精细传神、韵律感强,虽然有许多意思相同或相近的词,但用词并不重复,把山的高大、雄奇和险峻生动地描绘出来。

二、对赋形式美的模拟

皇甫谧在《〈三都赋〉序》中称赋为"美丽之文"。从形式上来说,赋的"美丽"主要体现在词采、声律、对偶上。赋的词采美和声律美突出体现在对联绵词的使用上。联绵词的连用造成滚滚雄辩的气势甚至让英国著名翻译家韦利认为司马相如的赋不可译。他说:"我认为任何读过司马相如赋的人都不会责怪我没有试着把它们译出来。世界上任何一位作家的笔端还从未涌出过如此光彩夺目的语言激流……如此的雄辩无法描述,更不用说翻译了。"①联绵词的数量多、辞采华美,准确阐释的难度大,其音韵特点难以在译文中体现造成了翻译的障碍。康达维却迎难而上,用头韵手法和同义词重复的方法将联绵词的特点表现出来。如潘岳《射雉赋》中的一段:

> 原文:尔乃墋场拄翳,停僮葱翠。绿柏参差,文翮鳞次。萧森繁茂,婉转轻利。衷料戾以彻鉴,表厌蹝以密致。

---

① Arthur Waley, *The Temple and Other Poems*, London: George Allen & Unwin Ltd. 1923, pp. 43—44.

译文：And then

　　I sweep and the clearing and erect a blind,

　　Which stands dense and dark, verdant and virescent.

　　Green cypress, randomly ranged,

　　Like patterned pinions, imbricating fishcales,

　　Lush and luxuriant, burgeon and flourish,

　　Twining and twisting, lithe and lissome.

　　The inside, cracked and creviced, allows a pervious purview;

　　The outside, compactly compressed, is finely woven.①

　　原文双声词"停僮""葱翠""参差""萧森""料戾"，叠韵词"婉转""厌蹠"，这些词使声调婉转和谐。在译文中，押头韵或尾韵的词来再现了原文音韵上的特点。这一段中就有"dense and dark""verdant and virescent""randomly ranged""patterned pinions""lush and luxuriant""twining and twisting""lithe and lissome""cracked and creviced""pervious purview""compactly compressed"10对押头韵的词。其中，"verdant and virescent""twining and twisting""cracked and creviced"开头和末尾的读音相同，押排韵。所有这些词模拟了双声叠韵词有相同声母和相同韵母形成的音韵重复，造成声音的回环荡漾、铿锵婉转。

　　并且，原文中以四字句为主，相应地译文中每一行有4个左右的实词，特别是第四行至第七行的实词数严格控制在4个词。译者还运用逗号造成了句中的停顿，模仿原文一词一顿造成的音韵效果。比如"绿柏参差"一句，原文中"绿柏"是一个词，"参差"是一个词，中间自然地形成一个小停顿。译文"Green cypress, randomly ranged"本是一个十分流畅的英文句子，译者却在中间用逗号隔开，目的是仿照原文两词之间的自然停顿。接下来的几个英文句子排比下来，逗号的运用也造成了左右对称的平衡美感。词语和标点符号的巧妙运用，凸显了原文音韵的显著特点。

　　《文心雕龙·丽辞》云："自扬马张蔡，崇盛丽辞，如宋画吴冶，刻形镂法，丽句与深采并流，偶意共逸韵俱发。"②赋不仅词采艳丽，对偶句的使用也是赋的重要特色之一。比如宋玉《高唐赋》中写景的部分，就有许多对仗工稳的对偶句。要在英译文中把对偶句的特点表现出来，已经是极考验译

① 　David R. Knechtges, *Wen Xuan or Selections of Refined Literature*: *Volume Two. Rhapsodies on Sacrifices, Hunting, Travel, Sightseeing, Palaces and Halls, Rivers and Sea*, Princeton: Princeton University Press, 1987, p.155.

② 　周振甫:《文心雕龙今译》,中华书局1986年版,第317页。

者功力的,要把中文的对偶句全译成英文,使每句中词汇的意思、词性、作用及感情色彩对应,更是不可能完成的。在英译《高唐赋》时,康达维尽可能地把语言骈俪的特点体现出来,将有些对偶句的特点展现了出来。例如:

①旦为朝云,暮为行雨。(页 876)

Mornings I am Dawn Cloud,

Evenings I am Pouring Rain.

②湫兮如风,凄兮如雨。(页 876)

She is cold as the wind,

Chilly as the rain.

③绿叶紫裹,丹茎白蒂。(页 878)

Green leaves,purple fruits,

Cinnabar stalks,white stems.

④感心动耳,回肠伤气。(页 878)

The sounds rouse the heart,stir the ears,

Wrench the bowels,pain the spirit...

⑤仰视山巅……俯视崝嵘……(页 879)

Above,one sees the mountain's crest ...

Below one sees a plunging precipice...

⑥若生于鬼,若出于神。(页 879—880)

As if born of ghosts,

As if issued from spirits...

⑦弓弩不发,罘罛不倾。(页 881)

Bows and crossbows do not shoot,

Nets and meshes are not spread.

⑧飞鸟未及起,走兽未及发。(页 881)

Birds have no time to fly away,

Beasts have no time to flee.

⑨蜺为旌,翠为盖。(页 881)

Rainbows will form your banners,

Kingfisher plumes will form your canopy.①

---

① David R. Knechtges, *Wen Xuan or Selections of Refined Literature: Volume Three. Rhapsodies on Natural Phenomena, Birds and Animals, Aspirations and Feelings, Sorrowful Laments, Literature, Music, and Passions*, Princeton: Princeton University Press, 1996, pp.327-337.

　　以上这些对偶句,在译成英文时也基本处理成上下句式相同的两行,名词与名词对应,动词与动词对应,形容词与形容词对应,介词与介词对应。英文中,这种结构相同、意义并重、语气一致的句子或词组的平行排列,叫作"平行结构"(Parallelism)。平行结构的运用模拟了对偶句的对称美。比如"湫兮如风,凄兮如雨"被译为"She is cold as the wind,/Chilly as the rain"。此句原文是两个比喻句,译文用"be…as"的句型来呈现。原文的主语是不言而喻的,译文由于语法的需要在上句中添加了主语"she"和系动词"is",下句省略了添加的部分。原文中"风"对"雨",译文中"the wind"对"the rain";原文中"湫"对"凄",译文中"cold"对"chilly"。其中,"cold"和"chilly"能与"the wind"和"the rain"自然搭配,形容风雨的阴冷,同时也能指人的冷漠无情,一语双关使高傲的神女形象跃然纸上。并且,原文中"湫"和"凄"偏旁相同,又同为双声词。译文中译者虽然未能用押头韵的词,但"cold"对"chilly"首字母相同,虽然在听觉上无法表现原文的特点,在视觉上却能曲尽其妙,表现出这两个同义词之间在写法上的联系。由于英语语法的限制,我们不能求全责备,要求上下两句完全对应。这样的译文已将原句对偶的特点表现得淋漓尽致。

　　有些译文看似简单,不着斧凿的痕迹,实为译得巧妙的对句。再如"飞鸟未及起,走兽未及发"一句,译文为"Birds have no time to fly away,/Beasts have no time to flee"。原文中"飞鸟"与"走兽"相对,都是名词;"起"与"发"相对,都是动词。译文中"birds"与"beasts"相对,都是名词;"fly away"与"flee"相对,都是动词,并且还押头韵。原文中上下两句均有"未及"一词,译文中上下两句均有"have no time"这一短语。译者对"发"一字的理解十分精准,"to flee"这一短语描绘出野兽看到猎人到来,而意欲仓皇逃窜的情形。康达维深谙中文对偶句之工巧,并举重若轻地将其表现在英文的句子中,若非语言大师无法成其妙。

三、对赋抒情性的表达

　　赋长于铺排和描写,适宜对物象精细地刻画,但它同样也可用于抒情。《昭明文选》赋中哀伤类所收的作品就是抒情赋中的经典。康达维在译文中也很好地传达了原文的抒情性。比如《寡妇赋》结尾的部分:

　　原文:哀郁结兮交集,泪横流兮滂沱。蹈恭姜兮明誓,咏《柏舟》兮清歌。终归骨兮山足,存凭托兮余华。要吾君兮同穴,之死矢兮靡他。
　　译文:Pent-up grief gathers within me,

And tears pour down my face in heavy streams.

Emulating the lady Gong Jiang, I shall make a clear oath,

And sing in clear voice the "Cypress Boat" song.

When I die they shall return my bones to the foot of a hill,

But while alive I shall rely on his lingering glory.

But I vow to share the same grave with my lord,

And I swear until death I shall have no other.①

其中,"pent-up"表示抑制的意思,"gathers"表示聚集的意思,两个词表现了悲伤在心中集结但又无法排遣的痛苦,充分表达了"郁结"的含义。形容流泪用"pour down"表示倾泻下来的意思,加上"heavy streams"一词将泪水比喻成流量大的溪水,形象夸张地表现了泪水如注的样子。这些词充分渲染了主人公的悲伤情绪,使读者感同身受。且后面四行"When I die they shall return my bones to the foot of a hill,/But while alive I shall rely on his lingering glory./ But I vow to share the same grave with my lord,/And I swear until death I shall have no other" 中,"die" 和"alive" 死与生的对比,以及"vow"和"swear"引出的两个誓言,表现出生无法同衾,但求死能同穴的动人情感。全文没有一个"爱"字,却比著名英国诗人罗伯特·彭斯的《红红的玫瑰》(A Red Red Rose)中的名句"As fair art thou, my bonnie lass,/So deep in luve am I;/And I will luve thee still, my dear,/Till a' the seas gang dry./Till a' the seas gang dry, my dear,/And the rocks melt wi' the sun:/And I will luve thee still, my dear,/While the sands o' life shall run"②中表达的爱情更为深沉、真挚而感人。只是译文有小小的瑕疵,"余华"应该是剩下的年华的意思,"存凭托兮余华"意思是妻子意欲将余下年华暂时依托于亡夫,表示永不改嫁之意。而译者将"余华"译为"lingering glory"理解为留存的光荣,认为妻子凭借丈夫身后的光荣而生存,似与语境不符。

又如陆机《叹逝赋》中的几句:

　　原文:伤怀悽其多念,戚貌瘁而鲜欢。幽情发而成绪,滞思叩而兴端。惨此世之无乐,咏在昔而为言。

① David R. Knechtges, *Wen Xuan or Selections of Refined Literature: Volume Three. Rhapsodies on Natural Phenomena, Birds and Animals, Aspirations and Feelings, Sorrowful Laments, Literature, Music, and Passions*, Princeton: Princeton University Press, 1996, p.191.

② 范秀华、朱朝晖:《英美诗歌鉴赏入门》,东华大学出版社2007年版,第60页。

译文：Pained in heart, sad and sorrowful, many are my cares;

Afflicted with grief, face haggard, few are my joys.

My deep-held feelings come forth, forming threads of sorrow;

My pent-up thoughts are stirred, giving rise to a myriad cares.

I regret the lack of joy in this age;

Singing of the past, I set down these words.①

　　"pained""sad""sorrowful""afflicted"等表示悲伤意义词汇的连用充分渲染了作者内心的悲苦。倒装句"many are my cares"和"few are my joys"强化了"many"和"few"、"cares"和"joys"的对比，强调了"多念"和"鲜欢"的对比，凸显了作者的愁思多。且"deep-held"和"pent-up"描写了被抑制的情绪，然而一旦"come forth"和"are stirred"被释放和激发出来时，其力量是强大的，形成的愁绪是"threads of"和"a myriad"千丝万缕、无法尽数。所有这些词汇和句型的运用，形象描摹了作者失去亲友的悲痛和沉重，将悲戚之情表达得浓烈感人。从这两例中可见，康达维对赋抒情性的传达同样是得心应手。

　　上述译例只是译文中的一小部分，但以管窥豹，我们可以看到译者虽然重视对原文原义的忠实，但并未以牺牲译文的文学性为代价。如果处理得当，是能够做到同时保留译文的忠实性和艺术性的。总的说来，康达维的《昭明文选》赋译文是以"学者型"译文为主，并兼具"文学性"译文的特征。与其他分别属于这两种类型的译本对比，康达维的译文更注重对原文的正确理解和准确再现，更注重将赋篇内容和形式的美感表现出来。学者苏瑞隆对其的评价是"译文精确流畅，实臻信雅达之境界，令前人译作黯然失色"②。确实，康达维的《昭明文选赋英译》在准确性和艺术性的平衡上，超越了前人，为后来者树立了典范。

　　典籍英译在文化输出的过程中起着至关重要的作用。如何保存译文的语言和文化内涵，并且使其在西方有一定的受众？康达维的学术性和艺术性兼具的译文为赋文体乃至典籍英译的输出提供了经典范例，为赋篇的跨文化传播作出了重要贡献。

---

① David R. Knechtges, *Wen Xuan or Selections of Refined Literature: Volume Three. Rhapsodies on Natural Phenomena, Birds and Animals, Aspirations and Feelings, Sorrowful Laments, Literature, Music, and Passions*, Princeton: Princeton University Press, 1996, pp.173, 175.

② 何新文、苏瑞隆、彭安湘：《中国赋论史》，人民出版社 2012 年版，第 451 页。

第三节　康达维辞赋英译与研究对
赋学的跨文化贡献

普林斯顿大学东亚研究系教授柯马丁称汉赋研究具有"巨大的语言学难度"①,这使赋学成为西方中国古典文学研究中的冷门。康达维基于学术兴趣选择了赋作为研究对象,40余年来一直致力于赋的翻译与研究,攻克着赋的"巨大的语言学难度"。他的辞赋翻译和研究成果客观上有助于欧美赋学的发展。同时,他还对赋学的传承和传播做着不懈的努力。由于他所做的切实工作和大力倡导,美国的赋学在20世纪八九十年代获得了快速的发展。

一、确立了赋体独立的文体地位

赋在西方汉学界一直被看作是诗的一种,如《剑桥中国文学史》中对赋的定义为"具有一定长度的诗歌文本"②。康达维抓住赋"诵读"的属性,用呈现媒介同是诵读的希腊史诗的名称"rhapsody"为赋体定名,并在其1976年出版的专著《汉赋:扬雄赋研究》和1988年发表的论文《论赋体的源流》中确立了赋的本质属性为"诵读",并详述了赋体源流,使赋体与诗体区分开来。虽说,后来他认为"rhapsody"只适用于早期赋体,而改用"Fu"。但他为赋体定英译名并追溯赋体的源流确立了赋体的文体地位,有利于赋体作为一种独立的文体研究方向,在西方获得更深入的研究。

"rhapsody"这一赋体名称在汉学界得到不少学者的认可,而被广泛接受。如柯马丁认为"考虑到早期的表现形式,康达维完全有理由将赋比作希腊史诗(编者按:即rhapsody)"③。有些学者用"rhapsody"一词为标题,如学者葛克咸译祢衡《鹦鹉赋》,英文标题为"Mi Heng's Rhapsody on a Parrot"④;威斯康星大学麦迪逊分校东亚语言文学系霍尔斯特·斯科姆讲座教授倪豪士译王延寿的《梦赋》,英文标题为"Rhapsody on a Nightmare"⑤;亚

---

① 张海惠主编:《北美中国学:研究概述与文献资源》,中华书局2010年版,第577页。
② [美]孙康宜等主编:《剑桥中国文学史》(上卷),刘倩等译,生活·读书·新知三联书店2013年版,第120页。
③ Martin Kern,"Western Han Aesthetics and the Genesis of the Fu",*Harvard Journal of Asiatic Studies*,Vol.63,No.2(December 2003),p.384.
④ William T. Graham,Jr.,"Mi Heng's Rhapsody on a Parrot",*Harvard Journal of Asiatic Studies*,Vol.39,No1(1979),pp.39-54.
⑤ William H. Nienhauser,Jr.,"Rhapsody on a Nightmare",in *The Indiana Companion to Traditional Chinese Literature*,Bloomington:Indiana University Press,1986.

利桑那大学的柏夷教授的博士论文《〈赋谱〉:唐赋艺术研究》,英文标题为
"'The Ledger on the Rhapsody': Studies in the Art of the T'ang Fu"[1];波特兰
州立大学乔纳森·皮斯的《哲学散文中的汉赋之源》,英文标题为"Roots of
the Han Rhapsody in Philosophical Prose"[2];犹他大学的吴伏生《汉代的骋辞
赋:皇家资助下的产物和皇家的批评者》,英文标题为"Han Epideictic Rhap-
sody: A Product and Critique of Imperial Patronage"[3]。

　　康达维的研究成果发表之后,赋的源流及特征引起了汉学界的关注。
乔纳森·皮斯的《哲学散文中的汉赋之源》和柯马丁的《西汉审美和赋的起
源》均对汉赋的起源进行了深入研究;美国布朗大学李德瑞《建构序列:重
看赋的铺陈原则》一文则研究了赋的铺陈特性。由此可见,康达维对赋体
本质和源流的探讨在西方产生了不小的影响。这些研究的出现,有助于促
进汉学界对赋体的认知,使更多学者了解、研究赋。

二、提供大量辞赋译文和研究论文

　　康达维对学界的一个巨大贡献就是翻译出版了《昭明文选》第1—19
卷辞赋部分的全部内容。他花费了将近20年的心血用典雅的英文翻译了
从先秦到魏晋南北朝时期31位赋家的56篇作品,并附有详细的注释。因
此,汉学家柯马丁认为康达维的《昭明文选英译》奠定了汉赋研究的基础,
对推动美国的汉赋研究起了巨大作用。

　　康达维是翻译与研究并重的学者。他的研究成果包括1976年出版的
专著《汉赋:扬雄赋研究》和1968年出版的《两种汉赋研究》以及论文20余
篇。研究涉及了从先秦一直到唐代重要赋家的赋作,并触及赋体文学研究
的各个方面,包括探讨赋的源流、本质、促进赋发展变化的因素,以及赋的翻
译问题,还有考证赋篇真伪、研究赋篇主旨等内容,为西方的辞赋研究打开
了一片广阔的天地。因此,柯马丁评价说"西方的汉赋研究几乎完全可以
用一个名字来概括,即康达维"[4]。

　　康达维的辞赋研究直接启发了一些学者的相关研究。比如,康达维
1968年的博士论文《扬雄、赋与汉代修辞》及专著《汉赋:扬雄赋研究》使扬

[1] Stephen Robert Bokenkamp, "The Ledger on the Rhapsody": Studies in the Art of the T'ang Fu,
Ph. D. diss. University of California, Berkeley, 1986.

[2] Zhang Cangshou & Jonathan Pease, "Roots of the Han Rhapsody in Philosophical Prose", Monu-
menta Serica, Vol.41, 1993, pp.1-27.

[3] Fusheng Wu, "Han Epideictic Rhapsody: A Product and Critique of Imperial Patronage", Monu-
menta Serica, Vol.55, 2007, pp.23-59.

[4] 张海惠主编:《北美中国学:研究概述与文献资源》,中华书局2010年版,第577页。

雄成了一个研究热点。窦瑞格的博士论文《扬雄及其典的范式》、科佩茨基的博士论文《对汉赋赞颂的研究：校猎、祭祀及京都赋》及其论文《扬雄的两篇祭祀赋》，以及柯蔚南的《扬雄语言的结尾词》等都是以扬雄及其作品为研究对象的。他在《汉武帝的辞赋》《汉武帝与汉赋及汉代文学的勃兴》《"君未睹夫巨丽也"——早期中国皇家的审美探求》等文章中论及的帝王与辞赋的关系，也引起了美国犹他大学中国文学及比较文学终身教授吴伏生的研究兴趣。他的《汉代的骈辞赋：皇家资助下的产物和皇家的批评者》一文，沿着康达维的思路，重新确认了汉赋与骈辞的修辞学特点和帝王资助之间的关系。① 继康达维的《隐语之诗歌：荀子的赋篇》发表之后，有一些关于《荀子·赋篇》的研究成果出现，如古勒·珍娜博士在《荀子的赋篇：一篇反道家的辩论文章》，以及吴志明教授在 1994 年出版的《荀子》全译本中，对《荀子·赋篇》的结构、语言和韵脚的论述。②

　　在康达维的成果发表之前，欧美汉学界的赋体研究论文寥寥无几。20世纪八九十年代开始突然涌现一批研究成果，涉及从先秦到唐代的诸多作品，除了对赋篇具体内容的分析外，研究角度逐渐多元化，包括语言学、文体学、修辞学、美学、哲学、宗教等。康达维凭借一己之力，开创了辞赋研究的局面，欧美的辞赋研究逐渐从无人问津到百花齐放。

三、提供系统翔实的基础知识和研究资料

　　康达维的集大成之作《昭明文选赋英译》中介绍了内容丰富的知识和研究资料。《昭明文选英译第一册：京都之赋》的前言中就介绍了梁代之前主要的文类理论和文类选本、萧统的生平和《昭明文选》的编撰、梁代的文学思潮和萧统的文学观、《昭明文选》的分类和各类所涉的作家和作品，以及《昭明文选》研究和版本。其中介绍了各种相关的研究资料，特别是"《文选》研究与版本"这部分介绍了从隋朝萧该的《文选音义》一直到 20 世纪 80年代之前古今中外《昭明文选》研究的主要成果，包括对中、日、法、德、英、美等国学者文选研究成果的介绍。每篇译文之前有对作家、作品、相关研究资料和译本的简介。注释中更是包含种类繁多的知识，有对人名、地名、星名、官职名称、动植物名称、乐器名称、建筑及部件名称、典故、难词等内容的解释，并注明了资料的来源。比如，"辀"一词，译者解释为连接车马的曲

①　Fusheng Wu, "Han Epideictic Rhapsody: A Product and Critique of Imperial Patronage", *Monumenta Serica*, Vol.55, 2007, pp.23-59.

②　John Knoblock, *Xunzi: A Translation and Study of the Complete Works*, Stanford: Stanford University Press, 1994.

轴,并注明依据清代阮元的《考工记车制图解》和戴震的《考工记图》,以及日本学者原田淑人和驹井和爱合著的《中国古代器具研究图谱》。通过这个注释,读者不仅能了解此词的意思,还能按图索骥,通过查找所提供的书目,细致了解中国古代的车制。整个副文本的篇幅远远超过了译文的篇幅,这有助于读者更深入地理解译文的意思,同时也能使他们获得相关的历史文化知识以及相关的研究知识。

此外,康达维还将研究中国古典文学 40 余年积累的资料编写成《古代和中国中古文学导读》①。这本书是第一部以西方语言撰写的关于中国中古文学的导读,吸收了海内外的研究成果,包括了从先秦到隋朝的有关文学人物、文类、文学作品、文学流派、专有名词等内容的 1000 多个词条。所有词条以字母排序,便于检索。如 C 类下就有文学人物蔡琰、蔡邕、曹操、曹丕、曹植、常景、晁错、陈琳、陈寿、陈叔宝、陈暄、陈昭、陈晓、成公绥、褚玠、褚少孙、褚爽、褚陶、褚渊、褚沄、崔浩、崔琦、崔寔、崔骃、崔瑗、崔篆等人的人生经历、作品、相关研究的介绍,还有文学作品《敕勒歌》《楚辞》《楚汉春秋》,以及楚歌,包括《秋风辞》《乌孙公主歌》《垓下歌》《大风歌》等的写作背景、内容、流传情况、注本译本、相关研究的介绍,以及辞赋的简介。这本导读几乎搜罗了全部先唐文学的作家作品,是从事先唐文学研究者方便实用的工具书,也是学习者快速了解先唐文学全貌不可多得的学习资料。它为先唐文学研究提供了丰富的资料和线索,可以开阔中西方学者的眼界,有利于他们相互学习交流。

康达维在访谈中向记者解释为何喜欢采用添加相关研究资料的写作方式时说:“我教文学史好几十年,我想用学生比较容易懂的方法,如果他们知道这些资料的话,可以自己做研究。”②无论从《文选·赋》英译,还是资料集《古代和中国中古文学导读》都可以看到,他的目标在于学术的传承和发展。除了这两部巨著外,他还组织编译了中国学者袁行霈等编写的《中华文明史》四卷本,2012 年由剑桥大学出版社出版,并因此获得第八届“中华图书特殊贡献奖”。这个奖项是对他所作的翻译、推介中国古代文学和文化工作的肯定。康达维以自己的翻译与研究为后辈指明了方向,鼓励和启发更多人从事中国古代文学研究,特别是赋的研究,将这些艰辛的研究继续进行下去。

---

① David R. Knechtges & Taiping Chang(eds.),*Ancient and Early Medieval Chinese Literature*:*A Reference Guide*(*Part one*),Leiden:Brill,2010.

② 蒋文燕:《研穷省细微 精神入图画——汉学家康达维访谈录》,见张西平主编:《国际汉学》(第二十辑),大象出版社 2010 年版,第 17 页。

四、培养赋学生力军

康达维对于赋体文学研究的巨大贡献不仅体现在他自己的研究成果上，他还精心培养了一些弟子从事此领域的研究。从 1974 年至 2014 年，他培养的硕士博士共 56 位，他们的学术研究成果为美国先唐文学研究的发展作出了巨大贡献，其中作赋学研究的主要有苏瑞隆、高德耀、安明辉（Mark Laurent Asselin）、戴克礼（Christopher J. Dakin）和连永君（Edmund Lien）。高德耀教授曾任美国东方学会会长，现任亚利桑那大学"国际语言与文化学院"院长，他对魏晋赋颇有研究。在其博士论文《曹植及其诗歌》①的部分章节中，他分析了曹植的公宴诗赋，探讨了魔术宗教传统对曹植诗赋的影响，并认为曹植的《洛神赋》为甄后所写的说法是不可信的。他还在《文史哲》上发表了《曹植的动物赋》②一文。他在文中分析了曹植《神龟赋》《白鹤赋》《蝉赋》《鹦鹉赋》《鹞赋》《离缴雁赋》《鹖雀赋》和《蝙蝠赋》中比喻所体现的性质，认为这些赋带有挫折感或孤独感，属于"激愤体"。

安明辉在硕士和博士阶段都是师从康达维，他对蔡邕很有研究。他的博士论文《一个意义深远的季节：蔡邕（约 133—192）及其同时代的人》③讨论了蔡邕的《述行赋》《短人赋》《青衣赋》和赵壹的《刺世疾邪赋》，并在附录中几乎把蔡邕的重要作品都译成了英文。这本书被视为"西方目前对蔡邕最好的研究成果"④。他还研究了东汉赋中留存的鲁诗对《关雎》的解读⑤。

戴克礼的博士论文《被遗忘的联系：谢偃和他的初唐赋》⑥探讨了谢偃《述圣赋》《尘赋》和咏物赋的传统，以及《影赋》作为劝说的工具所暗含的褒贬等问题。连永君的博士论文《呈现张衡：东汉的博学家》⑦讨论了张衡《七辨》与七体的传统、《思玄赋》中文学和天文的联系、《归田赋》及其归隐

① Robert Joe Cutter, *Cao Zhi and His Poetry*, Ph. D. diss., University of Washington, 1983.
② ［美］高德耀：《曹植的动物赋》，《文史哲》1990 年第 5 期。
③ Mark Laurent Asselin, *A Significant Season's Literature in a Time of Endings: Cai Yong and a Few Contemporaries*, Ph. D. diss. University of Washington, 1997.
④ 苏瑞隆：《欧美的辞赋研究与翻译》，见何新文、苏瑞隆、彭安湘：《中国赋论史》，人民出版社 2012 年版，第 442 页。
⑤ Mark Laurent Asselin, "The Lu-School Reading of *Guanju* as Preserved in an Eastern Han Fu", *Journal of the American Oriental Society*, Vol.117, No.3 (July–September 1997), pp.427–443.
⑥ Christopher J. Dakin, *A Forgotten Link, Xie Yan and His Early Tang Fu*, Ph. D. diss., University of Washington, 2009.
⑦ Ed Lien, *Profiling Zhang Heng–A Polymath of the Eastern Han*, Ph. D. diss., Washington University, 2011.

情事及其京都赋。

康达维所有这些学生中,新加坡国立大学中文系苏瑞隆教授,对辞赋的研究最为深广。他研究了魏晋六朝赋中戏剧型式对话的转变①,认为从汉代到南朝时期,汉大赋的无个人情感、理智的对话转变成小赋中适应抒情的对话,显示了南朝赋家有意识地将个人见解和情愫融入历史诗人的情怀之中,预示着赋体在六朝的进一步抒情化。他研究了儒家思想对汉代辞赋的影响。在《论儒家思想与汉代辞赋》②一文中,他认为儒家诗教中的"讽""颂"传统,促成了汉大赋"讽谏"和"颂扬"功能的形成;东汉儒学和谶纬的合流,使汉大赋颂扬功能更集中于对礼节仪式的发挥;儒学对"贤人失志赋"和"纪行赋"也产生了重大影响。他还研究了汉魏六朝的俳谐赋③,通过对其历史背景、文学技巧和特色的分析,说明了俳谐赋的文学史价值。此外,他还关注了文学资助对文学特别是辞赋产生的影响。在《汉魏文学资助的形式和变化》④一文中分析了汉魏时期,文学资助人和侍从文人以及资助人和文人之间的互动对文学品味、新文体的产生和文学的发展方向所产生的影响,其中主要探讨了对赋体文学的产生和发展的影响。另外,他还对鲍照和谢灵运的赋作有所研究。在专著《鲍照诗文研究》⑤中的第二章,他分析了鲍照全部辞赋的主题和思想内容,展现出鲍照在辞赋创作方面非凡的创造力。他还研究了谢灵运的《撰征赋》⑥,认为这篇赋作是用于写志抒情,而非颂扬铺陈。苏瑞隆不仅在辞赋研究方面著述颇丰,他还致力于东西方赋学的交流。他撰写了由何新文教授主编的《中国赋论史》的第八章"20世纪国外赋学研究概况"⑦中的主要内容,介绍了欧美的辞赋翻译和研究以及美国学者康达维的赋学成就。其中,介绍其导师康达维辞赋研究的部分,经过修改和润色,题为《异域知音:美国汉学家康达维教授的辞赋研究》⑧发表于《湖北大学学报(哲学社会科学版)》。他的介绍使我们初步了解了欧美辞赋研究的状况和走势,并为我们学习和借鉴欧美的辞赋研究提供了丰

---

① 苏瑞隆:《魏晋六朝赋中戏剧型式对话的转变》,《文史哲》1995年第3期。
② 苏瑞隆:《论儒家思想与汉代辞赋》,《文史哲》2000年第5期。
③ 苏瑞隆:《汉魏六朝俳谐赋初探》,《南京大学学报》2010年第5期。
④ Jui-Lung Su, "The Patterns and Changes of Literary Patronage in the Han and Wei", in *Interpretation and Literature in Early Medieval China*, Alan K. L. Chan and Yuet-Keung Lo(eds.), State University of New York, Albany, NY, 2010.
⑤ 苏瑞隆:《鲍照诗文研究》,中华书局2006年版。
⑥ 苏瑞隆:《论谢灵运的〈撰征赋〉》,《文史哲》1990年第5期。
⑦ 何新文、苏瑞隆、彭安湘:《中国赋论史》,人民出版社2012年版。
⑧ 苏瑞隆:《异域知音:美国汉学家康达维教授的辞赋研究》,《湖北大学学报(哲学社会科学版)》2011年第1期。

富的资料。

康达维的弟子沿着其开辟的辞赋研究道路,促进了美国此领域的研究向更广、更深的方向发展。他们是美国辞赋研究发展的新生力量,同时也充当着东西方赋学交流的媒介。

综上所述,康达维在西方学界确立了赋体独立的文体地位,提供大量辞赋英译、研究论文和系统翔实的基础知识及研究资料,并培养了赋学后辈人才,为欧美的赋体研究开辟了一片新天地,使其从辞赋翻译过渡到对辞赋的起源、特征、类别、演变、效用和影响等综合内容的研究。由于巨大的语言学难度,辞赋研究本是冷门中的冷门,如今这项研究呈现出别样风景,成为欧美汉学研究不容忽视的重要方面,康达维的贡献功不可没。

结　　语

康达维是当今西方汉学界英译中国辞赋作品最多,研究最为广泛和全面的汉学家。他在美国华盛顿大学和哈佛大学汉学发展的鼎盛时期接受了严格的学院教育,奠定了其坚实的辞赋研究基础。

他以扬雄及其赋作的研究为自己学术生涯的开端,其后不断拓展自己的研究范围。从辞赋发轫期的隐语、辞、七体,到汉代成熟期的散体大赋、再到汉末魏晋赋风转变期的抒情小赋,从中可清晰窥见其辞赋研究的学术轨迹。他的研究涵盖了对扬雄及其赋作的研究、对赋作真伪的辨析、对其中涉及名物的考证、对赋作主旨的揭示、对赋作反映的审美和思想观点的阐释、对赋中呈现的宫廷文化和饮食文化的分析,以及赋作翻译方法的研究等,无论从赋作出现的时间跨度、涉及篇目的数量和种类以及研究内容的多样性来说,都是其他西方研究者无法比拟的。

康达维是最早发现扬雄及其赋作价值,并对其进行深入研究的汉学家。他以文学为本位,以细读法分析扬雄赋作,发现他在理论和实践上既有继承,又有创新,在赋体发展史上起了承上启下的作用。并且,他以藻饰性修辞和劝说性修辞来解读扬雄赋作,肯定了他的意在讽谏。他将汉赋作为宫廷文学活动进行研究,考察了汉武帝文学品味的形成对汉赋风格形成和转变的影响,通过汉赋审视了宫廷文化,用"双重劝说"的模式解释了汉赋的"劝百讽一"。他还对汉魏六朝赋篇进行了多元考辨,做文学"考古"的工作,通过还原历史语境,呈现作品的本来面目,以发掘保存在文学作品中的中国古代文化。他运用了传统语文学、历史学的研究方法,从古今中外的资料中找寻历史碎片,相互比对,来发现中国古典文学作品特别是赋作中隐藏的文化遗迹,还原其真实面目并呈现给西方读者。他对赋中不同主题的研究也启发我们发掘赋中的更多主题,打开赋篇研究的多维视角,进一步推进赋篇研究。

在这些研究中,他将赋的本质属性认定为"诵读",将赋译为"rhapsody",有利于将赋与诗和散文区别开来,使赋学在汉学研究领域占领一席之地。他追溯赋体源流,认为赋体起源具有多元性,符合赋体发展实际,有利于西方读者深入了解赋体起源。在解读汉赋过程中,他突破了中国传统文论中将藻饰和讽谏放在对立面的阐释方法,运用西方传统文论中的修辞学理论,将藻饰与讽谏视为修辞手段，解释了两者之间的联系和相互作用，解决了理解汉赋的难点。并用修辞学理论来解读汉赋也有利于将赋这一中国特有的文体纳入世界文学体系，引导我们从全新的宏阔视角加深对赋的理解，并有利于西方学者从心理上接受赋这种文体，将这个领域的研究继续推进。

康达维的研究方法主要是以文本细读为基础，运用欧洲传统的语文学、历史学的文学批评方法，追本溯源，在考辨赋篇细节的同时，寻求文学传统、文化传统和美学观念等的形成过程，推动着传统古代文学研究从微观研究向宏观研究的方向发展。同时，他也受到欧美当时流行的文学批评理论的影响，使用了新批评和结构主义的研究方法。

康达维对西方辞赋研究发展最突出的贡献在于其辞赋翻译工作。他的《昭明文选赋英译》为西方的中国古典文学英译设立了新的标准，并提供了经典的范例。其译文以"学者型"译文为主，并兼具"文学性"译文的特征，在准确性和艺术性的诉求上，超越了前人。并在正文之外，康达维还精心设置了规模庞大、别具一格的副文本系统。他融合中国训诂学传统与现代西方文学译著经验撰写尽可能完备合理的副文本；副文本吸收中西方学者的相关研究成果而具有研究参考书的价值；封面、标题页和索引等其他副文本的设计体现传递知识、方便读者的撰写目的；特别是注释部分，围绕译文的正文，为读者提供了汉魏六朝及其之前文学、史学、文化研究的详备资料，并记录了作者自己的研究成果，实现了其知识传递的目标。副文本系统的设置既源于康达维用语文学方法解读文本的学术继承，又实践了其有效传播中国古代辞赋的学术使命。《昭明文选赋英译》确立了康达维汉学家的地位，其正文及副文本，对中国古代文学尤其是赋体文学的译介和传播，具有多方面的示范意义。此外，其百余篇中国古代辞赋英译文也为欧美的辞赋研究奠定了基础。

在翻译实践外，他还提出了适合中国古代文学英译的翻译思想和翻译策略。他充分认识了翻译的重要性，认为翻译与学术研究有同等的价值。他还重视文化传播，认为翻译的目的是在译文中呈现源语文化中语言和文化的异质性，给读者带来新知识和新观念。在此翻译观的指导下，他强调"准确性"是翻译的基本要求，要使译文从最大程度上体现中国的语言和文化特色，确保译文质量，从而对译者提出要具有充实的声韵学、文字学基础的要求。在翻译策略上，他建议用"语文学"的翻译方法，慎选文本、细考文意，用直译加注的翻译方法，在深入研究原文的基础上，翻译出忠实于原诗原文的作品，以展现源语语言和文化的特色。他还对辞赋翻译的难点——描写性复音词的翻译，提出了操作性强且能反映辞赋特色的翻译方法。

　　在翻译与研究中,康达维发现了中国文学的伟大,并致力于"将中国文学的伟大呈现给西方读者"。他用多种方式传播中国文学和文化,包括翻译和主持翻译中国文学作品、研究专著、中国文化研究成果;撰写书评传播其他学者的研究成果;积极参与和组织国际性的文学和文化研究会议;在美洲和亚洲的多个地区进行中国文学和文化讲座。特别是在晚年,传播中国文学和文化成了他学术工作的中心。

　　由于语言的隔阂,西方的赋学必须以翻译为基础。20 世纪 70 年代以后,翻译从主角逐渐退居到配角的地位。美国的赋学研究尤其发展迅速,在 20 世纪 80 至 90 年代之后涌现了大量赋体文学研究成果,这与康达维对赋体文学的翻译、研究、教学和不遗余力的推介有着直接的联系。他的成果为后学的研究铺平了道路,同时也引导着西方的赋学由翻译向以研究为中心的方向发展。康达维正是西方辞赋研究领域承前启后的关键人物,他的辞赋研究开启了欧美对赋体进行全面深入研究的新时代,完成了欧美的辞赋研究由翻译向深入研究的转变。同时,他以其规模宏大的中国典籍和文化的翻译显示了他作为职业汉学家对中国文化传播所做的重要贡献。他准确而典雅的译文,也示范着汉学家们提高中国典籍英译的水平,更好地帮助西方读者了解中国文学和文化的本来面貌,促进中西方文化更深层次的交流。可以说,康达维是当代西方汉学家中的杰出代表之一。

参 考 文 献

一、康达维英文论著

Knechtges, D. R., *Yang Shyong, the Fuh, and Hann Rhetoric*, unpublished Ph.D.diss., University of Washington, 1968.

Knechtges, D. R., *Two Studies on the Han Fu*, Parerga 1, Seattle: Far Eastern and Russian Institute, University of Washington, 1968.

Knechtges, D. R., *The Han Rhapsody, A Study of the Fu of Yang Hsiung* (53B.C.–A.D. 18), Cambridge: Cambridge University Press, 1976.

Knechtges, D. R., *The Han Shu Biography of Yang Xiong* (53 B.C–A.D. 18), Tempe, Arizona: Center for Asian Studies, Arizona State University, 1982.

Knechtges, D. R., *Wen Xuan or Selections of Refined Literature: Volume One. Rhapsodies on Metropolises and Capitals*, Princeton: Princeton University Press, 1982.

Knechtges, D. R., *Wen Xuan or Selections of Refined Literature: Volume Two. Rhapsodies on Sacrifices, Hunting, Travel, Sightseeing, Palaces and Halls, Rivers and Seas*, Princeton: Princeton University Press, 1987.

Knechtges, D. R., *Wen Xuan or Selections of Refined Literature: Volume Three. Rhapsodies on Natural Phenomena, Birds and Animals, Aspirations and Feelings, Sorrowful Laments, Literature, Music and Passions*, Princeton: Princeton University Press, 1996.

Knechtges, D. R., *Court Culture and Literature in Early China*, Aldershot, Hants, England: Ashgate, 2002.

Knechtges, D. R. & Chang, Taiping, *Ancient and Early Medieval Chinese Literature: A Reference Guide* (Part one), Leiden: Brill, 2010.

Knechtges, D. R. (ed.), *The History of Chinese Civilization* (4 volumes), Cambridge: Cambridge University Press, 2012.

Knechtges, D. R. & Chang, Taiping, *Ancient and Early Medieval Chinese Literature: A Reference Guide* (Part Two–Four), Leiden: Brill, 2014.

Knechtges, D. R. & Swanson, J. Seven Stimuli for the Prince: The Ch'i-fa of Mei Cheng, *Monumenta Serica*, Vol.29, 1970–1971.

Knechtges, D. R., "Wit, Humor, and Satire in Early Chinese Literature (to A.D.220)", *Monumenta Serica*, Vol.29, 1970–1971.

Knechtges, D. R., "Narration, Description, and Rhetoric in Yang Shyong's Yue-lieh fuh: An essay in Form and Function in the Hann Fuh", in Transition and Permanence: Chinese History and Culture, A Festschrift in Honor of Dr. Hsiao Kung-ch'üan, D. Buxbaum & F. W.

Mote(eds.) ,Hong Kong;Cathay Press,1972.

Knechtges,D. R.,"Dream Adventure Stories in Europe and T'ang China",*Tamkang Review*,October,1973.

Knechtges,D. R.,"Review:Burton Watson,trans. Chinese Rhyme-prose",*Journal of the American Oriental Society*,Vol.94,No.2,April-June,1974.

Knechtges,D. R.,"Review:Timoteus Pokora,trans. Hsin-lun(New Treatise) ,and Other Writings by Huan T'an",*The Journal of Asian Studies*,Vol.36,Issue 1,November,1976.

Knechtges,D. R.,"The Liu Hsin/ Yang Hsiung Correspondence on the Fang Yen",*Monumenta Serica*,Vol.33,1977-1978.

Knechtges,D. R.,"Uncovering the Sauce Jar:A Literary Interpretation of Yang Hsiung's Chü Ch'in Mei Hsin", in *Ancient China: Studies in Early Civilization*, D. T. Roy and Tsuen-Hsiun Tsien(eds.) ,Hong Kong:Chinese University Press,1978.

Knechtges,D. R."Review:Richard Mather,trans. Shih-shuo hsin-yü:A New Account of Tales of the World",*The Journal of Asian Studies*,Vol.37,Issue 2,February,1978.

Knechtges,D. R.,"Review:Yves Hervouet,trans. Le Chapitre 117 du Che-ki(Biographie de Sseu – ma Siang – jou) ", *Chinese Literature: Essays, Articles, Reviews (CLEAR)*, Vol. 1, January,1979.

Knechtges,D. R. & Owen,S.,"General Principles for a History of Chinese Literature", *Chinese Literature:Essays,Articles,Reviews(CLEAR)*,Vol.1,January,1979.

Knechtges,D. R., "Whither the Asper?", *Chinese Literature: Essays, Articles, Reviews (CLEAR)*,Vol.1,No.2,July,1979.

Knechtges,D. R.,"Ssu-ma Hsiang-ju's Tall Gate Palace Rhapsody",*Harvard Journal of Asiatic Studies*,Vol.41,No.1,June,1981.

Knechtges,D. R.,"A Journey to Morality:Chang Heng's the Rhapsody on Pondering the Mystery",in Essays in *Commemoration of the Golden Jubilee of the Fung Ping Shan Library* (1932-1982) ,Ping-leung Chan(ed.) ,Hong Kong:Fung Ping Shan Library,1982.

Knechtges,D. R.,"A Literary Feast:Food in Early Chinese Literature",*Journal of the American Oriental Society*,Vol.106,No.1,January-March;1986.

Knechtges,D. R.,"Riddles as Poetry:The Fu Chapter of the Hsün-tzu",in*Wenlin*,Vol. 2,Chow Tse tsung(ed.) ,Madison and Hong Kong:Department of East Asian Languages and Literature,The University of Wisconsin,Madison and N.T.T. Chinese Language Research Centre,Institute of Chinese Studies,The Chinese University of Hong Kong,1989.

Knechtges,D. R.,"Poetic Travelogue in the Han Fu",in *Transactions of the Second International Conference on Sinology*,1989.

Knechtges,D. R.,"To Praise the Han:the Eastern Capital Fu of Pan Ku and His Contemporaries",in*Thought and Law in Qin and Han China. Studies Dedicated to Anthony Hulse on the Occasion of His Eightieth Birthday*,W. L. Idema(ed.) ,Leiden:E. J. Brill,1990.

Knechtges,D. R., "Han and Six Dynasties Parallel Prose", *Renditions*, No. 33 & 34, Spring & Autumn,1990.

Knechtges, D. R., "The Poetry of an Imperial Concubine: The Favorite Beauty Ban", *Oriens Extremus (Wiesbaden)*, Vol.36, No.2, 1993.

Knechtges, D. R., "Pao Chao's Rhapsody on Ruined City: Date and Circumstances of Composition", *A Festschrift in Honour of Professor Jao Tsung - i on the Occasion of His Seventy-Fifth Anniversary*, Hong Kong: Chinese University Press, 1993.

Knechtges, D. R., "The Emperor and Literature: Emperor Wu of the Han", in *Imperial Rulership and Cultural Change in Traditional China*, Frederick P. Brandauer and Chun-Chieh Huang (eds.), Seattle: University of Washington Press, 1994.

Knechtges, D. R., "Gradually Entering the Realm of Delight: Food and Drink in Early Medieval China", *Journal of the American Oriental Society*, Vol.117, No.2, April-June, 1997.

Knechtges, D. R., "Criticism of the Court in Han Dynasty Literature", in *Selected Essays on Court Culture in Cross-Cultural Perspective*, Yao fu, Lin (ed.), 1999.

Knechtges, D. R., "Culling the Weeds and Selecting Prime Blossoms: The Anthology in Early Medieval China", in Culture *and Power in the Reconstruction of the Chinese Realm 200- 600*, Peace, S., Spiro, Au. & Ebrey, P. (eds.), Cambridge: Harvard University Press, 2000.

Knechtges, D. R., "Have You Not Seen the Beauty of the Large: An Inquiry into Early Imperial Chinese Aesthetics", in *Wenxue Wenhua yu Shibian*, 2002.

Knechtges, D. R., "The Perils and Pleasures of Translation: The Case of the Chinese Classics", *The Tsing Hua Journal of Chinese Studies*, Vol.34, No.1, 2004.

Knechtges, D. R., "The Rhetoric of Abdication and Accession in Third Century China: The Documents Relating to the Accession of Cao Pi as Emperor of the Wei Dynasty", in *Rhetoric and the Discourses of Power in Court Culture*, Knechtges David R. and Vance Eu (eds.), China, Europe, and Japan: University of Washington Press, 2005.

Knechtges, D. R., "Jīngǔ and lán Tíng: Two (or Three) Jìn Dynasty Gardens", in *Studies in Chinese Language and Culture: Festschrift in Honor Christoph Harbsmeier on the Occasion of His 60th Birthday*, Anderl C. and Eifring H. (eds.), Oslo: Hermes Academic Publishing, 2006.

Knechtges, D. R., "'Key Words', Authorial Intent, and Interpretation: Sima Qian's Letter to Ren An", *Chinese Literature: Essays, Articles, Reviews (CLEAR)*, Vol.30, December, 2008.

Knechtges, D. R., "The Problem with Anthologies: The Case of the Baiyi Poems of Ying Qu (190-252)", *Asia Major*, Vol.23, No.1, 2010.

Knechtges, D. R., "Court Culture in the Late Eastern Han: The Case of the Hongdu gate School", in *Interpretation and Literature in Early Medieval China*, Alan K. L. Chan and Yuet-Keung Lo (eds.), Albany: State University of New York Press, 2010.

Knechtges, D. R., "How to View a Mountain in Medieval China", in *Hsiang Lectures on Chinese Poetry*, Centre for East Asian Research, McGill University, 2012.

Knechtges, D. R., *The Art of Reading Slowly: Applying Philology to the Study of Classical Chinese Literary Texts*, http://jour.blyun.com/views/specific/3004/CPDetail.jsp? dxNumber = 330103619362&d = DFF49F1F195BECDED3C5E711210444AE, 2004.

Knechtges D. R.，*Studies on the Han Fu by Gong*，*Kechang*，http://Journals. Cambridge. org/abstract_S1356186300012293，Sept.24，2009.

二、康达维中文论著

康达维：《汉代宫廷文学与文化之探微：康达维自选集》，苏瑞隆译，上海译文出版社 2013 年版。

康达维：《赋学与选学：康达维自选集》，张泰平等译，南京大学出版社 2019 年版。

康达维：《欧美文选研究述略》，见《昭明文选研究论文集》，吉林文史出版社 1988 年版。

康达维：《论韩愈的古赋》，见韩愈学术讨论会组织委员会主编：《韩愈研究论文集》，广东人民出版社 1988 年版。

康达维：《文选赋评议》，见《昭明文选研究论文集》，吉林文史出版社 1988 年版。

康达维：《论赋体的源流》，《文史哲》1988 年第 1 期。

康达维、卫德明：《论唐太宗诗》，彭行译，《文史哲》1989 年第 6 期。

康达维：《文选英译浅论》，见赵福海主编：《文选学论集》，时代文艺出版社 1992 年版。

康达维：《西京杂记中的赋》，向向译，《社会科学战线》1994 年第 1 期。

康达维：《二十世纪的欧美"文选学"研究》，《郑州大学学报（哲学社会科学版）》1994 年第 1 期。

康达维：《汉武帝的辞赋》，见《第三届国际辞赋学术讨论会论文集》，1996 年。

康达维：《文宴：早期中国文学中的美食》，见乐黛云、陈珏编选：《北美中国古典文学研究名家十年文选》，江苏人民出版社 1996 年版。

康达维：《班倢伃诗和赋的考辨》，见郑州大学古籍整理研究所等主编：《文选学新论》，中州古籍出版社 1997 年版。

康达维：《欧美"文选学"研究概述》，见俞绍初、许逸民主编：《中外学者文选学论集》，中华书局 1998 年版。

康达维：《班昭东征赋考》，见南京大学中文系主编：《辞赋文学论集》，江苏教育出版社 1999 年版。

康达维：《玫瑰还是美玉：中国中古文学翻译中的一些问题》，李冰梅译，见赵敏俐、[日]佐藤利行主编：《中国中古文学研究》，学苑出版社 2005 年版。

康达维：《汉代文学中对宫廷的批评》，见许结等主编：《中国赋学》，江苏教育出版社 2007 年版。

康达维：《龚教授〈汉赋讲稿〉英译本序》，见《学者论赋：龚克昌教授治赋五十周年纪念文集》，齐鲁书社 2010 年版。

康达维：《〈文选〉英译本前言（选译）》，刘欢萍译，见南京大学古典文献研究所主编：《古典文献研究》（第十四辑），凤凰出版社 2011 年版。

康达维：《〈中华文明史〉英文版美国首发式致辞》，《国际汉学研究通讯》2012 年第 6 期。

三、其他中文文献

（一）中国古代经史子集文献

（汉）班固、（唐）颜师古注：《汉书》，中华书局 1962 年版。

（宋）程颢、程颐：《二程集》，中华书局 1981 年版。

（南朝宋）范晔、（唐）李贤等注：《后汉书》，中华书局 1965 年版。

（汉）高诱注：《淮南子》，见《诸子集成》（第七册），中华书局 1954 年版。

（宋）洪兴祖：《楚辞补注》，中华书局 1983 年版。

（清）黎庶昌：《楚辞集注》，华东师范大学出版社 2016 年版。

（清）廖平：《谷梁古义疏》（上），郜积意点校，中华书局 2012 年版。

（清）刘熙载：《艺概注稿》，袁津琥校注，中华书局 2009 年版。

（唐）刘知几：《史通》（下），白云译注，中华书局 2014 年版。

（清）屈复：《楚辞新集注》，陈亮点校，南京大学出版社 2018 年版。

（汉）王充：《论衡》，见《诸子集成新编》（第九册），四川人民出版社 1998 年版。

（清）王念孙：《广雅疏证》，上海古籍出版社 1983 年版。

（清）王念孙：《读书杂志》，江苏古籍出版社 2000 年版。

（清）王先谦：《汉书补注》，中华书局 1983 年版。

（梁）萧统编：《日本足利学校藏：宋刊明州本六臣注文选》，（唐）吕延济、刘良、张铣、吕向、李周翰、李善注，人民文学出版社 2008 年版。

（梁）萧统编：《文选》，（唐）李善注，上海古籍出版社 1986 年版。

（清）孙诒让：《墨子间诂》，见《诸子集成》（第四册），中华书局 1954 年版。

（清）阮元校刻：《十三经注疏》下册，中华书局 1980 年版。

（汉）司马迁：《史记》，中华书局 1959 年版。

（宋）朱熹：《诗集传》，中华书局 1958 年版。

（二）近代及今人著作

蔡景康编选：《明代文论选》，人民文学出版社 1993 年版。

曹明纲：《赋学概论》，上海古籍出版社 1998 年版。

曹胜高：《汉赋与汉代文明》，东北师范大学出版社 2009 年版。

曹顺庆：《中西比较诗学》，中国人民大学出版社 2010 年版。

陈永国：《翻译与后现代性》，中国人民大学出版社 2005 年版。

程德和：《汉赋管窥》，中州古籍出版社 2003 年版。

程章灿：《魏晋南北朝赋史》，江苏古籍出版社 2001 年版。

丛莱庭、徐鲁亚编著：《西方修辞学》，上海外语教育出版社 2007 年版。

范秀华、朱朝晖：《英美诗歌鉴赏入门》，东华大学出版社 2007 年版。

方梦之：《译学辞典》，上海外语教育出版社 2004 年版。

［美］费正清：《中国的思想与制度》，郭晓兵译，世界知识出版社 2008 年版。

冯良方：《汉赋与经学》，中国社会科学出版社 2004 年版。

傅刚：《〈昭明文选〉研究》，中国社会科学出版社 2000 年版。

高步瀛：《文选李注义疏》，中华书局 1985 年版。

龚克昌编:《汉赋研究》,山东文艺出版社 1990 年版。

郭维森、许结:《中国辞赋发展史》,江苏教育出版社 1996 年版。

郭英德:《中国古代文体学论稿》,北京大学出版社 2005 年版。

郭珑:《〈文选·赋〉联绵词研究》,巴蜀书社 2006 年版。

郭建勋:《辞赋文体研究》,中华书局 2007 年版。

何沛雄:《汉魏六朝赋论集》,(台湾)联经出版事业公司 1990 年版。

何新文:《中国赋论史稿》,开明出版社 1993 年版。

何新文:《辞赋散论》,东方出版社 2000 年版。

何新文、苏瑞隆、彭安湘:《中国赋论史》,人民出版社 2012 年版。

胡适:《胡适说文学变迁》,上海古籍出版社 1999 年版。

胡学常:《文学话语与权力话语:汉赋与两汉政治》,浙江人民出版社 2000 年版。

姜亮夫:《楚辞学论文集》,上海古籍出版社 1984 年版。

江西省文联文艺理论研究室、江西省外国文学学会:《外国现代文艺批评方法论》,江西人民出版社 1985 年版。

李泽厚:《美的历程》,中国社会科学出版社 1984 年版。

刘若愚:《中国古诗评析》,河南大学出版社 1989 年版。

刘向斌:《西汉赋生命主题论稿》,中国社会科学出版社 2012 年版。

罗根泽:《中国文学批评史》,商务印书馆 2017 年版。

楼宇烈校释:《王弼集校释(上册)》,中华书局 1980 年版。

马积高:《赋史》,上海古籍出版社 1987 年版。

马积高:《历代辞赋研究史料概述》,中华书局 2001 年版。

茅盾:《夜读偶记》,百花文艺出版社 1958 年版。

彭安湘:《中古赋论研究》,中国社会科学出版社 2013 年版。

[美]M.H.艾布拉姆斯、[美]杰弗里·高尔特·哈珀姆:《文学术语词典》,吴松江等编译,北京大学出版社 2014 年版。

[美]乔纳森·卡勒:《结构主义诗学》,盛宁译,中国社会科学出版社 1991 年版。

丘琼荪:《诗赋词曲概论》,文化艺术出版社 2018 年版。

[日]清水茂:《清水茂汉学论集》,蔡毅译,中华书局 2004 年版。

任继昉:《释名汇校》,齐鲁书社 2006 年版。

阮忠:《汉赋艺术论》,华中师范大学出版社 1993 年版。

任继愈:《老子绎读》,北京图书馆出版社 2006 年版。

宋柏年主编:《中国古典文学在国外》,北京语言学院出版社 1994 年版。

苏瑞隆:《鲍照诗文研究》,中华书局 2006 年版。

苏瑞隆、龚航:《廿一世纪汉魏六朝文学新视角:康达维教授花甲纪念论文集》,(台湾)文津出版社 2003 年版。

孙越生、陈书梅:《美国中国学手册》,中国社会科学出版社 1993 年版。

孙大雨:《古诗文英译集》,上海外语教育出版社 1997 年版。

孙晶:《汉代辞赋研究》,齐鲁书社 2007 年版。

舒芜等编著:《近代文论选》上下册,人民文学出版社 1959 年版。

谭载喜：《西方翻译简史》，商务印书馆 2004 年版。

檀作文译注：《颜氏家训》，中华书局 2011 年版。

万光治：《汉赋通论》，巴蜀书社 1989 年版。

王守元、张德禄主编：《文体学辞典》，山东教育出版社 1996 年版。

王国维：《人间词话》，中国人民大学出版社 2011 年版。

王国轩、王秀梅译注：《孔子家语》，中华书局 2011 年版。

王天海译注：《意林全译》，贵州人民出版社 1997 年版。

王宏等：《基于"大中华文库"中国典籍英译翻译策略研究》，浙江大学出版社 2019
年版。

《闻一多全集》（第四册），生活·读书·新知三联书店 1982 年版。

吴世昌：《罗音室学术论著》第 3 卷，社会科学文献出版社 1998 年版。

伍铁平：《模糊语言学》，上海外语教育出版社 1999 年版。

吴广平：《宋玉研究》，岳麓书社 2004 年版。

许结：《中国赋学历史与批评》，江苏教育出版社 2001 年版。

夏传才主编：《诗经学大辞典》（下），河北教育出版社 2014 年版。

叶舒宪：《高唐神女与维纳斯——中西文化中的爱与美主题》，中国社会科学出版
社 1997 年版。

杨天宇译注：《周礼译注》，上海古籍出版社 2004 年版。

游国恩：《离骚纂义》，中华书局 1980 年版。

赵一凡、张中载、李德恩主编：《西方文论关键词》，外语教学与研究出版社 2006
年版。

章太炎：《国故论衡》，上海古籍出版社 2006 年版。

踪凡：《汉赋研究史论》，北京大学出版社 2007 年版。

吴晓峰：《文选学与楚文化》，武汉出版社 2008 年版。

章太炎：《章太炎讲国学》，凤凰出版社 2009 年版。

赵逵夫主编：《历代赋评注·魏晋卷》，巴蜀书社 2010 年版。

张海惠主编：《北美中国学：研究概述与文献资源》，中华书局 2010 年版。

赵毅衡：《重访新批评》，四川文艺出版社 2013 年版。

郑明璋：《汉赋文化学》，齐鲁书社 2009 年版。

朱光潜：《诗论》，上海古籍出版社 2005 年版。

朱起凤：《辞通》，长春古籍书店 1982 年版。

周振甫译注：《文心雕龙今译》，人民文学出版社 1986 年版。

（三）期刊论文及学位论文

毕万忱：《体国经野　义尚光大——刘勰论汉赋》，《文学评论》1983 年第 6 期。

程章灿：《欧美六朝文学研究管窥》，《南京理工大学学报（社会科学版）》2008 年第
1 期。

郭建勋、钟达锋：《赋与狂诗——从赋的译名看赋的世界性与民族性》，《中山大学
学报（社会科学版）》2014 年第 5 期。

方旭东：《也谈赋体的源流》，《安庆师院学报（社会科学版）》1987 年第 4 期。

傅正谷：《中国古代梦幻主义文学的名作——论宋玉〈高唐赋〉〈神女赋〉的艺术成就及其影响》，《名作欣赏》1991 年第 6 期。

何新文：《赋家之心 苞括宇宙——论汉赋以"大"为美》，《文学遗产》1986 年第 1 期。

何新文：《关于汉赋的"歌颂"》，《湖北大学学报（哲学社会科学版）》1987 年第 5 期。

何新文、徐三桥：《论洪迈与朱熹对〈高唐〉〈神女赋〉评价的差异——兼及宋玉辞赋批评标准与方法的把握》，《中国韵文学刊》2011 年第 4 期。

胡兴华：《论〈高唐赋〉〈神女赋〉中的"高唐神女"形象》，《边疆经济与文化》2007 年第 10 期。

刘斯翰：《赋的溯源》，《华南师范大学学报（社会科学版）》1988 年第 1 期。

李立：《后〈九歌〉时代的〈神女赋〉——在继承和背叛中基于理性和道德的文学感知》，《湖北大学学报（哲学社会科学版）》2006 年第 4 期。

马积高：《论赋的源流及其影响》，《中国韵文学刊》1987 年第 00 期。

林立坤：《"色"的渲染和美的净化——宋玉艳情赋中美人形象的多层面美感探析》，《襄樊学院学报》2011 年第 7 期。

刘刚：《论宋玉的女性观》，《鞍山师范学院学报》2008 年第 5 期。

黎昌抱：《王佐良翻译风格研究》，博士学位论文，上海外国语大学，2008 年。

力之：《〈文选〉成书时间各家说辨析——〈文选〉成书时间研究之一》，《井冈山大学学报（社会科学版）》2010 年第 4 期。

刘艳丽：《康达维英译〈文选·赋〉翻译策略研究——以〈长门赋〉为例》，《洛阳师范学院学报》2020 年第 9 期。

马世年、李城瑶：《〈高唐〉〈神女〉主旨新探——兼论宋玉赋作中的"娱君"问题》，《甘肃社会科学》2010 年第 5 期。

马银琴：《博学审问、取精用弘——美国汉学家康达维教授的辞赋翻译和研究》，《福建师范大学学报（哲学社会科学版）》2014 年第 3 期。

毛庆：《论宋玉辞赋的女性美及其创作心态》，《山西师大学报（社会科学版）》1992 年第 3 期。

蒋文燕：《汉颂：汉代颂扬主题的另一种表现——兼谈汉颂与汉赋的关系》，《南都学坛》2003 年第 1 期。

蒋文燕：《研穷省细微 精神入图画——汉学家康达维访谈录》，见张西平主编：《国际汉学》第二十辑，大象出版社 2010 年版。

阮诗芸、姚斌：《赋之音乐效果英译研究——以康达维〈文选·洞箫赋〉为例》，《国际汉学》2018 年第 1 期。

孙晶：《西方学者视野中的赋——从欧美学者对"赋"的翻译谈起》，《东北师大学报》2004 年第 2 期。

石峥嵘、吴广平：《土家族三千年音乐史考》，《音乐研究》1990 年第 1 期。

苏瑞隆：《论谢灵运的〈撰征赋〉》，《文史哲》1990 年第 5 期。

苏瑞隆：《魏晋六朝赋中戏剧型式对话的转变》，《文史哲》1995 年第 3 期。

苏瑞隆:《论儒家思想与汉代辞赋》,《文史哲》2000 年第 5 期。

苏瑞隆:《汉魏六朝俳谐赋初探》,《南京大学学报(哲学·人文科学·社会科学版)》2010 年第 5 期。

苏瑞隆:《异域知音:美国汉学家康达维的辞赋研究》,《湖北大学学报(哲学社会科学版)》2011 年第 1 期。

万光治:《赋体名称的来源》,《文史杂志》1989 年第 2 期。

王立群:《〈文选〉成书时间研究》,《河南大学学报(社会科学版)》2004 年第 3 期。

王克非:《翻译研究的焦点、迁移与整合》,见胡庚申主编:《翻译与跨文化交流:嬗变与解读》,上海外语教育出版社 2010 年版。

王思静:《"伫中区以玄览"再释——晋代陆机〈文赋〉"伫中区以玄览"辨析》,《大众文艺》2014 年第 19 期。

汪渝、郭杰:《试论宋玉赋中的女性形象及艺术特色》,《读与写(教育教学刊)》2007 年第 3 期。

王慧、何新文:《康达维汉赋描写性复音词的英译策略与方法论启示》,《湖北大学学报(哲学社会科学版)》2016 年第 2 期。

王慧:《美国汉学家康达维英译〈高唐赋〉研究》,《当代教育理论与实践》2016 年第 5 期。

徐宗文:《试论古诗之流——赋》,《安徽大学学报》1986 年第 2 期。

徐声扬:《论汉赋起源发展和在文学史上的作用》,《中国文学研究》1988 年第 3 期。

徐公持:《"人本主义""兴趣一致"及其他——采访高德耀教授》,《文学遗产》1998 年第 6 期。

许结:《〈剧秦美新〉非"谀文"辨》,《学术月刊》1985 年第 6 期。

许结:《论扬雄与东汉文学思潮》,《中国社会科学》1988 年第 1 期。

杨世明:《扬雄身后褒贬评说考议——林贞爱〈扬雄集校注〉序》,《四川师范学院学报(哲学社会科学版)》2001 年第 2 期。

袁珂:《宋玉神女赋订讹和高唐神女故事的寓意》,见《神话论文集》,上海古籍出版社 1982 年版。

俞绍初:《〈文选〉成书过程拟测》,《文学遗产》1988 年第 1 期。

赵沛霖:《〈高唐赋〉〈神女赋〉的神女形象和主题思想》,《社会科学战线》2005 年第 6 期。

赵为学、王栋:《扬雄研究的源流与不足》,《湖南科技学院学报》2006 年第 6 期。

张西平:《中国文化外译的主体当是国外汉学家》,《中外文化交流》2014 年第 2 期。

郑在瀛:《汉赋闲谈》,《黄石师院学报(哲学社会科学版)》1982 年第 1 期。

钟达锋:《康达维译〈文选·赋〉研究》,湖南大学博士学位论文,2016 年。

钟达锋:《康达维译〈文选·赋〉:学术研究型深度翻译》,《外语教学与研究》2017 年第 1 期。

褚斌杰:《宋玉〈高唐〉〈神女〉二赋的主旨及艺术探微》,《北京大学学报(哲学社会科学版)》1995 年第 1 期。

四、其他英文文献

Asselin, M. L., "The Lu-School Reading of Guanju as Preserved in an Eastern Han Fu", *Journal of the American Oriental Society*, Vol.117, No.3, 1997.

Asselin, M. L., *A Significant Season's Literature in a Time of Endings: Cai Yong and a Few Contemporaries*, Ph. D. diss., University of Washington, 1997.

Bishop, J. L. (ed.), *Studies in Chinese Literature*, Cambridge, Massachusetts: Harvard University Press, 1966.

Bischoff, F. A., "Review: The Han Rhapsody: A Study of the Fu of Yang Hsiung(53 B. C.-A.D.18) by David R. Knechtges", *The Journal of Asian Studies*, Vol.37, Issue1, 1977.

Birrell, A. M., "Review: Wen Xuan, or Selections of Refined Literature Vol.1: Rhapsodies on Metropolises and Capitals, Xiao Tong(501−531) by David R. Knechtges", *Bulletin of the School of Oriental and African Studies*, Vol.47, Issue 2, 1984.

Birrell, A. M., "Review: The Han Shu Biography of Yang Xiong (53B. C−A. D. 18) by David R. Knechtges", *Bulletin of the School of Oriental and African Studies*, Vol. 47, Issue 2, 1984.

Birrell, A. M., "Review: Wen Xuan, or Selections of Refined Literature Vol.2: Rhapsodies on Sacrifices, Hunting, Travel, Sightseeing, Palaces and Halls, Rivers and Seas by David R. Knechtges", *Bulletin of the School of Oriental and African Studies*, Vol.53, No.3, 1990.

Bokenkamp, S. R., "*The Ledger on the Rhapsody*": *Studies in the Art of the T'ang Fu*, Ph. D. diss., University of California, Berkeley, 1986.

Brashier, K. E., "A Poetic Exposition on Heaven and Earth by Chenggong Sui (231−273)", *Journal of Chinese Religions*, Vol.24, Issue 1, 1996.

Chalmers, J., "The Foo on Pheasant Shooting", *The China Review, or, Notes and Queries on the Far East*, Vol.1, No.5, 1873.

Coblin, W. S., "Some Sound Changes in the Western Han Dialect of Shu", *Journal of Chinese Linguistics*, Vol.14, No.2, 1986.

Cutter, R. J., *Cao Zhi and His Poetry*, Ph. D. diss., University of Washington, 1983.

Declerq, D., *Writing Against the State: Political Rhetorics in Third and Fourth Century China*, Leiden: Brill, 1998.

Dakin, C. J., *A Forgotten Link, Xie Yan and His Early Tang Fu*, Ph. D. diss., University of Washington, 2009.

Egan, R. C., "'The Controversy over Music and Sadness' and Changing Conceptions of the Qin in Middle Period China", *Harvard Journal of Asiatic Studies*, Vol.57, No.1, 1997.

Erkes, Ed., "Shen-Nü-Fu: The Song of the Goddess", *T'oung Pao*, Vol.25, No.5, 1928.

Fang, A., "Rhymeprose on Literature", in *Studies in Chinese Literature*, John L. Bishop (ed.), Cambridge, Massachusetts: Harvard University Press, 1966.

Graham, W. T. Jr., *Yü Hsin's "Lament for the South"*, Ph. D. diss., Harvard University, 1974.

Graham, W. T. Jr., "Review: The Han Rhapsody: A Study of the Fu of Yang Hsiung (53 B. C. – A. D. 18) by David R. Knechtges", *Harvard Journal of Asiatic Studies*, Vol. 37, No. 2, 1977.

Harper, D., "Wang Yen – shou's Nightmare Poem", *Harvard Journal of Asiatic Studies*, Vol. 47, No. 1, 1987.

Harper, D., "Poets and Primates: Wang Yanshou's Poem on the Macaque", *Asia Major*, third series, Vol. 14, Part2, 2001.

Hightower, J. R., "The Fu of T'ao Ch'ien", *Harvard Journal of Asiatic Studies*, Vol. 17, No. 1/2, 1954.

Hightower, J.R., "Chia Yi's 'Owl Fu'", *Asia Major*, New Series, 1959.

Hughes, E. R., *Two Chinese Poets: Vignettes of Han Life and Thought*, Princeton, New Jersey: Princeton University Press, 1960.

Idema, W. L., "Review: Wen Xuan, or Selections of Refined Literature. Vol. 1: Rhapsodies on Metropolises and Capitals, Translated, with Annotations and Introduction by David R. Knechtges", *T'oung Pao*, Second Series Vol. 71, No. 1/3, 1985.

Illman, D. H., *David Knechtges: Translation of Wen Xuan*, www. washington. edu/research/showcase/1982a.html, 1997.

Kern, M., "Western Han Aesthetics and the Genesis of the Fu", *Harvard Journal of Asiatic Studies*, Vol. 63, No. 2, 2003.

Kroll, P. W., "Tamed Kite and Stranded Fish: Interference and Apology in Lu Chao–lin's Fu", *T'ang Studies*, Issue 15–16, 1997–1998.

Levy, D., "Constructing Sequences: Another Look at the Principle of Fu 'Enumeration'", *Harvard Journal of Asiatic Studies*, Vol. 46, No. 2, 1986.

Lien, Ed., *Profiling Zhang Heng–A Polymath of the Eastern Han*, Ph. D. diss., Washington University, 2011.

Mather, R. B., "The Mystical Ascent of the T'ien – t'ai Mountains: Sun Ch'o's Yu – T'ien–t'ai–shan Fu", *Monumenta Serica*, Vol. 20, No. 1, 1961.

Neather, R., *The Fu Genre in the Mid–Tang: A Study in Generic Change*, Ph. D. diss., University of Cambridge, 1995.

O' Donnell, C., *Long Continuous Tradition Attracts China Scholar*, www. washington. edu/···/long–continuous–tradition–attracts–china–scholar, Oct. 12, 2006.

Owen, S., "Hsieh Hui–lien's 'Snow Fu': A Structural Study", *Journal of the American Oriental Society*, Vol. 94, No. 1, 1974.

Owen, S., "Deadwood: The Barren Tree from Yü Hsin to Han Yü", *Chinese Literature: Essays, Articles, Reviews (CLEAR)*, Vol. 1, No. 2, 1979.

Pankernier, D. W., "The Scholar's Frustration' Revisited: Melancholia or Credo?", *Journal of the American Oriental Studies*, Vol. 110, No. 3, 1990.

Rouzer, P. F., *Articulated Ladies: Gender and the Male Community in Early Chinese Texts*, Cambridge: Harvard University Press, 2001.

Schindler, B., "Some Notes on China Yi and His ' Owl Song ' ", *Asia Major*, New Series, Vol.7,1959.

Sanders, T. T., "Review: The Han Rhapsody: A Study of the Fu of Yang Hsiung (53 B. C.-A.D.18) by David R. Knechtges", *Bulletin of the School of Oriental and African Studies*, Vol.40, No.2,1977.

Schafer, E. H., "Wu Yun's ' Cantos on Pacing the Void ' ", *Harvard Journal of Asiatic Studies*, Vol.1, No.2,1981.

Schafer, E. H., "Wu Yun's Stanzas on Saunters in Sylphdom", *Monumenta Serica*, Vol. 35,1981–1983.

Su, Jui-Lung, "The Patterns and Changes of Literary Patronage in the Han and Wei", in *Interpretation and Literature in Early Medieval China*, Alan K. L. Chan and Yuet-Keung Lo (eds.), State University of New York, Albany, NY,2010.

Waley, A., *The Temple and Other Poems*, London: Allen & Unwin,1923.

Watson, B., *Chinese Rhyme-Prose: Poems in the Fu Form from the Han and Six Dynasties Periods*, New York & London: Columbia University Press,1971.

Zhang, Cangshou & Jonathan Pease, "Roots of the Han Rhapsody in Philosophical Prose", *Monumenta Serica*, Vol.41,1993.

附录：

康达维学术年表

1942 年　1 岁

10 月 23 日 出生于美国蒙大拿州的大瀑布城（Great Falls），本名大卫·内克特格斯（David Richard Knechtges）。

1958 年　16 岁

美国华盛顿州柯克兰华盛顿湖高级中学（Lake Washington High School）的高年级学生。

1960 年　18 岁

本年，进入西雅图华盛顿大学学习远东历史与政治学。

1963 年　21 岁

本年，成为美国大学优等生荣誉学会"斐陶斐荣誉学会（Phi Beta Kappa）"的会员，获得密歇根大学"夏季本科生奖学金（CIC Summer Under-graduate Scholarship）"。

1964 年　22 岁

本年，获得华盛顿大学远东和俄国学院颁发的"波拉尔德纪念奖（Pollard Memorial Prize）"，以"极优等（Magna Cum Laude）"的成绩获得华盛顿大学中文学士学位。

从 1964 年至 1965 年，就读于哈佛大学东亚语言文学系，获得"荣誉伍德罗·威尔逊奖学金（Honorary Woodrow Wilson Fellowship）"和"外语和区域研究奖学金（NDFL Title VI Fellowship）"的资助。1965 年，获得硕士学位。

1965 年　23 岁

本年，进入华盛顿大学攻读中国语言与文学博士学位。

从 1965 年至 1967 年,获得"外语和区域研究奖学金"(NDFL Title VI Fellowship)的资助。

1966 年　24 岁

本年,在《哈佛亚洲研究学刊》上发表对柯润璞的《纵横诡谲:〈战国策〉研究》(Intrigues:Studies of the Chan-kuo-Ts'e)一书的书评。

1967 年　25 岁

从 1967 年至 1968 年,受到"伍德罗·威尔逊博士论文奖学金(Woodrow Wilson Dissertation Fellowship)"的资助。

1968 年　26 岁

本年,获得华盛顿大学中国语言与文学博士学位,学位论文题为《扬雄、赋和汉代修辞》(Yang Shyong,the Fuh,and Hann Rhetoric)。

同年,进入耶鲁大学工作,教授中国文学。

同年,由美国华盛顿大学出版专书《两种汉赋研究》(Two Studies on the Han Fu)。

1969 年　27 岁

本年,在圣弗朗西斯科召开的亚洲研究协会的年会上,提交论文《中国早期文学的机智、幽默与讽刺》(Wit,Humor,and Satire in Early Chinese Literature)。

1970 年　28 岁

本年,在康奈尔大学做了讲座,题为"对汉代文学发展的思索"(Some Thoughts on the Development of Literature in the Han Dynasty)。

1971 年　29 岁

本年,离开耶鲁大学,在威斯康星大学任中文助教。

同年,在《哈佛亚洲研究学刊》第 31 卷上,发表对柯润璞英译的《战国策》的书评;在德国《华裔学志》第 29 卷上,发表 2 篇论文:《早期中国文学的机智、幽默与讽刺》(Wit,Humor,and Satire in Early Chinese Literature)、与杰里·斯旺森合著的《激发王子:枚乘〈七发〉》(The Stimuli for the Prince:Mei Ch'eng's Ch'i-fa)。

1972 年　30 岁

从 1972 年至 1975 年,任《美国东方学会杂志》副主编。

从 1972 年至 1982 年,任"中国项目指导委员会"(China Program Steering Committee)副主席。

本年,离开威斯康星大学,回到母校华盛顿大学任中文助教。自此,一直在华盛顿大学任教。1974 年升晋为副教授;1981 年,接替前导师卫德明,升晋为教授。

同年,在威斯康星大学作了讲座,题为"中国文学中的严词抗议与逃避主义"(Protest and Escapism in Chinese Literature)。

同年,论文《扬雄〈羽猎赋〉的叙事、描写和修辞:汉赋的形式与功能研究》(*Narration, Description, and Rhetoric in Yang Shyong's Yue-lieh fuh: An Essay in Form and Function in the Hann Fuh*),刊于《转变与恒久:中国历史与文化——萧公权先生纪念论文集》。

1973 年　31 岁

本年,在华盛顿大学的继续教育项目中,作了题为"中国的叙事散文"(*Chinese Narrative Prose*)的讲座。

同年,在《美国东方学会期刊》第 93 卷上,发表对亨利·威尔斯(Henry W. Wells)《传统的中国幽默》(*Traditional Chinese Humor*)的书评。

同年,为《麦格劳·希尔世界传记百科全书》(*The McGraw Hill Encyclopedia of World Biography*)撰写 9 个词条。

10 月,在台北《淡江评论》上发表论文《欧洲与唐代中国的梦境游历故事》(*Dream Adventure Stories in Europe and T'ang China*)。

1974 年　32 岁

从 1974 年至 1980 年,受到耶鲁大学出版社的邀请,与耶鲁大学宇文所安,共同主持"中国文学史项目"。

本年,在《美国东方学会期刊》第 94 卷上,发表对华兹生英译《中国辞赋》(*Chinese Rhyme-Prose*)的书评和对李济(Li Chi)(音译)《爱好大自然:徐霞客及其早期漫游》(*The Love of Nature: Hsü Hsia-k'o and His Early Travels*)的书评。

1975 年　33 岁

本年,主编卫德明著《西方传统中的〈易经〉》(*The Book of Changes in the Western Tradition*),由美国西雅图华盛顿大学出版;主编美国东方学会系列罗伊·安德鲁·米勒(Roy Andrew Miller)著《佛陀的足迹:八世纪古日文组诗》(*The Footprints of the Buddha:An Eight-Century Old Japanese Poetic Sequence*)。

本年,在华盛顿大学的继续教育项目中,作了题为"中国文学中的食物"(*Food in Chinese Literature*)的讲座。

2 月,在《亚洲研究期刊》第 34 卷上,发表对刘若愚《北宋词人》(*Lyricists of the Northern Sung*)的书评。

7 月 18 至 20 日,作为主席和协调人,在华盛顿伊萨夸市(Issaquah)的普罗维登斯岭教育和会议中心(Providence Heights Education and Conference Center),召开"中国文学史筹划会议"(*Chinese Literary History Planning Conference*),商讨《中国文学史》的编写目的、准则和基本框架。

1976 年　34 岁

本年,专著《汉赋:扬雄赋研究(公元前 53 年—公元 18 年)》[*The Han Rhapsody:A Study of the Fu of Yang Hsiung*(53 B.C.-A.D.18)]由剑桥大学出版社出版。此书是在其博士论文《扬雄、赋和汉代修辞》(*Yang Shyong,the Fuh,and Hann Rhetoric*)的基础上修订而成,由耶鲁大学东亚系中国文学教授傅汉思作序。

同年,在华盛顿大学的继续教育项目中,作了题为"中国文学中的食物"(*Food in Chinese Literature*)的讲座。

11 月,在《亚洲研究期刊》第 36 卷上,发表对蒂莫特乌斯·波科拉的《桓谭〈新论〉及其他文章》(*Hsin-lun and Other Writings by Huan T'an*)的书评。

1977 年　35 岁

本年,获得美国国家人文基金 68000 美元的资助,开始进行《昭明文选》的翻译。

同年,为《世界书籍百科全书》(*World Book Encyclopedia*)撰写一个词条。

同年,在圣·弗朗西斯科召开的"汉语教师联合会"(*Chinese Language*

Teacher's Association）年会中,在有关"中国文学的初始"论题的讨论组中任主席。

同年,在华盛顿大学的继续教育项目中,作了题为"中国文学中的食物"（*Food in Chinese Literature*）的讲座。

同年,在美国东方学会西部分会年会上,作了题为"东汉赋中的讽刺因素"（*Satirical Elements in the Later Han Fu*）的主题发言。

1978 年　36 岁

从 1978 年至 1979 年,任美国东方学会西部分会副主席。

本年,论文《掀开酱瓿:对扬雄〈剧秦美新〉的文学剖析》（*Uncovering the Sauce Jar:A Literary Interpretation of Yang Hsiung's Chü Ch'in Mei Hsin*）,刊于戴维・罗伊和钱存训主编的《古代中国:早期文明研究》（*Ancient China: Studies in Early Civilization*）,由香港中文大学出版社出版。

同年,在美国东方学会西部分会任财务部长（Secretary-Treasurer）。

同年,连续第四年,在华盛顿大学的继续教育项目中,作了题为"中国文学中的食物"（*Food in Chinese Literature*）的讲座。

2 月,在《亚洲研究期刊》第 37 卷上,发表对马瑞志英译的《世说新语》（*Shih-shuo hsin-yü:A New Account of Tales of the World*）的书评。

1979 年　37 岁

从 1979 年至 1981 年,任美国东方学会西部分会主席。

本年,在《美国东方学会期刊》第 99 卷上,发表对魏根深（Endymion P. Wilkinson）的《中国帝国史:研究指南》（*The History of Imperial China:A Research Guide*）与纪秋郎和李达三（John J. Deeney）主编的《给中国学者的批注之英国、美国和比较文学书目》（*An Annotated Bibliography of English,American,& Comparative Literature for Chinese Scholar*）的书评。

同年,在美国东方学会西部分会年会上,作了题为"汉赋中之（想象和真实的）行旅"［*The Journey(Imaginary and Real)in the Han Rhapsody*］的主题发言。

1 月,与宇文所安合著《中国文学史的普遍原则》（*General Principles for a History of Chinese Literature*）和对吴德明法译的《〈史记〉第 117 章》（*Le Chapitre 117 du Che-ki(Biographie de Sseu-ma Siang-jou)*）的书评,在美国《中国文学:论文、文章、评论期刊》上发表。

7 月,在美国《中国文学:论文、文章、评论期刊》上发表文章《是否为送气音?》(*Wither the Asper*?)。

1980 年　38 岁

本年,在德国《华裔学志》第 33 卷上,发表论文《刘歆与扬雄关于〈方言〉的往来书信》(*The Liu Hsin/ Yang Hsiung Correspondence on the Fang yen*)。

同年,在《亚洲研究期刊》第 39 卷上,发表对缪文杰(Ronald C. Miao)编《中国诗歌与诗学研究》(*Studies in Chinese Poetry and Poetics*)的书评。

1981 年　39 岁

本年,论文《司马相如的〈长门赋〉》(*Ssu-ma Hsiang-ju's Tall Gate Palace Rhapsody*),发表于《哈佛亚洲研究学刊》第 41 卷。由王心玲翻译的中译本,载台北中央文物供应社 1982 年出版的《国外学者看中国文学》。

同年,在犹他州普若佛市召开的美国东方学会西部分会的年会上,作了题为"关于早期中国城市的赋"(*Rhapsodies on Early Chinese Cities*)的主题发言。

1982 年　40 岁

本年,在香港冯平山图书馆出版的《冯平山图书馆金禧纪念论文集》中,发表论文《道德之旅——论张衡的〈思玄赋〉》(*A Journey to Morality: Chang Heng's Rhapsody on Pondering the Mystery*)。

同年,为《世界书籍百科全书》撰写 3 个词条。

同年,译作《昭明文选英译第一册:京都之赋》(*Wen Xuan or Selections of Refined Literature: Volume One. Rhapsodies on Metropolises and Capitals*)由美国普林斯顿大学出版社出版,由美国明尼苏达大学终身教授马瑞志撰写序言。

同年,译作《扬雄的汉书本传》[*The Han Shu Biography of Yang Xiong (53B.C-A.D.18)*],由美国亚利桑那大学出版社出版。这本书是在其博士论文附录的基础上修改而成。

同年,在亚利桑那州坦佩城召开的美国东方学会西部分会年会上,提交论文《早期中国文学中的饼》(*Pasta in Early Chinese Literature*)。

2 月 25 至 26 日,文章《温文尔雅的一生——怀念萧公权先生》,发表于台湾地区的报纸。

12 月,在《哈佛亚洲研究学刊》第 42 卷上,发表对葛克咸《哀悼南方:庾信的〈哀江南赋〉》(*Lament for the South: Yu Hsin's Ai Chiang-nan fu*)的

书评。

12月9至10日,文章《中古古籍里的饼》,发表于台湾地区的报纸。

1983年　41岁

本年,在《中国文学:论文、文章、评论期刊》第5期上,发表对约翰·马尼(John Marney)《江淹》(*Chiang Yen*)的评论。

同年,在伯克利召开的美国东方学会西部分会的年会上,提交论文《汉赋的真伪考》(*Authenticity in the Han Fu*)。

同年,在西雅图西北语言学界(Linguistic Circle of the Northwest),作了题为"翻译赋的语言问题"(*Linguistic Problems in Translating the Fu*)的演讲。

同年,在科罗拉多大学作了题为"文宴:早期中国文学中的食物"(*A Literature Feast:Food in Early Chinese Literature*)的讲座和题为"潘岳的《射雉赋》"(*Pan Yue's Rhapsody on Shooting Pheasants*)的讲座。

同年,在华盛顿大学的继续教育项目中,作了题为"中国文学中的食物"(*Food in Chinese Literature*)的讲座。

1月,与刘易斯·索姆(Lewis Saum)合著的《密苏里大学1920—1923年:一个中国人的回忆录》(*A Chinese Memoir of the University of Missouri, 1920-1923*),发表于《密苏里历史评论》第77期。

1984年　42岁

本年,为《世界书籍百科全书》撰写两个词条。

同年,在华盛顿大学的继续教育项目中,作了题为"现代中国文学"(*Modern Chinese Literature*)的讲座。

同年,在西雅图召开的美国东方学会的年会上,提交论文《用诱饵和埋伏狩猎:潘岳的〈射雉赋〉》(*Hunting with Decoy and Blind:Pan Yue's Rhapsody Pheasant Shooting*)。

1985年　43岁

本年,在台北《淡江评论》上,发表论文《赋中描写性复音词的翻译问题》(*Problems of Translating Descriptive Binomes in the Fu*)。

同年,在华盛顿大学的继续教育项目中,作了题为"中国文学中的食物"(*Food in Chinese Literature*)的讲座。

1986 年　44 岁

本年,论文《文宴:早期中国文学中的食物》(*A Literary Feast: Food in Early Chinese Literature*)发表于《美国东方学会期刊》第 106 卷。由王亦蛮所译的中文译本《文宴:早期中国文学中的美食》,收录于 1996 年由江苏人民出版社出版的《北美中国古典文学研究名家十年文选》。

同年,受到"美国学术团体委员会"(American Council of Learned Societies)850 美元的资助,赴中国汕头参加第一届国际韩愈学术研讨会,提交中文论文《韩愈古赋考》。此论文收录于 1988 年广东人民出版社出版的《韩愈研究论文集》,题为《论韩愈的古赋》。

同年,在由"中研院"主办的汉学会议上,提交论文《汉赋中的纪行之赋》(*Poetic Travelogue in the Han Fu*)。此论文于 1989 年,收录于"中研院"编的有关汉学的会议论文集中。

1987 年　45 岁

从 1987 年至 1992 年,任华盛顿大学亚洲语言文学系主任。

本年,译著《昭明文选英译第二册:祭祀、畋猎、纪行、游览、宫殿、江海之赋》(*Wen Xuan, or Selections of Refined Literature: Volume Two. Rhapsodies on Sacrifices, Hunting, Travel, Sightseeing, Palaces and Halls, Rivers and Seas*)由美国普林斯顿大学出版社出版。

同年,在《美国东方学会期刊》第 107 期上,发表与张泰平合著的对倪豪士主编的《印第安纳中国古代文学百科全书》(*The Indiana Companion to Traditional Chinese Literature*)的书评。

同年,在洛杉矶召开的美国东方学会的年会上,提交论文《鲍照的〈芜城赋〉:写作年代和场合》(*Bao Zhao's Rhapsody on the Ruined City: Date and Circumstances of Composition*)。1993 年,此文被收录于香港中文大学出版社出版的《庆祝饶宗颐教授七十五岁论文集》。

1988 年　46 岁

本年,在《文史哲》第 184 卷上,发表中文论文《论赋体的源流》。

同年,在美国《唐代研究》1988 年第 5 期上,发表与卫德明合著的论文《唐太宗的诗歌》(*T'ang T'ai-tsung's Poetry*)。

同年,受到"美国学术团体委员会"600 美元的资助,赴中国长春参加"第一届文选学国际学术研讨会",提交论文《欧美文选学研究概述》。此论文收录于由吉林文史出版社同年出版的《昭明文选研究论文集》。同时,被长春师范学院《昭明文选》研究室聘为名誉教授。

同年,受到龚克昌教授的邀请,赴山东大学作了题为"美国的中国文学研究"的讲座,并被聘为山东大学客座教授。

同年,在哥伦比亚大学参加了"第二届欧美东亚研究交流会"(*Second European-American Conference on Exchanges in East Asia Studies*)。

同年,在夏威夷檀香山的东西中心参加了"关于修辞、东方和西方的会议"(*Conference on Rhetoric, East and West*)。

1989 年　47 岁

从 1989 年至 1991 年,任美国东方学会提名委员会成员。

本年,论文《隐语之诗歌:荀子的赋篇》(*Riddles as Poetry: The Fu Chapter of the Hsün-tzu*)发表于由威斯康星大学和香港中文大学出版,周策纵主编的《文林》第二集;论文《汉赋中的纪行之赋》发表于"中研院"编的有关汉学的会议论文集中。

同年,在新奥尔良召开的美国东方学会年会上,提交论文《为何汉赋被称作辞赋》(*Why is the Han fu Called Cifu*)。

同年,在科罗拉多州博尔德的美国东方学会西部分会的年会上,提交论文《饶宗颐有关印度对中国诗学影响的论述》(*Jao Tsung-i on the Indic Influence on Chinese Poetics*)。

1990 年　48 岁

本年,论文《汉魏六朝的骈文》(*Han and Six Dynasties Parallel Prose*)发表于香港中文大学出版的《译丛》(*Renditions*)。

同年,在《美国东方学会期刊》第 110 期上,发表对白安妮的《汉代中国乐府民歌》(*Popular Songs and Ballads of Han China*)的书评,题为《汉乐府新研究》(*A New Study of Han Yüeh-fu*)。

同年,在加利福尼亚大学东亚语言文学系作了题为"中国文学史被忽略的时期:西晋"(*A Neglected Period of Chinese Literary History: The Western Jin*)的讲座。

6 月 5 至 10 日,参加在缅因州举办的"国际词学研讨会"。

10 月 15 至 19 日,参加山东大学承办的"首届国际赋学术讨论会",并担任会议副主席。在会上提交中文论文《汉颂:论班固的〈东都赋〉和同时代的京都赋》。此论文的英文版"In Praise of the Han: *The Eastern Capital Fu*

by Pan Ku and His Contemporaries"同年发表于荷兰莱顿大学出版社出版的《秦汉中国的思想与法律》(*Thought and Law in Qin and Han China*)。

1991 年　49 岁

从本年开始一直是莱顿大学"莱顿汉学书系"(*Sinica Leidensia*)编委会成员。

从 1991 年至 1992 年,担任中国《辞赋大辞典》顾问委员成员。

从 1991 年至 1993 年,担任美国国家科学院中国学术交流委员会(Committee for Scholarly Communication with the People's Republic of China, National Academy of Sciences)成员。

本年,在俄勒冈州尤金市召开的东方学会西部分会的会议上,提交论文《鲍照〈舞鹤赋〉》(*Bao Zhao Rhapsody on Dancing Cranes*)。

同年,在科罗拉多大学和威斯康星大学麦迪逊分校作了题为"避免忘却:中国文学和四世纪"(*Lest It Be Forgotten: Chinese Literature of the Fourth Century*)和"鲍照的《芜城赋》"(*Bao Zhao's Rhapsody on the Ruined City*)的讲座。

1992 年　50 岁

本年,编辑文章《卫德明:回忆与书目》(*Hellmut Wilhelm, Memories and Bibliography*),发表于德国《远东期刊》第 35 卷。

同年,为山东大学出版社出版的《中国文学名篇鉴赏辞典》撰写词条"述行赋"。

同年,在台湾地区召开的"君权和文化变迁国际会议"上,提交论文《文学皇帝:汉武帝和西汉文学》(*The Literary Emperor: Han Wu-ti and Literature in the Former Han*)。此文收录于 1994 年美国西雅图华盛顿大学出版社出版的《中国古代君权与文化变迁》(*Imperial Rulership and Cultural Change in Traditional China*)一书中,题为《文学皇帝:汉武帝》(*The Literary Emperor: The Case of Emperor Wu of the Former Han*)。

同年,在科罗拉多州博尔德召开的美国东方学会西部分会的会议上,提交论文《汉武帝的〈秋风辞〉》(*Han Wudi's Song of the Autumn Wind*)。

同年,在台北召开的有关中国文学的翻译会议上,提交论文《报告:〈文选〉第三卷》(*Wen Xuan, Volume Three: A Report*)。

10 月 27 日至 11 月 1 日,在香港大学召开的"第二届国际赋学研讨会"上,担任顾问委员会成员,并提交论文《〈西京杂记〉中赋的真伪》(*The Au-*

thenticity of the Fu in Xijing Zaji）。此文于 1994 年发表于该会议的论文集专刊：香港《新亚学术集刊》第 13 期，题为《〈西京杂记〉中的赋篇》(*The Fu in the Xijing Zaji*)。

1993 年　51 岁

从 1993 年至 1994 年，担任美国东方学会副主席。

从 1993 年至 1996 年，担任美国学术团体委员会(ACLS)中国研究联合委员会成员。

本年，论文《一位皇妃的诗歌：班婕妤》(*The Poetry of an Imperial Concubine*)发表于德国《远东期刊》。此文于同年在洛杉矶召开的亚洲研究协会的年会上发表。

本年，为加州大学伯克利分校出版的《早期中国文献：书目导读》(*Early Chinese Texts*)撰写《法言》《说苑》《新序》《鹖冠子》等四篇文章。

10 月，担任美国国家人文基金会(National Endowment for the Humanities)翻译项目甄选小组成员。

1994 年　52 岁

从 1994 年至 1995 年，担任美国东方学会主席。

从 1994 年至 2010 年，担任《早期中古中国杂志》(*Early Medieval China Journal*)编辑组成员。

从 1994 年至 2012 年，担任唐代研究会(T'ang Studies Society)理事。

从 1994 年开始一直担任将由耶鲁大学出版社出版的《中国经典作品手册》(*Handbook of Classical Chinese Writing*)的联合主编。

本年，中文论文《二十世纪的欧美文选学研究》发表于河南《郑州大学学报》第 100 卷。

同年，与张泰平合著的论文《江淹：报袁叔明书》发表于香港地区《译丛》第 41 & 42 期。

同年，为《世界书籍百科全书》重新修订了"中国文学""中国语言""林语堂"等 3 个词条。

3 月，在威斯康星麦迪逊召开的美国东方学会年会上，提交论文《王褒的〈洞箫赋〉》(*The Rhapsody on Panpipes by Wang Bao*)。

1995 年　53 岁

3 月 26 至 29 日，在美国犹他州盐湖城举行的美国东方学会第 205 次会议上,作主题发言"进入乐境:中国早期中古文学中的饮食"(*Entering the Realm of Delight:Food and Drink in Early Medieval China*)。这篇发言后来形成论文,1997 年发表于《美国东方学会期刊》第 117 期。

从 1995 年至 1996 年,担任辞赋研讨会顾问委员会成员。

从 1995 年至 1996 年,担任美国国家安全教育项目(National Security Education Program)奖学金遴选组成员。

本年,论文《翻译的问题:论〈文选〉的英译》(*Problem of Translation:The Wen shüan in English*)发表于欧阳桢、林耀福主编的《翻译中国文学》,由美国印第安纳大学出版社出版。

同年,为香港中文大学出版社出版的《汉英、英汉翻译百科辞典》撰写词条"翻译辞赋的问题"。

同年,在明尼苏达大学作讲座"挑出野草和选择嘉卉:中国中古早期文选"(*Culling the Weeds and Picking the Prime Blossoms:the Anthology in Early Medieval China*)。这场讲座后来形成论文,2001 年收录在裴士凯(Scott Pearce)、司白乐(Audrey Spiro)和伊佩霞(Patricia Ebrey)主编的《公元200—600 年中国重建中的文化与权力》(*Culture and Power in the Reconstitution of the Chinese Realm 200—600*),由美国哈佛大学出版社出版。

11 月,在洛杉矶召开的美国东方学会西部分会的年会上,提交论文《潘岳和陆机的赠答诗》(*A Poetic Exchange Between Pan Yue and Lu Ji*)。

1996 年　54 岁

本年,译著《昭明文选英译第三册:物色、鸟兽、志、哀伤、论文、音乐、情之赋》(*Wen Xuan or Selections of Refined Literature:Volume Three. Rhapsodies on Natural Phenomena,Birds and Animals,Aspirations and Feelings,Sorrowful Laments,Literature,Music,and Passions*)由美国普林斯顿大学出版社出版。

同年,为美国纽约哈珀/柯林斯出版社出版的《东方世界的伟大文学》(*Great Literature of the Eastern World*)撰写了"文选""杜甫诗""韩愈的散文""白居易的诗""李贺的诗"5 个条目。

同年,在加州大学伯克利分校,作"汤姆珀金斯讲座"(*Tompkins Lectures*),题为"进入乐境:中国中古文学中的饮食"(*Entering the Realm of Delight:Food and Drink in Medieval China*)和"挑出野草和选择嘉卉:中国中古早期文选"(*Culling the Weeds and Picking the Prime Blossoms:the Anthology in Early Medieval China*)。

同年,在挪威奥斯陆大学的会议上,提交题为《汉代宫廷文化》(*The*

Court Culture of the Han Dynasty) 的论文。

同年,辞赋讨论会上,提交论文《汉武帝的赋》,并被收录于台北政治大学文学院同年出版的有关辞赋学的学术讨论会论文集中。

12 月 10 日,在台湾大学做讲座"中国中古文人的山岳游观"(*How to View a Mountain in Early Medieval China*)。

1997 年　55 岁

本年,编辑并翻译龚克昌的《汉赋研究》(*Studies of the Han Fu*),由美国东方学会出版社出版。

同年,文章《傅汉思:师长与学者》(*Hans Frankel, Teacher and Scholar*) 发表于美国《唐代研究》第 13 期。

同年,中文论文《班健伃诗和赋的考辨》发表于郑州中州古籍出版社出版的《文选学新论》。

同年,在加州大学伯克利分校作讲座,题为"枳还是桔? 论西晋文学中的地域认同"(*Coolie Orange and Sweet Peel Tangerine*)。

4 月,在"台湾清华大学"召开的有关中国文学的会议上,提交论文《汉赋和宫廷文学》(*The Fu and Court Literature in the Han*)。

9 月,在台湾大学举办的"东西宫廷文化会议"上,提交论文《汉代的反宫廷文学》(*Anti-court Literature in the Han*)。

10 月,在科罗拉多州博尔德举办的美国东方学会西部分会年会上,提交论文《诗歌是否启发了建筑工程? 汉武帝和司马相如的〈子虚、上林赋〉》 (*Does Poetry Inspire a Building Project? Emperor Wu of the Former Han and Sima Xiangru's Fu on the Imperial Park*)。

1998 年　56 岁

本年,文章《龚克昌教授〈汉赋研究〉英译本序》,由苏瑞隆、龚航翻译,发表于《文史哲》期刊第 249 卷。

同年,中文论文《欧美文选学研究》和《赋中描写性复音词的翻译问题》,收录于俞绍初、许逸民主编的《中外学者文选学论集》,由中华书局出版。

同年,任美国国家人文基金会联合研究项目组(NEH Panel for Collaborative Research Program)成员。

同年,与中国学者、日本学者、韩国学者合作编写的《中外学者文选学论著索引》由中华书局出版发行。

2月,在莱斯大学(Rice University)作讲座,题为"翻译中国中古文学"
(*Translating Medieval Chinese Literature*)。

5月6至9日,在北京大学中国传统文化研究中心主办的"汉学研究国
际会议:纪念北京大学成立百年"上,做大会发言"华盛顿大学汉学的中国
及欧洲渊源"(*The Roots of University of Washington Sinology in China and Eu-
rope*)。此文由蒋文燕翻译于2011年收录于《国际汉学》第21期。

10月,在美国东方学会西部分会的年会上,提交论文《班昭的赋》(*The
Fu of Ban Zhao*)。此文的中文版《班昭辞赋考》收录于1999年南京江苏教
育出版社出版的《辞赋文学论集》。

11月,在台湾大学举办的"宫廷文化会议"上,提交论文《三世纪中国
逊位与登位的修辞:魏代曹丕的登基》(*The Rhetoric of Abdication and
Accession in Third Century China:The Documents Relating to the Accession of Cao
Pi as Emperor of the Wei Dynasty*)。此文于2005年收录于由康达维和范士
谨(Eugene Vance)主编的《龙与独角兽:东西方宫廷文化中的修辞和权力话
语》(*Rhetoric and the Discourse of Power in Court Culture China*)。

1999年　57岁

本年,论文《早期以贫穷和饼为主题的中国辞赋》(*Early Chinese Rhap-
sodies on Poverty and Pasta*)发表于《中国文学》。

同年,英译《班倢伃》和《左棻》,发表于孙康宜和苏源熙(Haun Saussy)
主编的《传统中国的女性作家:诗歌与评论文集》(*Women Writers of
Traditional China,An Anthology of Poetry and Criticism*),由美国加州斯坦福
大学出版社出版。

同年,论文《汉代文学中对朝廷的批评》(*Criticism of the Court in Han
Dynasty Literature*)收录于台湾大学出版社出版的《跨文化视野中的宫廷文
化论文选》(*Selected Essays on Court Culture in Cross-Cultural Perspective*)。

同年,担任哈佛大学专门委员会(Ad hoc Committee)成员。

同年,担任挪威奥斯陆高等研究所(Institute for Advanced Studies)研
究员。

同年,在圣达菲举行的"宫廷文化会议"(Court Culture Conference)上,
提交论文《刘歆的〈遂初赋〉》(*Liu Xin's Sui Chu Fu*)。

5月,在科罗拉多大学人文中心作了讲座,题为"'君未睹夫巨丽也?'
早期中国宫廷审美"(*Have You Not Seen the Beauty of the Large?:Court Aes-
thetic in Early Imperial China*)。

在科罗拉多大学东亚语言和文学系作了讲座，题为"与曹丕即位相关的文件"（*Documents Relating to the Accession of Cao Pi*）。

在台湾大学文学院作了讲座，题为《玫瑰还是美玉？ 中国中古文学翻译中的一些问题》（*Rose or Jade? Problems of Translating Medieval Chinese Literature*）。

2000 年　58 岁

本年，论文《诗题之意义何在？ 杜甫的〈自京赴奉先县咏怀五百字〉》（*What's in a Title? Expressing My Feelings on Going from the Capital to Fengxian Prefecture：Five hundred Characters by Du Fu*）和《〈诗经·生民〉中的语言问题》（*Questions about the Language of Sheng min*）发表于《处理语言的方式：早期中国文学阅读论文集》（*Ways with Words：Writing about Reading Texts from Early China*），由美国加州大学伯克利分校出版。

同年，在"中研院"文学所举办的有关汉学的会议上，提交论文《"君未睹夫巨丽也?" 早期中国宫廷审美》（*Have You Not Seen the Beauty of the Large?：Court Aesthetic in Early Imperial China*）。此文收录于会议论文集《文学、文化与世变》，于 2002 年由"中研院"文哲所出版，题为《"君未睹夫巨丽也?"早期中国皇家的审美探求》（*Have You Not Seen the Beauty of the Large?：An Inquiry into Early Imperial Chinese Aesthetics*）。

同年，被授予中国社会科学院比较文学研究所"荣誉会员"称号。

2001 年　59 岁

本年，在哈佛大学作讲座，题为"甜皮桔子或南方之金？ 论西晋文学中的地域认同"（*Sweet Peel Tangerine or Southern Gold? Regional Identity in Western Jin Literature*）。

同年，在里德学院作了讲座，题为"汉赋"（*The Fu in the Han Dynasty*）。

2002 年　60 岁

从 2002 年至 2003 年，担任哈佛大学东亚语言与文明系访问教授。

本年，论文自选集《古代中国早期的宫廷文化与文学》（*Court Culture and Literature in Early China*）由英国阿什盖特出版社（Ashgate）出版。

同年，在耶鲁大学，作"吴氏基金会讲座"（*Wu Foundation Lecture*），题为"中古中国早期庄园：谢灵运的山居"（*A Chinese Garden in Early Medieval China：The Mountain Estate of Xie Lingyun*）。

同年,在哈佛大学,作"中国人文系列讲座"(China Humanities Series),题为"选集的问题:以应璩的作品为例"[The Problem with Anthologies: The Case of the Writings of Ying Qu(190—252)]。

同年,在美国东方学会西部分会上提交论文《应璩诗》(The Poems of Ying Qu)。

2003 年　61 岁

从 2003 年开始,一直担任香港大学出版社出版的《古典文学丛书》顾问。

本年,在康奈尔大学作了讲座,题为"中古中国早期庄园:谢灵运的山居"(A Chinese Garden in Early Medieval China: The Mountain Estate of Xie Lingyun)。

同年,在哈佛大学作了讲座,题为"早期中国花园史研究的资源"(Sources for the Study of Garden History in Early China)。

同年,在威斯康星大学作讲座,题为"近年来《文选》研究的成果"(Recent Scholarship on the Wen Xuan)。

同年,论文《甜皮桔子或南方之金? 论西晋文学中的地域认同》刊于由康达维和柯马丁合编的《早期中国中古文学和文化历史研究:纪念马瑞志和侯思孟》(Early Medieval Chinese Literature and Cultural History),由唐代研究协会(T'ang Studies Society)出版。

5 月 5 至 10 日,担任普林斯顿大学客座教授。

2004 年　62 岁

10 月,在香港城市大学举办的"宫廷文化会议"上,发表论文《东汉末年的宫廷文化》(Court Culture in the Late Eastern Han)。

11 月,在美国伊利诺伊大学召开的"阅读中国诗歌:阐释方法、批评手段和教学策略"(Reading Chinese Poetry: Interpretative Methods, Critical Approaches, and Teaching Strategies)会议上,发表论文《西汉赋》(The Fu of the Former Han)。

2005 年　63 岁

本年,中文论文《玫瑰还是美玉? 中国中古文学翻译中的一些问题》,收录于赵敏俐、佐藤利行主编的《中国中古文学研究:中国中古文学国际学术研讨会论文集》,由学苑出版社出版。

5 月,在哈佛大学召开的"宫廷文化会议"上,提交论文《刘琨、卢谌和向东晋转折期》(*Liu Kun, Lu Chen, and the Transition to the Eastern Jin*)。此文于 2006 年发表于美国《中国文学:论文、文章、评论期刊》第 28 期,题为《刘琨、卢谌及其在东晋转折期的作品》(*Liu Kun, Lu Chen, and Their Writings in the Transition to the Eastern Jin*)。

2006 年　64 岁

本年,入选美国艺术与科学院(American Academy of Arts and Sciences)院士。

同年,论文《金谷和兰亭:两个(或三个)晋朝的庭园》(*Jingu and Lanting: Two (or Three) Jin Dynasty Gardens*)收录于《中国语言与文化:哈布斯迈尔教授花甲纪念论文集》(*Studies in Chinese Language and Culture: Festscript in Honour of Christoph Harbsmeier on the Occasion of His 60th Birthday*),由挪威奥斯陆赫尔梅斯学术出版社(Hermes Academic Publishing)出版。

1 月 6 至 7 日,在新加坡国立大学召开的"早期中古中国的思想世界国际会议"(International Conference on the World of Thought in Early Medieval China)上,发表论文《东汉末期的宫廷文化:以鸿都门学为例》(*Court Culture in the Late Eastern Han: the Case of the Hongdu Gate School*)。

3 月 22 日,在敦巴顿橡树园(Dumbarton Oaks)作了讲座,题为"先唐花园简史"(*A Brief History of the Garden in Pre-Tang China*)。

4 月 20 日,在哥伦比亚大学作讲座,题为"中国中古早期庄园文化:谢灵运的山居"(*Early Medieval Chinese Estate Culture: The Mountain Dwelling of Xie Lingyun*)。

5 月 19 至 20 日,参加普林斯顿大学的"六朝工作室"(Six Dynasties Workshop)。

10 月 27 日,在哈佛大学召开的"话语的力量:阐释中国古代文学"(*The Power of Words: The Interpretation of Pre-Modern Chinese Literature*)会议上,发表论文《关键词、作者意图和阐释:以〈司马迁报任安书〉为例》(*Key Words, Authorial Intent, and Interpretation: The Case of Sima Qian's Letter to Ren An*)。

2007 年　65 岁

从 2007 年至 2012 年,主持《中华文明史》四卷本的英译工作。

本年,被评为威斯康星大学"豪斯教授"(Halls Professor)。

1 月 22 日,在斯坦福大学作了讲座,题为"中国中古早期庄园文化:谢灵运的山居"(*Early Medieval Chinese Estate Culture: The Mountain Dwelling of Xie Lingyun*)。

3月24日,在波士顿召开的亚洲研究协会年会上,主持小组讨论,题为"错置和误置:寻找中古中国失落的图书馆"(*Misplaced and Displaced: Searching the Lost Libraries of Medieval China*)。

4月17日,在威斯康星大学作了讲座,题为"先唐花园史"(*A History of the Garden before the Tang*)。

5月20至24日,担任哥伦比亚大学客座教授。

5月26日,在哈佛大学召开的"中国中古时代的游观"(*Conference on Kinetic Vision in Early Medieval China*)上,发表论文《中国中古文人的山岳游观》(*How to View a Mountain in Medieval (and pre-medieval) China*)。

11月7至8日,在台湾大学召开的"纪念萧公权教授110岁诞辰"会议上作发言,题为《萧公权:教师、学者和诗人》(*K. C. Hsiao: Teacher, Scholar, and Poet*)。此文收入汪荣祖、黄俊杰编《萧公权学记》,于2009年由台湾大学出版社出版。

11月10日,在台湾大学作讲座,题为"中国中古文人的山岳游观"(*How to View a Mountain in Medieval China*)。此文于2012年,收录于《向教授基金中国诗讲座系列》(*Hsiang Lectures on Chinese Poetry*)第6集,由麦吉尔大学东亚研究中心(Center for Eastern Asian Research, McGill University)出版。

12月3至6日,率领来自美国、加拿大、新加坡、中国的译者代表团参加在北京大学国学院举办的"《中华文明史》(第一卷)英文译稿讨论会"。

2008年　66岁

本年被聘为香港大学客座教授(ICS Visiting Professor)。

2月29日,在亚利桑那州立大学召开的"传统中国诗歌和诗人研讨会"(*A Symposium on Traditional Chinese Poetry and Poetics*)上,发表论文《自传、旅行和幻想之旅》(*Autobiography, Travel, and the Imaginary Journey*)。

5月3—4日,在普林斯顿大学召开的"早期中古中国的文类和传统研讨会"(Seminar on Genre and Tradition in Early Medieval China)上作发言,题为"《隋书·经籍志》"[*The Ji (Collected Library Works) Section of the Jingji Zhi of Sui Shu*]。

5月17日,在洛杉矶的加利福尼亚大学召开的"中古中国的轶事、谣言和闲话会议"(*Conference on Anecdote, Rumor and Gossip in Medieval China*)

上,发表论文《揭秘西汉宫廷:〈西京杂记〉中的轶事》(*Secrets of the Western Han Court Exposed:Anecdotes in the Xijing zaji*)。

8 月 1 日,在中文图书管理员夏季学院(Chinese Librarianship Summer Institute)发表演说,题为"数字时代的传统学术研究"(*Traditional Scholarship in the Digital Age*)。

11 月 17 日,在台湾大学作了讲座,题为"应璩的诗歌"(*The Poems of Ying Qu*)。

12 月 5 日,在北京大学作了讲座,题为"应璩的诗歌"(*The Poems of Ying Qu*)。

2009 年　67 岁

本年,分别于 2 月 3 日在密歇根大学、3 月 6 日在俄亥俄州立大学、4 月 13 日在宾夕法尼亚大学、9 月 23 日在加利福尼亚大学作了讲座,题为"应璩的诗歌"(*The Poems of Ying Qu*)。

5 月 28 日,获华盛顿大学"牟复礼讲师"(Frederik W. Mote Lecturer)称号,作讲座"中国中古文人的山岳游观"(*How to View a Mountain in Medieval China*)。

9 月 24 日,在加州大学伯克利分校作了讲座,题为"西方汉学史"(*History of Western Sinology*)。

2010 年　68 岁

本年,与张泰平合著的《古代和中国中古文学导读》(第一册)(*Ancient and Early Medieval Chinese Literature:A Reference Guide*)荷兰博睿学术出版社出版。

同年,论文《文学选集的问题:应璩的〈百一诗〉》[*The Problem with Anthologies:The Case of Bai yi Poems of Ying Qu*(190—252)]发表于《亚洲专刊》第 23 期。

同年,中文论文《选集的缺憾:以应璩诗为个案》发表于《国际汉学研究通讯》第 1.2 期。

同年,中文论文《中国中古文人的山岳游观——以谢灵运〈山居赋〉为主的讨论》收录于刘苑如主编的《游观:作为身体艺术的中古文学与宗教》,由"中研院"文哲所出版。

3 月 26 日,主持亚洲研究协会的小组讨论,题为"中古中国诗歌中的社会艺术"(*The Social Art of Poetry in Medieval China*)。

4 月 15 日,在香港中文大学召开的"文化交流英语翻译的中国文学和其他著作"(Cultural Interactions:Chinese Literature and Other Writings in English Translation)国际会议上,发表论文《翻译〈楚辞〉中的植物名称》(Translating Plant Names in the Chu ci)。

8 月 30 至 9 月 4 日,被聘为哥伦比亚大学客座教授。

11 月 18、22 日,在台湾地区作了分别题为"《文选》与中国中古早期选集传统"(Wen Xuan and the Early Medieval Chinese Anthology Tradition)和"中国和海外的文选学传统"(The Wen Xuan Tradition in China and Abroad)的讲座。

11 月 23 日,在"台湾清华大学"召开的"纪念杜希德会议"(Conference in Honor of Denis Twitchett)上,提交论文《中国中古早期庄园文化:谢灵运的山居》(Early Medieval Chinese Estate Culture:The Mountain Dwelling of Xie Lingyun)。

12 月 9 至 10 日,在香港浸会大学(Hong Kong Baptist University)召开的"中国古代诗学会议"(Conference on Ancient Chinese Poetics)上,提交论文《刘歆〈遂初赋〉论略》(A Brief Study of Liu Xin's Sui chu fu)。

12 月 16 至 18 日,在新加坡南洋大学召开的"早期中古中国的论"(The Lun in Early Medieval China)会议上,发表论文《论友谊:刘峻的〈广绝交论〉》(The Guang Jue jiao lun of Liu Jun)。

2011 年　69 岁

本年,由苏瑞隆译成中文的论文《汉武帝与汉赋及汉代文学的勃兴》发表于《湖北大学学报》2011 年第 1 期。

同年,由刘欢萍译成中文的《〈文选〉英译本前言》收录于《古典文献研究》2011 年第 14 辑。

同年,为史国兴(Curtis Dean Smith)主编的《先唐古代文学作家词典》(Classical Chinese Writers of the Pre-Tang Period)第 358 册《文学传记词典》(Dictionary of Literary Biography)撰写条目"司马相如",由美国底特律盖尔出版社(Gale)出版。

3 月 22 日,在夏威夷檀香山召开的亚洲研究协会的会议中,主持小组讨论,题为"对三世纪中国的反思"(Rethinking China in the Third Century)。

4 月 20 日,为加州大学伯克利分校的"西汉长安研究工作室"(Workshop on Chang'an in Western Han)提交论文。

12 月 16 日,在"味觉遗产:中国关于食物的叙述国际会议"(Legacies of

Taste:*An International Conference on Food Narratives in China and Abroad*）上，作主题演讲"茯苓与胡麻、枸杞与菊花、黄柑与松醪、猪肉与面食：辞赋为中国烹饪史的原始资料"（*Tuckahoe and Sesame*, *Wolf berries and Chrysanthemums*, *Sweet-peel Orange and Pine Wines*, *Pork and Pasta*:*The Fu as a Source for Chinese Culinary History*）。

2012 年　70 岁

本年，主编《中华文明史》（*History of Chinese Civilization*）英译本四册，由剑桥大学出版社出版。

同年，为罗兰·葛宁（Roland Green）主编的《普林斯顿诗歌与诗学百科全书》（*The Princeton Encyclopedia of Poetry & Poetics*）第 4 版撰写条目"赋"，由普林斯顿大学出版社出版。

同年，论文《茯苓与胡麻、枸杞与菊花、黄柑与松醪、猪肉与面食：辞赋为中国饮食资料来源》（*Tuckahoe and Sesame*, *Wolfberries and Chrysanthemums*, *Sweet-peel Orange and Pine Wines*, *Pork and Pasta*:*The Fu as a Source for Chinese Culinary History*）发表于香港地区《东方研究期刊》第 45 卷。

3 月 16 日，在加拿大多伦多召开的亚洲研究协会的会议上，主持小组讨论，题为"阅读文类的间断叙述：残文及对传统中文文本中的文化身份重塑"（*Reading Genres of Discontinuous Narratives*:*Fragments and the Construction of Cultural Identities in Traditional Chinese Texts*）。

4 月 16 日，参加在伦敦书展上举行的《中华文明史》英译本首发式，并作了题为"书写中华文明史"（*Writing the History of Chinese Civilization*）的讲话。

5 月 26 至 27 日，为芝加哥大学人文历史系东亚艺术中心主办的"艺术、文学和仪式工作室"（*Arts*, *Literature*, *and Ritual Workshop*）提交论文《六朝物质文化》（*Six Dynasties Material Culture*）。

6 月 24 日，参加了在北京大学英杰交流中心举行的"北京大学国学研究院二十周年纪念会暨《中华文明史》英译本国内首发式"，作了题为"庆祝北京大学国学研究院成立 20 周年和英文版《中华文明史》出版"的演讲。

8 月 17 至 19 日，为科罗拉多的"中国书信和书信文化工作室"（Letters and Epistolary Culture in China Workshop）提交论文，题为《〈文选〉中的书信》（*Letters in the Wen Xuan*）。收录于瑞西特（Antje Richter）主编的《中国书信传统》（*Chinese Epistolary Tradition*），即将出版。

9 月 19 日,被普林斯顿大学聘为牟复礼讲师(Frederic W. Mote Lecturer),作了题为"中国中古时期的山岳游观:以谢灵运为例"(*Mountain Viewing in Medieval China*:*The Case of Xie Lingyun*)的讲座。

10 月 27 日,为普林斯顿大学召开的"诗歌和地位:南方的崛起"(*Poetry and Place*:*The Rise of the South*)会议,提交论文《南方之金和羽扇:论陆机的南方意识》(*Southern Metal and Feather Fan*:*The 'Southern Consciousness' of Lu Ji*)。

11 月 16 日,在新加坡国立大学召开的"辞赋理论、词语修辞与文类研究"会议上,作基调演说,题为"欧美辞赋研究史"。

2013 年　71 岁

本年,《康达维自选集:汉代宫廷文学与文化之探微》,苏瑞隆译,上海译文出版社出版。

本年,论文《刘歆〈遂初赋〉论略》,收录于《中国诗歌传统及文本研究》,由中华书局出版。

同年,为《剑桥中国史》撰写专章《中国的散文文学世界》(*The World of Chinese Prose Literature*)。

同年,论文《玫瑰还是美玉? 中国中古文学翻译中的一些问题》(*Rose or Jade? Problems of Translating Medieval Chinese Literature*)收录于《中文研究院客座教授讲座系列之三:中文研究杂志特刊》(*Institute of Chinese Studies Visiting Professor Lecture Series*(*III*),*Journal of Chinese Studies Special Issue*),由香港大学出版社出版。

同年,论文《〈文选〉中的书信》(*Letters in the Wen Xuan*)收入瑞西特(Antie Richter)主编的《中国中古早期书信和书信文化》(第一卷)(*Letters and Epistolary Culture in Early Medieval China*)中。

《中国中古早期庄园文化:以谢灵运〈山居赋〉为主的探讨》,施湘灵译,收入《中国园林书写与日常生活》,台北"中研院"文哲所出版。

2 月 22 日,在美国科罗拉多大学召开的"中国中古诗歌新视角会议"(*Conference on New Perspectives on Medieval Chinese Poetry*)上,提交论文《古典中国文学中的废墟和记忆:论鲍照的〈芜城赋〉》(*Ruin and Remembrance in Classical Chinese Literature*:*The Fu on the Ruined City by Bao Zhao*)。

7 月 22 日,在俄勒冈波特兰召开的"比较宫廷文化会议"(*Comparative Court Cultures Meeting*)上,提交论文《变化中的秦汉宫廷》(*The Qin and Han Imperial Courts on the Move*)。

8月27日，在香港召开的"中华国学论坛"上，作主题演说"国际汉学和多种外语的范畴"。

2014年　72岁

同年，文章《婚姻与社会地位：沈约〈奏弹王源〉》（*Marriage and Social Status：Shen Yue's Impeaching Wang Yuan*）、《饮食习惯：束皙〈饼赋〉》（*Dietary Habits：Shu Xi's Rhapsody on Pasta*）、《早期中古中国的别墅文化：以石崇为例》（*The Estate of Shi Chong*）、和《文选》（*Wen Xuan*）收录于田菱（Wendy Swartz）、康儒博（Robert Ford Campany）、陆扬、朱隽琪（Jessey J. C. Choo）主编《早期中国中古文学资料参考书》（*Early Medieval China Sourcebook*），由哥伦比亚大学出版社出版。

同年，与张泰平合著《古代和中国中古文学导读》（*Ancient and Early Medieval Chinese Literature：A Reference Guide*），第二、三、四册由荷兰博睿出版社出版。

同年，论文《中国古典文学之中废墟与记忆：鲍照之〈芜城赋〉》（*Ruin and Remembrance in Classical Chinese Literature：The Fu on the Ruined City by Bao Zhao*），收入柯马丁主编的论文集中，即将出版。

同年，论文《南金和羽扇：陆机的"南方意识"》（*Southern Metal and Feather Fan：The "Southern Consciousness" of Lu Ji*），收入王平与魏宁（Nicholas Williams）主编的论文集，即将出版。

同年，文章《文选》（*Wen Xuan*），即将出版在《早期中古中国手册》（*Early Medieval China Handbook*）。

8月26日，获第八届"中华图书特殊贡献奖"。

11月1至2日，在北京大学国际汉学家研修基地主办的"首届国际汉学翻译大会"上，获得"国际汉学翻译家大雅奖"。

后　记

2020年初，新冠疫情打乱了所有人的生活节奏。新学期的开学一延再延，仿佛遥遥无期。我却因祸得福，能静下心来处理博士论文出版的事。

毕业已近四年，每逢年节给导师何新文教授的问候往往都以他语重心长的劝说结束，"你要趁早把博士论文出书。出了，就是第一本国内研究康达维的专著。这对于你自己的努力也是一个回报。"道理我虽明白，但一到行动，又给自己找各种借口拖延。当下定决心要将书出版时，心里松了一口气，高兴地跟何师说起出书的事。他听了立即兴致勃勃地帮我支招，告诉我与出版社交涉时要注意什么问题；目录和书序要怎么排列；要加什么插页；题目和提要要有英文版……我仿佛又回到了学生时代，不需要操心要做什么，要怎么做，只需要踏踏实实地去做。

我本科学的是英语语言文学专业，在高校担任英语老师。当年高考，英语专业的录取分数线要低一些，由于成绩不够理想我与心仪的中文专业失之交臂。没想到过了而立之年，我还能继续实现自己的梦想。当同龄人忙于应付生活琐事时，我却能心无旁骛地坐在图书馆品读书香，与比自己小七八岁的年轻人一起学习，同场竞技，是非常幸运的。

何师说，文学研究的基础是细读文本。于是，我兴味盎然地开始了《昭明文选·赋》的研读。之前对赋的印象是美丽艰涩的文字，没什么灵魂。而细读之下，并非如此。"人不得顾，车不得旋""红尘四合，烟云相连"（《西都赋》），让人置身于熙来攘往的市集，感受着西都长安的繁华；"惊浪雷奔，骇水迸集"（《海赋》），仿佛让人听到海涛的轰鸣，看到浪花汹涌而来；"夜漫漫以悠悠兮，寒凄凄以凛凛。气愤薄而乘胸兮，涕交横而流枕"（《寡妇赋》），让人有感于长夜漫漫，悲从中来；"怨复怨兮远山曲，去复去兮长河湄"（《别赋》），让人体会到路途的遥远、离别的惆怅；"毛嫱鄣袂，不足程式；西施掩面，比之无色"（《神女赋》），不禁让人神往于神女的盛世美颜。赋的文字，时而恢宏阔大，时而细腻入微。在赋的引领下，好像天地万物都在心中，时而上天入地，时而钻入尘埃，仿佛自己也变得无所不能。

虽然是做自己喜欢的事，却也困难重重。特别是写起论文来，时常缺乏总体思维，逻辑不够连贯。何师没有因为我是英语专业出身就对我降低要求，每次都耐心地与我讨论，帮我修改。还记得博三的暑假，正当酷暑难耐之时,我发给何师一篇论文,请他帮我看看。没想到他立即给我回复,一周之内,通过电话交流了三四次,一谈就是一两个小时,几易其稿才最终成型。就在无数次这样的讨论和修改中,我才取得了今天的进步。

何师总是比我想得更远。在我完成一步之时,他总会指出下一步该如何进行。在我刚被录取之时,就定了研究康达维的辞赋翻译和研究的课题。在我研读辞赋之时,就帮我联系了康达维的高足新加坡国立大学的苏瑞隆教授,帮我提供康达维的专著和论文等资料。我每完成一篇小论文,又积极替我推荐……没有何师的规划和指点,我不可能顺利地完成学业。

同时,也要感谢我的硕士导师湖南科技大学的吴广平教授。在硕士阶段,我跟随吴老师学习中国楚辞学,是他将我引入中国古典文学的殿堂,撰写并发表了若干篇从译介学及传播学角度探析楚辞英译及在西方传播的论文。这种学术历练为我铺设了一座连结中国古典文学和西方文学的桥梁。它既结合了我的英语专长,又使我掌握了一定的治学路径和方法,为以后攻读博士学位打下了较为坚实的基础。吴老师鼓励我考取了博士研究生,还一直关心着我专著出版的问题。

本书得以完成还要特别感谢康达维先生和新加坡国立大学的苏瑞隆教授。康达维是北美辞赋研究之宗师,在海内外辞赋研究界享有盛誉。我从华盛顿大学官网上查到他的邮箱地址,给他发了邮件。未料到,他第二天就给我回了信,解答了我关于专有名词翻译的疑问,指点我要了解西方汉学传统,并强调他的翻译原则是要做到语义的精确(be philologically exact)。接下来,他还介绍我与美国波士顿萨福克大学语言研究所的戴克礼(Christopher Dakin)博士取得联系,为我提供了其论文和专著目录、详细简历,以及9部书、40余篇论文的电子版。

苏教授是康先生的高足和何师的好友。他也为我提供了一些关键研究资料。并且,他翻译的《康达维自选集》、编写的《康达维先生学术著作编年表》以及与何师合著的《中国赋论史》中的第八章《20世纪国外赋学研究概况》给我提供了许多有用信息。在我拜托他为专著写序时,他欣然应允,并很快予以回复。

在我的博士论文答辩会上,武汉大学的郑传寅教授给予了我一些中肯的修改建议;华中师范大学文学院的张三夕教授和湖北大学外国语学院的张庆宗教授肯定了论文的选题及创新点。在本书的写作过程中,湖北大学的熊显长教授、文学院的彭安湘和邹福清老师,也给了我一些具体的建议和热心的帮助。

在本书的写作和出版过程中,还得到我所供职的湖南科技大学外国语学院领导张景华、禹玲、杨江教授的支持和关心;在我读博的过程中,还要感谢陈颖、何辉英等大学英语系的同仁们替我分担了工作。在此,谨表达我诚挚的感谢!

　　本书的出版是对我四年美好读博生活的总结。当要独自踏上未来的征程时,我心里有些许不安。但我相信,自己能一如既往,踏踏实实地走下去。

　　三年疫情过去了。感谢有强大的祖国做后盾!感谢白衣天使们的英勇守护!我们安然度过疫情,并坚持工作学习。当初,已经准备将书出版了,考虑到出版费的问题,就以博士论文为基础申报了"国家社会科学基金后期资助项目",没想到居然申报成功了。此后,利用教学工作之余根据专家们的意见作了一些修改,接着又经历了一年的评审时间,本书终于要面世了,前前后后已过去7年。有一句英文谚语"Better late than never",意思是"迟到总比不到好"。虽然拖了这么长时间,但终归有了一个阶段性成果。感谢为我提出中肯意见的专家和老师们!感谢出版社编辑的辛勤付出!感谢一直默默支持我的家人!

王　慧

2024 年 1 月 3 日补记于雨湖